LESBOS

Thomas Schröder

Text und Recherche: Thomas Schröder
Wanderungen: Erika Meyer, Thomas Schröder
Stop-over Athen: Eberhard Fohrer
Türkeiausflüge: Michael Bussmann, Gabriele Tröger

Lektorat: Anja Keul
Redaktion und Layout: Sven Talaron
Fotos: siehe Fotonachweis unten
Cover: oben: in Pétra
unten: Mólivos (beide: Thomas Schröder)
Karten: Susanne Handtmann, Astrid Wölfel, Hana Budka

Fotonachweis
Michael Bussmann: 226, 231, 237
Andreas Neumeier: 45, 46, 53, 56
Dirk Schönrock: 51, 60
Thomas Schröder:1, 8, 9, 10, 11, 13, 17, 19, 21, 23, 31, 40, 46, 62, 63, 67, 71, 75, 77, 78, 79, 81, 84, 87, 89, 92, 95, 98, 101, 103, 104, 106, 107, 108, 109, 110, 111, 114, 116, 117, 121, 128, 133, 134, 136, 137, 138, 141, 148, 150, 155, 157, 160, 162, 164, 170, 172, 173, 177, 178, 180, 183, 184, 185, 186, 191, 195, 197, 200, 201, 202, 203, 206, 207, 208, 209, 211, 213, 214, 218, 220, 222, 225, 226, 231, 237

ISBN 3-89953-117-5

 Druck: arte grafiche Saturnia, Trento (Italien).

Aktuelle online-Infos unter: http://www.michael-mueller-verlag.de

3. überarbeitete und aktualisierte Auflage 2003

Lésbos auf einem Blick

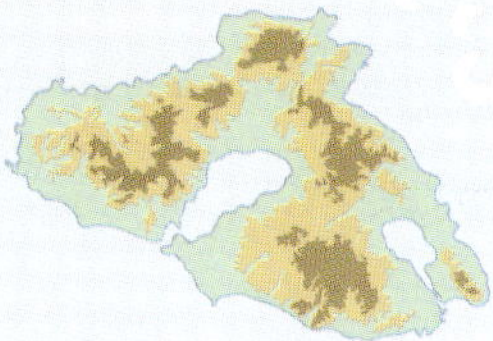

Lésbos -
Allgemeines

Mytilíni und Umgebung

Der Nordosten

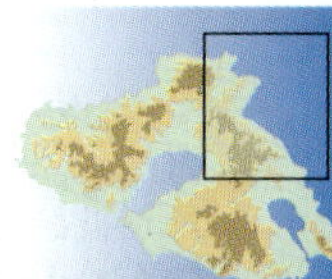

Der Süden
um Agiássos und Plomári

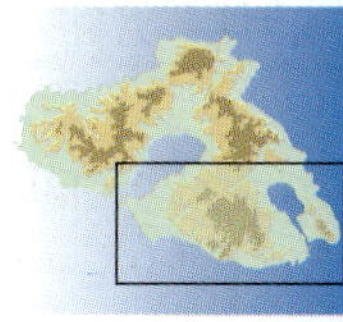

Die Inselmitte
um den Golf von Kalloní

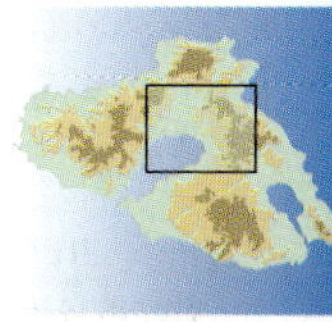

Der Norden
um Pétra und Mólivos

Der Westen

Türkei-Ausflüge
ab Lésbos

INHALTSVERZEICHNIS

Zeichenerklärung für die Karten und Pläne

Hauptstraße	Fels	Kirche
Verbindungsstraße	Quelle	Kloster
asphaltierte Nebenstraße	Heiße Quelle	Ruine
Piste	Feigenbaum	Sehenswürdigkeit
Fußpfad	Olivenbaum	Antike Sehenswürdigkeit
Wanderweg	Kiefer	Information
Wegweiser/Schild	Palme	Post
Berggipfel	Laubbaum	Bushaltestelle
Aussicht	Weinstock	Flughafen
Gatter	Badestrand	Tankstelle
	Camping	

Herzlichen Dank für Tipps und Briefe zu den ersten beiden Auflagen:
Karin Hackl, Dieter Fiedler, Astrid und Michael Nitsch, Misa Strobl und Susi Presinger, Rainer Dietlein, Sabine Kogler und Elmar Hartje, Ruth Metzmacher, Sonja und Wolfgang Köhler, Heidrun Kling, Anja und Frank Hörning, Susanne Kaszinski, Renate Ahrens und Jochen Scholz, K. Rohland, Sabine Kogler, Edith Bucher und Rolf Käppeli, Ralf Eller, Camille Schmid, Brigitte Ebnöther, Friedhard Hornbacher, Hubert Brentano, Lydia Blum, K. Pendzig, E. Stortz, Lotti Isenring, Rolf Hinze, Lore Abendschein und Patricia Keller, Dr. Wolfgang Pircher, Heike Zebisch, Jürgen und Marion Steiger, Dieter Kossmann, Christine Amerbacher, Hans Hofmann, Roland Lüder, Wilfried und Gisela Buscher, Karen Lehmann, Birgit Schlotter, Andreas Adl, Cornelia Berthold, Tanja Körner und Christian Kuck, Silvia Tholl, Aiko Gastberg und Alexander Vorwerk, Anita Neumann, Andreas Dorsch, Gabriele Lange, Dr. Dieter Wohlenberg, Horst und Claudia Feldmann, Tim Schwabedissen, Isolde Listmayer, Martin Bredebusch, Dr. Thomas und Henrike Kurze, Anneliese und Franz Götz, Thomas und Elke Legler, Horst Blessmann, Omiros Faidas, Karl Graach, Günter Schickling, Dr. Norbert Aleweld, Wulf-Eberhard Hennings, Helmut Bierbrauer, Michael Wodoschek, Dr. Hermann Krätschell, Klaus Weber, Reimar Mick.

Was haben Sie entdeckt?

Haben Sie *den* Strand auf Lésbos gefunden, eine freundliche Taverne weitab vom Trubel, ein nettes Hotel mit Atmosphäre, einen schönen Wanderweg? Und welcher Tipp war nicht mehr so toll?
Wenn Sie Ergänzungen, Verbesserungen oder neue Informationen zum Lésbos-Buch haben, lassen Sie es mich bitte wissen!
Bitte schreiben Sie an:

Thomas Schröder
Stichwort "Lésbos"
c/o Michael Müller Verlag
Gerberei 19
91054 Erlangen
E-Mail: thomas.schroeder@michael-mueller-verlag.de

Kartenverzeichnis

Verzeichnis der Wanderungen und Wanderkarten

Orientalisch angehaucht: Hafenansicht der Hauptstadt Mytilíni

Lésbos – die Insel

+++ Groß, grün und gebirgig +++ Tradition in Lyrik und anderen schönen Künsten +++ Insel für Individualisten +++

Lésbos bietet weiten Raum für Entdeckungen. Landschaftlich sehr vielfältig, gilt die drittgrößte Insel Griechenlands als bevorzugtes Reiseziel für Individualisten und Freunde schöner Landschaften.

Erinnerungen an eine große Vergangenheit: Der antiken Sagenwelt zufolge brachte Orpheus der Insel die Lyrik. Der betörende Musiker Arion, die legendäre Sappho, der trinkfeste Alkaios und noch viele andere übernahmen das Erbe des mythischen Sängers. Nicht umsonst spielt auf Lésbos der berühmte Schäferroman der Römerzeit, "Daphnis und Chloe". Und heute? Mancher hat sicher schon von der Frauenkooperative von Pétra gehört, mancher vielleicht auch vom "Versteinerten Wald", einem echten Kuriosum der Natur. Schon weniger bekannt sind die archaischen Riten der Stieropferfeste, der orientalische Charme der Bazarstraße in Mytilíni oder die Qualität des in ganz Griechenland geschätzten Oúzo aus Plomári. Lésbos ist eine Insel mit vielen Facetten.

Zu Recht beliebt ist Lésbos vor allem bei Reisenden, die auf Animation und ein internationales Vergnügungsangebot gut verzichten können (obwohl sich mancherorts, vor allem im Urlauberzentrum Mólivos, durchaus entsprechende Möglichkeiten finden). Für Wanderer, Mountainbiker und andere Liebhaber verschlungener Pfade erweist sich die Insel fast als Paradies. Und obwohl der Tourismus deutlichen Aufschwung nimmt, konzentriert er sich doch auf

Zeitloses Bild: Fischer im Hafen von Skála Kallonís

einige wenige Orte. Abseits der Hauptrouten trifft man manchmal auf Dörfer, in denen sich seit Jahrhunderten kaum etwas verändert zu haben scheint. Entsprechend rudimentär ist in diesen Regionen allerdings auch heute noch die Infrastruktur. Wer sich darüber ärgert, möge bedenken, dass er hier nur für einige Wochen zu Gast ist, die Ortsansässigen aber tagtäglich unter diesen dann nicht mehr romantischen Beschränkungen leben müssen.

Übrigens: Wenn Einheimische von *Mytilíni* sprechen, müssen sie nicht unbedingt die gleichnamige Hauptstadt meinen – Mytilíni ist auch die gebräuchlichere Bezeichnung für die Insel selbst. Den Namen Lésbos vermeiden die meisten Griechen lieber.

Wohin auf Lésbos?

Mancher wird sich bereits in der Heimat sein Quartier vorbuchen wollen. Für Individualreisende wiederum kann es aufgrund der räumlichen Ausdehnung der Insel durchaus erwägenswert sein, bei einem längeren Aufenthalt einmal oder sogar mehrfach den Standort zu wechseln. Die folgende Kurzübersicht will Anregungen zur Auswahl geben und gleichzeitig ein erstes Bild der Insel vermitteln.

Mytilíni und Umgebung

Die Inselhauptstadt wird von den meisten Ankömmlingen schnell abgehakt. Schade, hat die quirlige und selbstbewusste Kapitale mit ihrer vielseitigen näheren Umgebung doch eine ganze Menge zu bieten. Die Skala reicht hier von der orientalisch anmutenden Bazarstraße über Reste antiker Bauten bis hin zu

Weitab aller Hektik: Plomári im Inselsüden

außergewöhnlichen Museen. Gleichzeitig ist Mytilíni als Zentrum des Busverkehrs der Insel ein guter Ausgangspunkt für Erkundungen. Reizvolle Strände allerdings sind im Umfeld der Hauptstadt rar.

Die Nordostküste

Dieser Küstenstrich ist, zumindest für ausländische Touristen, meist nur Durchgangsstation – die hiesigen Strände sind auch tatsächlich nicht gerade die besten der Insel. Ganz oben im wildromantischen Norden jedoch findet sich, unterhalb des steil zur Küste hin abfallenden Lepétymnos-Massivs, ein bezauberndes Hafendörfchen, das es durchaus wert ist, näher in Augenschein genommen zu werden: *Skála Sikaminéas*, beliebtes Ziel von Bootsausflügen ab Mólivos.

Der Süden

Eine der landschaftlich reizvollsten Regionen der Insel, bestimmt vom mächtigen Olympos-Massiv und seinen Ausläufern. Als Basis für Erkundungen im Süden kommen vor allem zwei Fremdenverkehrsorte in Betracht: *Ágios Isídoros* liegt in unmittelbarer Nachbarschaft des lebendigen Städtchens *Plomári*; hier lässt sich bei einem Strandurlaub deshalb auch authentische Atmosphäre schnuppern. Die Feriensiedlung *Vaterá*, weiter westlich gelegen, verfügt dagegen über kein vergleichbares Umfeld und wirkt außerhalb der Saison fast ausgestorben; im Sommer zieht der längste Strand der Insel jedoch viele Gäste an. Ein beliebtes Ausflugsziel im Süden ist das malerische Bergdorf *Agiássos* an den Hängen des Olympos, gleichzeitig der wichtigste Wallfahrtsort der Insel.

Abgeschiedener Strand: Bucht von Chroússos

Die Inselmitte

Um die stillen Wasser des Golfs von Kalloní liegen eine Reihe von Baudenkmälern, die ihren Reiz vor allem aus dem Zusammenklang mit der umgebenden Landschaft beziehen und deshalb schöne Wanderziele abgeben. Für einen längeren Aufenthalt kommt aber wohl nur *Skála Kallonís* in Frage, eine Küstensiedlung am Golf, die sich wegen ihres flach abfallenden Strandes und der ruhigen See besonders als Ferienort für Familien mit Kindern eignet, wegen der zahlreichen hier heimischen Vogelarten aber ebenso bei "Birdwatchern" beliebt ist. Für Ausflüge mit dem Mietfahrzeug liegt der Ort aufgrund seiner zentralen Lage günstig.

Der Norden

An den Ausläufern des Lepétymnos-Massivs erstreckt sich die von ausländischen Touristen mit Abstand meistbesuchte Region der Insel. *Mólivos* darf wohl einen weiteren Superlativ in Anspruch nehmen: Das Städtchen besitzt das malerischste Ortsbild aller Siedlungen auf Lésbos. Wohl deshalb wurde Mólivos zum Pauschalreiseziel Nummer eins auf Lésbos – Rummel und Remmidemmi bis an die Schmerzgrenze sind dennoch höchstens im Hochsommer zu befürchten. Kaum fünf Kilometer entfernt liegt *Pétra*, das durch seine Frauenkooperative bekannt wurde. Das angenehme Ambiente beider Orte, ihre reizvolle Lage und die guten Möglichkeiten für Wanderer und Mountainbiker machen die Anziehungskraft des Nordens verständlich. Strandfans finden ebenfalls durchaus erfreuliche Bedingungen vor – die allerbesten Strände der Insel jedoch liegen anderswo, nämlich im Süden und Westen.

Lésbos in Kürze

Größe: Mit 1630 Quadratkilometern Fläche ist Lésbos, nach Kreta und Euböa, die drittgrößte Insel Griechenlands. Ihre Länge beträgt 70 Kilometer, die Breite 47 Kilometer. Küstenlänge: 370 Kilometer.

Bevölkerung: Lésbos zählt gut 88.000 Einwohner, von denen allein über 30.000 in der Hauptstadt Mytilíni leben.

Geologie/Geographie: Während der Osten der Insel aus Schiefer- und Marmorgesteinen zusammengesetzt ist, besteht der Norden und Westen aus Vulkangestein des Tertiärs. Lésbos ist überwiegend gebirgig; die größten Erhebungen sind im Norden der Lepétymnos (968 m) und im Südosten der Olympos (ebenfalls 968 m).

Wichtige Orte: Mytilíni – die lebendige Hauptstadt; Agiássos – großes, traditionelles Bergdorf und Wallfahrtsort; Plomári – ursprüngliches Zentrum des Südens und der Oúzoproduktion; Mólivos – Urlaubsstädtchen mit Charme und Ambiente; Pétra – Küstendorf im touristischen Aufschwung; Sígri – Individualistenziel im Westen.

Hauptfeste: Stieropferfeste, im Frühjahr in verschiedenen Dörfern des Ostens (Agía Paraskeví, Mandamádos u. a.); "Lesbischer Sommer", Kulturfestival in Mytilíni, Ende Juli bis Anfang September; Feste zu Ehren der Gottesmutter am 15. 8. (Agiássos, Pétra), Fest der Kreuzreliquie am 14.9. (Agiássos).

Straßen: Gutes Netz asphaltierter Straßen, viele allerdings schmal und kurvig. Von Pisten überbrückte Lücken insbesondere im Süden (Plomári-Agiássos, Plomári-Vaterá). Mountainbiker finden noch viele reizvolle, unbefestigte Sträßchen, die sich oft auch gut zum Wandern eignen.

Entfernungen ab Mytilíni: Skála Sikamineás 46 km, Agiássos 27 km, Plomári 42 km, Vaterá 54 km, Kalloní 40 km, Pétra 56 km, Mólivos 62 km, Skála Eressoú 92 km, Sígri 92 km.

Tankstellen: Dichtes Netz, an allen größeren Straßen finden sich Tankstellen. Lücken nur im Nordosten und Westen: Richtung Skála Sikaminéas letzte Tankstelle bei Kápi, Richtung Sígri in Ántissa.

Straßenkarten: Beste Wahl ist die auf der Insel selbst, mit etwas Glück aber auch in einer Geobuchhandlung daheim erhältliche Karte von "Road Editions" im Maßstab 1:70.000 (blaues Deckblatt, recht günstiger Preis). Sie ist geographisch sehr aussagekräftig und in Bezug auf das Straßennetz weitgehend aktuell, auch wenn seit der Erstauflage der Karte bereits wieder einige kleinere Sträßchen asphaltiert wurden.

Der Westen

Im äußersten Westen halten sich vor allem Individualisten länger auf. Zu entlegen, zu herb und windgepeitscht scheint offenbar vielen trotz der nahen, guten Strände die wildromantische Landschaft um *Sígri*, einem der ungewöhnlichsten Orte der Insel. In die Kataloge der deutschen Reiseveranstalter bereits aufgenommen wurde dagegen *Skála Eressoú* mit seinem schönen Strand. Die Heimat der Sappho, lange ausschließlich von "lila" orientierten Frauen besucht, hat sicher eine große touristische Zukunft vor sich – bislang sind die Dimensionen des Dorfes aber noch bescheiden geblieben. Als Ausflugsziel wird der Westen auch von denen angesteuert, die nicht hier Quartier nehmen: Der *Versteinerte Wald* ist eine der Hauptattraktionen der Insel. Kaum besucht werden dagegen die entlegenen Strände im westlichen Teil der Nordküste.

Bizarr: Felslandschaft zwischen Ágra und Parákila

Geographie und Landschaft

Groß, grün, gebirgig – drei passende Attribute, um die Insel in kürzester Form zu beschreiben. Ein weiteres Charakteristikum: Lésbos liegt nur einen Katzensprung von der Türkei entfernt.

Wie die anderen Inseln der Ägäis, stellt auch Lésbos einen aus dem Meer ragenden Höhenzug jenes uralten, ertrunkenen Faltengebirges dar, das einst Kleinasien mit dem Balkan verband. Im Jungtertiär zertrümmerten tektonische Vorgänge diese Gebirgskette, die später vom Meer verschluckt, dann erneut angehoben und dabei ein weiteres Mal in sich gebrochen wurde. Im Diluvium sank das von Rissen und Brüchen gezeichnete Gebirge wieder ab; von Süden her überschwemmte das Meer die tiefer liegenden Bereiche und ließ nur noch die Gipfel aus dem Wasser ragen. Erst diese letzte Überflutung schuf in etwa die heutige Form des Ägäischen Meeres, das von den Griechen *Aigaíon Pélagos* genannt wird.

Geographisch genau genommen zählt Lésbos zu Kleinasien. Die Insel sitzt zwar auf einem isolierten Sockel, doch wird dieser zum kleinasiatischen Festlandsschelf gerechnet. Im Osten und Norden von Lésbos ist die türkische Küste auch immer in Blickweite; an der schmalsten Stelle beträgt die Entfernung zur Türkei gerade mal neun Kilometer. Zum Politikum wurde diese geographische Zugehörigkeit zu Kleinasien erst wieder, als in der Nordägäis Öl gefunden wurde und die Türkei Ansprüche auf die Förderrechte erhob. Historisch allerdings war die ganze Region einschließlich der kleinasiatischen Küste seit Jahrtausenden griechisches Siedlungsgebiet. Erst 1922 zerstörte die

"Kleinasiatische Katastrophe" des griechisch-türkischen Krieges die uralten Bindungen.

Die große Ausdehnung der Insel – von Mytilíni im Osten bis Sígri im äußersten Westen sind immerhin 92 Kilometer zurückzulegen – gibt dem Inneren von Lésbos einen fast binnenländischen Charakter. An vielen Stellen glaubt man sich beinahe auf dem Festland. Und doch ist das Meer nie weit entfernt: Die beiden großen Golfe, der *Golf von Géra* im Südosten und der *Golf von Kalloní* in der Mitte, schneiden tief in die Insel ein und verleihen Lésbos eine ungewöhnliche Form, die phantasievolle Dichter mit der eines Platanenblattes verglichen haben. Das Wasser der Golfe ist flach und wegen der schmalen Öffnungen zum Meer sehr ruhig; fast wirken sie wie große Seen.

Von den ölbaumbestandenen Ebenen um die beiden Golfe und kleineren Schwemmlandgebieten abgesehen, ist Lésbos überwiegend hügelig bis bergig. Die beiden Hauptgebirge, der *Olympos* im Süden und der *Lepétymnos* im Norden, verfehlen mit jeweils 968 Metern Höhe die Tausendermarke nur knapp. In den Wintermonaten fangen diese hohen Massive so manches Regengebiet ein, das von der kleinasiatischen Küste herüberzieht – entsprechend üppig sprießt fast überall die Vegetation. Nur im Westen zeigt sich Lésbos von der kargen, trockenen Seite, erinnert besonders jenseits von Ántissa an eine Felswüste; nur da und dort erstrecken sich entlang eines Wasserlaufes ein paar Platanen oder ein Dschungel aus Oleander. Im Westen findet sich auch die bemerkenswerteste Natursehenswürdigkeit von Lésbos: Ein *"Wald" aus versteinerten Mammutbäumen*, die bei einem Vulkanausbruch des Tertiärs verschüttet wurden.

Natur und Umwelt

Auf den ersten Blick scheint die Welt noch in Ordnung: Industrie spielt kaum eine Rolle, qualmende Schornsteine sind eine Seltenheit. Aber auch Lésbos hat Umweltprobleme.

Die **Müllbeseitigung** ist eines davon. Plastiktaschen und ähnlicher Einweg-Müll landen in der Regel auf abseits gelegenen Deponien oder werden verbrannt und setzen dabei Dioxine frei. Beste Lösung wäre sicher die Müllvermeidung, doch werden entsprechende Gesetze oft raffiniert unterlaufen.

Die **Energiegewinnung** ist eine weitere Problemzone. Bislang sind hauptsächlich Dieselkraftwerke in Betrieb, die enorme Mengen Kraftstoff verfeuern und so natürlich die Luft belasten. Dabei besteht auf Lésbos eine gute Chance für die Gewinnung geothermischer Energie: Bei Polichnítos entspringen die heißesten Quellen Europas; erste Tiefenbohrungen haben bereits stattgefunden.

Waldbrände sind ein Umweltproblem, das viele Inseln der Ostägäis in besonderem Maße betrifft. Oft ist schlicht Leichtsinn die Ursache, in einigen Fällen allerdings auch Brandstiftung. Die Motive der nur selten gefassten Täter bleiben in der Regel im Dunkeln. Anders als in manch anderer Region des Mittelmeerraumes scheint es auf Lésbos aber nicht vorrangig um die Gewinnung von Bauland zu gehen.

Waldbrände vermeiden

Viele Brände entstehen schlicht durch Fahrlässigkeit und Leichtsinn, auch von Urlaubern. Sie wären leicht zu vermeiden:

- Offene Feuer sind in Waldgebieten oder ihrer Umgebung nicht umsonst verboten und mit hohen Strafen bedroht
- Werfen Sie keine glimmenden Zigarettenkippen weg; verzichten Sie in Waldgebieten gänzlich aufs Rauchen
- Weggeworfene Glasflaschen und andere Behälter können unter griechischer Sonne als regelrechte Brenngläser wirken und so Waldbrände auslösen

Der **Straßenbau** bildet ein Kapitel für sich. Viele der alten Fußwege wurden schon durch von Bulldozern geschobene Fahrwege verdrängt und teilweise zerstört. Schade, dass solch fragwürdige "Erschließungsmaßnahmen" auch noch durch EU-Subventionen unterstützt werden. Gleichzeitig wurde durch die oft völlig unnötige Asphaltierung vormals unbefestigter Pisten wieder ein Stück Natur mehr versiegelt. Dabei haben sich viele entlegene Gebiete ihren Reiz ja nur dadurch bewahrt, dass sie eben nicht von jedem Reisebus problemlos angefahren werden können ...

Der **Tourismus** bringt, auch wenn mancher es nicht gerne hören wird, ebenfalls massive Umweltschädigungen mit sich. Allein die startenden und landenden Urlauberjets blasen große Mengen Schadstoffe in die Luft. Hinzu kommt der verstärkte Verkehr auf der Insel selbst, die Zerstörung natürlicher Lebensräume unter anderem durch den Bau immer neuer Hotels und natürlich auch ein erhöhtes Müllaufkommen. Zumindest ein wenig kann jeder einzelne Reisende dazu beitragen, die Belastung durch seine Anwesenheit so gering wie möglich zu halten: Kaufen Sie möglichst Mehrwegbehältnisse und verzichten

Sie auf Getränkedosen und Plastikflaschen, auch auf die Tragetaschen aus Plastik, die zu jedem noch so kleinen Einkauf automatisch ausgehändigt werden; belasten Sie Ihre Urlaubsinsel nicht mit Sondermüll, z. B. ausrangierten Batterien – nehmen Sie diese wieder mit nach Hause. Verzichten Sie auf dubiose Wassersportarten, insbesondere auf die hoch umweltbelastenden Jet-Skis ("Wassermotorräder"), die zudem eine enorme Lärmbelästigung darstellen. Schonen Sie bitte auch ökologisch sensible Zonen, indem Sie dort die Wege nicht verlassen.

Die Pflanzenwelt der Insel

Die reiche, mediterran geprägte Flora profitiert von den kräftigen Winterregen: Im Frühjahr grünt und blüht es allerorten. Selbst die ärmsten Böden bringen dann wahre Blumenmeere hervor.

Im Sommer, wenn viele Blüten schon vertrocknet sind, zeigen manche Regionen dann wieder ein ganz anderes Gesicht; der karge Westen von Lésbos wirkt dann fast wüstenhaft. Weite Teile des Rests der Insel präsentieren sich jedoch auch im Sommer von ihrer fruchtbaren Seite, und nach den ersten Regenschauern im Herbst zeigt sich auch auch auf den trockeneren Böden wieder ein grüner Flaum. Insgesamt darf die Flora von Lésbos als ausgesprochen vielfältig gelten, hat man hier doch mehr als 1400 Pflanzenarten gezählt, darunter allein rund 60 verschiedene Orchideen.

Vegetationstypen

Etwas vereinfacht und von den landwirtschaftlich genutzten Flächen abgesehen, finden sich auf Lésbos drei verschiedene Vegetationstypen: Wälder, Macchia und die karge Phrygana.

Bäume und Wälder: Die Überreste fossiler Bäume im "Versteinerten Wald" beweisen, dass auf Lésbos einst riesige Mammutbäume (Sequoias) wuchsen, wie sie heute noch in nordamerikanischen Nationalparks zu bewundern sind. Heute bilden vor allem Aleppokiefern und Pinien im östlichen Bereich der Insel stellenweise dichte Wälder. In den beiden großen Gebirgsmassiven wachsen auch Laubbäume wie Eiche, Kastanie und Buche. An feuchten Standorten stehen oft mächtige Platanen, die auch so manches Kafeníon in ein schattiges Idyll verwandeln. Der dominierende Baum von Lésbos ist jedoch der Ölbaum (siehe "Kulturpflanzen"), der in weiten Teilen der Insel die Landschaft prägt.

Häufige Baumarten

Aleppokiefern: Hochstämmige Nadelbäume, die mit den Pinien verwandt sind. Ihr Harz ist es, das dem Retsina seinen typischen Geschmack verleiht.

Platanen: Sie dienen oft als Sonnenschutz für Kafenía. Die ahornähnlichen, zur Blütezeit im Frühjahr herrlich duftenden Laubbäume erreichen Höhen bis zu 30 Meter; sie benötigen viel Wasser, wachsen deshalb vor allem in Bachtälern.

Kastanien: In vielen Mischwäldern höherer Regionen zu finden. Eine Gattung für sich ist die Edelkastanie mit ihren essbaren Früchten (reif im Oktober), die vor allem im Olympos-Massiv vorkommt.

Maulbeerbäume: Nicht hoch, aber breit – mit dichtem, großflächigem Blattbewuchs beschatten sie oft Dorfplätze und Kafenía.

Eukalyptusbäume: Kenntlich an der abblätternden Rinde, stammen sie eigentlich von der südlichen Halbkugel. Als schnell- und hochwüchsige Laubbäume, die mit hohem Wasserverbrauch Sumpfgebiete trockenlegen können, werden sie heute aber

Wehrhaft: Feigenkakteen

in vielen Mittelmeerländern gepflanzt. Gefährlich dabei: Die stark ölhaltigen Bäume brennen besonders leicht.

Tamarisken: Kleine Bäumchen mit nadelartigen, weichen Blättern. Da sie Salzausscheidungsdrüsen besitzen, können sie direkt am Meer wachsen und werden an Stränden auch oft als Sonnenschutz angepflanzt.

Zypressen: Spitzkegelig aufragende Nadelbäume, die gutes Holz und ätherisches Öl liefern.

Macchia ist der Oberbegriff für immergrüne Krüppelbäume, Büsche und Sträucher, die häufig Rodungsgebiete oder Waldbrandflächen besetzen. Etwa zwei bis vier Meter hoch, dornig und stachelig, bildet die für das Mittelmeergebiet charakteristische Vegetationsform der Macchia ein oft undurchdringliches Hindernis.

Phrygana nennt man eine typische Erscheinung überweideter Gebiete, in denen Schafe und Ziegen alles abgefressen haben, was halbwegs verdaulich scheint – die Phrygana zählt nicht dazu, wehren sich die kugeligen, höchstens kniehohen Sträucher doch durch spitze Stacheln und Dornen. Im Umfeld, durch die Waffen der Phrygana mitgeschützt, wachsen oft duftende Kräuter wie Oregano, Thymian und Rosmarin.

Häufige Arten in Macchia und Phrygana

Agaven: Eine Sukkulentenart, die ursprünglich vom amerikanischen Kontinent stammt. Ihre auffälligen, meterhohen Blütenstände blühen im Juni; nach der Blüte stirbt die Pflanze ab.

Feigenkakteen: Große, fleischige Kakteen, deren herrlich süße Früchte von winzigen, aber sehr lästigen Stacheln effektiv geschützt werden. Wer ans Fruchtfleisch möchte, bearbeitet sie am besten unter fließendem Wasser mit einer Wurzelbürste (Fingerschutz durch Handschuhe, Gabel o. Ä.).

Erdbeerbaum: Ein immergrüner Strauch mit rötlichem Stamm, der zu den Heidekrautgewächsen zählt; die Früchte ähneln Erdbeeren nur optisch.

Keuschlammstrauch: Mythologische Pflanze, die im Sommer rosa, weiß oder hellblau blüht. Sie wird auch Mönchspfeffer genannt, da ihre Früchte sexuelles Interesse dämpfen sollen und deshalb von Mönchen ins Essen gemischt wurden. Der Strauch wächst vorwiegend an feuchten Standorten.

Ginster: Im Frühjahr und Frühsommer leuchtend gelb blühende Sträucher, die anstelle von Blättern grüne Zweige und Dornen ausbilden.

Oleander: In vielen sommertrockenen Flussbetten bildet der an den lanzettförmigen Blättern kenntliche Strauch wahre Dschungel; im Frühsommer blüht er rosa oder weiß. Achtung: giftig!

Meerzwiebel: Bis über 1 Meter Höhe schickt die halb aus dem Boden ragende Knolle im Frühherbst ihren weißen Blütenstand.

Wacholder: Strauchartige, knorrige kleine Bäume mit nadelartigen Blättern, die gegenüber Salzluft relativ unempfindlich und deshalb auch an Stränden zu finden sind.

Kulturpflanzen

Wichtigste Nutzpflanze ist der *Ölbaum*, der heilige Baum der Göttin Athene. Die ausgedehnten, silbern schimmernden Olivenhaine, die weite Flächen des Ostens, des Nordens und der Inselmitte bedecken, sind geradezu ein Charakteristikum der Insel. Neben Olivenöl liefert das knorrige Gewächs auch Essoliven, Olivenseife und das harte, widerstandsfähige Olivenholz.

Über den Ölbaum

Der Baum: Zur Olacea-Familie der Olivenbaumgewächse zählen auch Jasmin, Liguster und Flieder. Die kultivierten Arten des Olivenbaums, Sativa genannt im Unterschied zum wilden Oleasterbaum, zählen etwa 50 Unterarten, die sehr unterschiedliche Früchte hervorbringen.

Olivenbäume, die mehrere hundert Jahre alt werden können, vertragen nur wenige Frosttage bis maximal fünf Grad unter Null. Die Sommer müssen warm und trocken sein, im Herbst und Winter jedoch brauchen die Kulturen einige kräftige Regengüsse. Im Mai und Juni zeigen sich die kleinen, gelb-weißen Blüten, Reifezeit ist zwischen September und November. Der Anbau verlangt Geduld: Je nachdem, ob aus Stecklingen oder Samen gezogen, trägt ein Baum erst nach fünf bis zehn Jahren die ersten Früchte; den höchsten Ertrag erzielt er, mit durchschnittlich 20 kg Oliven, aber erst nach 20 Jahren – dann jedoch bei guter Pflege mehrere Jahrhunderte lang.

Ernte und Verarbeitung: Die Ernte gestaltet sich arbeitsintensiv, da sorgfältig vorgegangen werden muss: Wenn die zarte Haut der Früchte verletzt wird, sinkt die Qualität des Öls drastisch. Und schnell muss es auch gehen – zwischen Ernte und Pressung dürfen nicht mehr als zwei oder drei Tage liegen. In Griechenland werden üblicherweise große Fangnetze unter den Bäumen ausgelegt; reife Früchte schüttelt der Wind herunter, störrischere Oliven werden mit Stangen und Kämmen vom Baum geholt. Nach der Ernte wandern die von Ästen und Blättern gereinigten Oliven in eine der vielen Ölmühlen, die entweder in privater Hand oder kollektiv über den Bauernverband finanziert sind. Dort wird die gesäuberte und gewaschene Ernte gemahlen und anschließend gepresst: die sogenannte Kaltpressung, die das beste Öl (nach EU-Verordnung: "Natives Olivenöl extra") liefert. Chemische Extraktion und Raffinierung ergeben nur minderwertiges Öl.

Pastorales Idyll: Schafe am Golf von Géra

Weitere Kulturpflanzen

Natürlich wachsen auf Lésbos Obstbäume (Äpfel, Birnen, Kirschen, Pfirsiche), werden Gemüse wie Tomaten, Gurken, Auberginen und Paprika angebaut, Kartoffeln und Weizen geerntet. Im folgenden eine Zusammenstellung der für uns etwas ungewöhnlicheren Kulturpflanzen.

Feigenbäume: Wie der Ölbaum eine uralte Kulturpflanze. Meist stehen die weit ausladenden Bäume allein oder in kleinen Gruppen. Die köstlich-süßen Früchte können oft mehrmals im Jahr geerntet werden.

Granatapfelbäume: Krummästige, manchmal dornige Bäume, die rot, gelb oder weiß blühen. Im Inneren der Früchte umgibt geleeartiges, süßes Fruchtfleisch die Samenkerne.

Johannisbrotbäume: Immergrüne Bäume mit ledrigen Blättern, die an ihren länglichen, erst grünen, im Reifezustand dann schwarzen Schoten erkennbar sind. Meist wachsen sie wild, werden aber auch kultiviert; die Schoten sind essbar, werden normalerweise jedoch nur als Tierfutter verwendet.

Mandel- und Nussbäume: Sie stehen meist vereinzelt, oft im Umkreis der Bergdörfer.

Okra: Eine etwa fingerlange, grüne Frucht, die als Gemüse gegessen wird; die Zubereitung ist recht aufwändig.

Die Tierwelt der Insel

So reich die Flora ist – die Fauna zeigt sich, von den zahlreichen Vogelarten abgesehen, weit ärmer. Schuld ist der Mensch.

Im Herbst nämlich sind sie unterwegs, die Jäger in ihren japanischen Pickups: auf der Ladefläche ein Rudel rassiger Spürhunde, im Visier die letzten jagdfähigen Vertreter der Tierwelt. Jagd ist in Griechenland ein Volkssport, auch wenn es eben deswegen kaum noch etwas zu erlegen gibt. Großwild (Reh, Hirsch, Wildschwein) ist völlig ausgestorben, auch Kaninchen und Rebhühner machen sich bereits rar.

An Säugetieren findet man deshalb vorwiegend domestizierte, mehr oder minder freiwillige "Freunde des Menschen": Hunde, zahllose Katzen, Hühner, Ziegen und Schafe; als Lasttiere sieht man noch häufig Esel und Maulesel, seltener auch Pferde. Zahlreicher sind die Vertreter der Insekten und Reptilien, erst recht die der Vögel: Mehr als 130 Arten, vom Bienenfresser bis zum Flamingo, sollen auf der Insel ständig oder zumindest gelegentlich anzutreffen sein, mancher Insider spricht gar von 220 Arten. Als besonderes Vogelparadies gilt der Golf von Kalloní, weshalb der Ferienort Skála Kallonís besonders im Frühjahr und Herbst zahlreiche "Birdwatcher" anzieht.

Bienen: Zwar trifft man etwas abseits der Wege manchmal immer noch auf die bunt bemalten Bienenkästen (denen man sich natürlich mit gebührender Vorsicht nähern sollte), doch sind die Bestände in den letzten Jahren durch eine Bienenkrankheit stark zurückgegangen, haben viele Imker ihre Tätigkeit eingestellt.

Reptilien: Mit Schlangen haben Wanderer zu rechnen. Die meisten sind ungiftig, es gibt jedoch auch Vipern, eine dünne, graubraune Schlangenart, deren Rücken ein Zickzack-Muster trägt. Der Biss (zwei Einstichpunkte im Gegensatz zum halbmondförmigen Abdruck ungiftiger Schlangen) einer Viper kann lebensgefährlich sein: dann keinesfalls in Panik geraten – Zeit zur Rettung bleibt genug –, die Bisswunde abbinden und möglichst schnell zum Arzt. Beste Vermeidungsstrategie ist in unübersichtlichem Gelände aber ein fester Schritt (Schlangen flüchten, wenn man ihnen die Chance lässt), dazu knöchelhohes Schuhwerk und lange, feste Hosen; Vorsicht bei Steinhaufen und Ruinen. Dort leben auch Skorpione, deren Stich schmerzhaft, jedoch nicht lebensbedrohlich ist. An freundlicheren Reptilien finden sich die possierlichen Geckos, verschiedene Eidechsenarten sowie Wasser- und Landschildkröten. Achtung, alle Schildkröten sind Salmonellenträger – nicht anfassen!

Vögel: Zwar kreisen über den Gipfeln keine Adler oder Geier mehr, doch immerhin Falken, Bussarde und Habichte. In den Salinen am Golf von Kalloní leben ganzjährig Flamingos und brüten hier sogar; Störche oder Reiher bevorzugen ebenfalls die verbliebenen Sumpfgebiete. Groß ist die Artenzahl der Singvögel.

Meerestiere: Traurig – die Ägäis ist weitgehend leergefischt; so mancher Speisefisch auf dem Touristenteller wird bereits aus Übersee eingeflogen (vgl. auch Kapitel "Wirtschaft"). An Meeressäugern sieht man gelegentlich noch Delphine; sehr rar geworden sind die Mönchsrobben, von denen es nur noch auf den kleinen Inseln vor Sígri einige Exemplare geben soll.

Krähen schaben

Wirtschaft

Die griechische Wirtschaft ist in den letzten Jahren kräftig gewachsen, und auch den Sprung in die Europäische Währungsunion hat das Land noch geschafft. Manch drängendes Problem jedoch ist ungelöst geblieben. Vor diesem Hintergrund steht Lésbos steht relativ gut da.

Sorgen bereitet den Griechen insbesondere die hohe Staatsverschuldung, die praktisch auf dem Niveau des Bruttoinlandsprodukts liegt, das marode Rentensystem und eine Arbeitslosenquote, die zuletzt um die zehn Prozent pendelte. Die Ursachen der Misere sind vielfältig. So gilt Steuerhinterziehung nicht einmal als Kavaliersdelikt, sondern eher als selbstverständlich. Und der Beamtenapparat ist zum Bersten aufgebläht, da lukrative Posten zumeist nach dem Prinzip "Wählst du mich, so helfe ich dir" vergeben werden. Angesichts der Lage nimmt es nicht wunder, dass das Land am Finanz-Tropf der EU hängt und die Zuwendungen der Europäischen Gemeinschaft einen wichtigen Posten in der Bilanz bilden.

Harte Arbeit: Fischer beim Ausbessern der Netze

Lésbos, einer der wohlhabenderen Inseln des Landes, geht es im innergriechischen Vergleich relativ gut. Die Landwirtschaft ist nach wie vor ein wichtiger Wirtschaftszweig. Entsprechende Statistiken sind mittlerweile allerdings selbst dann überholt, wenn sie nur wenige Jahre alt sind – zu rasant boomt das Dienstleistungsgewerbe, vor allem der Tourismus.

Landwirtschaft: Ein Problem der griechischen Landwirtschaft ist das System der Erbteilung, durch das im Laufe der Jahre die Größe der einzelnen Betriebe beträchtlich geschrumpft ist. Die durchschnittliche Anbaufläche liegt auf Lésbos, auch bedingt durch das bergige Profil, unter drei Hektar. Im EU-Vergleich ist die Landwirtschaft der Insel damit insgesamt kaum konkurrenzfähig, innerhalb Griechenlands allerdings kann sich die Bilanz durchaus sehen lassen. Dies dankt Lésbos vor allem seinen ausgedehnten Ölbaumkulturen, die rund elf Millionen Bäume umfassen: Mit einem Jahresausstoß von gut 20.000 Tonnen ist die Insel nach Kreta Griechenlands zweitwichtigster Produzent von Olivenöl. Im Herbst nicht zu übersehen sind die vielen albanischen Saisonarbeiter, die zur Olivenernte auf die Insel kommen.

Viehzucht: Massentierhaltung ist auf Lésbos kein Thema. Ein paar Hühner haben viele Bauern im Stall, seltener auch einige Schweine und Rinder. Von relativ großer Bedeutung ist noch die extensiv betriebene *Weidewirtschaft*. Auf den ärmeren Böden im Westen von Lésbos grasen vorwiegend Schafe, etwas seltener sieht man auch Ziegenherden. Trotz staatlicher Unterstützung ist die Viehzucht aber im Rückgang begriffen.

Fischerei: Die Ägäis, ohnehin ein nährstoffarmes Meer, ist mittlerweile fast leergefischt. Dynamitfischerei und engmaschige Netze, beide Fangarten verhängnisvoll für die Fischbrut, taten ein Übriges. Eine bescheidene Rolle spielt der Fischfang aber immer noch. Vor allem im Golf von Kalloní gehen große Mengen an Sardinen und Sardellen in die Netze; bescheidener sind die Fänge bei Makrelenfischen (Thun, Schwertfisch, Makrele) und Weichtieren (Oktopus, Tintenfisch). Edelfische sind selten geworden.

Handwerk/Industrie: Bodenschätze sind rar, die eigentlich so nahe kleinasiatische Küste ist als möglicher Absatzmarkt politisch Welten entfernt – Industrie spielt deshalb nur mehr eine geringe Rolle. In erster Linie werden inseltypische Erzeugnisse für den Export verarbeitet: Oliven, Sardinen und Sardellen. Im Anstieg begriffen ist die Produktion von Oúzo aus Plomári. Als Grund dafür darf wohl die hervorragende Qualität des hiesigen Oúzo gelten, der nach traditionellen Methoden hergestellt wird und deshalb, anders als manches Erzeugnis der großen Festlandsfabriken, ausgezeichnet verträglich ist.

Bauwirtschaft: Gebaut wird nicht zu knapp. Das hat Gründe: Zum einen sorgt der Tourismus für steigenden Bedarf, zum anderen legen die Griechen ihre sauer verdienten Euros lieber in einem Haus an, als das Geld der (früher horrenden) Inflation auszusetzen; nicht zuletzt fühlt sich auch heute noch mancher Vater verpflichtet, seiner Tochter als Mitgift ein Haus oder eine Wohnung zur Verfügung zu stellen. In der Regel wird allerdings im Do-it-yourself-Verfahren gebaut (oft über Jahre hinweg, daher die vielen Rohbauten), weshalb Bauunternehmen wirtschaftlich keine große Rolle spielen.

Tourismus: Sicher eine der wichtigsten Branchen der Insel. Von Urlaubern überrannt wird Lésbos aber beileibe nicht, wie ein Vergleich mit dem viel kleineren Sámos verdeutlicht, dessen jährliche Besucherzahlen im Schnitt dreimal höher liegen. Glaubt man den Klagen der Hoteliers, so schienen die Besucherzahlen aus Deutschland zuletzt sogar wieder etwas rückläufig zu sein, vielleicht auch ein Ergebnis der mit dem Euro doch deutlich gestiegenen Preise.

Traditionen im Umbruch

Natürlich ist auch Lésbos von Internationalisierung und Amerikanisierung nicht frei geblieben: Satellitenschüsseln, Videospiele und Ähnliches finden sich mittlerweile auch in manch entlegenerem Dorf. Uns steht es nicht an, darüber die Nase zu rümpfen – zumindest die örtliche Jugend ist ganz dankbar dafür.

Die Mitgliedschaft in der EU, der zunehmende Tourismus, sicher auch das Fernsehen haben zwar uralte Werte ins Wanken gebracht; dennoch bewegt man sich in Griechenland immer noch in einer Kultur, die durchaus beträchtliche Unterschiede zu unserer aufweist.

Die orthodoxe Kirche

In Griechenland besitzt die Kirche zumindest in der älteren Bevölkerung noch großen Rückhalt. Nicht vergessen ist nämlich bis heute die bedeutende Rolle, die die orthodoxe Kirche in türkischer Zeit als Hüterin und Bewahrerin griechischer Kultur spielte. Mutige Äbte und Mönche lehrten damals im Verborgenen die griechische Sprache. Auf Lésbos waren es insbesondere die Klöster

Vielfältiges Angebot: Handel im Dienste des Herrn

von Limónos und Myrsiniotíssas, beide bei Kalloní, die diese gefährliche Aufgabe auf sich nahmen. Auch im Zweiten Weltkrieg unterstützte die Kirche tatkräftig den Widerstand gegen die Besatzer, gewährte Partisanen Unterschlupf und half bei der Vorbereitung geheimer Treffen. Traditionell sind deshalb Staat und Kirche in Griechenland eng verbunden.

Die orthodoxe ("Rechtgläubige") Kirche trägt ihren Namen nach dem Anspruch, einzig rechtmäßige Nachfolgerin der ursprünglichen römischen Kirche zu sein, sieht sich deshalb als vollkommen und immerwährend. Folgerichtig hat sie ihre Lehre und ihren Kultus, in dessen Mittelpunkt die Vergegenwärtigung der Heilsgeschichte und der Empfang des Heiligen Abendmahls steht, seit dem Siebten Ökumenischen Konzil von 787 nicht mehr grundlegend verändert. Eine solche Grundhaltung, verbunden mit traditionell starker Position im Staat, sorgt naturgemäß für eine extrem konservative Einstellung gegenüber Reformen. Die sozialistische PASOK-Partei hat in den Achtzigerjahren deshalb versucht, die Macht der Kirche zu beschneiden, was ihr teilweise auch gelungen ist: so steht seit 1982 (!) die standesamtliche Trauung der kirchlichen gleichberechtigt gegenüber, 1987 wurde gar überlegt, die immensen Reichtümer der Kirche zu verstaatlichen. Interessant ist in diesem Zusammenhang, dass die orthodoxe Kirche keinerlei soziale Ambitionen hegt, karitative Arbeit nicht stattfindet.

Die Priester (*Papádes*) sind fester Bestandteil des Dorflebens. Bekleidet mit langen, dunklen Gewändern, das lange Haar unter der charakteristischen Kopfbedeckung im Nacken verknotet, die Bärte üppig, sieht man sie auf der Platía sitzen, aber auch auf den Feldern arbeiten: Ihr Gehalt ist gering (eine Kirchensteuer gibt es nicht), weshalb sie zum Nebenerwerb praktisch gezwungen sind. Das Zölibat betrifft in der orthodoxen Kirche nur obere Ränge: Ein einfacher *Papás* darf verheiratet sein und Kinder haben, der Aufstieg zum Bischof bleibt ihm aber verwehrt.

Ikonostassia: Die Bilderstöcke, die an vielen Straßenrändern stehen, sind ein vertrauter Anblick in Griechenland. Im Inneren brennt vor einer kleinen Ikone oft ein Öllämpchen und erinnert an einen tragischen Unfall oder ein anderes denkwürdiges Geschehnis, das sich an dieser Stelle ereignet hat.

Familie und Gesellschaft

Traditionell ist es in Griechenland seit jeher die *Großfamilie,* die anstelle des Staates für sozialen Schutz sorgt. Sie springt ein, wenn ein Mitglied, und sei es nur ein entfernter Vetter, seine Arbeit verliert oder auf andere Weise in wirtschaftliche Nöte gerät. Unumstrittenes Oberhaupt, oft sogar über bereits verheiratete Söhne, ist der Vater. Die modernen Zeiten gingen jedoch auch an Lésbos nicht vorüber – langsam, aber wohl unumstößlich, naht das Ende der Großfamilie, eingeleitet meist durch den Umzug der Kinder aufs Festland oder die Emigration ins Ausland. Im Sommer jedoch, wenn alle zum Besuch in die Heimat zurückgekehrt sind, ist die griechische Familienwelt wieder in Ordnung.

Stellung der Frau: In den größeren Städten Griechenlands mag sich die Situation in den letzten Jahren verbessert haben, im ländlichen Bereich sieht es dagegen oft nicht so gut aus. Das griechische Patriarchat hatte sich lange erfolgreich gegen Emanzipationsbestrebungen gewehrt: 1952 erst wurde das volle Wahlrecht für Frauen eingeführt, die Gleichberechtigung sogar erst 1975 in der Verfassung verankert. Doch immer noch hat in vielen Dörfern, allen Gesetzen zum Trotz, traditionsgemäß das Familienoberhaupt das Sagen – und das ist eben nach wie vor der Mann.

Heirat: Die standesgemäße Heirat der Söhne und Töchter besitzt hohe Bedeutung und wird z. T. immer noch von den Vätern arrangiert. Eine schwere Belastung für die Familien war und ist das System der Mitgift (*Príka*), das die Aussteuer der Tochter regelt: Je höher der soziale Status des Heiratskandidaten, desto höher auch die von den Brauteltern aufzubringende Aussteuer, die in Geld, Wohnraum oder einem Stück Land bestehen kann. Offiziell ist dieses Mitgiftsystem seit 1983 zwar abgeschafft, doch besteht es unter der Hand teilweise weiter. Auch heute noch gilt als wichtig, dass die Braut jungfräulich in die Ehe geht; zumindest der Anschein muss gewahrt bleiben.

Kriminalität: Vielleicht ist es wirklich auf die regulierende Wirkung der Großfamilie zurückzuführen – in Griechenland liegt die Kriminalitätsrate jedenfalls ungewöhnlich niedrig. So verzeichnet eine Statistik auf 100.000 Einwohner 468 jährliche Diebstähle, im EU-Durchschnitt sind es hingegen über 3000! Auf Lésbos dürfte die Diebstahlrate sogar noch niedriger liegen als im landesweiten Durchschnitt. In Touristenzentren und an viel besuchten Stränden ist zwar trotzdem etwas Vorsicht angebracht, doch muss man sich im Regelfall um sein Hab und Gut kaum sorgen. Wenn doch etwas geklaut wird, ist es nicht unwahrscheinlich, dass ein anderer Tourist der Missetäter war.

Vólta: Eine griechische Tradition, die in vielen anderen Mittelmeerländern ihre Entsprechung findet und besonders in größeren Dörfern und den Städten zu beobachten ist: Die Promenade am Abend, die immer auf bestimmten Straßen stattfindet, in Küstenorten meist entlang des Hafenboulevards. Ganze Familien, Teenagergrüppchen und Soldaten auf Ausgang schlendern gemächlich auf und ab, an den Wochenenden aufs Feinste herausgeputzt. Zweck der Übung: Sehen und Gesehen werden; für die Jugend natürlich auch Gelegenheit zum Anbahnen erster zarter Kontakte – klar, dass die Eltern da ein besonders wachsames Auge auf ihre Töchter haben.

Filoxenía: Die viel gerühmte griechische *Gastfreundschaft* gibt es in ihrer ursprünglichen Form kaum mehr. Wie sie früher beschaffen war, verdeutlicht die Tatsache, dass es im Griechischen für die Begriffe "Fremder" und "Gast" nur ein Wort gibt: *Xénos*. Entsprechend wurden Fremde empfangen, man bot ihnen Essen, Quartier und den Schutz der Großfamilie. Der Massentourismus hat diese uralte Art der Gastfreundschaft praktisch unmöglich gemacht; nicht zu reden von den Schnorrern früherer Jahre, die ihre Gastgeber für ihre Uneigennützigkeit oft genug noch verspotteten. Freundlich geblieben sind die meisten Griechen jedoch noch immer; und wer eingeladen wird, sollte dieser Einladung auch Folge leisten, Speis und Trank nicht unhöflich ablehnen. Anders ist es um die an Touristinnen gerichtete Einladung durch junge Männer bestellt, siehe unten.

Anmache: Im Gegensatz zu den Frauen sind griechische Männer keinesfalls zur vorehelichen "Jungfräulichkeit" verdammt. Da nun die einheimischen Mädchen zwangsweise zurückhaltend sind, die mittel- und nordeuropäischen Touristinnen dagegen nicht unbedingt in diesem Ruf stehen, versucht so mancher eben bei diesen sein Glück. Wer nicht auf solche Bekanntschaften aus ist und dies deutlich zu verstehen gibt, hat jedoch keine Probleme.

Emigration

Auswanderung ist trotz des relativen Wohlstands der Insel immer noch ein Thema. Das hat durchaus Tradition, gründeten doch schon die Griechen der Antike Kolonien im gesamten Mittelmeerraum. Die Emigration im heutigen Sinne begann im 19. Jh., als viele ihr Glück in Amerika suchten. Weitere Auswanderungswellen folgten der "Kleinasiatischen Katastrophe" von 1922 und dem Zweiten Weltkrieg. Heute leben allein in den USA etwa 2,3 Millionen Griechen, in Deutschland sind es über 300.000.

Vor allem die Jungen wollen weg von der Insel, nicht nur aus beruflichen und finanziellen Gründen. Oft ist es schlicht Langeweile, die sie treibt: "Im Sommer, wenn die Touristen da sind, ist ja einiges los; die Winter aber sind entsetzlich öde" – so oder so ähnlich klingt es oft, wenn man sich mit der Inseljugend unterhält. Athen und Thessaloníki sind in Griechenland, Amerika und Kanada im Ausland die Traumziele.

Viele der Emigranten, die sonst in den USA, Australien, Kanada oder dem europäischen Ausland leben, kehren während der Sommersaison auf die Insel zurück, wo sie zum Nebenerwerb oft ein kleines Hotel oder eine Pension eingerichtet haben. Und auch in Übersee bleiben sie ihrer Heimat treu: So gibt es in zahlreichen Großstädten der USA Vereine der emigrierten Lesbier, die sich regelmäßig treffen und in ihrem Dorf häufig genug auch bei der Finanzierung von Schulen, Kindergärten und anderen sozialen Einrichtungen helfen.

Geschichte

... im schnellen Überblick

4. Jahrtausend v. Chr.	Jungsteinzeit; erste nachweisbare Besiedelungsspuren.
3. Jahrtausend v. Chr:	Übergang zur Bronzezeit.
Ab 1100 v. Chr.	Äolische Einwanderung nach Lésbos.
Ab 800 v. Chr.	Aufkommen der Stadtstaaten, erste Koloniegründungen.
Ab 700 v. Chr.	Die Insel erlebt eine kulturelle und wirtschaftliche Blüte. Weit reichende Handelsbeziehungen; Alkaios und Sappho begründen die Lyrik.
546/522 v. Chr.	Lésbos fällt unter persische Herrschaft.
499 v. Chr.	Erfolgloser Aufstand gegen die Perser.
480/479 v. Chr.	Lésbos wird von den Persern zum Kampf gegen Griechenland gezwungen. 479 besiegt Griechenland die Perser; in der Folge tritt Lésbos dem Attischen Seebund bei.

431–404 v. Chr.	Peloponnesischer Krieg zwischen Athen und Sparta; die meisten Städte der Insel fallen von Athen ab, das deshalb 427 v. Chr. Mytilene erobert.
Ab 404 v. Chr.	Wechselnde Zugehörigkeit der Insel zu Sparta und Athen.
336–323 v. Chr.	Herrschaft Alexanders des Großen; die Insel wird Teil des makedonischen Reichs.
323–146 v. Chr.	Diadochenkämpfe um die Nachfolge Alexanders. Dennoch bringt die hellenistische Zeit eine neue kulturelle Blüte.
88 v. Chr.	Als Folge des mithridatischen Aufstands erobert Rom die Insel.
52 n. Chr.	Die Überlieferung berichtet von einem Besuch des Apostels Paulus auf Lésbos.
395	Teilung des römischen Reiches. Die Insel gelangt mit ganz Griechenland zum Oströmischen Reich, dem späteren Reich von Byzanz.
Ab 395	Jahrhunderte voller Überfälle durch Piraten, Kreuzfahrer und Araber.
726–843	Im Bilderstreit (Ikonoklasmus) um die Frage der Rechtmäßigkeit der Verehrung von Heiligenbildern werden viele Kunstwerke zerstört. Andere, vor den Bilderstürmern verborgen, liegen oft jahrhundertelang versteckt. Ihre Wiederentdeckung, als Wunder interpretiert, führt später nicht selten zur Gründung eines Klosters.
Ab 1204	In der Folge des 4. Kreuzzuges gerät die Insel unter venezianische Herrschaft; Mitte des 13. Jh. gelingt Byzanz die Rückeroberung.
1354	Lésbos gelangt als Mitgift an die Genueserfamilie Gattelusi.
1453	Türkische Eroberung von Konstantinopel – Untergang des Byzantinischen Reichs.
1462	Die Türken erobern Lésbos.
1821–1829	Der griechische Freiheitskampf gegen die Türken findet auf Lésbos wenig Resonanz; die Insel bleibt türkisch.
1912	Lésbos wird dem Königreich Griechenland angeschlossen.
1922	Vernichtende Niederlage Griechenlands im Kampf gegen die Türkei beim Versuch, Istanbul und Kleinasien zu erobern und ein Großgriechenland zu schaffen – die "Kleinasiatische Katastrophe".

1923	Der Vertrag von Lausanne bringt die Zwangsumsiedlung von Millionen Menschen; 1,2 Millionen Griechen müssen Kleinasien verlassen, im Gegenzug 500.000 griechische Türken in die Türkei zurückkehren. Als Folge großes Flüchtlingselend auf Lésbos; die kulturellen und wirtschaftlichen Beziehungen zur nahen Küste brechen ab, die Insel gerät in eine Randlage.
1941–1945	Zweiter Weltkrieg; deutsche Besetzung der Insel; große Hungersnot.
1946–1949	Griechischer Bürgerkrieg zwischen Kommunisten und Royalisten, den letztere schließlich gewinnen.
1952	NATO-Beitritt Griechenlands.
1967–1974	Militärdiktatur; 1974 stürzt die Dikatur über den Zypernkonflikt.
1975	Nach einer Volksabstimmung wird Griechenland parlamentarische Republik. Neuer Ministerpräsident wird Konstantínos Karamánlis, der das Land in die Demokratie führt. Bis 1981 regiert seine konservative "Neue Demokratie" Néa Demokratía (ND).
1981	Griechenland wird Vollmitglied in der EG. Wahlsieg der "Panhellenischen Sozialistischen Bewegung" Pasok unter Andréas Papandréou.
1990	Nach einer Übergangsregierung gewinnt die Nea Demokratía unter Ministerpräsident Konstantin Mitsotákis die Parlamentswahlen. Mit rigidem Sparkurs versuchen die Konservativen die miserable Wirtschaftslage zu bessern, doch bleiben die Ergebnisse aus.
1993	Trotz zahlreicher Skandale der Vergangenheit wählen die Griechen wieder einmal mehrheitlich "Grün", in Griechenland die Farbe der Sozialisten von Papandréous Pasok. "Blau" (Néa Demokratía) und "Rot" (die Kommunisten der KKE) haben das Nachsehen.
1996	Im Januar tritt Ministerpräsident Andréas Papandréou aus Krankheitsgründen zurück. Am 23. Juni stirbt der populärste griechische Politiker des 20. Jh. im Alter von 77 Jahren. Mit Sonderzügen und -flügen reisen eine Million Griechen zur Beerdigung an. Kóstas Simítis, Papandréous Nachfolger als Ministerpräsident und Parteivorsitzender, lässt vorgezogene Neuwahlen ausschreiben und gewinnt mit absoluter Mehrheit.

Freude in Mytilíni: Pasok-Anhänger feiern den Wahlsieg von 1993

1998 Griechenland verfehlt als einziges Land der EU die Teilnahme an der ersten Phase der europäischen Wirtschafts- und Währungsunion. Am 23. April stirbt im Alter von 91 Jahren Konstantínos Karamánlis. Der konservative Staatsmann, neben Papandréou der bedeutendste Politiker des modernen Griechenlands, war sechsmaliger Premier und zweifacher Staatspräsident. Unter seiner Regie erfolgten der unblutige Übergang von der Militärdiktatur zur Demokratie 1974 und der Beitritt Griechenlands zur EG.

2000 Bei den Parlamentswahlen im April erreicht die Pasok unter Simítis mit 43,7 Prozent der Stimmen nur noch einen hauchdünnen Vorsprung vor der Néa Demokratía des Herausforderers Konstantínos Karamánlis (ein Neffe des verstorbenen Staatsmanns), die 42,7 Prozent einfährt. Trotz des Verlusts von vier Mandaten behalten die Sozialisten mit 158 von 300 Sitzen die absolute Mehrheit, die ND verbessert sich um 17 Mandate auf 125 Sitze. Dank des rigiden Sparkurses der letzten Jahre schafft Griechenland doch noch den Sprung in die Wirtschafts- und Währungsunion und wird ab dem 1. Januar 2001 offizielles Mitglied.

2002	Auch in Griechenland wird der Euro alleiniges Zahlungsmittel. Mit ihm, so empfindet es zumindest die Mehrheit der Griechen, kommt ein kräftiger Preisschub vor allem bei Artikeln des täglichen Bedarfs. Tatsächlich beträgt die Inflationsrate im Jahresverlauf immerhin 3,6 Prozent. Gleichzeitig werden die neuen Münzen von den Griechen gering geschätzt. Der Gegenwert der früher wertvollsten Münze, des 100-Drachmen-Stücks, betrug nicht einmal 30 Cent. Entsprechend achtlos werden insbesondere die kleinen Cent-Münzen behandelt. Mit PR-Kampagnen versucht die Regierung ihrem Volk deshalb klarzumachen, dass nicht nur Papiergeld wertvoll sein kann.
2004	Im April finden die Parlamentswahlen statt. Vier Monate später, vom 13. bis 29. August, folgt dann das Großereignis, auf das das ganze Land schon seit Jahren hinfiebert: die Olympischen Spiele, die erfahrungsgemäß nicht nur Unmengen von Besuchern anziehen, sondern auch mit einem kräftigen Preisschub einhergehen dürften.

Inselgeschichte

Vor- und Frühgeschichte

Erste Spuren menschlicher Existenz auf Lésbos finden sich ab dem vierten, Siedlungen sind ab dem dritten Jahrtausend vor Christus nachgewiesen. Näher erforscht unter diesen Dörfern der Bronzezeit wurde nur *Thermí* nördlich von Mytilíni, die genaue Untersuchung der weit größeren prähistorischen Siedlung von *Kourtiri* am Golf von Kalloní steht noch aus. Sicher scheint jedoch, dass bereits damals ein Austausch mit der kleinasiatischen Küste von Troja stattfand; so hatte die Keramik von Thermí große Ähnlichkeit mit Terrakotta aus Troja. Auch die epischen Erzählungen Homers, der die Helden Odysseus, Achilles, Ajax und Agamemnon zahlreiche Abenteuer auf Lésbos bestehen lässt, verweisen auf solche Beziehungen. Andere Funde zeigen, dass ab etwa dem zweiten Jahrtausend v. Chr. auch Kontakte zum minoischen und mykenischen Kulturkreis bestanden.

Glaubt man der Sage, so wurden die ersten Siedler vom Sohn des Sonnengottes Helios persönlich angeführt, einem gewissen *Makareas*. Er gründete zahlreiche Städte und gab ihnen die Namen seiner Söhne (u. a. Eressós) und seiner fünf Töchter Mytilene, Methymna, Ántissa, Issa und Arisbe. Bis auf Issa und Arisbe, die einst am Golf von Kalloní lagen, existieren diese Städte heute noch. Auch den Namen Lésbos erklärt die Sage: So habe ein Schwiegersohn des Makareas geheißen.

Nüchterne Forscher dagegen sehen die mythischen Städte als Gründung der Äoler aus Thessalien, die um 1100–1000 v. Chr. die Insel besiedelten; tatsächlich weisen die ältesten nachweisbaren Spuren der Stadtgebiete von Mytilíni, Míthimna (Mólivos) und des antiken Ántissa auf äolische Gründer hin.

Sehenswertes: Zahlreiche Funde aus den fünf im Lauf der Zeit übereinander errichteten Siedlungen von Thermí sind im Alten Archäologischen Museum von Mytilíni ausgestellt, wo es auch eine gute, in englischer Sprache erstellte Dokumentation zu der Ausgrabungsstätte gibt.

Frühchristlich: Mosaik der Basilika in Skála Eressoú

Lésbos in der Antike

In den folgenden Jahrhunderten entwickelten sich diese Städte zu mächtigen Stadtstaaten, die ihren Herrschaftsbereich bis nach Kleinasien ausdehnten und dort Niederlassungen gründeten. Gleichzeitig kam es zu innenpolitischen Auseinandersetzungen zwischen Adel und Tyrannen – letztere waren Alleinherrscher ohne die negative Bedeutung des heutigen Ausdrucks, der Tyrann Pittakos (7./6. Jh. v. Chr.; Leitspruch: "Ein gerechter Anteil ist mehr als genug") galt sogar als einer der sieben Weisen des Altertums.

546 v. Chr. fiel Lésbos unter das Joch der Perser, 499 v. Chr. blieb der ionische Aufstand gegen die verhassten Herren erfolglos. 479 v. Chr., nach der persischen Niederlage von Mykale, traten die Städte der Insel dem Attischen Seebund bei. Während des Peloponnesischen Krieges wandten sie sich mit Ausnahme von Methymna jedoch vom Bündnispartner ab. Als Folge wurde 427 v. Chr. Mytilene erobert, Tausende von Einwohnern in Athen hingerichtet. Auch die folgenden Jahrzehnte waren unruhig: Mal hielt Lésbos zu Athen, mal zu Sparta, war ab 375 v. Chr. dann Mitglied des Zweiten Attischen Seebundes.

Lésbos: Insel der Lyrik

Stolz sind die Bewohner von Lésbos auf ihre künstlerische Tradition, die bis in die archaische Zeit zurückreicht und auch heute noch hoch gehalten wird. Ihren Ursprung nahm sie der Legende zufolge, als Orpheus' Haupt am Strand von Ántissa angeschwemmt wurde und Lésbos von dem großen Sänger die Lyrik erbte.

Terpandros, im 8. Jh. v. Chr. im antiken Ántissa geboren, war Komponist und Musiker; er revolutionierte die musikalische Bandbreite der Lyra und erfand eine neue Kompositionsfolge für die Kithara.

Arion, im 7. Jh. v. Chr. in Methymna (Mólivos) geboren, glänzte als Dichter und Musiker. Als ihn räuberische Seeleute zwangen, fernab der Küste ins Meer zu springen, soll er so betörend gesungen haben, dass ihn ein davon gerührter Delphin an Land trug.

Sappho, die Legendäre, wurde Ende des 7. Jh. in Eressós geboren; ihre Lyrik glänzt bis heute. Dass Sappho nicht nur Männern zugetan war, verlieh der lesbischen Liebe ihren Namen und machte Skála Eressoú zu einem Mekka der auf ihren Spuren wandelnden Frauenwelt.

Alkaios aus Mytilene war ein Zeitgenosse Sapphos und widmete ihr manchen Vers; bekannter wurde er als Dichter sinnenfroher Gesänge, die insbesondere den Weingenuss verherrlichten. Doch war Alkaios' Lyrik auch politisch, stand auf Seiten des Adels gegen die Tyrannis, was ihm zeitweise die Verbannung eintrug.

Theoprast (371–287 v. Chr.), Philosoph und Naturforscher, wurde wie Sappho in Eressós geboren und trat vor allem als bedeutendster direkter Schüler und Nachfolger des Aristoteles in Erscheinung. Er hinterließ eine viel benutzte systematische Darstellung der Pflanzenwelt, schrieb Abhandlungen über Parfüm und Aromen und außerdem eine amüsante Schilderung der menschlichen Charaktere.

Longos' Herkunft ist unsicher; vielleicht wurde auch er im 2. Jh. n. Chr. auf Lésbos geboren. Zumindest aber spielt hier sein bukolischer Hirtenroman "Daphnis und Chloe" (als Reclam-Heft erhältlich).

Theóphilos (1873–1934), ein "naiver", lange Zeit verkannter Maler, stammte aus Variá bei Mytilíni; heute zählen seine Gemälde zu den gesuchtesten Griechenlands.

Stratis Eleftheriadis (1897–1983) alias Teriade war der späte Förderer von Theóphilos, gleichzeitig ein berühmter Kunstkritiker und Herausgeber. Seine beiden Sammlungen (Theóphilos und andere zeitgenössische Künstler) sind in zwei exquisiten Museen in Variá ausgestellt.

Nähere Informationen zu Terpandros, Sappho, Alkaios, Theóphilos und Teriade finden Sie unter deren Geburtsorten bzw. der Beschreibung der Museen in Variá.

334 v. Chr. verbündete sich Lésbos mit Alexander dem Großen und kam nach dessen Tod in den Herrschaftsbereich der Ptolemäer, der aus Makedonien stammenden Pharaonen Ägyptens.

Die Römer, die schon ab dem 2. Jh. v. Chr. gewissen Einfluss auf die Insel hatten, eroberten Lésbos 88 v. Chr.; besondere Erwähnung in ihren Chroniken fand die Tapferkeit des noch jungen Julius Cäsar. Unter der römischen Herrschaft, die der Insel teilautonome Rechte einräumte, erlebte Lésbos eine Blüte der Wirtschaft und Kultur. Früh begann die Christianisierung der Insel.

Sehenswertes: Die Altertümer der Insel blieben nicht so gut erhalten wie anderswo. Von den Tempeln von Méssa und Klopedi, beide unweit des Golfs von Kalloní gelegen, sind beispielsweise nur noch die Grundmauern zu sehen; auch die Ruinen des antiken Ántissa und Eressós sagen dem Laien nur wenig. Gut ausgestattet mit Funden jener Epoche ist jedoch das Archäologische Museum in Mytilíni. Dort finden sich auch Schätze der Römerzeit, wie überhaupt die römische Periode recht eindrucksvolle Spuren hinterlassen hat: in Mytilíni ein großes Amphitheater, bei Mória und Lámbou Míli hübsche Bögen eines Aquädukts.

Byzantinische und Genuesische Herrschaft

Mit der Teilung des Römischen Reiches im 4. Jh. kam Lésbos an dessen Osthälfte Byzanz. Die neuen Herren waren an der Insel wenig interessiert, nutzten sie in erster Linie als Verbannungsort für politisch Missliebige – da störte es auch nicht weiter, dass Lésbos über die Jahrhunderte hinweg immer wieder von Piraten, Venezianern, Kreuzfahrern und räuberischen Sarazenen angegriffen wurde. Letzteren gelang es 1084 sogar, Lésbos kurzfristig zu besetzen. Als Konsequenz aus den vom Meer drohenden Gefahren wurden viele Siedlungen von der Küste ins Inselinnere verlegt.

1354 überließ der byzantinische Kaiser *Palaiologos* Lésbos als Mitgift seiner Schwester dem genuesischen Adligen *Francesco Gattelusi*. Die Genueserdynastie, die über ein Jahrhundert lang die Geschicke der Insel lenkte, baute das Verteidigungssystem aus, woraufhin die Überfälle seltener wurden. Lésbos erlebte eine neue Blütezeit.

Sehenswertes: Viele byzantinische Kirchen wurden in türkischer Zeit zerstört oder verfielen. Gut erhalten blieb die Kirche Panagía Troulotí in Thermí; außerhalb von Agía Paraskeví hat man die romantischen Ruinen einer frühchristlichen Basilika des 5. Jh. restauriert. Auch bei Skála Eressoú sind Reste frühchristlicher Gotteshäuser erhalten.

Die Gattelusi taten sich insbesondere beim Umbau von Festungen hervor. Ihre Handschrift tragen beispielsweise die Kastelle in Mytilíni und Mólivos.

Türken auf Lésbos

Am 14. Oktober 1462 übergab der letzte Gattelusi Lésbos nach sechswöchiger, verlustreicher Belagerung dem türkischen Sultan *Mehmed II.*, genannt "Der Eroberer". Es half ihm nichts: Nicola Gattelusi und sein Bruder Domenico wurden entgegen den Versprechungen des Sultans erhängt.

Das Schicksal der Bevölkerung war nicht besser – Hunderte junger Frauen wanderten in den Harem, junge Männer wurden zu den Janitscharen gezwungen,

Handwerker nach Kleinasien verschleppt. Wer sich als "unbrauchbar" erwies, fand den Tod. Fortan diente Lésbos einmal mehr als Verbannungsort, gleichzeitig als Kornkammer Konstantinopels. Es war eine Zeit des wirtschaftlichen und kulturellen Niedergangs; einzig der Kirche gelang es, vor allem in den Klöstern Limónos und Myrsiniotíssas, die griechische Kultur und Schrift zu bewahren.

Etwas besser stellte sich die Situation erst nach Abschluss des russisch-türkischen Vertrags von 1774 dar, in dem Russland gewisse Privilegien für die griechisch-orthodoxe Kirche durchsetzen konnte. Auch die Wirtschaftslage besserte sich und viele Einwohner unterhielten Handelsbeziehungen nach Kleinasien oder besaßen dort sogar Grund. Den vereinzelten Aktionen von Freiheitskämpfern in den Jahren um 1820 war kein Erfolg beschieden.

Sehenswertes: Sieht man von Umbauten an Kastellen und der durchaus orientalisch gefärbten Atmosphäre in Mytilínis Bazargasse Odós Ermoú ab, so finden sich nur mehr wenige Relikte der türkischen Herrschaft: in Mytilíni eine Moschee und ein restauriertes Badehaus, im Westen der Insel in Parákila, Fília und Skalochóri noch Minarette, in Sígri eine zur Kirche umgebaute Moschee. Relativ häufig sind türkische Brunnen.

Der wirtschaftliche Aufschwung der griechischen Bevölkerung manifestierte sich im Bau von Herrenhäusern (Archontiká), wie sie vor allem in Mytilíni, Plomári und Mólivos stehen; Paradebeispiel für diesen Baustil ist das als Museen zugänglichen Haus in Pétra. Sehenswert sind natürlich auch die in der türkischen Zeit gegründeten Klöster, allen voran das Kloster Limónos bei Kalloní.

Endlich bei Griechenland

1912 gelang es den Truppen des griechischen Admirals *Pávlos Kountouriótou*, die Türken zu besiegen und Lésbos zu befreien. Die Freude währte nur kurz, verstrickte sich Griechenland doch zehn Jahre später in die "Kleinasiatische Katastrophe". Der riesige Bevölkerungsaustausch zwischen der Türkei und Griechenland zwang Lésbos, Zehntausende von Flüchtlingen aufzunehmen. Die Insel brauchte Jahrzehnte, um sich von den Folgen des Krieges zu erholen; Jahrzehnte, in denen der Kommunismus an Boden gewann, Lésbos den Beinamen "Rote Insel" erhielt.

Das nächste Unheil brach mit der Besetzung durch die Deutschen im Zweiten Weltkrieg herein. Von 1941–1944 waren deutsche Truppen auf Lésbos stationiert, die zwar – anders als in anderen Regionen Griechenlands – keine Massaker verübten; als Folge des Krieges kam es im Winter von 1941 auf 1942 jedoch zu einer großen Hungersnot, die Hunderte, vielleicht Tausende von Opfern forderte.

Die Militärdiktatur und die folgende konservative Regierung zeigten wenig Liebe für die "rote Insel", hielten sich auf Lésbos mit finanziellen Wohltaten auffällig zurück. Erst unter den Sozialisten änderte sich ab 1981 die Situation – kein Wunder also, dass die sozialistische PASOK bei Wahlen auf Lésbos häufig beste Ergebnisse einfährt.

Nationalstolz: die griechische Flagge über dem Kastell von Mytilíni

Sehenswertes: Zu Recht viel besucht werden die Museen des auf Lésbos geborenen Malers Theóphilos und seines Förderers Teriade, die beide in Variá bei Mytilíni liegen. Verständnis der Alltagskultur und einen guten Eindruck von den Lebensbedingungen der Vergangenheit vermitteln die Volkskundemuseen in Mytilíni (zuletzt leider geschlossen) und Plomári.

Aktuelle Konflikte und Probleme

▶ **Das Verhältnis zur Türkei**: Die Geschichte lässt verstehen, warum es um die Beziehungen beider Völker nicht besonders gut steht. Bis heute sind manche der Konflikte zwischen den beiden Nato-Mitgliedern nicht gelöst. 1974 brachten Auseinandersetzungen um die Insel Zypern die Staaten an den Rand eines Krieges: Damals hatte die griechische Militärjunta durch ein Attentat auf den zypriotischen Präsidenten versucht, die überwiegend von Griechen bewohnte Insel für sich zu vereinnahmen; Ankara antwortete mit einer Invasion und der gewaltsamen, bis heute nicht beendeten Teilung der Insel. Andere Zwistigkeiten, die ebenso schnell in eine bewaffnete Auseinandersetzung hätten münden können, entzündeten sich in den Siebziger- und Achtzigerjahren an Fragen der Schürfrechte nach Erdöl und der Kontrolle des Luftraums; strittig waren in beiden Fällen die jeweiligen Grenzen in der Ägäis. Und noch 1996 entsandten Griechenland und die Türkei in einem absurden Streit um die winzige, unbewohnte Insel Imia Kriegsschiffe in die Region vor Bodrum – nur die massive Intervention der Amerikaner verhinderte Schlimmeres. Dabei wäre eine Annäherung beider Seiten von immenser Bedeutung für die Stabilität der Region.

In den letzten Jahren ist auch deutlich Bewegung in das schwierige Verhältnis gekommen. Ein Auslöser waren die schweren Erdbeben, die im Sommer 1999 nacheinander beide Länder erschütterten und in der Bevölkerung ein Gefühl der Solidarität und Hilfsbereitschaft weckten: Waren nach dem Beben vom 17. August in der Türkei auch viele Griechen unter den Einsatzkräften, so suchten drei Wochen später in Athen türkische Helfer nach Überlebenden. Bald darauf erklärte Griechenland zur weltweiten Verblüffung, man unterstütze ab sofort den Beitritt der Türkei zur EU. In der Folge kam es Anfang 2000 zu gegenseitigen Besuchen der jeweiligen Außenminister, die durchaus eine historische Dimension hatten, waren es doch die ersten seit rund vier Jahrzehnten. Eine ganze Reihe von bilateralen Verträgen wurden unterzeichnet, die wirklich schwierigen Probleme – vor allem die Zypernfrage und die territorialen Konflikte – blieben freilich außen vor und sind bis heute nicht gelöst. Und so stockt denn der Annäherungsprozess auch immer wieder. Abzuwarten bleibt zudem, wie sich die Dinge nach dem Wahlsieg der religiös-konservativen Partei AKP in der Türkei entwickeln werden.

Angesichts der Nähe zur türkischen Küste, der in der Vergangenheit so häufig gespannten politischen Lage zwischen den beiden Staaten und auch wegen der markigen Sprüche, die lange Zeit aus Ankara zu hören waren, verwundert es nicht, dass die Griechen starke Militärverbände auf Lésbos stationiert haben. Den Reisenden braucht dies nicht zu kümmmern, da die jungen Soldaten höchstens durch ihr zurückhaltendes Wesen auffallen. Fotografierverbote in der Umgebung militärischer Anlagen sollte man freilich grundsätzlich ernst nehmen.

- **Fluchtziel Griechenland**: Die Nähe zur kleinasiatischen Küste konfrontiert Lésbos mit einem weiteren Problem, das viele grenznahe Inseln Griechenlands betrifft: Immer wieder versuchen Flüchtlinge verschiedener Herkunft, sich aus Armut oder vor politischer Verfolgung auf griechisches Territorium und damit in das Gebiet der EU zu retten. Aufgrund der hohen Flüchtlingszahlen hat Griechenland im November 2001 ein Rücknahmeabkommen mit der Türkei geschlossen. Wer sich im Bereich des Hafens von Mytilíni näher umsieht, wird wahrscheinlich gleich mehrere Fischerboote mit türkischem Namenszug entdecken, die nach der Ankunft beschlagnahmt wurden. Doch erreichen längst nicht alle der maroden Kähne auch ihr Ziel. Aus Angst vor der griechischen Küstenwache findet die Passage nachts und bevorzugt bei schlechtem Wetter statt. Viele der kleinen Boote kippen bei der Überfahrt um – keine Statistik zählt die Ertrunkenen.

Anreise

Zunächst stellt sich die Frage, ob es ein Pauschalurlaub oder eine Individualreise sein soll. Nur wer auf eigene Faust loszieht, muss sich weitere Gedanken machen. Konkurrenzlos schnell und bequem ist natürlich der Flug.

Alle anderen Verkehrsmittel fallen im Vergleich der Reisezeiten stark ab und sind oft auch nicht einmal preisgünstiger. Mit Auto, Zug, Bus und Schiff benötigt man für Hin- und Rückfahrt rund eine Woche, von den Mühen und Strapazen nicht zu reden. Auch im Preisvergleich steht der Jet so schlecht nicht da: Die Deregulierung im Flugverkehr und die internationale Konkurrenz unter den Airlines haben die Tarife kräftig sinken lassen – teurer als die Anreise auf dem Landweg ist der Flug in den Urlaub nicht unbedingt mehr.

Pauschalurlaub oder Individualreise?

- **Pauschalurlaub** bedeutet die vorgebuchte Kombination von Flug, Unterkunft, Reiseleitung und meistens auch Verpflegung. Gerade auf einer Insel kann auch für sonst eingefleischte Individualreisende eine pauschale Buchung eine Überlegung wert sein. Diese Urlaubsform muss schließlich keineswegs eine Pauschalisierung der Erlebnisse bedeuten. Heutzutage bieten die Veranstalter längst nicht mehr nur reine Badehotels in den wichtigsten Ferienorten an: In vielen Katalogen werden auch Liebhaber kleinerer Orte fündig, ebenso diejenigen, die lieber in einer einfachen Pension oder einem Apartment nächtigen wollen. Weiterhin gibt es mit Mietwagen kombinierte Angebote, außerdem Wanderurlaub, Studienreisen etc. – die Veranstalter sind da sehr rührig. Von den Preisnachlässen, die die Reiseveranstalter vom Hotelier eingeräumt bekommen, profitieren teilweise auch die Kunden. Nicht zuletzt hat man bei dieser Urlaubsform auch die Gewähr, wirklich ein Zimmer im gewünschten Quartier zu erhalten – in der Hochsaison von Mitte Juli bis Ende August kann sich die Suche nach einem freien Bett nämlich mühsam gestalten. Einer der Nachteile einer Pauschalreise ist allerdings die Tatsache, dass man natürlich an den einmal gewählten Ferienort gebunden bleibt. Ein Wechsel der Urlaubsregion ist ohne zusätzlichen finanziellen Aufwand nicht möglich, wodurch das intensive Kennenlernen der doch recht großen Insel erschwert wird.

• *Veranstalter* Die Broschüre "Urlaub in Griechenland – Reiseveranstalter – Ferienziele" listet große und kleine Reiseveranstalter auf, zusammen mit den jeweiligen Zielgebieten und einer Auswahl an Spezialangeboten. Erhältlich ist sie bei den Griechischen Fremdenverkehrsämtern – Adressen siehe Kapitel "Wissenswertes von A-Z" unter dem Stichwort "Information".

▸ **Individualreisen**: Die Vorteile einer Reise auf eigene Faust, sei es die Flexibilität bei der Wahl des Zeitraums, der mögliche Standortwechsel bei Nichtgefallen des Quartiers oder des gewählten Urlaubsorts, die Unabhängigkeit von eventuellen Essenszeiten etc., lassen sich auf Lésbos gut ausschöpfen. Die Auswahl an Hotels, Pensionen und Privatvermietern ist ausreichend, die Busverbindungen sind relativ gut, Mietfahrzeuge nicht allzu teuer. Verbunden ist diese Reiseform allerdings mit einem höheren Aufwand bei der Planung. Wichtig ist dann auch die richtige Wahl des Zeitraums. Zur absoluten Hochsaison kann es schwierig sein, ein freies Zimmer zu finden. Wer ganz sichergehen will, das gewünschte Quartier zu erhalten oder längere Zeit am selben Ort verbringen möchte, sollte in Erwägung ziehen, schon ab der Heimat vorzubuchen. Telefon- und Faxnummern sind bei der Beschreibung der in diesem Handbuch vorgestellten Quartiere jeweils angegeben. Billiger als eine Pauschalreise ist eine individuell geplante Tour meist nur dann, wenn eher einfache Unterkünfte gewählt werden.

Anreise mit dem Flugzeug

Flug ist nicht gleich Flug: Es existieren eine ganze Reihe von Möglichkeiten und Varianten der Anreise per Jet.

Am schnellsten ist der direkte Charterflug zum *Inselflughafen Mytilíni* (MJT), eine spontan buchbare Alternative der Linienflug mit Umsteigen in Athen. Oder soll es lieber ein Ticket nur nach Athen sein, mit Besichtigungstour und anschließender Überfahrt per Fähre? Oder gar eine der exotischeren Varianten über die Nachbarinseln Sámos oder Chíos, über Thessaloníki oder die Türkei?

Charterflug direkt nach Lésbos: Konkurrenzlos schnell und bequem sind die Charterflüge, die ohne Zwischenstopp von mehreren mitteleuropäischen Flughäfen nach *Mytilíni/Lésbos* führen – binnen weniger als drei Stunden sind Sie auf Ihrer Urlaubsinsel.

Flug über Athen auf die Insel: Eine gebräuchliche Variante. Nachteil ist natürlich die Umsteigeprozedur mit eventuell längerem Aufenthalt in Athen. Vorteil ist ein – je nach Wartezeit möglicher – Abstecher in die Hauptstadt, Näheres zu den Verkehrsverbindungen im Kapitel *Stop-over Athen*.

Flug nach Athen, weiter per Fähre: Sowohl per Charter als auch per Linie möglich. Auf den ersten Blick nur ein Kompromiss zwischen Schnelligkeit und günstigem Preis. Athen ist aber auch fast ein "Muss" in Sachen griechische Antike und ein wichtiger Schlüssel zum Verständnis des Landes. Die Fähren vom Athener Hafen Piräus verkehren im Sommerhalbjahr täglich und sind preiswert. Details zur Millionenstadt finden Sie im Kapitel *Stop-over Athen*.

Charterflug nach Sámos oder Chíos: Eventuell interessant, falls Charterflüge und Linien-Sondertarife nach Lésbos ausgebucht sind. Preiswerte Restplätze zur Insel Sámos werden relativ häufig angeboten; eine direkte Fährverbindung von dort nach Lésbos gibt es jedoch nur zweimal wöchentlich. Günstiger liegt die Lésbos direkt benachbarte Insel Chíos, von der im Sommerhalbjahr tägliche Fährverbindungen bestehen, die aber von Deutschland aus derzeit nicht per Charter zu erreichen ist – die Flugpläne der Gesellschaften ändern sich jedoch häufig. Näheres zu den Schiffsverbindungen ab Sámos und Chíos im Kapitel *Fährverbindungen nach Lésbos.*

Über Thessaloníki: Als Charter- oder Linienflug eventuell eine Alternative, falls alle anderen Möglichkeiten belegt sind oder das Ticket ausgesprochen günstig ist. Verglichen mit der Anreise über Athen muss man zeitlich jedoch flexibler sein und der spärlicheren Flug- und Fährverbindungen wegen auch genauer planen.

Anreisevariante über die Türkei: Nur bei sehr preiswerten Last-Minute-Angeboten überhaupt erwägenswert, dann jedoch offiziell nicht gestattet: Beim Charterflug in ein bestimmtes Land ist es aufgrund einer IATA-Bestimmung verboten, in einem anderen Land zu übernachten. Die Griechen nehmen dies bei Türkeiausflüglern sehr genau, die Türken im umgekehrten Fall bislang weniger: Wir trafen schon mehrfach Reisende, die per Fähre vom türkischen Hafern Ayvalik übergesetzt und nach einigen Wochen auf der Insel problemlos wieder heimgeflogen waren. Mit der türkischen Großzügigkeit kann es jedoch von einem Tag auf den nächsten vorbei sein – anzuraten ist diese doch recht unsichere Variante deshalb nur sehr abenteuerlustigen Naturen, die sich vorher auch genauestens in ihrem Reisebüro erkundigen sollten.

Charterflüge

Als Direktverbindung bringen sie den Urlauber am schnellsten ans Ziel. Diese beliebteste Möglichkeit der Anreise ist für die Hochsaison allerdings schnell ausgebucht.

Ursprünglich nur zur Konstruktion von Pauschalreisen gedacht, sind Charterflüge innerhalb der EU längst auch ohne Hotelbuchung erhältlich. Das Angebot verteilt sich auf verschiedene Gesellschaften, wobei die Preise je nach Ausgangsflughafen, Saison und Anbieter erheblich differieren können. Um die preislich und zeitlich günstigste Möglichkeit zu finden, erkundigen Sie sich deshalb möglichst bei mehreren Reisebüros – kaum ein Büro vertritt alle Fluggesellschaften gleichzeitig. Die Deregulierung im Luftverkehr bringt zudem mehr und mehr Angebotserweiterungen mit sich. So werden von einzelnen Gesellschaften mittlerweile schon Gruppentarife oder One-Way-Flüge offeriert. In den nächsten Jahren werden sicher noch weitere Angebote dieser Art auf den Markt kommen: Fragen Sie bei den Reisebüros gezielt danach, nicht immer wird auf die verschiedenen Möglichkeiten hingewiesen.

• *Mitnahme von Fahrrädern und Sportgepäck* Die Gebühren für Fahrräder, Surfbretter, Tauchausrüstung (incl. leerer Sauerstoffflaschen) und Ähnliches Sportgerät sind je nach Fluggesellschaft unterschiedlich. Taucherausrüstung fliegt auf Charterflügen meist gratis, ein Fahrrad kostet in der Regel 30 €, ein Surfbrett meist 50 €. Wichtig allerdings, entsprechende Wünsche gleich bei der Buchung anzumelden.

• *Last Minute/Restplatzbörsen* Auch Nur-Flüge werden "in letzter Minute" abgegeben. Zur Hochsaison ist so kaum Platz zu bekommen, dafür erwischt man in der Nebensaison schon mal ein echtes Schnäppchen.

Konkurrenzlos schnell und bequem: das Flugzeug

Linienflüge

Die Flüge der Liniengesellschaften sind in der Regel teurer als Charter, bieten dem Reisenden durch die freie Wahl des Flugtages aber mehr Gestaltungsfreiheit.

Reguläre Linienflüge der Lufthansa, der staatlichen griechischen Olympic Airways und der privaten Gesellschaft Aegean Cronus, buchbar bei jedem IATA-Reisebüro oder direkt bei den Fluggesellschaften, sind zwar im Normaltarif ausgesprochen teuer, doch helfen eine Reihe von Sondertarifen, den Preis auf ein erträgliches Maß zu senken, teilweise sogar in Preisbereiche, die zu denen der Chartergesellschaften durchaus konkurrenzfähig sind. Die Deregulierung im Flugverkehr ermöglicht es den Airlines, ihre Tarife selbst zu gestalten. Die Palette an Sonderangeboten wird so ständig erweitert – empfehlenswert, im Reisebüro oder bei den Fluggesellschaften gezielt danach zu fragen. Das Sitzplatzangebot dieser Sonderangebote ist allerdings begrenzt, weshalb sich rechtzeitige Buchung sehr empfiehlt.

Umsteigen ist nötig: Direktflüge nach Lésbos per Linie gibt es nicht. Grundsätzlich muss auf Linienflügen nach Lésbos umgestiegen werden, in der Regel in Athen, alternativ in Thessaloníki.

Innergriechische Flugverbindungen

Flüge innerhalb Griechenlands sind relativ preiswert, die Maschinen der Olympic Airways und der Aegean Cronus ein gängiges Transportmittel. Eben deshalb sind die meist kleinen Flugzeuge nach Lésbos schnell ausgebucht: Ratsam, sich rechtzeitig um ein Ticket zu kümmern. Auch innergriechische Flüge sind bereits in Deutschland buchbar, der Preis ist der gleiche wie in Griechenland.

• *Ab Athen* (Sommer): Flüge beider Gesellschaften zusammen 6- bis 8-mal täglich.
Büros der Olympic Airways: Filellinon Str. 15, beim Sintagma-Platz, ✆ 210 9267444, und Leoforos Syngrou Avenue 96, südlich der Akropolis, ✆ 210 9269114. Im Airport: ✆ 210 3530000. www.olympic-airways.gr.
Büros der Aegean Cronus: Vouliagmenis Avenue 572, ✆ 210 9988350, im Airport ✆ 210 3530101, www.aegeanair.com.

• *Ab Thessaloníki* (Sommer): Flüge beider Gesellschaften zusammen 2- bis 3-mal täglich.
Büro der Olympic Airways: Kountouriotou Str. 3, ✆ 2310 368311, im Airport ✆ 2310 408411.
Büro der Aegean Cronus: Venizelou-Str. 2, ✆ 2310 239225, im Airport ✆ 2310 476470.

Anreise mit dem eigenen Fahrzeug

Lésbos ist weit. Die lange Anreise durch die Staaten des ehemaligen Jugoslawien erfordert zudem einen beträchtlichen finanziellen Aufwand. Von den Ausweichrouten via Ungarn, Rumänien und Bulgarien ist derzeit gänzlich abzuraten. Als realistische Möglichkeit bleibt eigentlich nur die Fährpassage ab Italien.

Zunächst stellt sich die Frage, ob die Mitnahme des eigenen Fahrzeugs die anfallenden Kosten und Mühen überhaupt wert ist. Lésbos ist zwar relativ groß und das Straßennetz dort recht gut ausgebaut. Andererseits lassen sich viele Wege gut mit dem Bus zurücklegen, sorgen Hitze und vielleicht gelegentliche Pistenfahrten für erhöhten Verschleiß, den man bei einer Kostenrechnung nicht außer acht lassen sollte.

Zudem: Wer beispielsweise per Charterflug anreist, spart sich gegenüber der Anreise mit dem eigenen Fahrzeug nicht nur eine wertvolle Woche Urlaubszeit, sondern normalerweise auch einiges Geld, für das man schon eine ganze Weile mit einem der zahlreich angebotenen Mietfahrzeuge die Insel erkunden kann. Überlegenswert scheint die Anreise mit dem eigenen Gefährt somit eigentlich nur für diejenigen, die auch ausgedehnte Touren auf dem griechischen Festland planen.

Routen nach Athen bzw. zum Fährhafen Piräus

- **Durch Ex-Jugoslawien**: Der berühmt-berüchtigte "Autoput" (E 70) via Zagreb, Belgrad, Nis und Skopje ist zwar wieder geöffnet, doch hat die Fahrt ihren Preis – Straßenbenutzungsgebühren, Benzin und andere Kosten summieren sich erheblich. Wer diese Route dennoch in Betracht zieht, sollte sich unbedingt bei den Automobilclubs nach der gegenwärtigen Situation und nach den Einreisevorschriften insbesondere für Serbien erkundigen.
- **Über Ungarn, Rumänien und Bulgarien**: Wegen der miserablen Straßen, der aufwändigen und teuren Grenzformalitäten und der schwierigen Versorgung mit Benzin, Ersatzteilen etc., aber auch aufgrund der nicht unproblematischen Sicherheitslage, raten wir von dieser Variante derzeit dringend ab.
- **Fähren ab Italien**: Momentan die einzige Anreiseroute, die guten Gewissens empfohlen werden kann. Die Fährpassage bringt Abwechslung, treibt aber zusammen mit der österreichischen Vignette, italienischen Autobahngebühren und den relativ hohen Benzinpreisen die Kosten in die Höhe. Näheres unter dem Stichwort "Fährverbindungen Italien-Griechenland".

Anreise mit Bahn und Bus

Die exotischeren Varianten der Anreise bis Athen. Mancher fliegt vielleicht nicht gern, für andere zählt die hohe Umweltverträglichkeit insbesondere des Schienentransports als Argument.

Mit der Bahn: Umweltfreundlich, aber keine komfortable Sache – für die Bahnfahrt bis Athen sind locker 40 Stunden aufwärts einzukalkulieren. Etwa zwei Tage Zeit also, dem alten Kalauer entsprechend die Anreise "in vollen Zügen zu genießen". Im Sommer nämlich sind alle Züge Richtung Griechenland regelmäßig komplett überfüllt. Alles in allem muss man für Hin- und Rückreise eine runde Woche Fahrzeit einkalkulieren. Dabei liegen die Kosten einer normalen Fahrkarte 2. Klasse nach Athen kaum unter denen eines Flugtickets. Einzige realistische Möglichkeit, den zweifellos vorhandenen Umweltvorsprung der Bahn gegenüber dem Flugzeug zu nutzen, ist damit die Fahrt nach Italien mit anschließender Fährpassage. Wichtigster Fährhafen ist Ancona, das ab München in etwa zwölf Stunden zu erreichen ist. Näheres zum Fährverkehr im folgenden Kapitel "Fährverbindungen Italien-Griechenland".

- *Sondertarife* Die Palette der vergünstigten Tarife ist mittlerweile fast unüberschaubar; es gibt sie für Junioren, Senioren, Gruppen, als Netzkarten, Bahnpässe etc. Vor der Buchung empfiehlt sich deshalb ein Besuch in einem spezialisierten Reisebüro, z. B. beim DER bzw. ABR.

- *Transit durch Serbien* Erkundigen Sie sich vor der Abreise unbedingt nach dem aktuellen Stand der Durchreisebestimmungen für Serbien. Zuletzt war für die Durchreise noch ein Visum nötig, das es nur persönlich bei der Botschaft und den Generalkonsulaten Jugoslawiens gab, nicht jedoch an der Grenze.

Mit dem Bus: Die preisgünstigere Alternative zur Bahn. Die *Deutsche Touring*, deren Streckennetz im Verbund der "Europäischen Fernlinienverkehre" fast ganz Europa umfasst, bietet ganzjährig Fahrten von verschiedenen deutschen Städten bis nach Athen an. Komfortabel ist die mehrtägige Fahrt auf der Balkanroute (zuletzt noch Visumpflicht für Deutsche in Serbien) bis Athen allerdings nicht gerade, die Ersparnis gegenüber einem Flugticket, wenn überhaupt vorhanden, nur minimal.

- *Information, Buchungen* **Reservierungsleitstelle Frankfurt**: Deutsche Touring GmbH, Am Römerhof 17, ✆ 069/790350, ℻ 069/7903219. **Internet**: www.deutsche-touring.com.

- *Modalitäten* Zwei Gepäckstücke sind frei, Übergepäck gegen Aufpreis und nur, falls genug Platz ist. Fahrradtransport ist in den Linienbussen nicht möglich.

Fährverbindungen Italien-Griechenland

Die schwierige Lage auf dem Balkan hat für einen ausgesprochenen Boom des Fährverkehrs gesorgt. Neben dem Flugzeug ist das Schiff derzeit die einzig wirklich praktikable Art der Anreise nach Griechenland.

Wer mit dem Ziel Lésbos die Fährpassage ab Italien wählt, muss in Griechenland noch den Landtransfer nach Athen bzw. Piräus einkalkulieren und auch mit einer eventuell notwendigen Zwischenübernachtung rechnen, bevor es mit der Fähre oder einem innergriechischen Flug weiter nach Lésbos geht. Von welchem italienischen Hafen man am günstigsten abfährt, hängt von vielen

Am Ziel: Fähre im Hafen von Mytilíni

NEL LINES

verschiedenen Faktoren ab: Personenzahl, Größe und Benzinverbrauch des eventuell mitgenommenen Fahrzeugs beziehungsweise anwendbare Sondertarife der Bahnen etc. Faustregel: Je weiter südlich man startet, desto günstiger die Passage, desto höher aber auch die Anreisekosten zum Fährhafen.

Achtung: Wegen der problematischen Anreise auf dem Landweg ist der Andrang auf Fährpassagen immens. Vor allem Auto- und Wohnmobilfahrer sollten unbedingt weit im Voraus buchen. Ohne feste Buchung besteht kaum eine Chance auf einen Fährplatz für das Fahrzeug.

Italienische Fährhäfen nach Griechenland sind: *Triest, Venedig, Ancona, Bari* und *Brindisi*, nach Igoumenitsa auch *Otranto*. Ein günstiger Fährhafen ist in vielen Fällen Ancona, da die Stadt häufige Verbindungen bietet und z. B. von München aus in einem Tag zu erreichen ist. In Ancona starten auch die flotten "Superfast-Ferries" von Attica Enterprises, die für die Überfahrt nach Pátras nur noch 20 Stunden statt bisher etwa 36 Stunden benötigen. Minoan Lines setzt auf derselben Strecke die ähnlich schnelle Hochgeschwindigkeitsfähre "Ikarus" ein.

Information und Buchung: Zwar kann das Ticket auch vor Ort gekauft werden, doch ist für Fahrzeugbesitzer die Vorausbuchung im Reisebüro äußerst ratsam. Recht kompetent in allen Fähr-Fragen sind z. B. die Reisebüros der ABR/DER-Kette.

Internet-Infos: www.greekferries.gr, deutschsprachige Site mit Abfahrtszeiten, Preisen etc. vieler Fähren nach und in Griechenland. In den meisten Fällen ist die Buchung online möglich.

Rabatte: In der Nebensaison liegen die Preise um 20 % und mehr unter den Tarifen der Hochsaison. Bei gleichzeitiger Buchung von Hin- und Rückfahrt gibt es oft Nachlässe von 10 % p.P. und bis zu 50 % für die Rückreise des Pkw. Jugendliche, Studenten und Interrailer erhalten bei vielen Linien ebenfalls Rabatt. Fahrräder werden überall gratis transportiert! Aber: Nicht nur die Preise der einzelnen Reedereien unterscheiden sich. Vor allem differiert auch die Qualität der jeweiligen Schiffe oft erheblich: Fragen Sie bei der Buchung auch nach Alter, Komfort und Sicherheitsstandard der Fähren! Manche besitzen Swimmingpool und Disco, andere sind ausgesprochene Oldtimer.

Weitere Fährtipps: Seien Sie spätestens 2 Stunden vor Abfahrt am Hafen – Sie könnten sonst den Anspruch auf Ihren Platz verlieren (Verspätungen einkalkulieren, besonders Zugreisende!). Mit dem Ticket dann zuerst zum Büro der Fährlinie, dort gibt es die "Embarcation Card" zum Abstempeln bei der Hafenpolizei. Auto- und Motorradfahrer sollten alles Wichtige mit an Deck bzw. in die Kabine nehmen: Unterwegs darf man meist nicht ans Fahrzeug. Deckschläfer brauchen warme Kleidung und einen Schlafsack, denn auch im Hochsommer wird es kühl.

Griechische Ankunftshäfen auf dem Festland sind *Igoumenitsa* und *Pátras*. Der Fahrpreis zu diesen beiden Häfen, die von fast allen Linien nacheinander angelaufen werden, ist bei den meisten Reedereien gleich, Pátras liegt jedoch deutlich näher zu Athen und gleichzeitig verkehrsgünstiger. Autofahrer nehmen von dort gegen geringe Gebühr die gut ausgebaute Autobahn entlang des Golfs von Korinth nach Athen bzw. Piräus; einige Stichworte zu Verkehrsbestimmungen etc. finden Sie im Kapitel "Unterwegs auf Lésbos". Mit öffentlichen Verkehrsmitteln ist die Weiterreise ab Igoumenitsa mit einem der recht häufig verkehrenden Busse (9 Std. Fahrzeit) möglich, ab Pátras per klimatisiertem IC-Zug (ca. 3,5 Std., IC-Zuschlag, Reservierung nötig) oder mit einem der deutlich langsameren Nahverkehrszüge.

Athen: Akrópolis und Odéion des Heródes Átticus

Stop-over Athen

Die Hauptstadt, in der fast jeder zweite Grieche lebt. Ein riesiges Häusermeer, das bis zum Horizont reicht. Endlose Autoschlangen, Lärm und planlose Bebauung lassen nur noch wenig vom Geist der Antike verspüren. Und doch...

Athen ist eine Stadt, wie sie griechischer nicht sein kann! Die brodelnde Mischung aus orientalisch anmutendem Basarleben und eleganter Großstadtatmosphäre, gewürzt mit den zahllosen Ruinen einer großen Geschichte und der Geschäftigkeit des Welthafens Piräus bringt einen aufregenden Kontrapunkt zu den stillen Landschaften von Lésbos. Zwei, drei Tage Athen sind ein Erlebnis, das genauso zu Griechenland gehört wie der Besuch in einem Kloster oder einem abgelegenen Bergdorf. Jeder Grieche kennt die Hauptstadt, und wer Griechenland wirklich kennen lernen will, sollte sie ebenfalls gesehen haben.

An- und Abreise

- *Per Flug* Der große Athener Flughafen "Elefthérios Venizélos" (ATH), Ende März 2001 eröffnet, liegt etwa 27 km östlich der Stadt bei Spata. Fluginformationen erhält man an einer ganzen Reihe von Info-Schaltern (darunter allein sechs im Hauptterminal) oder unter ✆ 210 3530000. www.aia.gr. Touristische Informationen beim **EOT-Schalter**, tägl. 8–22 Uhr. ✆ 210 3530445-448.

Verbindungen ins Zentrum: Der *Expressbus E 95* fährt rund um die Uhr alle 20 bis 40 Minuten von und zum Síntagma-Platz. *Expressbus E 94* fährt von ungefähr 7 Uhr bis 21 Uhr von und zur Metrostation Ethniki Amina, weiter ins Zentrum mit Metro-Linie 3; insgesamt die schnellere Verbindung. Abfahrten fast durchgehend mehrmals stündlich, in Spitzenzeiten alle zehn Minuten. Künftig soll der Flughafen auch ans Schienennetz der Bahn angeschlossen werden, doch verzögern sich die Arbeiten immer wieder.

Ungewöhnlich klare Sicht: Athen in einer Smogpause

Verbindungen nach Piräus-Hafen mit dem *Expressbus E 96*, Abfahrten mindestens halbstündlich rund um die Uhr.

Tickets, erhältlich auch beim Fahrer, kosten etwa 3 € und erlauben nach der Entwertung 24 Stunden lang unbegrenzte Fahrten, neben den Expressbussen auch mit Metro und Stadtbussen.

Mit dem Taxi vom Flughafen in die Stadt: Aufpassen, dass man nicht überhöht zur Kasse gebeten wird! Im Zweifelsfall bei der Tourist-Info nachfragen, bevor man sich einen Fahrer schnappt! Hart verhandeln und durchblicken lassen, dass man auch mit dem Bus fahren könnte. Ungefähre Preise inkl. Flughafen- und Gepäckzuschlag zum Síntagma-Platz mind. 20 €, ebenso nach Piräus. Falls man nach Taxameter fährt: Tagsüber gilt Tarif 1, nicht der teurere Tarif 2.

• *Per Bahn* **StathmósUeríssis** (Larissa-Bahnhof) heißt der kleine, etwas außerhalb des Zentrums gelegene Hauptbahnhof von Athen; Ankunfts-/Abfahrtsstelle für Nordgriechenland und das Ausland. Der orangefarbene Oberleitungs-Bus 1 ("Trolley") hält an der Samou Str., jenseits der Grünfläche vor dem Bhf. (Ticket im Bhf. kaufen) und bringt Sie zum Omónia- oder Síntagma-Platz. Vom Zentrum zum Bahnhof: O-Bus 1 ab Síntagma/El. Venizélou Str. Sie können vom Bahnhof aber auch in die neue Metro einsteigen und ins Zentrum oder nach Piräus fahren. Schräg gegenüber (Fußgängerbrücke) liegt der **Peloponnes-Bahnhof**.

• *Per Bus* Athen ist Zentrum des gut ausgebauten griechischen Busnetzes. Täglich kommt man mehrmals in alle größeren Städte und Häfen des Landes. Mehrere große Busstationen außerhalb des Zentrums bedienen Ziele in ganz Griechenland.

• *Per Schiff* **Piräus**, der riesige Hafen von Athen, ist An- und Abfahrtsstelle aller Fähren. Gute Verbindungen ins Zentrum bestehen per Metro, Abfahrten alle zehn Minuten.

• *Mit dem eigenen Fahrzeug* Im Zentrum gibt es praktisch keine Parkplätze und nur wenige Parkhäuser. Empfehlenswert ist es, bereits in einem Außenbezirk möglichst nah an eine Metrostation heranzufahren (setzt allerdings Ortskenntnis bzw. Stadtplan voraus), dort parken und per Metro in die Stadt. Wer über Nacht bleiben will, zur Sicherheit für das Fahrzeug entweder in Hotel mit Garage (B-Kat. aufwärts) einmieten oder auf dem Campingplatz Athens absteigen (→ Übernachten), von dort häufige Busverbindungen in die Stadt. Wer baldigen Anschluss nach Lésbos hat, sollte gleich bis **Piräus** runterfahren, dort in den Hafen rein und das Fahrzeug abstellen. Wenn noch Zeit für eine Stadtbesichtigung bleibt, zu Fuß wieder raus und per Metro in die Stadt.

Verbindungen in Athen

- *Metro* Es gibt seit kurzem drei Metro-Linien, deren Schnittstellen am Omónia- und Síntagma-Platz liegen. Wichtige Haltestellen in der City sind außerdem Victoria (Nähe Bahnhof, Archäologisches Museum), Monastiráki (Nähe Pláka) und Thission (Nähe Agorá); auch die Akrópolis besitzt eine eigene, gleichnamige Station. In Piräus liegt die Station direkt beim Fährhafen. Die Züge fahren von 5-24 Uhr, die Preise sind zonenabhängig, doch kostet auch das Ticket nach Piräus unter 1 €; das 24-Stunden-Ticket (auch für Airport-Busse gültig) ist für 3 € zu haben.
- *Busse* Es gibt zahllose **Stadtbusse** (orangefarbene Oberleitungsbusse, grüne und blaue Dieselbusse), deren Streckenführung und Abfahrtszeiten in der Regel an den Haltestellen angeschlagen sind. Auf dem Gratis-Stadtplan der Infostellen sind die Linien eingezeichnet. Tickets sind an den wichtigen Haltestellen in Kiosken erhältlich. Am einfachsten zu handhaben sind die schon erwähnten Busse, die zwischen Zentrum und Flughafen pendeln.

Bei der Tourist Information, in größeren Metrostationen (Síntagma, Omónia) und in Infoständern am Flughafen sind Übersichtspläne (Griech. Name: "Chartis Astikon Synkinonion") sämtlicher öffentlicher Verkehrsmittel für den gesamten Großraum Athen und Piräus erhältlich. Sie sind in 6 Blättern aufgelegt, pro Blatt ist jeweils das Zentrum und ein Außenbezirk mit Bus- und Metrolinien dargestellt.

Adressen

- *Information* **Tourist Information**, Amerikis-Str. 4, eine Seitenstraße der breiten Eleftheriou Venizélou, Nähe Síntagma-Platz. Umfangreiches Material, auch Bus- und Schiffsverbindungen, vor allem aber gute kostenlose Stadtpläne – unbedingt notwendig in Athen. Geöffnet ist Mo–Fr 9-16.30 Uhr, Sa/So geschl., saisonale Änderungen möglich. ✆ 210 3310565, 📠 210 3310562, E-Mail: info@gnto.gr.
- *Gepäckaufbewahrung* In der Ankunftsebene des Airports (Pacific Travel), im Hauptbahnhof und bei Pacific Travel in der Nikis-Str. 26, Nähe Síntagma, ✆ 210 3241007.
- *Internetzugang*: **Sofokleous.com Internet Café**, Stadiou Str. 5, Nähe Síntagma-Platz.

Übernachten/Camping (siehe Karte S. 48/49)

Athen ist viel besucht, deshalb werden Sie nicht in jedem Hotel sofort Platz finden. Zu Olympia wird die Stadt wohl sogar komplett ausgebucht sein, das Preisniveau in exorbitante Höhen steigen.

- *Mittelklasse* Im Umkreis des reizvollen Pláka-Viertels findet man eine ganze Reihe von Häusern, die durchschnittlichen bis passablen Komfort bieten. Nächste U-Bahnstation ist Monastiráki.

Parthenon, A-Kat., Makri Str. 6, in einer ruhigen Seitenstraße direkt am Eingang zur Pláka. 79 Zimmer, alle mit Air-Condition, Telefon und TV. Noble Bar, Restaurant, Garage. DZ etwa 75-105 €. ✆ 210 9234594-8, 📠 210 9235797.

Pláka (5), B-Kat., Kapnikareas Str. 7/Ecke Mitropoleos, zwei Ecken von der Kathedrale, alteingeführtes und beliebtes Haus mit sechs Stockwerken, ordentliche Einrichtung. 60 Zimmer mit schallisolierten Fenstern und TV, von der Rückseite Blick auf die Akrópolis (dort auch ruhiger!), Dachgartenbar. Mit der Komplettrenovierung 2001 sind leider auch die Preise gestiegen: DZ/F etwa 80-125 €. ✆ 210 3222096, 📠 210 3222412, www.plakahotel.gr.

Attalos, C-Kat., zentrale Lage an der Athinas Street 29, nur zwei Minuten von der Metrostation Monastiráki. Wegen seiner Größe (80 Zimmer) findet man hier fast immer ein Bett. Die Zimmer sind einfach, aber sauber, nach hinten relativ ruhig, allerdings hässlicher Ausblick. Vom Dachgarten mit Getränkebar Blick auf die Akrópolis. DZ mit Frühstück ca. 70-77 €. ✆ 210 3212801-3, 📠 210 3243124, www.attalos.gr.

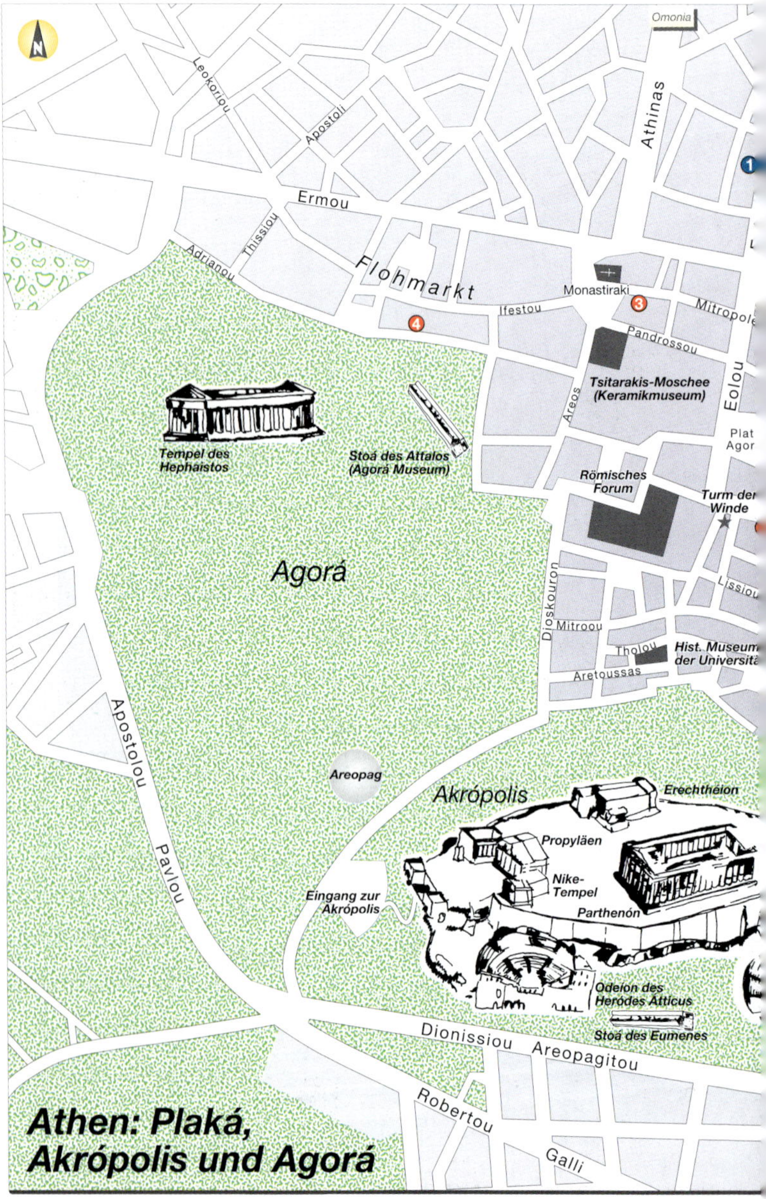
Omonia
Leokoriou
Apostoli
Athinas
Ermou
Thissiou
Adrianou
Flohmarkt
Monastiraki
Ifestou
Mitropoleos
Pandrossou
Tsitarakis-Moschee
(Keramikmuseum)
Areos
Eolou
Tempel des
Hephaistos
Stoá des Attalos
(Agorá Museum)
Römisches
Forum
Turm der
Winde
Agorá
Lissiou
Dioskouron
Mitroou
Tholou
Hist. Museum
der Universität
Aretoussas
Apostolou
Pavlou
Areopag
Akrópolis
Erechthéion
Propyläen
Nike-
Tempel
Parthenón
Eingang zur
Akrópolis
Odeíon des
Heródes Atticus
Stoá des Eumenes
Dionissiou
Areopagitou
Robertou
Galli
Athen: Plaká,
Akrópolis und Agorá

Stop-over Athen
Karte siehe S. 48/49

Aphrodite (6), C-Kat., Apollonos Str. 21, großes schlichtes, dabei aber sehr sauberes Mittelklassehaus, 84 einfach eingerichtete Zimmer, hinten raus sehr ruhig, Blick auf Schulhof und kleine Kirche. DZ mit Frühstück 60–75 €. ✆ 210 3234357, 📠 210 3225244.

Hermes (7), C-Kat., Apollonos Str. 19, gleich neben dem Aphrodite. Ordentlich ausgestattetes Haus, Zimmer mit TV. DZ mit Frühstück ca. 80-90 €. ✆ 210 3235514, 📠 210 3232073.

• *Preiswert* im Folgenden die Adressen, die hauptsächlich von Rucksacktouristen genutzt werden und oft hostelähnliche Atmosphäre haben, mittlerweile aber weitgehend als "Hotels" klassifiziert sind. Internationales Publikum, meist nur Etagendusche, oft gibt es Mehrbettzimmer.

Aphrodite's House, Einardou Str. 12/ Michalis Voda Str. 65, zwischen Bahnhof und Victoria-Platz (Metrostation). Helle und freundliche Räume, fast alle mit Balkon. Professionell geführt, Internetzugang, nette Hausbar mit Aircondition im Keller, Dachgarten, Gepäckaufbewahrung (auch längerfristig), Waschmaschine. DZ ca. 32–43 €, Platz im Mehrbettzimmer ca. 15–20 €, im Schlafsaal ca. 12–15 €. ✆ 210 8839249, 📠 8816574. E-Mail: hostel-aphrodite@ath.forthnet.gr.

Tempi (1), D-Kat., Eolou Str. 29, zwei Minuten von der Pláka. Alteingeführte Herberge für Rucksacktouristen, erstaunlich ruhige, dabei ganz zentrale Lage in einer Fußgängerzone, parallel zur Athinas Str. Im schmalen, turmförmigen Haus schlichte kleine Zimmer, teils mit eigenem Bad, teils Etagendusche, einige mit Balkon zur Straße, z. T. Blick auf die Akrópolis. Waschmaschinenbenutzung. DZ ca. 32-38 €, auch Einzel und Dreibettzimmer. ✆ 210 3213175, 📠 210 3254179.

Thisseos Inn (2), E-Kat., Thisseos Str. 10, am Rand der Plaka, Seitengasse der Perikleous Str. Nachts relativ ruhig, dafür bereits frühmorgens erheblicher Verkehr und Geschäftslärm. Zimmer und Schlafsäle nur mit Etagendusche, Gemeinschaftsküche, TV im Rezeptionsraum. DZ ab 25 €, im Sommer kann man für ca. 8–10 € auf dem regengeschützten Dachgarten schlafen. ✆ 210 3245960.

Student's Inn (11), E-Kat., Kidathineon Str. 16, mitten im Herz der Plaka, dementsprechend beliebt, oft voll. 45 Zimmer (2–4 Betten) unterschiedlicher Qualität, sauber, Duschen und WC auf dem Gang, nachts recht laut, freundlich geführt, Schließzeit Mitternacht. Besitzer Tolis Houtzioumis ist stolz auf sein Frühstücksbuttet (4–5 €) im Hof, außerdem bietet er Internetzugang. DZ ca. 35–45 €, auch Mehrbettzimmer (ab ca. 13 € pro Pers.). ✆ 210 3244808, 📠 3210065. E-Mail: Students-inn@ath.forthnet.gr.

• *Hostels* **Athens International Youth Hostel**, Victoros Hugo Str. 16, Nähe Omónia-Platz. Ein ehemaliges Hotel der C-Kat. wurde in eine moderne JH umgewandelt, Übernachtung in Zwei- und Vier-Bettzimmern mit Bad ca. 9 €, JH-Ausweis nötig, kostet ca. 12 € (oder Tagespass für ca. 3 €). Sehr zu empfehlen, kommunikativer und freundlicher Platz, keine nächtliche Schließzeit. ✆ 210 5234170, 📠 210 5234015.

• *Camping* **Camping Athens**, sieben Kilometer westlich vom Zentrum, an der Straße nach Dafni, laut, ganzjährig geöffnet, Bus 860 oder 880 ab Panepistimiou Str., vor der Akademie der Künste. ✆ 210 5814114, 📠 210 5820353.

Essen (siehe Karte S. 48/49)

Mit das Schönste in Athen sind sicherlich die Tavernen in der Pláka. Sie vermitteln viel Stimmung, wenn man sich von den Lokalen fernhält, die sich völlig den vermeintlichen touristischen Ansprüchen angepasst haben. Aber auch außerhalb der Pláka findet man interessante Adressen.

• *In der Pláka* **Xinos (12)**, Angelou Geronta Str. 4, Seitengässchen der Kidathineon Str. Gilt als eine der besten traditionellen Tavernen der Pláka, oft bis auf den letzten Platz belegt. Gefüllte Weinblätter und Lammfrikassée versuchen. Nur abends ab 20 Uhr, Sa/So und im Juli geschlossen, reservieren oder früh kommen, ✆ 210 3221065.

Scholarchion I Kouklis (13), Tripodon Str. 14, das ehemalige Schulhaus bietet gemütliche Plätze in zwei Innenräumen und auf einer Terrasse. Bestellen kann man hier leckere *mezédes* und guten Faßwein.

O Platanos (8), Diogenous Str. 4, seit 1932, einfache traditionelle Taverne an einem versteckten Platz, man speist draußen unter einem Blätterdach, auch die namengebende Platane steht noch. Herzhafte Fleischküche, diverse Variationen von *moschári* (Kalb) und *arní* (Lamm), preiswert.

Tisch an Tisch: Taverne in der Pláka

Eden (9), Lissiou Str. 12/Ecke Minissikleous Str. Das einzige vegetarische Restaurant Athens, nostalgisch eingerichtete Räume mit Ventilatoren, auch auf der Straße kann man gemütlich sitzen (allerdings nur wenige Plätze), sehr sauber. Geboten ist feinste Kost, äußerst schmackhaft und in raffinierten Zusammenstellungen.

I Palia Taverna tou Psarra (10), Ecke Erechtheos/Erotokritou Str. Taverne mit hundertjähriger Tradition, Plätze auf mehreren Ebenen auf einer ruhigen Gasse, die zur Akropolis hinaufführt. Mal kosten - *midia saganaki* (Miemuscheln in Tomatensauce) oder *perikafeti* (wildes Blattgemüse mt scharfer Paprika).

Thespidos (14), Thespidos Str. 18, hübsche Taverne unter Weinranken am Ende eines kleinen Treppengässchens, touristisch entdeckt, trotzdem gemütlich. Gute Auswahl an Fleisch- und Fischgerichten, zu den Spezialitäten gehört Lammleber, nicht billig.

O Attalos (4), Adrianou Str. 9, nette Straßentaverne am Rand des Flohmarkts, direkt neben der Metrolinie, unterhalb der Agorá. Wer die reichhaltigen griechischen *mezédes* mag, ist hier richtig, abends oft Bouzouki- und Gitarrenmusik live.

Thanasis (3), eine bei den Einhemischen sehr beliebte Souvlaki-"Fabrik", preiswert, zum Hinsetzen oder Mitnehmen. In der Mitropoleos Str., gleich beim Monastiráki-Platz.

• *Außerhalb der Pláka* **Socrates' Prison (15)**, Mitseon Str. 20, südlich der Akrópolis, den kleinen Weg durchaus wert. Sitzplätze an einer ruhigen Seitengasse, interessante und wohlschmeckende Gerichte. Etwas höhere Preise. So geschlossen.

O Barba Iannis, Emmanouil Benaki Str. 94, gemütliches altes Studentenlokal im Viertel Exarchía, ca. 10 Fußminuten oberhalb vom Omonia-Platz. Leckere bodenständige Hausmannskost, günstige Preise, schön und kommunikativ zum Sitzen unter einer Pergola. So Abend geschl.

Ama Lachei, Kallidromiou Str. 69, im Viertel Exarchia, unterhalb vom Strefi-Hügel, wo sich nachts die Athener Jugend trifft. Im großen Hof mit betäubendem Jasminduft isst man fröhlich unter Griechen, tolle Stimmung.

To Monastiri, eine von mehreren urigen Tavernen mitten in der großen Markthalle an der Athinas Str., Spezialität ist die Kuttelsuppe *patsá*. Sehr ausgedehnte Öffnungszeiten.

Dionysos, für Romantiker, ein Restaurant auf der Spitze des Likavitos-Hügels: Athen bei Kerzenschein von oben. Allerdings etwas teurer, das Essen eher durchschnittlich. Früh kommen, sonst sind die schönsten Plätze weg. Zu erreichen mit der Standseilbahn ab der Ploutarchou-Str., siehe unten.

Sehenswertes

Das meiste spielt sich zwischen Omónia-Platz, Monastiráki (unterhalb der Akrópolis) und Síntagma-Platz ab. Zwischen beiden letzteren erstreckt sich die Pláka, das bekannte Altstadtviertel. Die Strecken kann man zu Fuß bewältigen, sollte sie jedoch nicht unterschätzen. Zwischen Omónia und Síntagma verkehren U-Bahn und zahlreiche Busse.

Síntagma-Platz und Umgebung: Der große Platz der Verfassung ist das repräsentative Zentrum Athens, wird allerdings rund um die Uhr vom Verkehr überschwemmt. In der Mitte gibt es eine Grünanlage mit Springbrunnen, dort liegt auch der Eingang zur neuen Metro-Station, die mit ihren vielen Schichten von Siedlungsresten und Gräbern fast ein Museum ist. Nicht versäumen sollte man tagsüber das Wachzeremoniell der *Evzonen* zu jeder ungeraden Stunde vor dem Parlament (ehemaliger Königspalast) an der oberen Platzseite am Grabmal des unbekannten Soldaten. Gleich rechts neben dem Parlament liegt der *Nationalgarten*. Der ursprünglich als Privatgelände der Königsfamilie gedachte Park ist ein einzigartiges Biotop und eine Oase der Ruhe im tosenden Verkehrslärm. Südlich vom Nationalgarten steht der monumentale Bau des *Zappion*, entworfen von Ernst Ziller, heute als Ausstellungsgebäude genutzt. Vor allem in den Abendstunden wird es hier betriebsam, wenn ganze Familien zur Vólta aufbrechen.

Omónia Platz: ganz anders als der Síntagma. Der runde Platz ist das konzentrierte Verkehrs- und Kaufzentrum der Stadt, dementsprechend viel Trubel, fliegende Händler, Losverkäufer und Stände aller Art, im Souterrain ebenfalls eine Metrostation. Hier sieht man mehr Athener als Fremde.

Athinas Straße: Die belebte Straße verläuft schnurgerade zwischen Omónia und Monastiráki. Fast auf ihrer ganzen Länge reihen sich Verkaufsstände und Straßenhändler dicht an dicht, viele sind Einwanderer aus osteuropäischen Ländern. Höhepunkt des Getümmels ist der riesige *Markt* für Gemüse, Obst, Fleisch und Fisch etwa an der Hälfte der Strecke – jeden Vormittag offen, auf keinen Fall versäumen! Vor allem die Hallen der Fleisch- und Fischhändler sind überwältigend für Ohren und Augen, versteckt mittendrin dampfende Markttavernen, draußen überquellende Obststände, Gewürzhändler, Weinprobierstuben, Handwerker in kleinen Verschlägen.

Monastiráki: zentraler Platz am unteren Ende der Athinas Straße. Westlich neben der Metrostation ist der Eingang zum berühmten Flohmarkt, in der andere Richtung liegt die Pláka mit ihren unzähligen Souvenirshops (Keramik, "echte Ikonen", Flokatis, Pullover aus Schafwolle). Winzige Kapelle mitten auf dem Platz, vor der Metrostation schreien sich Obst- und Schwammverkäufer die Kehle heiser. Daneben die restaurierte *Tsitarakis-Moschee* mit hübscher Keramikausstellung. Herrlicher Blick auf die Akrópolis und die Möglichkeit, von hier aus hinaufzusteigen.

Flohmarkt: Er entstand nach dem großen Bevölkerungsaustausch von 1923, als riesige Scharen von kleinasiatischen Griechen nach Athen strömten und sich hier billig mit Gebrauchtwaren und Einrichtungsgegenständen eindeckten. Täglich geöffnet, zahllose Kram- und Krempelstände, Möbel, Autozube-

Karte siehe S. 48/49

hör, Bouzoukis, uralte Schallplatten, Kupfer- und Messingsachen, Silberikonen, Antiquitäten. Auch alteingesessene Athener werden hier noch fündig. Dazu Kleidung (Secondhand und Neuware), außerdem Rucksäcke, Schlafsäcke etc., vieles aus Armeebeständen.

Unterhalb der Akrópolis: Athens Pláka

Pláka und Umgebung: Die Altstadt von Athen schmiegt sich an den Hang unterhalb der Akrópolis – erbaut auf den Trümmern des antiken Athen, später jahrhundertelang von den Türken genutzt. Viele enge Gässchen mit Treppen und Weinranken ziehen sich den Hang hinauf, heute vollständig Fußgängerbereich und fest in der Hand des Kommerzes: zahllose Tavernen, Restaurants, Kafenía, dazu Boutiquen und Souvenirshops aller Couleur, abends dominieren kitschige Bouzouki-Restaurants. Es macht trotzdem viel Spaß, hier hindurch zu schlendern, ein gut gelaunter Rummelplatz mit viel "griechischer" Atmosphäre!

Große Mitropolis: Die mächtige Kathedrale von Athen steht auf einem ruhigen Platz an der Mitropoleos Straße, auf halbem Weg zwischen Monastiráki und Síntagma. Der Marmorbelag vor dem Eingang ist von zahllosen Füßen glatt gewetzt. Das Innere zeigt sich pompös, mit viel Goldbelag, Fresken, Ikonen und fast orientalisch anmutender Prachtentfaltung. Blickfang sind u. a. zwei reich verzierte Sarkophage einer Märtyrerin und eines Patriarchen von Konstantinopel.

Kleine Mitropolis: ein harmonischer Kreuzkuppelbau neben der Kathedrale, gerade 11 Meter lang und 7,5 Meter breit. Beachtenswert sind die byzantinischen Reliefs an den Außenwänden aus Marmor. Schon in der Antike stand hier ein Tempel, der den gebärenden Frauen geweiht war. Das Christentum übernahm mit dem Platz auch den Kult, und noch heute ist das Kirchlein dem Heiligen geweiht, der für Geburten und Geburtswehen zuständig ist.

Einige Cafés laden zur Rast ein, in den umliegenden Gassen, vor allem in der Filotheis und der Apollonos Str., haben sich die Kirchenausstatter niedergelassen – Tür an Tür findet man hier Gold- und Silberkreuze, Weihrauchgefäße und Ikonen.

Ermoú-Straße: Diese quirlige Geschäftszeile mit zahlreichen teuren Boutiquen ist mittlerweile Fußgängerzone und bildet die nördliche Begrenzung der Pláka. Mitten auf der Straße steht die braunschwarze *Kapnikarea-Kirche* aus dem 11. Jh.

Anafiotika: kleines ruhiges Viertel in den obersten Plákagassen, kurz unter dem Steilhang zur Akrópolis. Mit seinen schmalen Gässchen, niedrigen Häuschen und farbenfrohen Türen wirkt es wie ein griechisches Inseldorf. Erbaut wurde es im 19. Jahrhundert durch Handwerker von der Kykladeninsel Anafi, die für den Bau des Königsschlosses nach Athen auswanderten.

Likavitos-Hügel: markant und steil, im Stadtbild leicht an der weißen Kapelle an der Spitze zu erkennen. Eine Standseilbahn fährt täglich von 8.45 Uhr bis kurz nach Mitternacht auf den Gipfel. Talstation am Ende einiger schweißtreibender Treppen an der Ploutarchou Str., vom Síntagma Platz auf der breiten Vassilissis Sofias leicht zu erreichen (Botschaftsviertel). Oben angelangt genießt man tagsüber einen überwältigenden Blick auf das gelblich-weiße Häusermeer, abends von der Restaurantterrasse das Lichtergefunkel der Riesenstadt (→ Essen). Hinunter sollte man zu Fuß gehen, ca. 20 Minuten.

Antikes Athen

Der ausgedehnte Ausgrabungsbezirk liegt benachbart zur Pláka unterhalb der Akrópolis. Das Zentrum der antiken Stadt wurde seit der ersten Hälfte des 19. Jh. systematisch ausgegraben. Ein ganzes Stadtviertel mit gut 300 Häusern musste deswegen abgerissen werden!

Agorá: Gleich hinter dem Flohmarkt liegt der Nordeingang. Die Agorá war der Mittelpunkt des athenischen Lebens – hier traf man sich, diskutierte, politisierte, schwang Reden, beschloss Gesetze, verkündete Krieg und Frieden. Vor allem aber fand hier der große Markt des Stadtstaates statt. Wenn man vom Nordeingang kommt, thront rechter Hand auf einer niedrigen Anhöhe der *Tempel des Hephaistos*. Er gilt als am besten erhaltener Tempelbau Griechenlands und entstand etwa zur selben Zeit wie der Parthenon auf der Akrópolis (etwa 450-440 v. Chr.). Geweiht war er dem Gott der Schmiede und Töpfer – gleich in der Nähe lag das antike Wohnviertel der Töpfer, der "*Kerameikos*". Die lang gestreckte Säulenhalle links ist die *Stoa des Attalos*. Das prächtige Gebäude war bis zur Mitte des 20. Jh. nur noch als Ruine erhalten und wurde von amerikanischen Archäologen in mühseliger Kleinarbeit vollständig rekonstruiert. Heute beherbergt die Stoa das sehr sehenswerte *Agorá-Museum* mit vielen Fundstücken der alten Agorá (Di geschl.).

Öffnungszeiten/Preise Okt.–März tägl. 8.30–15 Uhr, April–Sept. 8-19 Uhr, Eintritt: ca. 4 €, Schül./Stud. (EU) & unter 18: frei; Schül./Stud. (Nicht-EU) & über 65: 50 % Ermäßigung. April-Juni und Okt. erster So im Monat frei, im Winter jeder So frei.

Areopag: Vom Agorá-Gelände kann man gleich hinaufsteigen zur Akrópolis. Dabei kommt man am felsigen Areopag-Hügel vorbei, wo einst der Athener Blutgerichtshof tagte und angeblich der Apostel Paulus gepredigt hat. Von zahllosen Besucherfüßen glatt gewetzte Steinstufen führen hier zu einem kleinen Aussichtspunkt, von dem Sie einen schönen Blick auf die Agorá, die Akrópolis und Athen genießen können.

Karte siehe S. 48/49

Akrópolis

Der heilige Tempelbezirk des antiken Athen thront auf einem markanten Tafelberg aus Kalkstein über dem heutigen Zentrum. Er ist die wohl bedeutendste Attraktion Griechenlands, gleichzeitig ein Umweltopfer ersten Ranges.

Griechenland leistet sich an seinem Nationaldenkmal die gigantischste Restaurierung seiner Geschichte. Der Smog aus Industrie- und Autoabgasen der Vier-Millionen-Metropole, marmorsprengende Eisenteile von früheren, unsachgemäßen Restaurierungen und die Füße der zahllosen Besucher haben schlimmste Schäden verursacht. Man geht äußerst umsichtig und sorgfältig zu Werk – als Werkstoffe werden nichtrostender Titan und Portland-Zement verwendet, fehlende oder zerstörte Marmorblöcke werden nur durch Originalmarmor aus dem Pentelischen Gebirge ersetzt. Neben modernsten Restaurierungsmethoden arbeiten gleichzeitig auch die besten Steinmetze Griechenlands auf der Akrópolis. Mit Methoden und Werkzeugen der Antike werden in monatelanger Arbeit Marmorteile gemeißelt und neu eingepasst, der blendend weiße Marmor hebt sich deutlich sichtbar von den alten Stücken ab. Die Arbeiten sind noch lange nicht beendet.

Die Millionenstadt im Blick: die "Koren" des Erechthéion

• *Öffnungszeiten/Preise* Okt.–März tägl. 8.30–15 Uhr, April–Sept. 8-19 Uhr, Eintritt: ca. 12 €, Schül./Stud. (EU) & unter 18: frei; Schül./Stud. (Nicht-EU) & über 65: 50 % Ermäßigung. April-Juni und Okt. erster So im Monat frei, im Winter jeder So frei. Akrópolis-Museum hat dieselben Öffnungszeiten, Mo aber erst ab 11 Uhr. Tipp: So früh wie möglich kommen, ab 11 Uhr vormittags wird es oft extrem voll. Die Akrópolis besitzt eine eigene Metro-Station südlich des Hügels.

Rundgang

Das große Plateau ist mit Trümmern übersät. Tagtäglich stapfen Heerscharen von Touristen aus aller Welt durch den schwer mitgenommenen Tempelbezirk, Fremdenführer verkünden die letzten Neuigkeiten zur Antike in allen Sprachen.

Propyläen: Die monumentale Eingangshalle ist mit zwei mächtigen Säulenflügeln aufwändig gestaltet. Die Marmorstufen der großen Doppeltreppe wurden in jüngerer Vergangenheit mit Holz verkleidet, um die gröbsten Erschütterungen der Besuchermassen aufzufangen.

Nike-Tempel: wunderschöner kleiner Tempel mit ionischen Säulen, auf einem Vorsprung rechts neben den Propyläen. Er war der *Athena Nike* geweiht, der Personifizierung des Sieges (*Nike*: "Sieg"). Prächtiger Fries, der aber nur noch in Teilen original erhalten ist.

Erechthéion: neben dem Parthenon das bekannteste Gebäude der Akrópolis. Sechs Mädchenstatuen (die sog. *Koren*) tragen das Vordach. Im 19. Jh. ersetzte ein gewisser Lord Elgin eine der Statuen durch eine Kopie und transportierte das Original nebst zahlreichen anderen Stücken der Akrópolis in einer Nacht- und Nebel-Aktion nach England. Heute lagert der ganze Schatz, die so genannten *Elgin marbles*, im Britischen Museum. Seit 1979 sind auch die übrigen Figuren wegen der Luftverschmutzung durch Nachbildungen ersetzt. Jedoch haben auch schon diese Kopien die Konturen verloren und bröckeln allmählich ab. Die Original-Figuren stehen jetzt im Akrópolis-Museum.

Parthenón: Der Tempel der Stadtgöttin Athene, größter und beeindruckendster Bau der Akrópolis, ist über Athen weithin sichtbar. Sein Schicksal erfüllte sich am 26. September 1687. Damals belagerten venezianische Truppen die türkisch besetzte Stadt und nahmen mit ihren schweren Geschützen vom benachbarten Filopapos-Hügel auch den Parthenon unter Feuer. Unklugerweise hatten die Türken den exponierten Tempel als Pulvermagazin verwendet ... Das Ausmaß der Explosion ist noch heute sichtbar – der Parthenón wurde in der Mitte förmlich auseinandergerissen. Wegen umfangreicher Restaurierungsarbeiten wird er mindestens bis zum Jahre 2006 hinter Gerüsten verschwinden und nicht zugänglich sein.

Akrópolis-Museum: am östlichen Ende des Plateaus, sehr beachtenswerte Sammlung der schönsten Stücke der Tempel. Hinter Panzerglas die berühmten Koren vom Erechthéion, Teile des Parthenon-Frieses, wunderbare Statuen und viele Details (Eintrittspreis im Besuch der Akrópolis eingeschlossen).

Museen

Eine Liste sämtlicher Athener Museen ist bei der Informationsstelle erhältlich.

Archäologisches Nationalmuseum: Weltweit die größte Sammlung der griechischen Antike, ein unbedingtes Muss für jeden archäologisch Interessierten. Um diese einzigartige Sammlung wirklich in sich aufnehmen zu können, würde man Wochen brauchen, ein mehrstündiger Rundgang kann nur Eindrücke vermitteln. Herausgepickt sind hier nur einige weltberühmte Stücke aus verschiedenen Kulturepochen der Antike.

Lage/Öffnungszeiten Achtung, das Museum bleibt wegen Restaurierungsarbeiten bis voraussichtlich Frühjahr 2004 geschlossen! Es steht an der Ecke Patission/Tositsastr., nordöstlich vom Omónia-Platz, vom Síntagma zu erreichen mit Oberleitungsbus 4, 5, 9, 11 (Haltestelle vor Nationalgarten) oder in zehn Minuten zu Fuß.

- *Mykenische Sammlung* (Saal 4, vom Eingang geradeaus): In diesem Saal sind die sensationellen Grabfunde ausgestellt, die Schliemann in Mykene gemacht hat – hauchdünner Goldschmuck, Goldmasken, Becher, Dolche mit kostbaren Einlegearbeiten usw. Bekanntestes Stück ist die sog. "Goldmaske des Agamemnon", die aber nach dem heutigen Stand der Forschung nicht Agamemnon, sondern einen wesentlich älteren mykenischen Fürsten darstellt.
- *Archaische Epoche* (Saal 7-14): Zwei der schönsten Beispiele für die charakteristischen überlebensgroßen Jünglingsgestalten namens "Kouroi" sind der **Kouros von Sounion** in Saal 8 und der **Kouros Kroisos** in Saal 13.
- *Klassik* (Saal 15-20): Im Saal 15 schleudert der **Poseidon vom Kap Artemision** in weit ausholender Bewegung seinen (nicht mehr vorhandenen) Dreizack. Ein Arm der detailgetreuen Bronzestatue wurde in der ersten Hälfte des 20. Jahrhunderts von Fischern vor Kap Artemision an der Nordspitze Euböas gefunden, einige Jahre später konnte der übrige Körper aus dem Meer geborgen werden. Wahrscheinlich transportierte ihn ein Schiff, das hier unterging.
- *Hellenismus* (Saal 21-33): Prunkstück ist im Saal 21 der **"Jockey" vom Kap Artemision**, die großartige Bronzeskulptur eines Knaben auf einem Pferd. Die gewaltigen fliehenden Bewegungen des Pferdes sind minutiös herausgearbeitet, der Junge sitzt tief gebeugt in derselben Flucht.

Besonders beachtenswert ist auch die originelle Figurengruppe **Aphrodite, Pan und Eros** im Saal 30. Aphrodite haut dem lüsternen Pan mit der Sandale eins über, während Eros ihn am Horn zerrt.

• *Minoisch-Kykladische Kultur* (Obergeschoss, Saal 48): Hier sind die erst Anfang der Siebzigerjahre entdeckten, wunderschönen **Wandmalereien** von der Insel **Thíra** (Santoríni) untergebracht. Ein Vulkanausbruch hatte wahrscheinlich um das Jahr 1625 v. Chr. die Stadt Akrotíri verschüttet – die Fresken blieben so über beinahe vier Jahrtausende unter einer Erd- und Ascheschicht verborgen. Ihre Entdeckung bedeutete eine archäologische Sensation.

Kykladenmuseum (Neofitou Douka Str. 4, nicht weit vom Síntagma Platz): hochmoderne Sammlung mit rund 230 Exponaten kykladischer Kunst vom 3. Jahrtausend v. Chr. bis zur römischen Zeit, zusätzlich neolithische, klassische und hellenistische Stücke aus ganz Griechenland.

Öffnungszeiten/Preise Mo, Mi, Do, Fr 10-16 Uhr, Sa 10-15 Uhr, Di/So geschlossen, Eintritt etwa 3,50 €, Studenten die Hälfte. Internet: www.cycladic.gr.

Weitere Museen: *Byzantinisches Museum*, Vasilissis Sofias 22 (Sammlung christlich-orthodoxer Kunst vom 5.-19. Jh); *Benaki Museum*, Ecke Koumbari/Vasilissis Sofias (weitgefächerte Ausstellung von der Antike bis zur modernen Volkskunst); *National-Historisches Museum*, Stadiou Str. (Überblick über die Geschichte Griechenlands).

Fährverbindungen nach Lésbos

Konkurrenzlos wichtigster Fährhafen ist Piräus: Mytilíni wird in der Saison mindestens 1-mal täglich angelaufen.

Weitere Fährhäfen am griechischen Festland sind *Vólos* in Thessalien sowie *Thessaloníki* und *Kavála* in Makedonien. Ab allen diesen Häfen bestehen jedoch nur recht spärliche Verbindungen, die Verbindung von *Rafina* an der Ostküste Attikas nach Sígri war zuletzt eingestellt, könnte aber wieder aufgenommen werden. Näheres am Ende dieses Kapitels; dort finden Sie auch Informationen über Schiffsverbindungen ab den Inseln *Sámos* und *Chíos*, die eventuell als Ausweichziele für Flüge in Betracht kommen können.

Achtung: Für alle Häfen gilt in der *Nebensaison* (vor Juni bzw. ab Ende September) ein reduzierter Fahrplan. Empfehlenswert deshalb, sich beizeiten zu erkundigen, ob am Tag der geplanten Abreise auch wirklich ein Schiff geht!

Fährtipps und -tricks

▸ **Fahrkartenkauf**: Mit der normalen, preisgünstigsten Fahrkarte darf man an Bord der Großfähren in der Regel sowohl *Deckplätze* als auch *Pullmansitze* benutzen und hat auch Zugang zu einem großen Aufenthaltsraum (Salon) mit Snack-Bar, Fernseher oder Video. Die teureren *Kabinen* können sich bei den teilweise doch recht langen Fahrten nach Lésbos durchaus lohnen.

Wichtig: Kaum ein Ticket-Büro in den großen Hafenorten verkauft Fahrkarten für alle Fähren, sondern in der Regel nur Tickets bestimmter Reedereien. Zwar informieren wohlmeinende Angestellte oft auch über Abfahrten anderer Fährgesellschaften, darauf verlassen sollte man sich jedoch besser nicht: Wenn kein Fahrttermin in Sicht ist, lohnt es sich, auch mal bei der Konkurrenz um die Ecke nachzufragen.

Fahrräder Die Mitnahme von Fahrrädern wird bei den einzelnen Gesellschaften unterschiedlich gehandhabt – mal ist ein geringer Preis zu zahlen, mal reist das Rad gratis.

▸ **Fahrpläne**: In Griechenland sind aktuelle *Schiffsfahrpläne* auf Handzetteln in der Tourist-Information am Síntagma-Platz in Athen (siehe dort) erhältlich.

• *Im Internet* Ähnlich wie bei den Ticket-Büros gilt auch hier, dass sich ein Vergleich der Daten lohnen kann. Gelegentlich ist die Kenntnis der Hafencodes nützlich: TZE steht für Piräus, MYT für Mytilíni.
www.greekferries.gr, deutschsprachige Site mit breitem Serviceangebot und der Möglichkeit zur Online-Buchung. Deckspassagen bleiben freilich bislang ausgenommen.
www.gtp.gr, die "Greek Travel Pages", mit einer guten Suchmaschine für Fährverbindungen. Englisch.
www.greekislands.gr, eine weitere englischsprachige Site für Fährverbindungen. Online-Buchung möglich.

▸ **An Bord**: Die Fähren sind geräumig und bieten hinreichenden Komfort auch bei hohem Wellengang – wer zu Seekrankheit neigt, sollte vielleicht dennoch entsprechende Mittel dabeihaben. Hunger und Durst braucht man nirgendwo zu leiden, mindestens eine Snack-Bar ist immer vorhanden. Nachts wird es auf See auch im Hochsommer kühl: Ein warmer Pullover oder eine Jacke sind dann sehr willkommen, Deckschläfer brauchen einen Schlafsack.

Generell: Die Ägäis ist ein stürmisches, unruhiges Meer

Immer wieder kommt es vor, dass Abfahrten, aber auch Landungen wegen hoher See und starker Winde kurzfristig storniert werden.

Vor allem im Juli und August können die oft tagelang wehenden Meltémia-Winde jegliche Schiffahrt in der Ägäis lahmlegen!

Wichtig deshalb: Legen Sie ihre Abreise von Lésbos nicht auf den letztmöglichen Tag! Falls Sie zu einem bestimmten Termin in Athen oder anderswo sein müssen, dann lassen Sie sich in ihrer Planung unbedingt etwas Luft, um nicht durch Fahrplanänderungen oder schlechtes Wetter beispielsweise Ihren Rückflug zu verpassen!

Auch aus anderen Gründen werden Fahrpläne häufig von einem Tag auf den anderen geändert: Ein Schiff hat Maschinenschaden, politische Widrigkeiten machen den Einsatz auf anderen Inseln erforderlich etc.

Piräus

Der Riesenhafen Athens ist mit dem Zentrum nahtlos zusammengewachsen, fast alle Inselfähren starten hier. Vom Zentrum ist er am bequemsten und schnellsten mit der Metro zu erreichen.

An den Kais eine graue Betonwüste, bis zu zehn Stockwerken hochgezogen, davor Autokolonnen, Lärm, Abgase. Menschenmassen, die sich aneinander vorbeischieben, Rucksacktouristen, die aus der Metro strömen ...

Die Ausfahrt per Fähre ist dagegen ein wunderschönes Erlebnis – man passiert Dutzende von Frachtern und Öltankern, die noch kilometerweit vor der Küste vor Anker liegen. Wie es allerdings unter dem Wasserspiegel aussieht, hat schon vor Jahren eine TV-Dokumentation gezeigt. Die einzigen Lebewesen, die in dem Ölgemisch des Saronischen Golfs existieren können, sind eine Art hässlicher schwarzer Seesterne.

Sprungbrett nach Lésbos: Piräus

• *Verbindungen* Mit der **Metro** bis zur Endstation (Züge fahren von 5-24 Uhr alle zehn Minuten) oder mehrmals täglich mit dem **Zug** ab Peloponnes Bhf. (etwa 10-mal täglich). Beide Stationen liegen nebeneinander an der Uferstraße. Der **Expressbuss E 96** pendelt rund um die Uhr mindestens halbstündlich zwischen Flughafen und Piräus, Platia Karaiskáki.

• *Fährtickets* Abfahrt der Fähren unweit der ufernahen Platía Karaiskáki, an der sich auch die Fähragenturen befinden. Um Tickets zu kaufen, empfiehlt es sich, einen Tag vor der geplanten Abfahrt mal mit der Metro runterzufahren. Auch am Abfahrtstag selbst ist der Fahrkartenkauf meist noch möglich – die Fähren nach Lésbos legen in der Regel erst am Nachmittag oder frühen Abend ab.

• *Übernachten* Die Hotels im Kaibereich sind wenig erfreulich, meist schmuddelige, typische Hafenabsteigen. Trotzdem dürfte wohl auch Piräus während der Olympischen Spiele bis zur letzten Badewanne ausgebucht sein.

Anemoni, C-Kat., Evridipou Str. 65-67/Ecke Karaoli Dimitrou Str., ein von Lesern empfohlenes Mittelklassehaus im Zentrum von Piräus, trotzdem relativ ruhig gelegen. Zimmer mit Air-Condition, Frühstücksraum, Parkmöglichkeit. DZ mit Frühstück ca. 70 €. ✆ 210 4111768, ℻ 210 4111616. E-Mail: anemoni@otenet.gr.

Bella Vista, C-Kat., Vassileos Pavlou Str. 109, auf einem kleinen Hügel oberhalb vom Yachthafen Mikrolimano; Metrostation Neon Faleron und noch 15 Min. zu Fuß. Das Besondere hier ist der dem Namen gemäß herrliche Panoramablick auf Athen und das dahinter ansteigende Hymettos-Gebirge. Leider an einer lauten Verkehrsstraße gelegen. DZ etwa 70 €, ✆ 210 4117161.

Hotel Triton, B-Kat., Tsamadou Str. 8, Nähe Hafen, großes, relativ modernes Haus mit Balkonen und Meerblick. DZ ca. 80 €, Frühstück extra. ✆ 210 4173457, ℻ 4177888. E-Mail: htriton@otenet.gr.

Fährverbindungen Piräus-Mytilíni: Zur Sommersaison, etwa zwischen Mitte Juni und Mitte September, verkehren 1- bis 2-mal täglich Fähren nach Lésbos, die großteils die Route über Chíos nehmen; im restlichen Jahr werden die Frequenzen teilweise eingeschränkt. Die Fahrzeit nach Lésbos beträgt je nach Linie etwa neun bis 14 Stunden, die neuen Schnellfähren "Aeolis Express" der Linie NEL schaffen es sogar in sechs Stunden und besitzen deshalb auch keine Kabinen mehr, sondern nur noch Sitze ähnlich denen im Flugzeug. Ticketbüros finden sich etwa 150 m links von der Metrostation, schräg gegenüber in dem großen alleinstehenden Gebäudekomplex an den Kais (Karaiskáki-Platz); in der Saison sind sie meist Tag und Nacht geöffnet. Jede Reederei hat ihr eigenes Büro, die täglichen Abfahrten sind auf großen Tafeln vor der Tür nachzulesen.

Preise Fahrpreis pro Person in der Decksklasse etwa 25 €, 2. Klasse (Kabinen mit 2-4 Betten) 45 €, 1. Klasse 60 €. Autos kosten je nach Länge etwa 90-110 €.

Weitere Fährhäfen

Rafina: Ein hübsches kleines Hafenstädtchen an der Ostküste Attikas; recht gute Busverbindungen mit Athen. Von hier starteten früher Fähren zum Dorf Sígri im äußersten Westen von Lésbos, doch war diese Linie zuletzt eingestellt. Wenn die Proteste der Bewohner von West-Lésbos Erfolg haben, könnte sie jedoch wieder aufgenommen werden. Immerhin war die Passage von hier gut 10 % günstiger als ab Piräus, interessant vor allem für Besitzer großer Fahrzeuge.

Thessaloníki: Die Hauptstadt Makedoniens dürfte als Fährhafen für Reisende aus Mitteleuropa erst wieder an Bedeutung gewinnen, wenn auf der Balkanroute normale Verhältnisse eingekehrt sind. Fähren nach Lésbos verkehren zur Hochsaison 2- bis 3-mal pro Woche; die Preise liegen allerdings um rund ein Viertel höher als ab Piräus.

Kavála: Noch weiter westlich als Thessaloníki, als Fährhafen nach Lésbos deshalb von geringer Bedeutung. Fähren nach Mytilíni via Límnos fahren zur Hochsaison 2- bis 3-mal pro Woche.

Chíos: Von der Nachbarinsel besteht im Sommerhalbjahr mindestens eine Fährverbindung täglich. Die Fahrzeit beträgt nur drei bis vier Stunden, eine preiswerte Deckspassage ist also völlig ausreichend.

Sámos: Eine häufig angeflogene Insel der Ostägäis. Fähren nach Mytilíni legen jedoch nur 2-mal pro Woche ab; Fahrzeit 8 Stunden. Zusätzliche Verbindungen bestehen über Chíos, das ab Sámos 2- bis 3-mal wöchentlich von den kleinen Fähren der Gesellschaft Miniotis (www.miniotis.gr) angefahren wird.

Weitere Möglichkeiten: Auch ab *Vólos* (Thessalien) gibt es Fähren nach Lésbos; sie verkehren allerdings selbst zur Hochsaison nur 1-mal pro Woche.

Was haben Sie entdeckt?

Haben Sie *den* Strand auf Lésbos gefunden, eine freundliche Taverne weitab vom Trubel, ein nettes Hotel mit Atmosphäre, einen schönen Wanderweg? Und welcher Tipp war nicht mehr so toll?

Wenn Sie Ergänzungen, Verbesserungen oder neue Informationen zum Lésbos-Buch haben, lassen Sie es mich bitte wissen!

Bitte schreiben Sie an:

Thomas Schröder
Stichwort "Lésbos"
c/o Michael Müller Verlag
Gerberei 19
91054 Erlangen
E-Mail: thomas.schroeder@michael-mueller-verlag.de

Miet-Enduros: optimal auch für schwierigere Pisten

Unterwegs auf Lésbos

Das Verkehrsnetz auf Lésbos ist im Vergleich zu vielen anderen griechischen Inseln recht gut ausgebaut. An öffentlichen Verkehrsmitteln stehen preiswerte Busse und Taxis zur Verfügung, für individuellere Routen kann man sich in vielen Orten ein Zweirad oder einen Kleinwagen, manchmal auch einen Jeep mieten.

Busse und Taxis

Bus: Die mit Abstand preisgünstigste Möglichkeit, die Insel zu entdecken. Allerdings ist das Busnetz sehr auf die Hauptstadt Mytilíni zugeschnitten, Querverbindungen gibt es nicht; außerhalb der Sommersaison werden die Frequenzen zudem stark eingeschränkt. Immerhin: Mit etwas Geduld kommt man mit den Bussen auf Lésbos auch zu manch entlegenem Ort.

Zentrale Umsteigestation zwischen den Routen in den Westen und den Norden ist Kalloní. Im Sommer empfiehlt es sich, zumindest für die Haupturlauberroute nach Pétra und Mólivos, Fahrkarten frühzeitig zu kaufen, denn dann sind die Busse schnell ausgebucht. Nähere Informationen zu den Frequenzen finden Sie im Kapitel über Mytilíni.

Mit dem Bus zum Wandern: Für uns ungewohnt, zum Wandern aber sehr praktisch – oft kann man sich auch außerhalb von Ortschaften absetzen lassen bzw. den Bus dort durch Winken stoppen und zusteigen. Völlig verlassen sollte man sich darauf jedoch lieber nicht.

• *Preise* Busfahren ist in Griechenland weit preisgünstiger als bei uns – pro Kilometer muss man im Schnitt mit etwa sieben bis acht Cent rechnen; die weitestmögliche Fahrt von einem zum anderen Ende von Lésbos (Mytilíni-Sígri, 92 km) kostet kaum 7 €.

• *Frequenzen* Generell ist das Angebot im Hochsommer am besten, da dann auch die Schulbusse für den regulären Linienverkehr eingesetzt werden können. Der vielen Urlauber wegen ist das Netz dann allerdings oft auch am Rande seiner Kapazität. Der Sommerfahrplan, auf den sich die Angaben in diesem Reisehandbuch beziehen, ist etwa von Mitte/Ende Juni bis in den September hinein in Kraft; im Juli und August werden manchmal noch zusätzliche Fahrten angeboten.

• *Fahrpläne* Zumindest in der Hauptstadt hängen sie in den Busstationen auch in lateinischer Schrift aus. Manchmal sind Fotokopien erhältlich, andernfalls empfiehlt es sich, bereits vor der ersten Fahrt die wichtigsten Linien und Zeiten abzuschreiben.

• *Internet-Infos*: Unter www.ktel.org stellen die griechischen Linienbusgesellschaften des Nahverkehrs ihre Fahrpläne ins Netz. Für Lésbos war es bis zuletzt leider noch nicht soweit.

Preiswert und fast immer pünktlich: die Inselbusse

Taxi: Ebenfalls weit preisgünstiger als bei uns. In Griechenland stellen Taxis keinen Luxus dar, sondern eine wichtige Stütze des öffentlichen Nahverkehrs; entsprechend gut ausgelastet sind sie auch. Nach Taxameter wird oft nur in und um die Hauptstadt gefahren; auf dem Land kann man auf Fahrzeuge stoßen, die gar nicht über ein solches Gerät verfügen. Generell empfiehlt es sich bei längeren Strecken, den Preis vorher auszuhandeln. Falls der Taxameter eingeschaltet ist: Tarif 1 gilt innerorts tagsüber, der teurere Tarif 2 außerorts und nachts; betrogen wird aber nur sehr selten. Höhere Preise können aus dem schlechten Zustand mancher Pisten resultieren, die den Fahrzeugen schwer zusetzen – falls die Chauffeure sich nicht ohnehin weigern, solche Strecken zu fahren. Taxis sind auch eine günstige Möglichkeit, um an den Ausgangspunkt von Wanderungen gebracht oder von einer solchen abgeholt zu werden; in letzterem Fall vereinbart man mit dem Chauffeur am besten schon vorher Ort und Termin. Normalerweise wird aber auch jeder Tavernenwirt gern ein Taxi rufen – sofern er über ein Telefon verfügt...

"Fahrgemeinschaften": Falls noch Platz ist und Sie in dieselbe Richtung wollen, halten in Griechenland oft auch bereits besetzte Taxis an. Falls der Taxameter läuft, merken Sie sich den Stand beim Einsteigen und zahlen dann die Differenz – wenn zwei voneinander unabhängige Parteien dieselbe Strecke fahren, müssen in der Regel beide den entsprechenden Preis zahlen; das gilt natürlich nicht für Gruppen, die zusammen ein Taxi besteigen.

Mit Auto oder Zweirad

Eine hervorragende Möglichkeit, die Insel zu erobern – man bleibt unabhängig von Busfahrplänen und gelangt selbst zu den entlegensten Flecken und an die vielen einsamen Strände, die Lésbos durchaus noch aufzuweisen hat.

Das **Straßennetz** ist auf Lésbos gut ausgebaut, nahezu alle Hauptrouten sind asphaltiert. Eine Ausnahme bildet der Süden: Hier klafft zwischen Plomári und Vaterá noch eine Lücke. Die Sträßchen und Pisten in diesem Gebiet verlaufen aufgrund der tiefen Schluchten des Olympos-Gebirges relativ kompliziert, weshalb für schnelles Vorankommen sogar der weite Umweg über den Golf von Géra und Políchnitos eine passable Alternative darstellt. Eine durchgehende Straße zwischen Plomári und dem boomenden Ferienort Vaterá ist jedoch geplant. So sehr sich die dortigen Hoteliers und Privatvermieter sicher über dieses Projekt freuen, so besorgt betrachtet es mancher Liebhaber der Insel. Schließlich ist der Ausbau von Straßen eine zweischneidige Sache, bringt er doch selbst den entlegensten Gebieten die z. T. ja durchaus zweifelhaften Segnungen des Tourismus' – und Lésbos bezieht nun mal einen guten Teil seiner Reize aus der Tatsache, eben nicht so übererschlossen zu sein wie manch andere griechische Insel.

• *Tankstellen* In fast allen größeren Orten zu finden. Aufpassen heißt es jedoch im Nordosten und Westen: Richtung Skála Sikaminéas liegt die letzte Spritstation beim Dörfchen Kápi, Richtung Westen in Ántissa bzw. Eressós; Sígri verfügt über keine Tankstelle! Die meisten Tankstellen schließen abends um 19 Uhr, am Samstagnachmittag und am Sonntag ganztags. Füllen sie also rechtzeitig Ihren Tank auf! Kreditkarten werden übrigens längst nicht in allen Tankstellen angenommen.

• *Straßenkarten* Siehe Abschnitt "Wissenswertes von A-Z", Stichwort "Karten".

Mit dem Kraftfahrzeug unterwegs in Griechenland

Papiere: nationaler Führerschein und Fahrzeugschein. Sinnvoll können auch der Auslandsschutzbrief und, bei Reisen mit dem eigenen Fahrzeug, eventuell eine kurzfristige Vollkaskoversicherung sein. Die Grüne Versicherungskarte wird empfohlen.

Höchstgeschwindigkeiten: Autobahnen 120 km/h (Motorräder 90 km/h), Schnellstraßen 110 km/h, außerhalb von Ortschaften 90 km/h (Motorräder über 100 ccm 80 km/h), innerorts 50 km/h. Mittlerweile sind sogar Radarpistolen im Einsatz, auch auf Lésbos!

Wichtige Verkehrsregeln: An gelb markierten Straßenrändern darf nicht geparkt werden. Promillegrenze 0,5! Darauf, dass "schon keiner kontrollieren wird", sollte man sich besser nicht verlassen. Auch die griechische Polizei hat effektive Messgeräte und setzt sie auch gerne ein...

Fahrweise: Vorsichtige und vor allem auch defensive Fahrweise kann helfen, schlimme Folgen zu vermeiden. Griechenland steht in der europäischen Verkehrsunfallstatistik leider an erster Stelle, die Zahl der durchschnittlich im Straßenverkehr Getöteten ist doppelt so hoch wie im Rest der Europäischen Union. Generell gilt: Immer auf Sicht fahren, also so, dass man in jedem Fall noch rechtzeitig anhalten kann (parkendes Auto nach der Kurve, eine Ziegenherde auf der Straße etc.). Rechnen Sie mit entgegenkommenden, die Kurven schneidenden Fahrzeugen und ganz allgemein mit einem gewöhnungsbedürftigen Fahrstil mancher Verkehrsteilnehmer. Vor sehr unübersichtlichen Kurven ist es üblich zu hupen. Nachtfahrten sollte man möglichst vermeiden.

Mietfahrzeuge

Eine feine Sache, auch wenn Autos auf Lésbos relativ teuer sind: Jeder Vermieter stöhnt über die Hunderte von Kilometern, die Urlauber in wenigen Tagen "abreißen". Mountainbikes sind ideal für Tagestouren, denn um die bergige Insel ganz damit zu erkunden, braucht es schon sehr gute Kondition. Auch Mofas und Mopeds eignen sich eher für Ausflüge in die Umgebung. Angesichts der großen Entfernungen sind Auto oder Geländemotorrad für die meisten Vorhaben die beste Wahl.

Zweiradvermietung: Prinzipiell ist das Moped oder Geländemotorrad das ideale Verkehrsmittel für die Insel: Flott und wendig, auch für Pisten geeignet, recht preiswert zu mieten und von geringem Benzinverbrauch. Auf der anderen Seite stehen der oft miserable Zustand vieler Maschinen und die Unerfahrenheit und Sorglosigkeit der Urlauber, die oft das erste Mal im Leben auf so einem Gerät sitzen.

Fahren Sie vorsichtig: Mangelnde Fahrpraxis, aber auch teilweise schlechte Straßen führen alljährlich zu schweren Unfällen. Die griechischen Arztpraxen und Krankenhäuser quellen im Sommer vor Touristen über, die einen Zweiradunfall hatten; in fast jedem heimkehrenden Jet sitzen ein oder mehrere Opfer mit Gipsbein, gebrochenem Arm etc. Ein Reisebürounternehmer erzählte uns einmal, er habe deswegen schon das Vermietgeschäft aufgegeben – seine Frau und er waren es leid, ständig die Kunden im Krankenhaus zu besuchen ... Fahren Sie als Lenker eines der langsamen Mofas oder Mopeds nicht zu weit rechts, um beispielsweise überholenden Autos Platz zu lassen: Griechische Straßen fallen am Rand oft steil ab oder sind dort mit Schlaglöchern gespickt – Ursache für viele Unfälle. Eine weitere Gefahrenquelle für Zweiradfahrer, insbesondere natürlich in Kurven, ist der oft von der Sommerhitze aufgeweichte, rutschige Asphalt. Schalten sie auch tagsüber das Licht an, um besser gesehen zu werden. Denken Sie auch daran, dass Sie auf der Insel kein Ambulanz- und Notarztsystem erwarten können, wie Sie es von der Heimat kennen!

Führerscheine: Ein kompliziertes Thema. Früher bekam man mit dem Autoführerschein so ziemlich jedes Zweirad ausgehändigt. Das ist zum Glück vorbei. Heute erhält man mit der allgemeinen Pkw-Lizenz zumeist nur mehr 50er-Maschinen. Zwar sind in vielen (insbesondere älteren) Autoführerscheinen auch höhere Zweiradkategorien bis hin zu 125ern eingeschlossen, doch muss man dies auch nachweisen können. Die rosa Führerscheine mit ihren exakten Angaben zu den erlaubten Kubikzentimeterzahlen sind deshalb vorteilhafter als die alten grauen "Lappen", in denen nur die jeweiligen Klassen eingetragen sind, Details über die zulässigen Hubräume bei Zweirädern aber fehlen.

Prüfen Sie den Zustand des Fahrzeugs: Vor der Anmietung sollte immer eine ausführliche Prüfung inklusive Probefahrt stehen. Checken Sie Reifenprofil, Luftdruck, Kettenspannung und -schmierung, Ölstand, Licht, vor allem aber die *Bremsen*! Weisen Sie auf Mängel hin; diese resultieren nicht immer in Nachlässigkeit der Vermieter, sondern oft einfach in der schnellen Abfolge der Kunden. Meist kann der Vermieter das Fahrzeug gleich anschließend nachbessern. Kontrollieren Sie auch die Tankfüllung und fragen Sie nach dem Fassungsvermögen, der benötigten Benzinsorte (Super oder Zweitaktgemisch) und dem Verbrauch – das Tankstellennetz hat gelegentlich Lücken, und am Samstagnachmittag und am Sonntag sind viele Tankstellen geschlossen. Für den Fall einer *Panne* ist es nützlich, immer die Telefonnummer des Vermieters (oft am Fahrzeug angebracht) mit sich zu führen. Seriöse Vermieter holen den Kunden dann umgehend ab und stellen Ersatz; bei Reifenpannen ist allerdings oft ein Pauschalbetrag für Abholservice und Reparatur fällig. Fragen Sie Ihren Vermieter, wie er es bei einer Panne hält!

• *Vermieter, Mietverträge, Kaution etc.* Motorisierte Zweiräder werden in Mytilíni, Plomári, Ágios Isídoros, Skala Kallonís, Pétra, Ánaxos, Mólivos und Skála Eressoú angeboten, zur Saison auch in Vaterá; oft sind auch Mountainbikes erhältlich. Weitere Informationen zu den Mietmodalitäten siehe im Anschluss an den Abschnitt "Mietwagen".

• *Preise* Wegen der großen Ausdehnung der Insel verlangen die Vermieter auf Lésbos deutlich höhere Preise als z. B. auf den Kykladen. Liegen die lokalen Tarife meist ziemlich einheitlich, so bestehen zwischen den einzelnen Orte doch teils erhebliche Unterschiede, die insbesondere in der NS zum Tragen komen: Relativ teuer sind Zweiräder in Mytilíni, Mólivos und Skála Eressoú, relativ günstig dagegen in Ágios Isídoros, Plomári und Pétra. Handeln lässt es sich am besten natürlich ebenfalls in der Nebensaison; bei einer Mietdauer von mehreren Tagen sollte man aber in jedem Fall schon mal nach einem "Discount" fragen.

• *Schutzkleidung* Erstaunlich, welche Nachlässigkeit hier auch jene Leute an den Tag legen, die daheim immer über die leichtsinnigen Motorradfahrer wettern ... Badeschlappen, Shorts und T-Shirts jedenfalls verhelfen schon bei kleinsten Ausrutschern zu großflächigen, schwer heilenden Schürfwunden, sorgen bei längerer Fahrt übrigens auch für kapitale Sonnenbrände. Es muss ja nicht gleich eine Lederkombi sein: feste **Schuhe**, solide **Jeans** und **Jeansjacken** o. Ä. schützen bei niedrigeren Geschwindigkeiten auch schon ganz gut; **Handschuhe** sind ebenfalls sinnvoll.

• *Schutzhelm* In Griechenland besteht **Helmpflicht**! Kontrollen sind häufiger als noch vor wenigen Jahren, auch wenn viele Griechen selbst immer noch ohne Helm unterwegs sind. Die Verleiher haben Helme vorrätig, die allerdings meist schon auf vielen Köpfen ihren Dienst verrichtet haben; umso besser, wenn man einen Helm von daheim mitbringen kann.

• *Fahrzeugtypen* **Automatic-Mofas** (Einsitzer) sind am preisgünstigsten und prinzipiell auch für Neulinge gut zu fahren. Ein kleiner Nachteil ist die schwache Motorisierung, die Bergstrecken zur Geduldsprobe macht; schwerer wiegt, dass auch die Bremsen oft nur matt ihre Arbeit verrichten – prüfen Sie diese besonders sorgfältig. Mofas tanken meist Zweitaktgemisch aus Benzin und Schmieröl. Mietpreis je nach Ort und Saison ab etwa 10-12 €/Tag.

Roller: Meist mit ausreichender Bremsleistung, außerdem auch im Zweipersonenbetrieb recht komfortabel. Aufgrund der neuen Führerscheinregelung zählen die meist "Scooter" genannten japanischen Automatic-Roller mit 50 ccm mittlerweile zu den gängigsten Miet-Zweirädern. Dabei sind Neulingen sowohl Scooter als auch handgeschaltete Vespas wegen ihres gewöhnungsbedürftigen Fahrverhaltens nicht ohne Einschränkung zu empfehlen: Die kleinen Räder rutschen in Kurven leicht weg und sind für unbefestigte Straßen wenig tauglich, die Fahrzeuge zudem recht seitenwindempfindlich. Mietpreis je nach Ort, Hubraum und Saison ab etwa 15 €/Tag.

Mopeds: Ein weiter Begriff; optisch oft Mofa-ähnlich, in der Regel aber mit Sitzbank für zwei Personen. Dank der relativ

großen Räder sind Mopeds auch für Pistenstrecken ganz gut geeignet. In Griechenland gibt es sie mit Hubräumen von 50-100 ccm, wobei die höheren Kubikzahlen leistungsmäßig schon in Motorrad-Bereiche vorstoßen, die Bremsen aber, gerade im Zweipersonenbetrieb, nicht immer auf die erreichbaren Geschwindigkeiten ausgelegt sind – also Vorsicht. Getankt wird oft Benzin, gelegentlich auch Zweitaktgemisch; die Schaltung funktioniert meist halbautomatisch (ohne Kupplung). Mietpreis für eine 100er je nach Ort und Saison ab etwa 20 €/Tag.

Motorräder: Eigentlich alles über 50 ccm (siehe Mopeds). Straßenmaschinen werden kaum angeboten, stattdessen meist leichte Enduros (Geländemotorräder) zwischen 125 und 250 ccm, für die Sträßchen von Lésbos völlig ausreichend und auf Pistenstrecken optimal – im freien Gelände haben Motorräder der Umwelt zuliebe nichts verloren. Für Neulinge sind Enduros zu "hochbeinig"; wer schon etwas Erfahrung hat und seine Gashand zügeln kann, fährt mit ihnen jedoch sicherer als mit den kleinen Maschinen, da hier die Bremsen der Motorleistung entsprechen. Manchmal gibt es Zweitaktmaschinen zu mieten; empfehlenswerter sind jedoch Viertakter, bei denen wie beim Auto der Motor mitbremst. Mietpreis je nach Ort und Saison ab etwa 20-25 €/Tag (125 ccm); für neuere Modelle oft noch deutlich mehr.

Mietwagen: Hier bestehen geringere Preisdifferenzen zwischen den einzelnen Mietorten als bei Zweirädern, doch liegen auch bei der Pkw-Miete die Preise oft deutlich höher als auf anderen, kleineren Inseln. Im Angebot sind meist Kleinwagen japanischer und südeuropäischer Herkunft, zu Preisen ab etwa 35-40 €/Tag aufwärts, je nach Typ, Saison und Mietdauer – bei einer Anmietung von mehreren Tagen sollte schon ein Rabatt drin sein. Gelegentlich gibt es auch halboffene Kleinwagen und Jeeps zu mieten. Wie bei der Anmietung eines Zweirads empfiehlt es sich auch beim Pkw dringend, das Fahrzeug genau durchzuchecken: Ölstand, Kühlwasser, Reifen (Ersatzrad? Luftdruck?), Beleuchtung, Unfallspuren (Unterboden!) etc.

Auto-Miete vor der Reise: Wenn Sie schon vor der Reise genau wissen, wann Sie ein Fahrzeug benötigen, ist es ratsam, im Reisebüro nach Spezialangeboten internationaler Vermieter zu fragen – bucht man schon daheim, sind diese oft kostengünstiger. Außerdem haben Sie so die Garantie, auch sicher ein Fahrzeug zu bekommen – in der HS kann es auf Lésbos nämlich schon mal zu Engpässen kommen. Auch bei juristischen Auseinandersetzungen ist man mit einem vorab gebuchten Fahrzeug auf der sichereren Seite: Gerichtsstand ist dann in der Regel die Heimat und nicht etwa Lésbos ...

- *Vermieter vor Ort* In Mytilíni, Plomári, Ágios Isídoros, Pétra, Mólivos und Skála Eressoú, zur HS auch in Skála Kallonís. Die international bekannten Agenturen sind meist etwas teurer als lokale Vermieter, garantieren dafür jedoch Seriosität. Allerdings arbeitet auch die große Mehrzahl lokaler Gesellschaften durchaus reell.
- *Mietverträge* (Rental contract) Meist in Deutsch und Englisch und oft so abgefasst, dass der Mieter für sehr vieles haftbar gemacht werden kann. Fast immer muss man bestätigen, dass das Fahrzeug bei Übernahme vollständig in Ordnung war und sich gleichzeitig verpflichten, es im selben Zustand zurückzubringen. Bei Schäden, für die der Mieter nicht verantwortlich ist, wird entweder Ersatz gestellt oder das Fahrzeug umgehend repariert. Für Schäden, die vom Fahrer verursacht wurden, haftet dieser jedoch voll! Was vom Fahrer zu verantworten ist oder nicht, kann leicht zur Streitfrage werden; auch deshalb ist eine genaue Fahrzeuginspektion bei der Übernahme ratsam. Gelegentlich findet man sogar Verträge, die den Mieter verpflichten, für alle während der Mietzeit entstandenen Schäden aufzukommen – dann besser auf den Vertrag verzichten.
- *Vertragsformen* **Zweiräder** werden immer ohne Kilometerbegrenzung vermietet.

Bei **Autos** gibt es dagegen zwei Möglichkeiten. Mit **Kilometergeld**: Geringe Grundmiete plus Gebühr für jeden gefahrenen Kilometer. Zwar werden fast überall 100 km/Tag grundsätzlich in Rechnung gestellt, ob sie nun gefahren wurden oder nicht, doch ist diese Variante trotzdem in der Regel preisgünstiger. **Ohne Kilometerbegrenzung** (unlimited kilometers) gibt es Autos meist erst ab einer Dauer von mindestens drei Tagen zu mieten; der ziemlich hohe Preis rechnet sich normalerweise nur ab einer Fahrstrecke von täglich 160 km oder mehr.

- *Mindestalter* Bei Pkw in der Regel ab 21 Jahre, Motorräder ab 18 Jahre, Mofas etc. ab 16 Jahre.
- *Kaution* Bei Pkw meist Pflicht, bei Zweirädern tut es oft auch der Pass; Kreditkartenzahler sind in beiden Fällen befreit.
- *Steuer/Versicherung* Aufpassen, dass vom Vermieter Endpreise genannt werden, andernfalls wird man später noch mit 13 % Umsatzsteuer zur Kasse gebeten.

Haftpflichtversicherung ("third party insurance") ist im Preis grundsätzlich enthalten, wobei die Deckungssummen geringer sind als bei uns daheim. Was darüber hinausgeht, müsste der Fahrer im Fall des Falles aus eigener Tasche begleichen. Eine zusätzliche Haftpflichtversicherung kann man schon zu Hause bei verschiedenen Unternehmen abschließen.

Vollkasko ("collision damage waiver") mit und ohne Selbstbeteiligung ist für Motorräder gelegentlich, für Autos immer möglich (dort oft im Preis enthalten – darauf achten) und auch empfehlenswert: Bei einem Unfall kann es sonst sogar vorkommen, dass der Mieter von der Polizei über die vorgesehene Heimreise hinaus auf Lésbos festgehalten wird, bis der Schaden beglichen ist... Bedingung bei Vollkasko ist jedoch, dass man keinen Verstoß gegen die griechische Straßenverkehrsordnung begeht – falls man also z. B. die vorgeschriebene Höchstgeschwindigkeit überschritten hat und dies aktenkundig wurde, ist der Schutz meist dahin. Vom Versicherungsschutz ausgenommen sind bei Pkw oft noch Fahrgestell, Unterboden und Reifen! Prüfen Sie diese Teile also vorher sorgfältig. Nicht versichert sind meist auch solche Schäden, die auf Pisten entstanden sind.

Mit dem Fahrrad auf Lésbos

Mountainbikes gibt es ab etwa 5-8 Euro pro Tag in den meisten Touristenzentren zu mieten, allerdings oft in beklagenswertem Zustand.

Sie verfügen fast nie über eine Lichtanlage. Wer auch nachts unterwegs sein will, sollte sich aufsteckbare Batterieleuchten von daheim mitbringen. Generell eignet sich die Insel aufgrund der großen Distanzen und des bergigen Profils vor allem für geübte Biker – und die werden ihr Rad wohl lieber selber mitnehmen,

Beliebte Verkehrsmittel auf Lésbos: Mofas und Mopeds

ΤΡΑΠΕΖΑ
DOLLAR
HONDA

am einfachsten per Charterflug (siehe im Kapitel "Anreise"). Achtung: Es gibt kaum spezialisierte Werkstätten, weshalb die wichtigsten Ersatzteile im Gepäck sein sollten. Günstig sind vor allem Mountainbikes, für die es auf den vielen kleinen Pisten und Wegen zahlreiche Einsatzmöglichkeiten gibt. Übrigens sind viele der in diesem Führer beschriebenen Wandertouren auch mit dem Bike höchst genussvoll zurückzulegen; auf Querfeldeinfahrten sollte man jedoch – wie überall – aus Naturschutzgründen verzichten.

Ausflüge

Für organisierte Ausflüge besteht bereits ein recht breites Angebot, insbesondere bei Bustouren ab Mytilíni und Mólivos. Ansprechpartner sind die dort jeweils zahlreich vertretenen Agenturen.

Recht unterhaltsam sind die *Bootsausflüge*, die ab Ferienorten wie Pétra, Mólivos, Plomári und Skala Eressoú stattfinden und meist Stopps für Strandpausen und Mittagessen einschließen. Weitere pauschale Ausflüge, die sich mit mehr oder weniger Mühe auch auf eigene Faust organisieren ließen, gibt es ins türkische Ayvalık und weiter zur Ausgrabungsstätte Pergamon. Details hierzu sowie weitere Anregungen finden Sie im Anhang im Kapitel "Türkeiausflüge ab Lésbos".

Wandern auf Lésbos

Eine der schönsten Arten, die Insel zu entdecken. Etwas Wandererfahrung ist jedoch vonnöten: Die Insel ist bergig, ihre Pfade sind oft schwer zu finden, steinig und längst nicht überall schattig. Reichlich Kondition und Ausdauer sollte man deshalb mitbringen.

Auch ein guter Orientierungssinn ist bei längeren Wanderungen auf Lésbos vonnöten, denn brauchbare Wanderkarten gibt es nicht. Dann belohnt die Insel den Wanderer mit ihren versteckten, nur über Pfade erreichbaren Schönheiten, mit den ausgedehnten Blumenteppichen des Frühjahrs, den sommerschattigen Platanenschluchten, den einsamen Kirchlein und abgelegenen Stränden. Immer neue Perspektiven öffnen sich, und oft reicht der Blick bis zum kleinasiatischen Festland oder zu anderen Inseln. Bevorzugte Wanderregionen auf Lésbos sind das Bergland des Nordens (Mólivos, Pétra) und der Süden um den Olympos (Agiássos, Plomári). Auch der steinige Westen hat seine Reize, doch findet sich dort praktisch kein Schatten. Im Umfeld der Bergdörfer verlaufen oft noch alte Fußwege – wer sie sucht, muss ausdrücklich nach dem *Monopáti* fragen, andernfalls wird man grundsätzlich auf die nächste Straße verwiesen. Auch manche wenig befahrene Pisten geben gute Wanderungen ab, wie z. B. im Hinterland von Plomári.

Aber – wandern Sie möglichst nie allein, oder lassen Sie zumindest den Hotelier oder Vermieter wissen, wo Sie unterwegs sind. Wanderungen auf Lésbos sind keine Spaziergänge: Die Höhenunterschiede können beträchtlich sein, oft bewegt man sich zudem weitab der Zivilisation. *Beginnen Sie Ihren Wandertag früh*: Starten Sie am besten schon bei Sonnenaufgang. Zum einen ist dies mit die schönste Zeit des Tages; zum anderen bringt es Sicherheit, wenn mit aufkommender Mittagshitze schon ein großer Teil der Strecke geschafft ist. *Achten Sie auf die richtige Ausrüstung*: Gehen Sie nie ohne entsprechend angepasste Kleidung und Schuhwerk, ohne Sonnenschutz und ausreichenden Trinkwasservorrat auf Tour!

Viele der in diesem Reisehandbuch beschriebenen Wanderungen sind mit blauen Punkten oder Kreuzen markiert. Verlassen kann man sich auf diese Markierungen jedoch nicht: Immer wieder mal kann eine Mauer oder ein Gatter abgerissen, ein Telegrafenmast entfernt werden.

• *Jahreszeit* Mai und Juni, wenn alle Gebiete in Blüte stehen, sind die beste Wanderzeit; von den sehr heißen Monaten Juli und August ist eher abzuraten. September und Oktober sind klimatisch wieder günstiger, doch ist die Vegetation dann karger und die Tage sind deutlich kürzer. Vorteil jedoch: Im Herbst fällt die Orientierung vielerorts leichter, da die Pfade ausgetretener und nicht mehr so überwuchert sind wie im Frühjahr.

• *Basisausrüstung* für alle beschriebenen Touren: Viele Wegstrecken sind steinig und steil – feste, knöchelhohe und gut eingelaufene (!) Wanderschuhe sind deshalb dringend zu empfehlen. Manchmal muss stachlige Phrygana durchquert werden, wobei eine lange Hose aus festem Stoff gute Dienste leistet. Nicht zu vergessen: Sonnenschutzmittel, -brille und eine Kopfbedeckung. Werden auf der Wanderung Klöster besucht, sollten Männer eine lange Hose tragen (oder im Gepäck zum Umziehen mitführen), Frauen möglichst einen längeren Rock. Als Rucksack ist ein guter Wanderrucksack mit innenliegendem Tragegestell natürlich optimal; man kommt jedoch auch mit einem einfachen Tagesrucksack aus, schwitzt dann eben etwas mehr.

• *Verpflegung* Zum Essen nur das Nötigste, jedoch reichlich (!) Wasser mitnehmen. Von Quellen kann man fast überall unbesorgt trinken, aus Zisternen vorsichtshalber nur dann, wenn man sich nach der Qualität erkundigen kann.

• *Viehgatter* Auf vielen Wegen sind kleine Gatter oder Türchen zu passieren. Verlassen Sie die Gatter bitte immer so, wie Sie sie vorgefunden haben, also offene Gatter offen lassen und geschlossene wieder schließen. Auf diese Art schneiden Sie kein Vieh von der Tränke ab bzw. verhindern das Ausbrechen von Tieren.

• *Wanderbeschreibungen in diesem Reisehandbuch* In diesem Buch finden Sie eine Reihe von Wanderbeschreibungen inklusive Routenskizzen, die natürlich keine Wanderkarten ersetzen wollen. Ebenso ist es im Rahmen eines Reiseführers aus Platzgründen unmöglich, haarklein jedes Detail einer Wanderung durch raues Gelände zu beschreiben; pro Tour wären dafür jeweils mehrere Seiten erforderlich. Bei einigen Wanderungen ist also etwas Orientierungssinn gefragt, doch finden Sie in diesem Buch auch eine Reihe von leichten Touren mit absolut eindeutiger Wegeführung. Viele der Wege wurden von der Autorin Erika Meyer mit blauen Punkten oder Kreuzen markiert. Falls Sie jedoch einmal nicht sicher sein sollten, sich auf dem richtigen Weg zu befinden, kehren Sie besser um. Gehen Sie nicht das Risiko ein, sich in weglosem Gelände zu verlaufen! Die angegebenen Entfernungen waren nicht immer genau zu ermitteln: Viele Pisten und Wege wurden zur Entfernungsmessung mit dem Fahrzeug abgefahren, doch gibt es ja auch Treppenwege, unbefahrbare Pfade etc. – für diese waren wir naturgemäß auf Schätzungen angewiesen. Ähnliches gilt für die Wanderzeiten (die keine Pausen beinhalten); mancher geht eben schneller, mancher langsamer. Bereits nach kurzer Zeit jedoch werden Sie unsere Angaben in die richtige Relation zu Ihrem Wandertempo setzen können.

• *Und noch eine Bitte* Über Informationen zu Änderungen im Routenverlauf der beschrieben Touren sowie weitere Anregungen und Wanderbeschreibungen (evtl. mit kleiner Skizze) seitens interessierter Leser würden wir uns sehr freuen!

Um unterwegs nach dem Weg zu fragen: *Pou íne monopáti pros* (wo ist der Fußweg nach ...), *pósa chiliometra íne pros* (wieviele Kilometer sind es nach ...), *thélo stin* (ich möchte nach ...).
Wichtig: Ausdrücklich nach dem Fußweg *monopáti* fragen – andernfalls wird man zur nächsten Straße geschickt.

Übernachten

Verglichen mit anderen Mittelmeerländern liegt das Preisniveau in Griechenland immer noch eher niedrig. Zudem ist der Tourismus auf Lésbos relativ jung: Die Zimmer sind zwar meist schlicht, aber fast nie wirklich antiquiert eingerichtet.

Üppigen Komfort sollte man allerdings nicht erwarten. Selbst viele bessere Hotels verzichten auf schmuckvolle Details, und in den einfacheren Unterkünften besteht die Einrichtung ohnehin fast grundsätzlich nur aus Bett, Tisch, Stuhl und vielleicht einem Schrank. Die fast immer weiß gekalkten Wände und das gern verwendete helle Kiefernholz lassen die Zimmer dennoch freundlich wirken. Auch die Herzlichkeit vieler Wirtsleute macht kleinere Komfortmängel schnell wett. Mangelnde Sauberkeit ist nur in ganz seltenen Fällen ein Problem – auf die Mitnahme von "Rattengift und Mausefalle", wie allen Ernstes in einem Anfang der Neunziger erschienenen Reiseführer noch empfohlen, kann man getrost verzichten.

Glückliche Nebensaison: Wer auf eigene Faust reist, die lange Sucherei nach Zimmern umgehen und zusätzlich noch Geld sparen möchte, sollte nach Möglichkeit unbedingt in der Nebensaison fahren, also außerhalb der Monate Juli und August – je weiter man sich von diesen beiden Monaten entfernt, desto niedriger die Preise und desto größer die Freude des Hoteliers über jeden Gast. Auch Tavernen, Strände und Museen zeigen sich abseits des sommerlichen Hochbetriebs von der angenehmeren Seite. Aber: Vor Anfang Mai und ab Mitte/Ende Oktober sind fast alle Hotels und viele Restaurants geschlossen; in weniger besuchten Orten dauert die Saison gar nur von Juni bis September.

In den Ortskapiteln finden Sie ausführliche Beschreibungen zahlreicher Unterkünfte mit Lage, Kategorie und Ausstattung; die genannten Preise gelten jeweils für ein Doppelzimmer (DZ). Bei zwei Preisangaben bezieht sich der niedrigere Preis auf die Nebensaison (NS), der höhere auf die Hochsaison (HS).

Hotels

Griechische Hotels werden von der Griechischen Zentrale für Fremdenverkehr nach ihrer Ausstattung in Kategorien eingeteilt – nicht immer ist diese Klassifizierung aussagefähig.

Oft genügt nämlich schon ein Radio auf dem Zimmer oder ein Quadratmeter Fläche mehr, um in die nächsthöhere Klasse aufzusteigen. Die Freundlichkeit der Wirtsleute, die ruhige Lage oder schöne Aussicht spielen bei der Bewertung keine Rolle. Einen gewissen Standard kann man aus der jeweiligen Kategorie dennoch ableiten.

Eingeteilt sind Hotels in die Kategorien *Luxus, A, B, C, D* und *E*; über ein Gesetz, das eine neue Klassifizierung nach Sternen vorsieht, wird seit Jahren spekuliert. Gekoppelt sind die Kategorien an entsprechende Höchst- und Tiefstpreise, wobei letztere zur Nebensaison inoffiziell häufig unterboten werden: Handeln kann sich dann auch in guten Häusern lohnen, und oft genug macht der Hotelier sogar von sich aus einen wesentlich günstigeren Tarif als in der offiziellen Hotelpreisliste angegeben. Die gehobeneren Kategorien rechnen jedoch eher selten mit Individualreisenden, da hier der Abstand zwischen dem Preis für Reiseveranstalter und dem für Einzelgäste besonders hoch ist.

Luxus-Kat.: Auf Lésbos ist diese Kategorie (noch?) nicht vertreten.

A-Kat.: Nur wenige Häuser. Für hohe Ansprüche, entsprechende Preise. Doppelzimmer (DZ), die je nach Saison etwa 70-120 € aufwärts kosten, sind die Regel. Oft wird zudem erwartet, dass der Gast Halbpension nimmt.

B-Kat.: Ebenfalls durchaus gehobene Häuser, auf Lésbos meist erst wenige Jahre alt, oft in ansprechender Architektur, Swimming-Pool fast obligatorisch. Voll- oder Halbpension ist möglich, seltener Pflicht. Durchschnittspreise für das DZ etwa 60-90 €; einige Häuser liegen etwas niedriger, wenige höher.

C-Kat.: Zusammen mit den B-Hotels die am häufigsten vertretene Kategorie. Preis, Ausstattung und Service können sehr unterschiedlich sein. Die Mehrzahl fällt jedoch unter den Begriff "gute Mittelklasse" und kostet nach Saison etwa 40-60 € mit einzelnen Ausreißern nach oben und unten. Voll- oder Halbpension ist nicht überall möglich und selten obligatorisch.

D/E-Kat.: Einfachere Hotels mit oft eher karger Ausstattung, die Zimmer manchmal ohne eigenes Bad. In guten Fällen aber durchaus erfreuliche Unterkünfte; freundliche Wirtsleute und angenehme Stimmung. Durchschnittspreise etwa 30-40 €, gelegentlich auch mal darunter.

Privatzimmer und Apartments

Privatzimmer (*Domátia*): In vielen Küstenorten zu finden und durchaus eine Alternative. Der Zimmerstandard ist in aller Regel einfach, aber ausreichend, die Sauberkeit kein Problem. Die Griechische Zentrale für Fremdenverkehr stuft Privatzimmer nach *A*, *B* und (selten) *C* ein; die erste Kategorie besitzt immer ein eigenes Bad. Doch sind nicht alle Vermieter offiziell registriert, manches läuft auch unter der Hand. Betriebe, die beim Fremdenverkehrsamt gemeldet sind, erkennt man an einem entsprechenden Schild am Eingang und einer Tafel mit dem Preis im Zimmer; in der Regel sind jedoch auch die nur halblegal arbeitenden Vermieter seriöse Leute. Gelegentlich ist man sogar privat untergebracht, ohne es zu wissen: Oft nennen Privatvermieter mit mehreren Zimmern ihr Domizil "Pension", manche versteigen sich gar zur Bezeichnung "Hotel", ohne diesen Status tatsächlich zu besitzen. Für den Reisenden spielt das in der Praxis kaum eine Rolle. Privat untergebracht zu sein, bedeutet nämlich fast nie, dass man zu seinem Zimmer durch die gute Stube der Gastfamilie marschieren muss; in der Regel ähnelt der Betrieb tatsächlich eher dem einer Pension.

Manchmal (obwohl diese Vorgehensweise mittlerweile verboten ist) kommen die Vermieter zum Fährhafen oder zur Bushaltestelle, um potenzielle Kunden gleich bei der Ankunft abzupassen. Ob man auf solche Angebote eingehen sollte, ist eine Frage für sich: Auf der einen Seite hat mancher vielleicht Probleme, dann noch abzulehnen, falls das Zimmer nicht gefällt; andererseits ist man so immerhin sicher, ein Dach über dem Kopf zu haben, was zur Hochsaison schon für eine gewisse Beruhigung sorgen kann; im schlimmsten Fall kann man ja am nächsten Tag noch einmal auf die Suche gehen und erneut nach *Rooms, Rooms to rent, Rooms to let* oder *Domátia* (griech.: Zimmer) Ausschau halten.

• *Preise* Je nach Saison, Ort und Standard ab unter 20 € bis 50 €; das Gros der Privatzimmer bewegt sich jedoch im Bereich zwischen 25 und 35 € pro DZ. Seit einigen Jahren werden die Preise nicht mehr vom Staat festgelegt. Stattdessen gibt der Vermieter der Touristenpolizei einen selbstgewählten Preis an, den er dann einhalten muss; dieser ist auf der Karte im Zimmer abzulesen. Zur NS gewähren fast alle Vermieter aber trotzdem Nachlässe, vor allem bei längerem Aufenthalt. Gelegentlich steht ein Kühlschrank oder gar eine Miniküche im Zimmer, für die dann Zuschlag zu zahlen ist; dieser ist ebenfalls auf der Karte vermerkt.

Apartments/Studios (*Diamérismata*): In einigen Küstenorten zu finden, oft gerade dort, wo nur wenige Hotels stehen. In der kleineren Studio-Version sind sie eine Art Privatzimmer mit Bad, Küche und Balkon/Terrasse; es gibt aber auch richtig große Ferienwohnungen für Familien. Fast immer sind sie neu gebaut und ausreichend komfortabel; die Küche enthält einen Elektroherd, Kühlschrank, Töpfe und Geschirr. Man kann sich also auch spontan zur Miete entscheiden, sollte aber vor allem in der Nebensaison auf Einkaufsmöglichkeiten in der Umgebung achten. Die kleineren Studios kosten zumindest dann kaum mehr als Privatzimmer; nach oben sind zur Hochsaison dagegen kaum Grenzen gesetzt.

Vor Ort kann man Studios und Apartments über viele Reisebüros oder von privat mieten. Wer schon daheim vorbuchen möchte, findet Ferienwohnungen bei vielen Reiseveranstaltern und in den Anzeigen der großen Tageszeitungen etc. In jedem Fall sollte man sich vor Vertragsabschluss über die genaue Lage vergewissern, um nicht wider Willen in der Wildnis zu landen.

Frauenkooperative Pétra: In Pétra im Norden von Lésbos wurde 1983, von der sozialistischen Regierungspartei PASOK unterstützt, eine Kooperative von Landfrauen gegründet. Ziel dieses Zusammenschlusses damals wie heute: Die "Emanzipation durch den eigenen Geldbeutel", die über die Vermietung von Privatunterkünften erreicht werden soll. Name und Zielsetzung sollten zu keinen falschen Schlüssen verleiten – auch männliche Gäste sind durchaus willkommen. Die Kooperative liegt in einer touristisch wie landschaftlich sehr interessanten Region und bietet dem Besucher Urlaub bei und mit Griechen: auch für Familien eine feine Sache. Reservierungen ab Deutschland, Österreich und der Schweiz sind problemlos möglich; die Anschrift und alle weiteren Details finden Sie im Ortskapitel zu Pétra.

• *Weitere ungewöhnliche Unterkünfte* In Agía Paraskeví gibt es Zimmer in einer restaurierten Ölmühle, in Vatoússa in der ehemaligen Post. In beiden Orten muss man sich allerdings in den Kafenía nach den Verantwortlichen (normalerweise der Bürgermeister) durchfragen. Schließlich sind auch manche Klöster (Moní Ágios Rafail, Moní Ipsiloú) darauf eingerichtet, Gäste unterzubringen; wer dort nächtigen will, sollte aber schon viel Verständnis und religiöses Interesse mitbringen – ein Kloster ist kein Hotel!

Camping

Auf Lésbos existieren derzeit nur zwei offizielle Campingplätze, nämlich in Vaterá und bei Mólivos (Näheres in den Ortskapiteln). Für einen reinen Campingurlaub eignet sich die Insel also nur bedingt; fraglich, ob es sich lohnt, umfangreiche Ausrüstung mitzuschleppen. Wer nur mal zwischendurch sein Haupt auf einem Campingplatz betten will, kann dort jedoch auch ohne Zelt unterkommen – Schlafsack genügt, der Platz in Vaterá verleiht sogar Zelte.

Wildes Camping ist in ganz Griechenland verboten. Verständlich wird das Verbot angesichts der Abfallmengen, die rücksichtslose und kurzsichtige Camper an den Stränden anderer Inseln hinterlassen haben. Nicht zuletzt will man so natürlich auch dafür sorgen, dass die Betten der Hoteliers und Privatvermieter nicht leer bleiben.

Essen und Trinken

Vorspeisen in reicher Auswahl, Hauptgerichte auf kleinen Tellern, von denen man gemeinsam nascht – Essen auf griechische Art macht viel Spaß. Das reizvolle Ambiente vieler Tavernen und die unverdorbene Freundlichkeit, die griechische Wirte oft an den Tag legen, gleichen das Fehlen kulinarischer Glanzleistungen aus.

Und: Die Preise, obwohl in den letzten Jahren deutlich gestiegen, sind immer noch günstiger als in vielen anderen Mittelmeerländern. Eine komplette Mahlzeit für zwei Personen inklusive Getränken muss nämlich nicht mehr als 20 Euro kosten. Da lässt es sich dann schon verschmerzen, dass die Zubereitung meist nicht sonderlich phantasievoll ist. Dafür stimmen die Qualität der Zutaten und die Stimmung: Holztische auf der Platía unter Platanen oder direkt am Strand, ein laues Lüftchen weht, das Meer rauscht und die Welt ist in Ordnung ...

Besonderheiten der griechischen Küche

Die Temperatur der Speisen: Viele griechische Hauptmahlzeiten kommen aus dem Ofen oder aus großen Töpfen, werden bereits am Vormittag zubereitet und für den Rest des Tages warm gehalten. Zumindest außerhalb der Tourismuszentren sind sie deshalb nicht so heiß, wie wir das gewohnt sind; Griechen halten heißes Essen für ungesund, wie sie auch glauben, dass es diesem an Eigengeschmack fehlt.

Wer auf heimische Gewohnheiten nicht verzichten will, kann jedoch zu Gerichten vom Grill und aus der Kasserolle greifen, die in mitteleuropäischer Temperatur serviert werden.

Der Gebrauch von Olivenöl und Knoblauch: Dem einen eine Delikatesse, finden andere die reichliche Verwendung von Olivenöl und Knoblauch zumindest gewöhnungsbedürftig. Sie mögen sich damit trösten, dass Olivenöl weit gesünder ist als jedes tierische Bratfett und dass auch dem Knoblauch gesundheitsfördernde Eigenschaften nachgesagt werden: In allen Mittelmeerländern, in denen diese beiden Zutaten eine Hauptrolle spielen, liegt die Rate der Kreislauferkrankungen weit niedriger als in Mitteleuropa.

• *Die Lokale* **Estiatórion** ("feines" Restaurant) und **Tavérna** ("einfache" Taverne) unterscheiden sich heute kaum noch. Etwas seltener findet man die **Psárotavérna** (Fischlokal) und die **Psistária** (Grillstube).

Das **Kafeníon**, das Kaffeehaus, gibt es in jedem winzigen Dorf. Es ist eine Domäne der Männer, Stammlokal, Infobörse und Spielsalon für Tavli (Backgammon) zugleich; Frauen werden nur als Touristinnen akzeptiert. Im Kafeníon gibt es alle Arten von Getränken, oft auch einfache Speisen wie Salate oder Omelett.

Die **Ouzerí** ist ein Mittelding zwischen Kafeníon und Taverne, spezialisiert auf kleine Happen (Mezédes), die zum Oúzo oder auch zum Bier gereicht oder separat bestellt werden.

• *Essenszeiten* Liegen deutlich später als bei uns – Griechen setzen sich abends oft erst gegen 22 Uhr zu Tisch, und auch um Mitternacht kann man häufig noch bestellen. In den Ferienorten ist man jedoch auf den mitteleuropäischen Magenfahrplan eingestellt.

• *Speisekarten* Meist in griechisch und englisch – je nobler und vielsprachiger die Karte, desto mehr ist man auf Touristen eingestellt. Oft sind zwei Preise angegeben; der höhere bezieht die Steuern ein und ist maßgeblich. Nur in wenigen Tavernen ist es noch üblich, so wie früher in der Küche in die Töpfe zu schauen; oft sind Gerichte und Rohprodukte in Vitrinen ausgestellt.

• *Bestellen/Zahlen* Zuerst wird der Tisch gedeckt und ein Korb mit Servietten, Brot und Besteck gebracht. In aller Regel stellt man sich sein Essen selbst zusammen; Menüs sind kaum üblich. Von jedem bestellten Gericht kommt ein ganzer Teller, also auch von den Beilagen, die normalerweise extra geordert werden müssen; allenfalls zu Fleischgerichten erhält man Pommes Frites oder Nudeln ohne besondere Bestellung. Gewöhnungsbedürftig am Anfang, dass immer alle Gerichte auf einmal aufgetragen werden; wer auf die übliche Abfolge Wert legt, sollte dies entweder klar sagen oder erst nach und nach bestellen. Ein Tipp: Wenn Sie zu mehreren sind, bestellen Sie erst einmal eine Runde verschiedener Vorspeisen – niemand wird scheel schauen, wenn Sie alle zusammen kreuz und quer von den vielen Tellerchen probieren. Gezahlt ("to logariasmó parakaló" = Die Rechnung bitte) wird in Griechenland in einem Schwung für die ganze, fast heilige Tischgemeinschaft (Paréa); man kann später ja untereinander abrechnen. Separates Zahlen eines jeden einzelnen ist, zumindest außerhalb der Touristenzentren, absolut unüblich.

• *Trinkgeld* Ist in Griechenland nicht direkt Pflicht, wird aber natürlich gern gesehen. Beim Bezahlen lässt man sich zunächst herausgeben und dann, je nach Zufriedenheit, etwa fünf bis zehn Prozent des Rechnungsbetrags auf dem Tisch liegen. Vergessen Sie nicht, den kleinen Jungen zu bedenken, der die Tische deckt und abräumt, Wasser bringt usw. – das Trinkgeld ist meist seine einzige Einnahmequelle.

▸ **Frühstück**: In Griechenland ist man da mit wenig zufrieden. Entsprechend langweilig gestaltet sich auch oft das gebuchte Hotelfrühstück: Zwei Brötchen, Butter, Marmelade, vielleicht eine Scheibe Käse – das war's. Da geht man besser ins nächste Kafeníon, obligatorisch ist das Hotelfrühstück nämlich selten. In Häusern der oberen Kategorie findet man mittlerweile jedoch auch Frühstücksbuffets.

Vielleicht bleibt was übrig ...

In vielen Touristenorten haben sich die Kafenía und Tavernen darauf eingestellt, den morgenhungrigen Mitteleuropäern Nachschlag zu liefern, entweder pauschal als "Breakfast" angeboten oder einzeln bestellt: Ein Ei (*Avgó*), Omelett, Yoghurt (*Yaúrti*, köstlich mit Honig, *Méli*), Milch (*Gála*), Kakao (*Gála Sokoláta*) oder eine der Kaffeespezialitäten, siehe hierzu im Abschnitt "Getränke"; Brot (*Psomí*) gehört ohnehin zu jeder griechischen Mahlzeit dazu.

▸ **Vorspeisen**: Die eigentliche Domäne der griechischen Küche, die bei Vorspeisen oft Erstaunliches leistet. In der darauf spezialisierten Ouzerí gibt es zu Oúzo oder Bier die *Mezédes* (Appetithäppchen) in vielen Varianten: Gurken- und Tomatenstückchen, Hackfleischbällchen, Oliven, frittierte kleine Fischchen, Tintenfischstücke und vieles mehr. Ein gemischter Teller wird *Pikília* genannt. Vorspeisen (in der Speisekarte oft unter "Salate" zu finden) serviert aber auch jede Taverne – die Auswahl ist groß und alles schmeckt viel besser, als es manchmal klingt:

Arsinósalata: Salat aus Seeigeln (selten).
Chtapódisaláta: Oktopussalat.
Dolmadákia: gerollte und mit Reis und Gewürzen gefüllte Weinblätter.
Eliés: eingelegte und damit erst essbar gemachte Oliven.
Gígantes: dicke weiße Bohnen in einer scharfen Soße aus Gemüse und Tomaten.
Koliós: ein eingelegter, sardellenähnlicher Fisch, ziemlich salzig.
Kolokothákia tiganitá: frittierte Zucchini.
Melitsánasaláta: Auberginenpüree. **Saganáki**: gebratener Schafskäse, manchmal auch mit Shrimps serviert. **Skordaliá:** das berühmte und berüchtigte Knoblauchpüree.
Taramosaláta: rosafarbenes Püree aus Fischrogen.
Tirosaláta: pikant angemachter Schafskäse.
Tsatsíki: fettreicher Joghurt mit Knoblauch und Gurken.

▸ **Fleischgerichte**: Rind- und Schweinefleisch sind eigentlich wenig inseltypisch, aber fast überall zu bekommen. Traditioneller ist jedoch die Verwendung von

Fleisch vom Lamm (*Arnáki*) und Hammel (*Arní*), von der Ziege (*Katsikáki*) und vom Huhn (*Kotópoulo*). Aus dem Stall und zur Jagdsaison gibt es manchmal auch Kaninchen (*Kounéli*).

Biftéki: Eine Art Frikadelle, allerdings anders gewürzt.; machmal auch gefüllt angeboten.

Gíros: Schweinefleisch vom Riesenspieß, hauchdünn geschnitten und auf dem Teller oder zwischen Fladenbrot (pítta) serviert.

Giouvétsi: Kleine Nudeln mit Kalb- oder Lammfleisch im Topf gegart.

Keftédes: Kleinere, kräftig gewürzte Bällchen aus Hackfleisch.

Kokorétsi: Innereien in Darm gewickelt und am Spieß gebraten.

Makarónia kimá: Spaghetti mit Hackfleischsoße; leider ist es selten, dass die Nudeln frisch gekocht werden.

Souvláki: Das griechische Nationalgericht – der Fleischspieß, mit Kräutern gewürzt, wird auf dem Holzkohlengrill zubereitet.

Moussaká: Auflauf aus Auberginen, Hackfleisch und Kartoffeln.

Pastítsio: Auflauf aus Nudeln, Hackfleisch und Tomatensoße, überbacken mit Käse.

Stifádo: Zartes Rindfleisch, das zusammen mit Zwiebeln und Zimt lange gekocht wird; gelegentlich auch mit Lamm oder Kaninchen zu haben.

Sutzukákia: Hackfleischröllchen, die meist mit einer Tomatensoße serviert werden.

Tomátes jemistés: Mit Reis und Hackfleisch gefüllte Tomaten, gelegentlich auch als Paprikavariante (Piperjés jemistés) oder mit Auberginen; manchmal gibt es alle Sorten auch fleischfrei.

▸ **Fischgerichte** und **Meeresfrüchte**: Teurer als Fleisch, da die Ägäis ziemlich leergefischt ist. Viele Edelfische werden schon aus fernen Ländern importiert. Am besten ist das Angebot noch im Zeitraum von Oktober bis Mai, wenn die ertragreiche Schleppnetzfischerei gestattet ist – im Sommer ist sie verboten. Zum Ausgleich der geringen Fangmengen wird in letzter Zeit verstärkt Fisch aus Fischfarmen angeboten, in der Kühltheke kenntlich daran, dass alle Tiere dieselbe Größe haben. Griechen halten nicht viel von diesem Zuchtgetier: Sie monieren nicht ganz zu Unrecht, dass die Fütterung mit industriell produziertem Futter für einen faden Geschmack sorge.

Private Lotterie: Wer gewinnt den Katzenhai?

Fast immer wird Fisch (*Psári*) nach Gewicht verkauft, die Speisekarte nennt dementsprechend auch Kilopreise: 200 bis höchstens 300 Gramm sollte man rechnen und sich den Fisch vor der Zubereitung zeigen lassen, um keinen Meeresriesen essen und vor allem bezahlen zu müssen. Einige häufigere Fischsorten, auch Tintenfische etc. werden jedoch nach Portionen verkauft – man merkt es unschwer am Preis.

Barboúnia: Rotbarben ("red mullet"), ein geschätzter Edelfisch.

Chtapódi (auch Oktapódi): Der Oktopus wird nach dem Fang lange und kräftig gegen den Hafenkai oder eine Mauer geschla-

Typischer Anblick: Oktopusse beim Trocknen

gen, damit das Fleisch weich wird, dann auf Leinen zum Trocknen aufgehängt. Er wird gegrillt oder in Marinade eingelegt.

Kalamarákia: Der kleinere Vetter Tintenfisch, in der Regel gegrillt oder paniert und frittiert serviert; nicht teuer.

Marídes: Kleinfische, in der Regel frittiert u. als Vorspeise gegessen, sehr preiswert.

Xifías: Schwertfisch, in große Scheiben geschnitten und gebraten oder gegrillt; ein durchaus bezahlbarer Leckerbissen.

Weitere Fische/Meeresfrüchte: Astakós (Hummer), Fángria (Zahnbrasse), Gardía (Languste), Gárides (Garnelen), Glóssa (Seezunge), Sárgos (Meerbrasse), Tónnos (Thunfisch).

▸ **Beilagen, Gemüse und Salate**: Sind, wie erwähnt, fast immer extra zu bestellen und können oft das Hauptgericht ersetzen. Die Auswahl ist nicht schlecht; Vegetarier werden dennoch schon nach wenigen Tagen das Angebot recht gut kennen.

Briám: ein Schmorgericht aus verschiedenen Gemüsen und Kartoffeln.

Choriátiki: Der griechische Bauernsalat aus Tomaten, Gurken, Zwiebelringen, grünem Salat und Oliven, garniert mit dem würzigen Schafskäse **Féta** – Vorspeise, Beilage oder sommerliches Hauptgericht.

Chórta: wilder Mangold, mit Öl und Knoblauch gekocht und mit Zitronensaft beträufelt.

Fassólia: gekochte grüne Bohnen.

Fassoláda: Suppe aus weißen Bohnen.

Fáva: kleine gelbe Bohnen, meist zusammen mit verschiedenen Würzgemüsen gekocht.

Melitzánes: Auberginen, sehr beliebt und meist in Öl angebraten, bis sie weich sind.

Ókra: ein fingerlanges, grünes Gemüse, dessen Zubereitung recht aufwändig ist.

Piperiés florínes: eingelegte rote Paprika.

Pseftikeftédes: Ein Oberbegriff für "falsche" Keftédes, Fleischbällchen ohne Fleisch, aus Bohnen, Kichererbsenmehl (Revithokeftédes) etc. Absolut lecker, leider nur selten im Angebot.

Angoúria: Gurken; **Angourosaláta:** Gurkensalat; **Angourotomáta salata**: Gurken-Tomaten-Salat, **Arakádes**: Erbsen; **Gígantes:** große weiße Bohnen; **Karóta**: Karotten; **Kolokothákia**: Zucchini; **Lachanosaláta**: Krautsalat; **Pantsária**: Rote Bete; **Patátes**: Kartoffeln (meist Pommes frites); **Piláfi:** Reis; **Piperjá**: Paprika; **Spanáki**: Spinat; **Tomátes**: Tomaten; **Tomatasaláta** – Tomatensalat.

Nachspeisen/Süßes (*Glíka*): Selten im Restaurant zu haben, wie übrigens ebensowenig der Kaffee nach dem Essen. Für Süßspeisen ist das *Zacharoplastíon*, die Konditorei zuständig – dort ist die Auswahl immens, macht sich das türkische Erbe bemerkbar.

Bakláva: Eine süße Blätterteigroulade mit Honig und Nüssen gefüllt.
Lukumádes: In Öl fritierte Teigkugeln mit Honig übergossen – köstlich.
Bugátsa: Blätterteig mit Quarkfüllung, ebenfalls ein leckerer Klassiker.
Risógalo: Süßer Milchreis, allerdings nur selten angeboten.
Yaúrti: Joghurt, besonders gut mit dem feinen Honig (Meli) der Insel.
Halvá: Ein knusprig-süßes Gebäck mit Honig und Sesamkörnern.

Käse (*Tirí*): Hauptsächlich Schafs- und Ziegenkäse in breiter Auswahl; der bekannte *Féta*, der fettere *Manoúri*, der gesalzene Hartkäse *Kefalotíri* und viele andere Sorten mehr.

Obst (*Froúta*): Ebenfalls üppige Auswahl, allerdings eher im Laden als im Restaurant – *Achládi* (Birne), *Banánes* (Bananen), *Karpoúsi* (Wassermelone), *Kerásia* (Kirschen), *Mílo* (Apfel), *Pepóni* (Honigmelone), *Portokáli* (Orange), *Síko* (Feige), *Stafília* (Trauben) und und und ...

Getränke

Wasser (*Neró*): Für Griechen seit jeher eine Kostbarkeit und das wichtigste Getränk. Zum Kaffee bekommt man fast immer ein Glas serviert, und auch zu einem gepflegten Mahl gehört Wasser einfach dazu. In Touristenorten halten es die Griechen allerdings mittlerweile oft für Verschwendung, eine volle Karaffe auf den Tisch zu stellen, die dann nicht getrunken wird.

Kaffee (*Kafé*): In der originalen Version wird der griechische Kaffee (*Kafé ellinikó*, nie: "Türkischer Kaffee"!) zusammen mit Wasser und eventuell Zucker in kleinen Kännchen aufgekocht und ist so kräftig, dass er in winzigen Tassen serviert wird. In Touristenorten muss man ihn mittlerweile fast schon ausdrücklich bestellen, andernfalls man die griechische Version mitteleuropäischen Instantkaffees serviert bekommt, nämlich *Neskafé sésto*. Sollten Sie jetzt vom Grauen gepackt werden: Probieren Sie den Instantkaffee mal kalt geschüttelt als *Frappé* mit Eiswürfeln – ungemein erfrischend.

Der Süßegrad wird immer mitbestellt **skétto** – ohne Zucker, **métrio** – mit etwas Zukker, **glíko** – süß. Mit Milch: **me gála**.

Tee (*Tsai*) ist wenig gebräuchlich und kommt immer in der Beutelversion; Zucker und Zitrone liegen bei.

Limonaden und Säfte (*Chími*): Frisch gepresste Säfte sind mit Ausnahme von Orangensaft kaum erhältlich. Die Auswahl an Limonaden entspricht dem internationalen Angebot. Die einheimischen Produkte fallen recht süß aus, besitzen jedoch – da in Pfandflaschen serviert – einen Umweltbonus.

Chymós portokalioú = Orangensaft; **Portokaláda** = Orangenlimonade, **Limonáda** = Zitronenlimonade, **Soda**: Wasser mit Kohlensäure

Bier (*Bíra*): Wie in allen südlichen Ländern steigt auch in Hellas der Bierverbrauch. Hier jedoch wurde der Gerstensaft bereits in der ersten Hälfte des 19. Jh. vom damaligen König Otto I., Sohn des Bayernmonarchen, eingeführt und hat somit Tradition. Vielleicht deswegen haben gleich mehrere europäische Brauereien in Griechenland Niederlassungen eingerichtet: Es gibt griechisches

Quelle bester Qualität: Oúzo-Fabrik in Plomári

Löwenbräu, Henninger, Carlsberg ... und natürlich auch viele Importmarken. Am meisten verbreitet sind die ebenfalls in Lizenz produzierten Marken Amstel und, etwas hopfiger, Heineken. Mittlerweile sind jedoch auch einige rein griechische Brauereien entstanden oder auferstanden: Vorreiter war die Marke *Mýthos*, dann erschien *Álfa* auf dem Markt und zuletzt erlebte die Traditionsmarke *Fix* ihre Wiederbelebung. Die Griechen sind stolz darauf, wieder ganz "eigene" Brauereien zu besitzen und freuen sich, wenn man deren Bier ausdrücklich bestellt. Einen Fehler macht man damit nicht: Alle drei munden wirklich fein, sind schmackhafter als so manches Lizenzprodukt. Alkoholfreies Bier (z. B. Tourtel) ist nicht überall erhältlich.

Wein (*Krassí*): Lésbos produziert nur in bescheidenem Umfang eigene Weine; mit etwas Glück lässt sich vielleicht eine Flasche beim Winzer im Direktverkauf erwerben. Der meiste Wein auf der Insel kommt von Límnos. In der Taverne sind offener Fasswein (*ap to varéli*) oder der jeweilige Hauswein (*Krassí chimá*) meist preiswerter, aber nicht unbedingt schlechter als Qualitätsweine aus der Flasche.

Aspro krassí nennt sich der Weißwein, Rotwein **Mávro krassí**; wer seinen Wein trocken liebt, bestelle ihn **ksirí**.

Retsina: Der bekannte Weißwein kommt vom Festland. Sein charakteristischer Geschmack resultiert aus dem Harz der Aleppokiefer, mit dem früher die Fässer abgedichtet wurden. Heute hat man meist Metallfässer; um dennoch das typische Aroma zu erreichen, wird dem Wein deshalb das Harz untergemischt.

Andere Alkoholika: Griechisches Nationalgetränk ist der *Oúzo*, ein Anisschnaps, der manchmal pur getrunken, meist aber im Verhältnis 1:1 mit Wasser verdünnt wird und sich dann milchig verfärbt. Qualitativ hervorragend ist der Oúzo aus Plomári in Süd-Lésbos; die Destillerien dort verkaufen direkt und können auch besichtigt werden. Zu erwähnen bleiben noch der griechische Weinbrand *Metaxa* und das breite Angebot internationaler Spirituosen, das auf der Insel natürlich auch verfügbar, aber teurer ist als die nationalen Produkte.

Wissenswertes von A bis Z

Antiquitäten

Schon die Römer hatten im großen Stil Kunstwerke aus dem alten Hellas verschleppt, in späteren Zeiten erwarben sich Deutsche, Franzosen und Engländer den Ruf skrupelloser Kunstdiebe. Heute sollte man von Altertümern besser die Finger lassen: Die Ausfuhr von Antiquitäten ist mit hohen Strafen bedroht. Als "antik" gilt dem entsprechenden Gesetz jeder Gegenstand, der vor 1830 gefertigt wurde.

Ärztliche Versorgung

Insel-Notruf Polizei: ✆ 100
Feuerwehr: ✆ 199
Erste Hilfe: ✆ 166
ADAC-Notruf ab Griechenland: ✆ 0049/89/222222; rund um die Uhr

Zwar ist das Gesundheitssystem auf Lésbos weit besser ausgebaut als beispielsweise auf den Kykladen, doch sollte man insbesondere bezüglich der Notfallrettung keinen mitteleuropäischen Standard erwarten. Die meisten Ärzte sprechen eine Fremdsprache, in der Regel Englisch.

Zwischen Griechenland und Deutschland besteht ein Sozialversicherungsabkommen – ärztliche Hilfe ist demnach kostenlos, die Regelung aber ziemlich kompliziert: Vor der Abreise ist bei der heimischen Krankenkasse der Schein E 111 zu beantragen, im Krankheitsfall in Griechenland dann bei einer der Filialen des örtlichen Sozial- und Gesundheitsdienstes *IKA* selbiges Papier in einen dort gültigen Krankenschein (*Vivliário*) umzutauschen – eine angesichts der oft langen Warteschlangen zeitaufwändige Prozedur. Mit diesem Krankenschein geht es dann nicht zu irgendeinem Arzt, sondern zu derjenigen Praxis, die ihn auch akzeptiert. Im akuten Notfall kann der Arzt auch direkt auf den E 111-Schein hin behandeln.

Alle Details sind in den länderbezogenen Merkheften der jeweiligen Krankenkassen enthalten. Dort kann man sich auch Übersetzungshilfen für den Krankheitsfall besorgen.

Wir empfehlen, gerade im Krankheitsfall aller Bürokratie aus dem Weg und direkt zum Arzt zu gehen. Die Gebührensätze griechischer Ärzte sind mäßig, im Krankenhaus zahlen Ausländer sogar nur einen geringen Pauschalbetrag pro Tag. Zu Hause kann man dann versuchen, sich die Ausgaben von der Krankenkasse zurückerstatten zu lassen; dies wird von den einzelnen Kassen jedoch unterschiedlich gehandhabt.

Urlaubs-Krankenversicherung: Wer auf Nummer sicher gehen will, kann für die Zeit des Urlaubs eine befristete Zusatzversicherung abschließen, die im Gegensatz zu den meisten anderen Versicherungen auch medizinisch notwendige Krankenrücktransporte per Flugzeug einschließt. Zu erhalten ist sie für wenig Geld bei fast allen privaten Krankenversicherern (auch für Mitglieder gesetzlicher Kassen) und bei manchen Automobilclubs. Vor Ort geht man dann einfach zum Arzt, bezahlt bar (genaue Rechnung **Apódixi** mit Diagnose und Aufstellung der ärztlichen Leistungen geben lassen), und reicht die Rechnung daheim zur Rückerstattung ein.

Apotheken, kenntlich an dem roten Kreuz auf weißem Grund, können bei kleineren Wehwehchen oftmals den Arzt ersetzen; die griechischen Apotheker sind gut ausgebildet und dürfen auch manche Medikamente abgeben, die daheim rezeptpflichtig sind. Nacht- und Sonntagsdienste sind an jeder Apotheke angeschlagen.

Baden

In der warmen Ägäis reicht die Badesaison von Mai bis in den Oktober. Während dieser Zeit liegen die Wassertemperaturen im Strandbereich bei Werten ab 20 Grad aufwärts, erreichen im Hochsommer sogar Spitzentemperaturen um die 26 Grad.

Durchschnittliche maximale Wassertemperaturen auf Lésbos

Monat	° C
Mai	21
Juni	25
Juli	26
Aug.	25
Sept.	24
Okt.	20

Strände: Auf der großen Insel finden sich in vielen Regionen schöne, ausgedehnte Strände – nur liegen sie nicht immer in direkter Nähe der Fremdenverkehrszentren, weshalb sich ein Mietfahrzeug bereits für Strandausflüge lohnen kann. Dies umso mehr, als es im Norden, Süden und Westen von Lésbos noch geradezu einsame Buchten zu entdecken gibt. Nicht ganz so gut sind die Bademöglichkeiten an der Ostküste; die Strände hier sind schmal, das Wasser ist durch Strömungen teilweise sehr kalt. Für Fels- und Kiesstrände empfiehlt es sich, Badeschuhe (Seeigel!) im Gepäck zu haben.

Willkommene Erfrischung in der Hauptstadt: Strandbad bei Mytilíni

Wasserqualität: Griechenland besitzt da einen guten Ruf, die griechischen Inseln mangels Industrie einen noch besseren. Etwas Vorsicht ist nur im Bereich größerer Orte geboten: Zwar müssen dem Gesetz zufolge alle griechischen Küstenhotels eine eigene Kläranlage besitzen, doch machen manche Bürgermeister für gute Freunde schon mal Ausnahmen ... Auch mit Anlagen für die Säuberung der kommunalen Abwässer steht es nicht überall zum Besten, gelegentlich wird das Abwasserproblem noch mittels langer Rohre "geklärt". Hierzu ein Tipp: Die *Blaue Umweltflagge*, auch Blaue Europaflagge genannt, wird jährlich an solche Badeorte verliehen, die bestimmte Kriterien des Umweltschutzes erfüllen: So muss das Wasser im Vorjahr den gesetzlichen Bestimmungen entsprochen haben, dürfen industrielle und kommunale Abwässer nicht direkt eingeleitet werden. Hundertprozentige Sicherheit gibt das gewiss nicht – gesetzliche Bestimmungen beziehen sich auf Gesundheitsgefährdung, doch auch unterhalb dieser Marke kann es schon unappetitlich werden – doch immerhin einen Anhaltspunkt. Andererseits kann auch ohne Blaue Umweltflagge das Wasser hundertprozentig o.k. sein: Das Umweltzeichen wird auch dann verwehrt, wenn z. B. keine Sicherheitseinrichtungen (Erste Hilfe u. Ä.) am Strand bestehen.

FKK ist in Griechenland verboten, ausgewiesene FKK-Strände gibt es auf Lésbos bislang nicht. In entlegenen Buchten, z. B. am Eftaloú-Strand bei Mólivos, wird zwar gelegentlich trotzdem nackt gebadet. Wir meinen jedoch, dass man die Moralvorstellungen der Bevölkerung auch dort nicht einfach ignorieren sollte – kein griechischer Familienvater sieht es gern, wenn er beim Ausflug mit seinen Lieben auf nackte Touristen stößt.

"Oben ohne" ist dagegen an Urlauberstränden schon fast die Regel. Es gibt allerdings Strände, wo auch barbusiges Baden nicht unbedingt gern gesehen ist; dies gilt besonders für den Bereich von Ortschaften. Im Zweifelsfall sollte frau sich lieber an der einheimischen Damenwelt orientieren, schließlich ist sie Gast.

Botschaften

Ansprechpartner im akuten Notfall – zuviel erwarten sollte man allerdings nicht. Immerhin gibt es bei Diebstahl oder Verlust aller Finanzmittel Hilfe bei der Geldbeschaffung von zu Hause; falls dies nicht möglich ist, stellen die Vertretungen meist das Ticket in die Heimat plus Verpflegungsgeld für unterwegs. Selbstverständlich sind alle Auslagen zurückzuzahlen. Auf Lésbos selbst gibt es keine Vertretungen. Die Botschaften liegen alle in Athen; das nächstgelegene deutsche Konsulat auf Sámos ist wohl eher dann ein Ansprechpartner, falls man ohnehin vorhat, die Insel zu besuchen.

• *Deutschland* **Botschaft der Bundesrepublik Deutschland**, Karaoli & Dimitriou Str. 3, Athen, ✆ 210 7285111, 📠 210 7251205. **Deutsches Konsulat** auf Sámos, Sámos-Stadt, Soufoúli Str. 73, ✆ 22730 25270.

• *Österreich* **Österreichische Botschaft**, Athen, Leoforos Alexandras Avenue 26, ✆ 210 8211036, 📠 210 8219823.

• *Schweiz* **Schweizer Botschaft**, Athen, Ioassiou Str. 2 (Nähe Síntagma-Platz), ✆ 210 7230364, 📠 210 7249209.

Drogen

Die Strafen für Drogendelikte sind in Griechenland weit höher als bei uns. Schon ganz geringe Mengen Haschisch bringen den Besitzer mit Sicherheit ins Gefängnis. Und: Griechische Haftanstalten zählen nicht gerade zu den komfortableren Europas. Die entsprechenden Konsequenzen möge jeder selbst ziehen.

Einkaufen

Lésbos ist noch nicht so dicht mit Souvenirgeschäften gepflastert wie manch andere Insel. In den Touristenorten besteht an entsprechenden Ständen dennoch kein Mangel. Lokaltypischer sind sicher die auf der Insel gefertigten Produkte, die oft kulinarischer Natur sind: Olivenöl und -seife, eingedoste Sardinen und Sardellen, Oúzo aus Plomári oder der kleinen Destillerie in Pétra; außerdem Töpferwaren aus Mandamádos und Agiássos. Manchmal gibt es auch hervorragenden Honig und aromatische Kräuter zu kaufen – ebenfalls Souvenirs, an denen man daheim wirklich Freude hat.

Ermäßigungen

Schüler und Studenten mit internationalem Ausweis erhalten in staatlichen Museen und archäologischen Stätten oft eine Ermäßigung, wenn nicht gar freien Eintritt. Oft genügt es schon, den nationalen Ausweis vorzuzeigen, obwohl eigentlich nur das internationale Papier wirklich zu solchen Wohltaten berechtigt. Wer aus einem Land kommt, das auf den EU-Beitritt lieber verzichtet hat, erhält meist noch 50 % Ermäßigung. An *Sonntagen* und *Feiertagen* ist der Eintritt in staatlichen Museen und Ausgrabungsstätten oft frei.

Feste und Feiertage

Neben den offiziellen Feiertagen, an denen alles geschlossen ist, feiert noch jedes Dorf sein Kirchweihfest mit Jahrmarkt (*Panigíri*); es beginnt meist schon am Vorabend mit Musik und Tanz. Im Frühjahr und Frühsommer finden bei Mandamádos und bei Agía Paraskeví die berühmten Stierfeste statt, zur Hochsaison in den Fremdenverkehrsorten zudem eine Reihe von Sommerfesten; Näheres in den einzelnen Ortskapiteln. Hinzu kommen die Namenstage, die in Griechenland ebenso wichtig sind wie der Geburtstag. Arbeitnehmer haben dann oft sogar frei – bei besonders verbreiteten Vornamen kommt der Namenstag dann schon fast einem Feiertag gleich. So begehen am 21. Mai alle Träger der sehr beliebten Namen Konstantin und Elena ihren Ehrentag, auch der langjährige Ministerpräsident Kóstas (Konstantínos) Simítis.

1. Januar:	Neujahr, in Griechenland statt Weihnachten der Tag der Geschenke.
6. Januar:	Agía Theophánia, Fest der Taufe Christi im Jordan.
Karneval:	Höhepunkt ist der "Saubere Montag" (Kathera Deftéra), sieben Wochen vor dem griechischen Osterfest und gefeiert mit Picknicks, Umzügen etc.
25. März:	Griechischer Unabhängigkeits- und Nationalfeiertag zur Erinnerung an den 1821 begonnenen Freiheitskampf.
Griechisches Osterfest:	Großes Fest nach christlich-orthodoxer Tradition; sein Höhepunkt mit feierlicher Messe ist die Nacht von Karsamstag auf Ostersonntag. Am Sonntag traditionelles Lammessen. Das griechische Osterfest wird nach dem Julianischen Kalender berechnet und fällt deshalb meist auf andere Termine als bei uns – 2003: 27. April; 2004: 11. April, 2005: 1. Mai, 2006: 23. April.
1. Mai:	Frühlingsfest und Tag der Arbeit, Blumenschmuck, Ausflüge ins Grüne.
Pfingsten:	Ebenfalls ein bewegliches Fest, 50 Tage nach dem Osterfest. Pfingstmontag ist Feiertag.
15. August:	Mariä Entschlafung, großes Kirchenfest im ganzen Land.
28. Oktober:	"Ochi-Tag", Erinnerung an das "Nein" (= Ochi) zu Mussolinis Ultimatum 1940; Nationalfeiertag.
25./26. Dezember:	Weihnachten mit Festessen, aber ohne Geschenke – die gibt es erst an Neujahr.

Foto und Video

Filme und Batterien sollte man nach Möglichkeit von zu Hause mitbringen – sie sind in Griechenland wesentlich teurer als bei uns, die Auswahl ist zudem gering, das Material gelegentlich überaltert.

Fotografierverbote bestehen, teils weitflächig, im Umfeld von Kasernen und anderen militärischen Einrichtungen und gelten natürlich auch für Videokameras; meist wird durch ein entsprechendes Schild auf das Verbot hingewiesen. Es ist ratsam, diese Vorschrift strikt zu beachten und in den entsprechen-

Auch Griechen lieben Reiseandenken: Souvenirladen für Pilger

den Gebieten nicht einmal einen Käfer abzulichten; das griechische Militär kann auf Zuwiderhandlungen sehr unangenehm reagieren.

Archäologische Stätten: Hier ist Fotografieren nur ohne Stativ genehmigungsfrei gestattet; Besitzer von Videokameras müssen in der Regel eine hohe Zusatzgebühr entrichten. **Museen** verlangen zumindest für Videoaufnahmen ebenfalls Sondergebühren, bei Fotos ist die Handhabung unterschiedlich, Blitzlicht aber immer verboten.

Personen, es versteht sich eigentlich von selbst, sollte man nicht ohne ihr Einverständnis ablichten; ein fragendes Deuten auf die Kamera und ein freundliches Lächeln genügen meist.

Geld

Dank des Euro gehört für Deutsche und Österreicher die lästige Umtauschprozedur der Vergangenheit an – Schweizer freilich müssen auch weiterhin ihre Franken wechseln. Übrigens verschwand mit der Drachme die älteste Währung Europas, als Silbermünze bereits um 700 v. Chr. geprägt, später viele Jahrhunderte lang verschwunden und im 19. Jh. wieder eingeführt durch Otto I., den bayerischen König von Griechenland.

Bargeld: Die Mitnahme der gesamten Reisekasse in bar ist natürlich sehr bequem, aber mit der Gefahr des Diebstahls verbunden. Übrigens werden 200- und 500-Euro-Scheine in Griechenland nicht gedruckt und deshalb in der Regel auch nicht akzeptiert.

Geldautomaten: In der Hauptstadt sowie in den meisten Fremdenverkehrszentren gibt es Geldautomaten, an dem mit der Magnetkarte und PIN-Code Geld abgehoben werden kann; die bequemste Lösung, um unterwegs an Bargeld zu kommen. Die Bedienungshinweise sind meist auf Deutsch oder zumindest in Englisch abrufbar, für eine Abhebung muss "Checking" oder "Scheck" gedrückt werden. Jede Abhebung allerdings kostet Gebühren, je nach Hausbank im Schnitt 3-4 Euro pro Vorgang. Bei *Verlust* der Magnetkarte sofort das Konto sperren lassen: Telefonnummer ab Griechenland 0049/1805/021021.

Geldwechsel (für Schweizer): Banken bieten bessere Kurse als Reisebüros und private Wechselstuben; in Hotels sollte man der hohen Gebühren wegen nur im Notfall wechseln. Beim Wechsel wird eine Gebühr von 1-2 %, immer jedoch eine bestimmte Mindestsumme fällig. Zum Kurs von Schecks besteht nur ein geringer Unterschied.

Reiseschecks: Bei praktisch jeder heimischen Bank zu bekommen und in fast allen griechischen Geldinstituten zu wechseln. Beim Kauf von Reiseschecks wird 1 % Gebühr erhoben, in der auch die Versicherung enthalten ist. Auch von der wechselnden Bank werden noch Gebühren einbehalten, die denen des Umtauschs von Bargeld entsprechen.

Kreditkarten: Die gängigen Karten (Eurocard, Visa, American Express) werden zumindest in den Fremdenverkehrszentren von vielen der besseren Hotels, Restaurants und auch von machen Fahrzeugvermietern akzeptiert. Ausschließlich auf Kreditkarten verlassen kann man sich jedoch noch längst nicht. Bei *Verlust* der Kreditkarte diese unbedingt sofort sperren lassen: für Visa ✆ 00800 116380304, für Eurocard ✆ 00800 118870303.

Postsparbuch: In Griechenland ist das Geldabheben vom Postsparbuch nicht möglich.

Schnelles Geld: Bei finanziellen Nöten, die sofortige Überweisungen aus der Heimat nötig machen, ist die Geldüberweisung mit Western Union die flotteste Methode. Der zu überweisende Betrag wird auf dem heimischen Postamt eingezahlt und trifft schon Minuten, maximal wenige Stunden später auf der griechischen Post ein. Mit saftigen Gebühren ist bei diesem Verfahren allerdings zu rechnen, deshalb nur für den Notfall geeignet.

Euro-Münzen: Die Rückseite der griechischen €-Münzen ist nicht nur anders, sondern auch aufwändiger gestaltet als bei uns – für jede Münze wurde ein eigenständiges Motiv entworfen. Die *Zwei-Euro-Münze* zieren Europa und ihr Entführer, der Göttervater Zeus in Gestalt eines Stiers; das Motiv stammt von einem Mosaik aus Sparta. Auf der *Ein-Euro-Münze* ist eine Eule zu sehen, im alten Griechenland das Symbol der Weisheit und bereits in der Antike auf einer Vier-Drachmen-Münze abgebildet. Die *50-Cent-Münze* (Cent heißen in Griechenland übrigens Leptá) zeigt das Konterfei von Elefthérios Venizélos (1864-1936), einem der bekanntesten griechischen Politiker, der sich vor allem als Sozialreformer und Modernisierer hervortat. Die *20-Cent-Münze* ehrt Ioánnis Kapodístrias (1776-1831), den ersten Staatspräsidenten Griechenlands; er führte das Land in die Unabhängigkeit. Auf der 10-Cent-Münze ist Rígas Feréos-Velestinlós (1757-1798) abgebildet, der Vorkämpfer der griechischen Aufklärung und der Befreiung von der osmanischen Herrschaft. Als Symbol des heutigen Griechenland wurde für das Motiv der *5-Cent-Münze* ein moderner, großer Öltanker gewählt. Die *2-Cent-Münze* zeigt eine Korvette aus dem griechischen Unabhängigkeitskrieg von 1821-1827, ein dreimastiges Kriegsschiff. Die *1-Cent-Münze* (Leptó) schließlich ist mit der Abbildung einer Triere versehen, eines wendigen, sowohl mit einem Segel als auch mit zahlreichen Ruderern ausgerüsteten Kriegsschiff des 5. Jh. v. Chr.

Haustiere

Lassen Sie Ihren Hund oder ihre Katze besser bei Verwandten oder Freunden daheim. Abgesehen davon, dass die sommerliche Hitze ihm sehr zu schaffen machen kann, teilen die Griechen mitteleuropäische Tierliebe in keiner Weise, können sie schlicht nicht verstehen und deshalb auch kein Verständnis aufbringen. Mit Hund ist man weder im Bus noch in Tavernen gern gesehen, wird von vielen Hotels und Privatvermietern nicht aufgenommen und von manchen Campingplätzen abgelehnt. Auch Strände sind, zumindest offiziell, für Hunde Tabuzone.

• *Bestimmungen* Sprechen Sie mindestens einen Monat vor der Reise mit Ihrem Tierarzt. Nötig sind Maulkorb und Leine, ein Tollwut-Impfzeugnis, ausgestellt frühestens elf Monate, mindestens aber 20 Tage vor Reiseantritt; weiterhin ein tierärztliches Ge-

sundheitszeugnis in Englisch, das nicht älter als 30 Tage ist.

• *Tierhospital* Falls Ihnen ein verletztes oder krankes Tier zuläuft und sie ihm helfen oder es gar mit nach Hause nehmen möchten, können Sie sich an das "Lesbian Wildlife Hospital" in Agía Paraskeví (siehe dort) wenden, eine in jeder Hinsicht unterstützenswerte Einrichtung.

Information

Griechische Zentrale für Fremdenverkehr (G.Z.F.): Das griechische Fremdenverkehrsamt, auch bekannt unter dem Zeichen E.O.T. (Ellenikós Organismós Tourísmo) oder unter dem englischen Kürzel G.N.T.O., verfügt in der Bundesrepublik über vier Vertretungen, in Österreich und der Schweiz über jeweils ein Büro. Bei den Vertretungen der G.Z.F erhältlich sind Faltblätter zu verschiedenen Informationsbereichen, eine recht gute Griechenlandkarte, eine Zusammenstellung aller Reiseveranstalter und vieles mehr; auf Wunsch wird das Material auch zugeschickt. Das Personal ist freundlich und versucht, auch bei komplizierteren Anfragen behilflich zu sein.

• *Deutschland* 60311 **Frankfurt**, Neue Mainzer Str. 22, ✆ 069/236561-63, 📠 069/236576;
E-Mail: info@gzf-eot.de

10789 **Berlin**, Wittenbergplatz 3a, ✆ 030/2176262-63, 📠 030 2177965;
E-Mail: info-berlin@gzf-eot.de.

20354 **Hamburg**, Neuer Wall 18, ✆ 040/45 4498, 📠 040/454404;
E-Mail: info-hamburg@gzf-eot.de.

80333 **München**, Pacellistr. 5, ✆ 089/222035-36, 📠 089/297058;
E-Mail: info-muenchen@gzf-eot.de.

• *Österreich* 1010 **Wien**, Opernring 8, ✆ 0222/525317, 📠 0222 5139189,
E-Mail: grect@vienna.at.

• *Schweiz* 8001 **Zürich**, Löwenstr. 25, ✆ 01/2210105, 📠 01/2120516,
E-Mail: eot@bluewin.ch.

Auf Lésbos sind die ehemaligen Infostellen der E.O.T. mittlerweile in die Verantwortlichkeit der Präfektur übergegangen, die sich wohl erst noch an die Notwendigkeit gewöhnen muss, für das Informationsbedürfnis der Touristen auch einmal Geld springen zu lassen. Immerhin zeigt sich das Büro der Touristikbehörde in Mytilíni hilfreich, so gut es geht. In Mólivos existiert eine städtische Infostelle, in Mytilíni wurde das dortige Büro leider geschlossen, könnte aber (nachdem jetzt ein neuer Bürgermeister regiert...) vielleicht wieder öffnen. In Fremdenverkehrsorten, die keine Infobüros besitzen, sind örtliche Reiseagenturen fast immer gute Anlaufadressen und auch abseits wirtschaftlicher Interessen zu helfen bestrebt.

Touristenpolizei: Ebenfalls für touristische Belange zuständig sind die örtlichen Stellen der Touristenpolizei (*Touristikí Astinomía*), die entweder eigene Büros besitzen oder im zentralen Polizeigebäude mit untergebracht sind. Mit dem Engagement, aber auch den Sprachkenntnissen der einzelnen Vertreter dieser blau uniformierten Spezies lassen sich höchst unterschiedliche Erfahrungen machen. Für die Vermittlung eines Privatzimmers reicht es aber immer, und auch bei Ärger mit dem Vermieter oder Autoverleiher sind die Herren eine gute Hilfe. Falls sich an einem Ort keine Touristenpolizei findet, übernimmt die reguläre Polizei deren Aufgabe; dann allerdings sind Sprachprobleme die Regel.

Internet

Auch das Internet wird immer mehr zu einer wichtigen Informationshilfe. Aussagefähige Seiten zu Lésbos allein sind bislang noch relativ selten, zu ganz Griechenland gibt es hingegen schon eine Reihe interessanter Sites. Wer von der Insel aus mit der Heimat elektronischen Kontakt aufnehmen will, findet in der Hauptstadt und in den meisten Fremdenverkehrsorten Anbieter von Internet-Zugängen; eine Auswahl an Adressen ist in den Ortstexten angegeben.

• *Sites zu Griechenland* Hier nur allgemeine Sites, spezialisierte Seiten finden Sie unter den jeweiligen Themenbereichen; Sites zu Fähren z. B. vorne in den Kapiteln "Fährverbindungen Italien-Griechenland" und "Fährverbindungen nach Lésbos".

www.gnto.gr: Website des griechischen Fremdenverkehrsamts. Derzeit vor allem gute allgemeine Infos zu Griechenland.

www.gzf-eot.de, die Site des griechischen Fremdenverkehrsamts in Deutschland, zuletzt noch in Aufbau.

www.griechische-botschaft.de: Die Presseabteilung der griechischen Botschaft in Deutschland, sehr gute Hintergrundinformationen zu Themen rund um Griechenland.

www.culture.gr: Umfangreiche Website über die kulturellen Highlights Griechenlands. Mit interaktiven Karten, Hintergrundinfos und Detail-Fotos aller kulturellen Sehenswürdigkeiten. Englisch.

www.in-greece.de: Die deutsche Griechenland-Community, mit zahlreichen reisepraktischen Informationen für Individualurlauber, Hunderten von Artikeln und Reiseberichten und zahlreichen Links.

www.alphaena.de: Infos über das griechische Leben in Deutschland sowie die neuesten Nachrichten aus Griechenland. Die Plattform gliedert sich in die Rubriken Gastronomie, Medien, Wirtschaft, Reisen, Sport, Gesellschaft und Kultur.

www.hellasproducts.com: Griechenland-Portal aus Athen, das täglich die neuesten Nachrichten und Schlagzeilen ins Netz stellt. Außerdem: Hintergrundberichte und Reportagen, Informationen über Olympia 2004, Kultur, Verkehrsmittel, Adressen und Links, Online-Buchungen etc.

www.griechenlandinfos.de: Infos zu über 90 Stichwörtern rund um Griechenland, darunter Kultur, Geschichte, Inseln, Regionen, Land und Leute.

www.michael-mueller-verlag.de: Unsere Site – schauen sie doch mal rein! Unter der Rubrik "Reiseinformationen" finden Sie weitere Links sowie Updates.

• *Sites zu Lésbos* Seiten über die Insel selbst sind meist nur in Englisch verfügbar, doch wird das Angebot deutschsprachiger Information sicher noch ausgebaut.

www.lesvos.gr, die Site der Inselpräfektur, der Inhalt bislang fast nur auf Griechisch.

www.filoxenia.net: Die Site mit dem hübschen Namen (Filoxenía: Gastfreundschaft) wird von der Hoteliersvereinigung von Lésbos betrieben. Unter anderem lässt sich hier alphabetisch oder regional nach Hotels suchen. Auf Preisangaben wird vornehm verzichtet, dafür gibt es Links zu den Homepages und den E-Mail-Adressen der Hotels.

www.lesvos.com: Ausgesprochen umfangreiche und liebevoll gestaltete Seite, die von einem echten Inselkenner betreut wird. Neben Hintergrundinformationen auch viele Fotos, die Lust auf Lésbos machen.

www.lesvos.co.uk: Die Site des Reisebüros "Sappho Travel" in Skála Eressoú, in erster Linie auf englische Touristen zugeschnitten, jedoch sehr schön gestaltet und mit vielen aktuellen und nützlichen Hinweisen, auch für "women only".

www.lesvos-travel.com: Neben allgemeinen und z. T. recht umfangreichen Infos zu verschiedenen Aspekten der Insel gibt es hier viele Links zu Reisebüros, Autovermietern, Tavernen, Geschäften etc.

www.greenlesbos.com, die Seite für Naturfreunde: "Friends of Green Lesbos" ist eine private, internet-gestützte Gesellschaft, die sich für die Erhaltung der wertvollen natürlichen Ressourcen der Insel einsetzt.

www.wildlifeonlesvos.org, die Site des engagierten "Lesbian Wildlife Hospital", das in der Behandlung verletzter oder kranker Tiere tätig ist, seien es Wild- oder Haustiere.

Karten

"Papier ist geduldig – Ihr Auto auch?" spottete der Autor einer 1974 erschienenen Merian-Glosse über die für die Ostägäis erhältlichen Karten. Auch heute noch zeigen manche Kartenwerke, wie leicht es ist, in leere Flächen "mit ein paar roten Schlangenlinien anmutige Straßenornamente einzufügen".

Zwar hat sich einiges gebessert, doch gibt es zwischen den *Straßenkarten* für Lésbos immer noch beträchtliche Qualitätsunterschiede. Wenn mittlerweile bereits asphaltierte Straßen als Feldwege eingezeichnet sind, ist das nicht weiter schlimm. Sehr ärgerlich aber kann der umgekehrte Fall werden, wenn nämlich Feldwege als Asphaltstraßen verzeichnet sind, nur weil irgendeine Planung dies für ferne Zukunft vorsieht. *Topographische Karten* sind ohnehin kaum zu erhalten, angeblich, um den türkischen Spionen ihre Arbeit nicht zu leicht zu machen. Für empfehlenswert halten wir nur die folgenden Karten.

Road Editions, Lésbos, Karten-Nr. 212, Maßstab 1:70.000, dank einer Kooperation mit dem militärgeographischen Institut Griechenlands in geographischer Hinsicht sehr exakt und auch in Bezug auf das Straßennetz verlässlich und weitgehend aktuell. Auf Lesbos sehr verbreitet, aber auch bei uns daheim zu bekommen.

Freytag und Berndt, Inselkarte Lesbos, Maßstab 1.75.000. In Deutschland, Österreich und der Schweiz in jeder spezialisierten Buchhandlung erhältlich, gelegentlich auch vor Ort.

Kioske

Aspirin abends um zehn, ein bunter Plastikkamm oder ein Telefonat, vielleicht eine Cola auf die Schnelle? Kein Problem – an der nächsten Straßenecke steht ein Kiosk (*Períptero*), in dem das Gewünschte sicher erhältlich sein wird. Wie die kleinen Kästen, die in allen größeren Orten stehen, ihr wahnwitziges Sortiment auf so geringem Raum unterbringen, bleibt das Geheimnis ihrer Besitzer. Geöffnet haben sie jedenfalls meist bis 22 Uhr, oft sogar noch länger.

Plausch im Klosterhof: Pope im Gespräch

Kirchen und Klöster

Der Besuch eines Klosters gehört einfach zur Reise auf eine griechische Insel. Meist liegen sie weitab vom Trubel, ihre gepflegten, grün bepflanzten Innenhöfe strahlen Ruhe und Frieden aus. Fast alle Mönche und Nonnen empfangen gern Gäste, schließlich werden sie auch von den Einheimischen oft besucht. Ausnahme: Die Siesta in der Mittagszeit ist auch den Klosterbewohnern heilig. Außerhalb dieser Zeiten wird man vielleicht sogar mit etwas Konfekt oder einem Oúzo bewirtet. Eine kleine *Spende* ist üblich.

Kleidung bei Klosterbesuchen: Mittlerweile sind griechische Mönche und Nonnen zwar einiges gewohnt, auf wirklich freundliche Aufnahme dürfen Besucher beiderlei Geschlechts aber dennoch nur hoffen, wenn sie angemessen gewandet sind: *Keine Shorts oder bloßen Schultern*, stattdessen *lange Hosen* oder *knielange Röcke*. Manche Klöster stören sich sogar an Sandalen oder an Frauen in Hosen; oft sind zwar Leihröcke oder Kutten erhältlich, doch kann man sich darauf nicht verlassen. Die gleichen Vorschriften gelten für Kirchen. Dort sollte man auch nie die Hände auf dem Rücken halten und der Ikonostase möglichst nicht den Rücken kehren.

Kleidung

Übertriebene Eleganz ist nicht am Platz, denn auch die Griechen kleiden sich, mit Ausnahme des Sonntags, eher zweckmäßig als schick. Selbst in feineren Hotels braucht man keine spezielle Abendgarderobe.

Im Gepäck sollten jedoch selbst im Sommer eine Windjacke und ein Pullover sein, da die Abende nicht nur auf den Fähren schon mal kühl werden können, besonders wenn die Nordwinde (Meltémia) wehen. Ansonsten mag man sich nach persönlichem Geschmack kleiden, dabei jedoch auf die Moralvorstellungen und Gewohnheiten der Einheimischen Rücksicht nehmen: Halbnackt durch den Ort zu rennen, vielleicht nur in Shorts und Bikini-Oberteil, zeugt nicht gerade von Respekt vor den Gastgebern.

Klima und Reisezeit

Für das griechische Klima gilt unser Schema der vier Jahreszeiten nur sehr bedingt. Gebräuchlicher ist deshalb eine andere Einteilung:

**Blüte- und Reifezeit* (März–Mai)
**Trockenzeit* (Juni–Oktober)
**Regenzeit* (November–Februar)

Ein Winterziel wie beispielsweise die Kanaren ist Lésbos keinesfalls: Heftige Regengüsse, Kälte und Sturm erklären, warum fast alle Hotels während der Monate November bis März/April geschlossen halten. Alles wartet auf den Frühling, der im April zaghaft, ab Mai dann in voller Pracht einsetzt. Lang ist dafür der Sommer: Noch im Oktober kann man zumindest mittags, oft auch noch abends im Freien sitzen und meist auch noch baden. Die Tage allerdings werden ab September schon deutlich kürzer.

Meltémia: Im Frühjahr beginnen allmählich die kühlen Nordwinde zu wehen, erreichen im Juli und August ihren Höhepunkt und flauen während der Monate September und Oktober langsam wieder ab. Dem Urlauber müssen sie nicht unangenehm sein, wehen sie doch am kräftigsten zur wirklich heißen Zeit: Bleiben sie dann aus, kann das Thermometer schon mal auf Werte über 40 Grad klettern.

Annähernd alpine Wetterverhältnisse können in den Hochlagen der Inselberge herrschen. Bei Wanderungen ist also Vorsicht geboten, auch im Hochsommer angepasste Ausrüstung angeraten. Bergtouren in Turnschuhen und T-Shirt sind lebensgefährlicher Leichtsinn!

▶ **Reisezeit**: Die günstigste Zeit für einen Besuch auf Lésbos variiert je nach Interessenlage. Wanderurlaub und Badeferien lassen sich besonders im Frühsommer und Herbst gut verbinden.

Klimadaten von Lésbos
(Durchschnittswerte in Grad Celsius bzw. Tagen)

Monat	Lufttemperatur max.	Lufttemperatur min.	Regentage
Mai	25	14	6
Juni	28	18	4
Juli	31	21	1
Aug.	31	21	0
Sept.	27	17	0
Okt.	24	14	4

(Regentage: Tage mit mindestens 0,1 mm Niederschlag)

April: Zwar blüht schon alles, doch sind die Temperaturen noch niedrig, viele Hotels und Tavernen geschlossen.

Mai: Die Touristensaison beginnt. Die Blütezeit erreicht ihren Höhepunkt, das Wasser allmählich angenehme Temperaturen; die meisten Hotels und Tavernen öffnen. Ein wunderbarer Monat zum Wandern!

Juni: Der Sommer zieht ein. Es wird heiß, doch hält die Blüte vieler Pflanzen an. Das Meer erreicht Temperaturen, in denen sich auch verfrorene Gemüter wohlfühlen und die Preise liegen noch auf dem Niveau der Vorsaison. Wandern und Baden ist angesagt.

Juli/August: Es wird eng in Hotels und Tavernen, schließlich haben auch die meisten Griechen jetzt Ferien. Die meisten: Im Gastgewerbe herrscht Hochbetrieb fast rund um die Uhr, denn jetzt wird Geld verdient – Hochsaisonpreise. Immerhin: Schönes

Wetter ist garantiert, badewannenwarmes Meer auch.

September: Langsam kehrt wieder Ruhe ein. Auch die Preise sinken. Ein schöner Monat für Bade- und Wanderferien, mit kleinen Einschränkungen: Die Tage werden deutlich kürzer, die Landschaft ist trocken, die Freundlichkeit mancher Bedienungen wirkt manchmal etwas abgenutzt.

Oktober: Es gibt kühle Tage und vor allem Abende, manchmal regnet es auch. Zwischendurch kehrt der Sommer aber zurück, und Baden lässt es sich allemal noch. Nach und nach schließen jedoch die Hotels und entlegeneren Tavernen. Wenn die letzte Chartermaschine abgeflogen ist, hat der Winter begonnen.

Öffnungszeiten

Die Siesta (*Mesimeri*) ist heilig. Abends bleibt dafür, gerade in Fremdenverkehrsorten, lange geöffnet.

- *Banken* Mo–Do 8-14 Uhr, Fr bis 13.30 Uhr.
- *Geschäfte* vormittags ab 8 oder 9 Uhr bis ca. 13.30/14.30 Uhr, nachmittags etwa 17/17.30-20.30 Uhr. Souvenirläden und größere Supermärkte haben oft den ganzen Tag durchgehend bis 22 Uhr oder länger geöffnet. Kleine Lebensmittelgeschäfte, aber auch andere spezialisierte Läden müssen laut Gesetz Mo, Mi, Sa jeweils nachmittags schließen! In Touristenorten wird das aber nicht so eng gesehen, große Supermärkte sind von dieser Regelung ohnehin nicht betroffen.
- *Kirchen und Klöster* Bis etwa 13 Uhr ist die beste Zeit für einen Besuch; dann ist bis 16/17 Uhr Mittagspause, später nur teilweise wieder geöffnet.
- *Museen, Archäologische Stätten etc* Keine einheitliche Regelung, zudem laufende Änderungen! Faustregeln: Montags meist geschlossen, sonst vormittags fast immer offen. Sonntag ist oft Gratis-Tag!

Papiere

Für Griechenland genügt der Personalausweis; wer über Serbien einreist, braucht momentan noch ein Visum und somit einen Reisepass. Trägt dieser aber einen Stempel der Republik Nordzypern, dann versteckt man ihn besser vor den griechischen Behörden. Theoretisch darf man sich ohne Visum nur maximal drei Monate in Griechenland aufhalten; da man an der Grenze aber nur in seltenen Fällen einen Stempel erhält, spielt diese Bestimmung in der Praxis keine große Rolle mehr.

Generell ist es sinnvoll, *zwei Personaldokumente* mitzunehmen – zum einen für den Fall des Verlusts, zum anderen, um noch einen Ausweis für den Fahrzeugverleih, fürs Geldwechseln etc. übrig zu haben. *Fotokopien* der Dokumente sind ebenfalls nützlich, falls das Original abhanden kommt; sie beschleunigen dann die Ausstellung eines neuen Papiers durch das Konsulat erheblich. *Auto- und Motorradfahrer* brauchen den nationalen Führerschein, den Kfz-Schein und die Grüne Versicherungskarte. Wer mit einem geliehenen Fahrzeug einreisen möchte, benötigt eine vom ADAC beglaubigte Vollmacht des Eigentümers.

Post

Postämter (Tachidromíon) finden sich in jedem größeren Ort. Fürs Telefonieren sind jedoch eigene Büros zuständig, dafür kann in der Post auch problemlos Geld gewechselt werden, Euroschecks allerdings nicht mehr. Briefe und Karten kosten gleich viel, die Briefe sind allerdings oft etwas schneller am Ziel (Laufzeiten 3-7 Tage). Wer Pakete aufgeben will, sollte sie nicht verschließen, da der Beamte am Schalter den Inhalt kontrollieren muss.

- *Öffnungszeiten* Mo–Fr 7.30-14 Uhr.
- *Briefmarken* Gibt es auch am Kiosk; Gebühren ändern sich jährlich.
- *Poste Restante* Die Möglichkeit, sich Briefe aufs griechische Postamt schicken zu lassen. Zu adressieren nach folgendem Muster: Name, Vorname/Poste Restante/ PLZ, Ort/ Griechenland. **Tipp**: Falls der Beamte nicht fündig wird, auch mal unter dem Vornamen nachschauen lassen! Nicht "Herr" oder "Frau" vor den Namen setzen – wird sonst unter "H" oder "F" abgelegt.

Sport

Organisierte Sportmöglichkeiten sind naturgemäß vor allem in den Touristenzentren zu finden; bislang hält sich jedoch auch dort das Angebot in relativ engen Grenzen. Fahrradfahren, Wandern, Bergsteigen lässt es sich aber überall ...

Bootssport: Tretboote, Kanus u. Ä. werden in einer Reihe von Küstenorten vermietet. Verleih von Segel- und Motorbooten findet man dagegen nur selten. Für ambitionierte Kapitäne halten die Büros der G.Z.F. (siehe "Information") die Broschüre "Segeln in der ägäischen See" bereit.

Fahrradfahren: Eigene Bikes lassen sich am besten mit dem Charterflugzeug nach Griechenland transportieren, siehe dazu im Anreisekapitel; darüberhinaus werden in manchen Orten Mieträder angeboten. Näheres auch im Kapitel "Unterwegs auf Lésbos".

Tauchen: Schnorcheln ist überall ohne Einschränkungen gestattet, das Tauchen mit Sauerstoffgeräten und Tauchanzügen dagegen mit gutem Grund meist verboten: Zuviele Amphoren und Münzen aus antiken Schiffswracks wurden schon von Tauchern gefunden und außer Landes geschleppt.

Tennis: Nur größere Hotels gehobener Klasse besitzen Plätze, die gegen Gebühr theoretisch auch Nicht-Gästen offenstehen. Während der Hochsaison sind sie in der Praxis allerdings höchstens in der heißen Mittagszeit verfügbar ...

Windsurfen: Viele Chartergesellschaften befördern Boards gegen eine relativ geringe Gebühr; zu mieten gibt es sie bislang nur vereinzelt. Ein Surfpool der bekannten Firma "Happy" ist bei Skála Kallonís stationiert.

Tradition und Moderne: Post in Mólivos

Sprache

Neugriechisch ist nicht die leichteste aller Sprachen, die andere Schrift erschwert das Verständnis zusätzlich. Echte Sprachprobleme gibt es aber nur selten – im Gastgewerbe ist Englisch fast Standard und oft trifft man auch auf deutschsprachige Inselbewohner, die vielleicht einige Jahre in der Fremde gearbeitet haben. Spricht man ein paar Brocken der Landessprache, freut sich jedoch jeder Grieche. Einfache Grußformeln, Dankworte etc. sind nicht schwer zu lernen; einen kurzen Sprachführer finden Sie im Anhang. Von besonderer

Bedeutung ist die richtige Betonung der Wörter, die deshalb in diesem Handbuch bei Ortsnamen durch einen Akzent verdeutlicht wird. Ebenso wichtig kann aber auch ein Lächeln im richtigen Moment sein ... In diesem Zusammenhang: Gerade in abgelegenen Gebieten ist es üblich, dass man sich auf Wegen oder auch Landstraßen grüßt, notfalls ohne Worte – der stur scheinende Bauer wird sich schlagartig in einen reizenden Menschen verwandeln.

• *Sprachurlaub auf Lésbos* **Aristoteles**, ein griechisch-deutsches Sprachinstitut, offeriert Sprachferien, die zuletzt in Ágios Isídoros stattfanden. Infos beim Institut Aristoteles, Argonnenstr. 5, 28211 Bremen; ✆ 0421/15190, www.aristoteles.de.

• *Nonverbale Kommunikation* In südlichen Ländern weit ausgeprägter als bei uns. **Kopf neigen**: Ja, ich habe verstanden. **Kopf in den Nacken legen**: Verneinung (!) **Zeigen der Handfläche**: Üble Beleidigung (Vorsicht also, auf diese Weise "fünf Bier" zu bestellen).

Strom

Fast überall sind 220 Volt inzwischen Standard (Ausnahme: Fährschiffe, 110 Volt). Elektrogeräte mit dem flachen Euro-Stecker passen normalerweise. Für andere Stecker benötigt man eventuell einen Adapter, den es notfalls aber auch vor Ort zu kaufen oder leihen gibt.

Telefonieren

Im Jahr 2002 hat Griechenland die Vorwahlen de facto abgeschafft bzw. in mehreren Schritten den einzelnen Teilnehmernummern zugeschlagen. Selbst innerhalb derselben Ortschaft müssen nun bei jedem Telefonat insgesamt zehn Ziffern gewählt werden. Im Text sind die neuen Nummern natürlich angegeben, doch falls Sie aus anderen Quellen noch eine ältere, fünfstellige Telefonnummer besitzen sollten, setzen Sie einfach folgende Nummern davor: Großraum Mytilíni mit Agiássos und Políchnitos: 22510; Plomári mit Umgebung: 22520; Nord- und Westlésbos: 22530. Auch die griechischen Handy-Nummern haben sich geändert, beginnen nun mit einer 6 statt der 0.

Kartentelefone sind seit einigen Jahren Standard und problemlos zu bedienen, auch für Ferngespräche in die Heimat. Magnetkarten (*Tilekarta*) mit kleineren Guthaben gibt es in Läden und Kiosken; wer viel telefoniert, kann sich auch in den Büros der griechischen Telefogesellschaft O.T.E. Karten mit umfangreicheren Guthaben kaufen. Natürlich besteht auch die Möglichkeit, sich eine Telefonkarte ("Calling Card") eines heimischen Telekommunikationsanbieters mit in den Urlaub zu nehmen.

Von Kiosken: Prinzipiell ist es möglich, bis Mitteleuropa zu telefonieren, sofern sie über ein entsprechendes Telefon verfügen (es gibt unterschiedliche Varianten für Fern- und Ortsgespräche); die Preise liegen allerdings höher als von den Kartentelefonen aus. Noch teurer werden Telefonate ab Hotels oder Tavernen, wo die Einheit oft sogar das Doppelte kostet.

Handys: Funktionieren auch in Griechenland. Nach der Reise gibt es allerdings oft böse Überraschungen bei der Tarifabrechnung. So zahlt ein Anrufer aus der Heimat nur die Inlandsgebühren, während der Mobilfunker selbst – auch wenn er angerufen wurde – kräftig zur Kasse gebeten wird. Auch die Abfrage der Mailbox kann extrem teuer werden. Ein Blick in die Bedienungsanleitung und eine Nachfrage beim Service-Provider können sich lohnen. Die Benutzung des Handys während der Autofahrt ist verboten.

Internationale Vorwahlen

Von Griechenland: Nach **Deutschland** 0049, nach **Österreich** 0043, in die **Schweiz** 0041. Immer gilt: die Null der Ortsvorwahl weglassen.

Nach **Griechenland** ab Deutschland, Österreich und der Schweiz: Vorwahl 0030 für Griechenland; dann die komplette, zehnstellige Telefonnummer.

Toiletten

Auf Steh- bzw. Hocktoiletten trifft man nur noch selten, obwohl diese ja eigentlich hygienischer sind. In öffentlich zugänglichen Toiletten herrschen manchmal katastrophale Verhältnisse; etwas besser ist es meist um die WC in Tavernen und Hotels bestellt. Toilettenpapier sollte man mit sich führen, es ist "vor Ort" nicht immer vorhanden. *Wichtig*: In jeder Toilette steht ein Papierkorb – hier, und nicht ins WC selbst, gehört das benutzte Toilettenpapier hinein! Andernfalls verstopfen die sparsam dimensionierten Abflussrohre.

Zeit

In Griechenland gilt die *Osteuropäische Zeit* (OEZ), die der mitteleuropäischen Zeit um eine Stunde voraus ist. Wie bei uns werden die Uhren auf Sommer- und Winterzeit umgestellt.

Zeitungen

Die internationale Presse, also auch Zeitschriften aus Deutschland, Österreich und der Schweiz, ist in Urlaubsorten erhältlich, trifft dort aber meistens einen Tag später ein und ist durch die Luftfracht relativ teuer. Aktueller und preiswerter sind die englischsprachige *Athen News* und die deutschsprachige *Athener Zeitung*, beide in Griechenland produziert und mit interessanten Blickwinkeln aufs Gastland.

Zoll

Seit einigen Jahren ist im privaten Reiseverkehr der EU, also auch zwischen Deutschland, Österreich und Griechenland, die Mitnahme von *Waren zum eigenen Verbrauch* unbegrenzt möglich. Für die Schweiz gelten, wie auch für den Transit durch Serbien und andere Balkanländer, weit geringere Freimengen.

Zur Unterscheidung zwischen privater und gewerblicher Verwendung innerhalb der EU wurden folgende Richtmengen eingeführt: 800 Zigaretten, 400 Zigarillos, 200 Zigarren, 1 kg Rauchtabak. 10 Liter Spirituosen, 20 Liter Zwischenerzeugnisse, 90 Liter Wein (davon max. 60 Liter Sekt) und 110 Liter Bier. Auch die Mitnahme höherer Mengen ist möglich, sofern sie dem eigenen Verbrauch dienen, was bei eventuellen Kontrollen allerdings glaubhaft zu machen wäre.

Hochwertige Gebrauchsgüter wie Autos, Surfbretter und Videokameras werden an der Grenze meist immer noch in den Pass eingetragen und müssen auch wieder ausgeführt werden, um teure Zollzahlungen zu vermeiden – bei Totalschaden am Auto etc. ist deshalb eine polizeiliche Bestätigung wichtig.

Durchblick: Mytilíni, vom Kastell aus gesehen

Mytilíni

Es liegt eine Stadt auf der Insel Lesbos, Mytilene, groß und schön. Sie wird nämlich von Kanälen des hereinströmenden Meeres durchschnitten und ist mit schönen Brücken aus glattem, weißen Stein geziert. Du möchtest glauben, nicht eine Stadt zu sehen, sondern eine Inselwelt.

(Longos, "Daphnis und Chloe")

Die quicklebendige Hauptstadt bildet das wirtschaftliche, verkehrstechnische und kulturelle Zentrum der Insel – nicht jedoch das touristische. Dabei gibt es in Mytilíni einiges zu sehen.

Mit etwa dreißigtausend Einwohnern ist Mytilíni die weitaus größte Siedlung der Insel, eine betriebsame, selbstbewusste und aufgeschlossene Stadt, deren lange Vergangenheit sich zunächst höchstens erahnen lässt. Verglichen mit manch anderer Inselhauptstadt in Griechenland wirkt Mytilíni geradezu großstädtisch, ist Sitz des Ministeriums der Ägäis und der Ägäischen Universität. Von Idylle kann da natürlich kaum die Rede sein: Entlang der Hafenstraßen wälzen sich hupende Blechschlangen, in den ausgedehnten Außenbezirken rattern die Betonmischer, und im Zentrum irritiert eine etwas planlose Mischung hastig hochgezogener Neubauten und stilvoller älterer Gebäude, die leider teilweise nicht in allerbestem Zustand sind. Da auch Strände fast völlig fehlen, verlassen viele Neuankömmlinge die vermeintlich uninteressante Inselhauptstadt bald wieder.

Blieben sie länger, wüssten sie Mytilínis Reize wohl besser zu würdigen. An Sehenswürdigkeiten und Lokalkolorit besteht in der Inselhauptstadt nämlich durchaus kein Mangel. Dazu zählen der geradezu orientalische Anstrich der Basarstraße Ermoú wie die klassizistischen Villen des Nobelviertels Kioski, die Aussicht vom antiken Amphitheater und der Blick vom alten Kastell, die gut und teils recht originell ausgestatteten Museen und auch das Alltagsleben einer griechischen Kleinstadt, die sich um den Tourismus nicht viel schert – Mytilíni gehört nicht zu jenen Städten, in denen man an jeder Ecke über einen Souvenirladen stolpert.

Eine intensivere Beschäftigung verdient auch die unmittelbare Umgebung der Hauptstadt, die mit den Nahverkehrsbussen gut zu erkunden ist: Im südlichen Vorort Variá finden sich zwei ausgezeichnete Gemäldemuseen, beim nördlich gelegenen Mória steht ein romantischer römischer Aquädukt. Entgegen so manch vorschnellem Urteil ist Mytilíni also jederzeit ein paar Tage Aufenthalt wert, auch für "eilige" Reisende.

▸ **Erste Orientierung**: Zusammen mit den Vororten erstreckt sich das heutige Siedlungsgebiet über insgesamt sieben Hügel. Mytilíni besitzt seit alters her zwei Häfen, doch spielt der einst bedeutendere *Nordhafen* westlich des bereits von weitem erkennbaren *Kastells* kaum noch eine Rolle.

Das heutige Zentrum liegt um den großen *Südhafen*, der von der verkehrstosenden Uferstraße *Odós Kountouriótou* gerahmt wird. Im Alltagsgebrauch wird die Lebensader der Stadt allerdings meist schlicht *Prokymaía* genannt: "vor der Welle". Der quirligste und belebteste Teil Mytilínis ist die Westseite der Prokymaía, an der sich Banken, Geschäfte, Imbissbuden und traditionelle Kafenía konzentrieren; einzig der zweigeteilte *Stadtpark* verspricht mit seinen Freiluftcafés hier etwas Ruhe. Hinter der westlichen Prokymaía glänzen die silbernen Kuppeln der Kirche *Ágios Thérapon*: Hier beginnt die farbenfrohe Handelsstraße *Odós Ermoú*, die sich nach Norden bis zum Nordhafen zieht.

Alkaios, Dichter und Revolutionär

Etwa zur Zeit Sapphos, also um die Wende vom 7. ins 6. Jh. v. Chr., lebte in Mytilene der Dichter Alkaios, wie die Lyrikerin aus Eressós ein Angehöriger der Adelsschicht. Als solcher stellte er seine Kunst in den Dienst des Kampfes gegen die Alleinherrschaft der Tyrannen, war also einer der ersten Verfasser politischer Gedichte; zeitweise wurde er deshalb in die Verbannung geschickt. Bekannt sind jedoch ebenso eine Reihe von Versen, die den Weinrausch besingen: "Trinken wir! Denn wozu warten auf Licht? Spannenlang ist noch der Tag!" Oder, an anderer Stelle: "Netz die Kehle mit Wein! Weißt ja, der Stern zieht seines Kreises Bahn."

Geschichte

Das Gebiet von Mytilíni, in der Antike *Mytilene* genannt, war Ausgrabungen zufolge bereits in der Vorgeschichte besiedelt. Als die eigentlichen Gründer Mytilenes gelten dennoch die *Äoler*, die zwischen 1100 und 1000 v. Chr. nach

Karten siehe Umschlagklappe vorne und S. 112

Lésbos gekommen waren und in den folgenden Jahrhunderten von hier aus die nahe kleinasiatische Küste kolonialisierten. Damals, und bis über die römische Zeit hinaus, war der ins Meer vorgeschobene Kastellhügel noch eine Insel, vom Festland getrennt durch den "Euripus" genannten Meereskanal, der etwa auf der Linie der heutigen Odós Ermoú den Nord- mit dem Südhafen verband; auf diesen Kanal bezieht sich wohl auch Longos in seiner Beschreibung. Erst relativ spät, um das 5. Jh. v. Chr., als Mytilene bereits die Vorrangstellung unter den Städten auf Lésbos innehatte, dehnte sich das Siedlungsgebiet über diesen Kanal hin aus.

Einen Stadtplan, dem auch die Lage der einzelnen Hotels und Restaurants zu entnehmen ist, finden Sie in der vorderen Umschlagklappe.

Information/Adressen

• *Information* **Directorate of Tourism**, Büro der Touristikbehörde, in einer Villa unweit des Fährhafens. Obwohl eher Verwaltungs- denn Auskunftsstelle, zeigt man sich nach Kräften hilfreich. Geöffnet Mo–Fr 9-13 Uhr. Tzeims Aristarchou 6, kein Schild; ✆ 22510 42511 und 22510 42513, ℻ 22510 42512.

Touristenpolizei, an der Nordwestseite des Fährhafengebäudes. Man bemüht sich. Öffnungszeiten 7.10-14.15, 17-20 Uhr. Platía Teloniou, ✆ 22510 22776.

Tourist Information Office: Das städtische Büro im alten Rathaus an der Prokymaía, Ecke Stadtpark, war zuletzt geschlossen worden, könnte aber künftig wieder öffnen. Vielleicht ist ja dieser Lesertipp von Reimar Mick, der leider erst nach abgeschlossener Recherche eintraf, eine Alternative: "Gleich rechts vom alten Rathaus die Verbindungsstraße zur Ermoú hinein, hinter dem Seiteneingang zum Stadtpark-Café, liegt auf der linken Seite ein neu eingerichtetes Büro, in dem es zumindest Stadtpläne und Zimmervermittlung gibt."

• *Adressen* **Krankenhaus**: Hospital Vostanio, Vostani-Str. (im Süden der Stadt), ✆ 22510 43777.

Internet-Zugang: Billard-Bar "Sponta", Komnikaki-Str. 33, eine Parallelstraße landeinwärts der Kountouriótou; im hinteren Bereich eine ganze Reihe PCs.

Post: Vournazon-Str., westlich des Stadtparks, geöffnet Mo–Fr 7.30-14 Uhr.

Hafenamt: ✆ 22510 47888.

Supermärkte finden sich vor allem im Umfeld der Station der Überlandbusse.

Verbindungen

• *Flug* Der Inselflughafen Odysséas Elýtis (Info: ✆ 22510 61507) liegt rund acht Kilometer südöstlich der Hauptstadt, direkt an der Felsküste. Es gibt eine Bar, einen Geldautomat, Shops, Büros der Olympic und der Aegean Airlines sowie Filialen von Autovermietern. Eine Infostelle bestand zuletzt nicht.

Vom Flughafen nach Mytilíni: Die Fahrt macht nur mäßig Appetit auf die Insel – zwar geht es am Meer entlang, der schmale, teils verschmutzte Kiesstrand und die wild wuchernden Bauten der Vororte erfreuen das Auge jedoch wenig. Immerhin ist die Fahrt kurz. Die öffentliche Busverbindung wurde leider schon vor Jahren eingestellt.

Pauschalurlaub: Wer sein Hotel bereits in der Heimat gebucht hat, wird am Flughafen abgeholt; Vertreter des jeweiligen Reiseveranstalters warten in oder vor der Ankunftshalle.

Taxi: Taxis stehen meist vor der Flughafenhalle bereit. Richtpreis ins Zentrum von Mytilíni etwa 6 €, bei etwaigen Nachtankünften zwischen 1 und 5 Uhr das Doppelte.

Büro der Olympic Airways im südlichen Stadtbereich, Konst. Kavetsou-Str. 44 (Richtung Stadion), ✆ 22510 28660.

• *Schiff* Die Anlegestelle der großen Fähren liegt etwas östlich des zentralen Südhafens, gewissermaßen "um die Ecke".

Fischerboote und Fähren: am Südhafen von Mytilíni

Details zu Schiffsverbindungen finden Sie weiter vorne im Kapitel "Fährverbindungen nach Lésbos".

Maritime Company of Lésvos, Verkauf von Fährtickets, Kountourиótou-Str. 65, am östlichen Südhafen, ✆ 22510 28480/25800 für Kabinen und Fahrzeuge bzw. ✆ 22510 22220 für Deckpassagen.

Picolo, für Sámos-Fähren, Türkeiausflüge etc. Kountouriótou-Str. 73, am östlichen Südhafen, ✆ 22510 27000.

• *Bus/Taxi* Trotz der ungünstigen Lage ist Mytilíni das Zentrum des Busnetzes der Insel. Fast alle Linien starten und enden hier. Die folgenden Angaben beziehen sich auf Werktage (Mo–Fr, am Wochenende eingeschränkter Verkehr) und auf den Sommerfahrplan, der etwa von Mitte/Ende Juni bis in den September in Kraft ist. Außerhalb dieses Zeitraums liegen die Busfrequenzen deutlich niedriger; manch entlegenere Ortschaft ist dann nicht mehr täglich zu erreichen, Sígri z. B. nur noch zwei Mal pro Woche.

Busstation der Stadtbusse, küstennah im südlichen Stadtgebiet gelegen und zuständig für die nähere Umgebung, darunter Variá (Gemäldemuseen), Mória (Aquädukt) und Thermí; Abfahrten im Sommer alle 30 Minuten.

Busstation der Überlandbusse (K.T.E.L., ✆ 22510 28873) an der Südostecke des Stadtparks; Fahrplan in Englisch hängt aus. Busse auf der Linie Kalloní-Pétra-Mólivos 5-mal täglich, Agiássos 6-mal, Plomári 5-mal, Polichnítos-Vaterá 4-mal, Mistegna 5-mal, Mandamádos (teilweise mit Weiterfahrt nach Skála Sikamineás) 4-mal, Kalloní-Eressós 2-mal und Sígri ebenfalls 2-mal täglich.

Taxistandplätze am Südende der Odós Ermoú, Nähe Stadtpark. Funktaxis z. B. auch unter ✆ 22510 22064.

• *Mietfahrzeuge* Viele Agenturen liegen im Umfeld der Prokymaía (Kountouriótou-Str./Südhafen). Zweiräder sind in Mytilíni relativ teuer und nicht gerade zahlreich vorhanden – besser, nach Ágios Isídoros, Pétra oder Mólivos auszuweichen.

Europcar, Kountouriótou-Str. 87, beim Hotel Blue Sea, ✆ 22510 43431.

Hertz, gleich nebenan im selben Gebäude, ✆ 22510 37355.

Alfa, um die Ecke, Kountouriótou-Str. 83 (Rückgebäude), ✆ 22510 27825.

Egeon, kleiner, zuverlässiger Vermieter in einer Seitenstraße der mittleren Prokymaía nahe der Sappho-Statue; Chiou-Str., ✆ 22510 29820.

Übernachten (siehe Karte vordere Umschlagklappe)

Hotels unterer Kategorien sind in Mytilíni relativ selten, Privatzimmer ebenfalls. Nachteil aller Quartiere an der Prokymaía ist ihre laute Lage.

Hotel Pírgos Mytilínis (3) (A), das neue Nobelhotel der Stadt, im August 1999 eröffnet und offiziell kurioserweise als "Möblierte Apartments" eingestuft. Die schöne Villa von 1916 wurde sorgfältig restauriert und mit Antiquitäten ausgestattet, keines der nur elf Zimmer gleicht dem anderen. Gute Ausstattung, eigener Parkplatz. Ein Nachteil ist vielleicht die etwas zentrumsferne Lage im Süden der Stadt. DZ/F rund 85-120 €. Venizelou-Str. 49, ✆ 22510 27977, ℻ 22510 47319, www.pyrgoshotel.gr.

Hotel Blue Sea (20) (B), recht komfortables, funktionales Großhotel mit über 100 Betten, nah am Fähranleger gelegen. Lärmschutzfenster, Klimaanlage. DZ/Bad kosten rund 80-95 €, Frühstück inklusive. Kountouriótou-Str. 91, ✆ 22510 23994, ℻ 22510 29656.

Hotel Lesvion (6) (B), an der westlichen Prokymaía, also mitten im Trubel; Zimmer auch zur Odós Ermoú. Großteils mit Klimaanlage ausgestattet, Bäder etwas eng, sonst okay; im ersten Stock Bar mit Hafenblick. DZ/Bad nach Saison offiziell etwa 55-65 €; Kountouriótou-Str. 27, ✆ 22510 28177, ℻ 22510 42493, lesvion@otenet.gr.

Hotel Sappho (7) (C), fast direkt daneben. Die angenehmen Zimmer und Bäder wurden vor einigen Jahren renoviert. Wie im "Lesvion" sind die Räume zur Odós Ermoú nachts ruhiger als die zur Prokymaía; auch hier im ersten Stock eine Bar mit Hafenblick. Offizieller Preis fürs DZ/Bad nach Saison etwa 40-55 €. ✆ 22510 28415 und 22510 22888, sappho@mikrochip.gr.

Hotel Erato (1) (B), im südlichen Stadtbereich beim Büro der Olympic Airways. Optisch unschöner Kasten an lauter Kreuzung; Zimmer aber recht gut, freundliches Personal und angenehme Atmosphäre. Viel griechische Kundschaft. DZ/Bad offiziell 40-55 €; Vostani-Str. 2, ✆ 22510 41160, ℻ 22510 47656.

Villa 1900 (21) (A), als "Traditional Hotel" eingestuftes Quartier etwa zweihundert Meter südlich vom Hotel "Erato". Ein klein wenig abgelegen also, dafür dem Namen und der Kategorie entsprechend ein wirklich stilvolles Haus: Baujahr 1900, nostalgisch eingerichtete Zimmer, Eisenbetten und fantastische Deckengemälde. Geöffnet April bis Oktober; die Preise variieren je nach Zimmer, im Dreh DZ/Bad knapp 35-60 €. Vostani-Str. 24, ✆ 22510 23448, ℻ 22510 28034.

• *Hotels außerhalb* **Hotel Loriet (4)** (A), einige Kilometer außerhalb des Zentrums Richtung Variá. Der ehemalige Sommerpalast eines reichen Reeders gilt als eine der ersten Adressen der Insel. Nüchterne, aber komfortable DZ in einem Anbau gibt es je nach Saison für etwa 70-100 €, Studios sind deutlich teurer, die Suiten im schön restaurierten Hauptgebäude erst recht. Gehobene Ausstattung incl. Pool etc. ist selbstverständlich. ✆ 22510 41139, ℻ 22510 41629.

• *Privatvermieter* **Domátia Vazakas Bajakas (17)**, unser Tipp in Mytilíni, ein sehr solider Privatvermieter im Zentrum. Freundliche Familie; zentral gelegenes, trotzdem sehr ruhiges Haus, zehn blitzsaubere, moderne Zimmer der A-Kategorie, die Mehrzahl mit Balkon. DZ/Bad nach Saison 25-35 €, auch Einzel-, Drei- und Vierbettzimmer. Klimaanlage geplant, die Preise sollen aber höchstens mäßig steigen. Die Eltern sprechen zwar kaum Englisch, die Söhne Marios und Sotiris dolmetschen jedoch perfekt. Bizaniou-Str. 17, ✆ 22510 26360 oder ✆ 22510 46571. Etwas versteckt gelegen: etwa in der Mitte der Odós Ermoú östlich in die Ágios Theodoron-Str., dann nochmals rechts.

Domátia Zoumbouli (14), Cafeteria am Nordhafen, einer von mehreren dortigen Privatvermietern. Gut ausgestattete Zimmer, allerdings zur Straße hin nicht gerade leise und wie alle in der Gegend nicht ganz billig: DZ/Bad nach Saison etwa 30-50 €. Navmahias Elis-Str., nahe Kreuzung mit Odós Ermoú, ✆ 22510 42074.

Domatía Alkaios (5), sehr zentral, aber ebenfalls nicht ganz leise gelegen. Eher einfache, aber saubere und mit TV und Klimaanlage ausgestattete Zimmer; DZ/Bad 35-45 €, nur im Winter schon ab 30 €. Alkaiou-Str. 16, ✆/℻ 22510 47737. In derselben Straße liegt auf Nummer 32 eine "Filiale", die künftig renoviert werden soll.

Domátia Thalía (18), kleiner Privatvermieter im Zentrum, unweit der alten Moschee an der Odós Ermoú, dort der Beschilderung zu Salinas Garden folgen. Nur wenige Zimmer, schlicht, aber ganz okay, DZ/Bad etwa 30-35 €, ohne Bad 25-30 €; auch ein Studio gibt es. ✆ 22510 24640.

Lauschiges Plätzchen: Ouzerí am Hafenkai

Domátia Salinas Garden (15), von Domátia Thalía mit verwaltet. Mit Garten, die sieben Zimmer jedoch nur teilweise mit Bad und ziemlich einfach, Sanitäres desgleichen. Die Preise liegen ähnlich bis etwas niedriger als bei Thalía. ✆ 22510 42073.

Essen

Das halbe Dutzend **Fischtavernen (9)**, Psárotavérnas, an der Südseite des Südhafens bildet die "Restaurantmeile" Mytilínis. Obwohl mittlerweile leider der stadteinwärts fließende Verkehr an ihnen vorbei geführt wird, sind sie weiterhin beliebt. Bei allen gibt es nicht nur Fisch, sondern auch Fleisch und Standardgerichte; die Preise liegen in erträglichem Rahmen.

Rest. Achiwada (2), an der Uferstraße im fünf Kilometer entfernten Vorort Variá. Das Achiwada ist Mytilínis Nobelrestaurant: Große Terrasse, exzellentes Essen und gehobene, aber noch bezahlbare Preise.

Rest. To Navágio (11), eine Alternative in der Stadt, empfohlen von Dr. Thomas und Henrike Kurze: "Das beste Abendrestaurant, etwas zurückversetzt von der Straße, im ersten Stock mit Terrasse." Nicht ganz billig, aber sehr gute griechische Küche und eine umfangreiche Weinauswahl. Archipelagous-Str., unweit der Sappho-Statue.

Taverne To Kalderími (10), in einer engen, von Planen und Weinlaub überschatteten Seitengasse der Odós Ermoú, Tische auch im Freien. Gemütliche Atmosphäre, solide Küche mit guten Vorspeisen. Besonders mittags beliebt, viele Einheimische. Der Service ist manchmal nicht der schnellste, aber freundlich. Thasou-Str., etwa auf Höhe des Volkskundemuseums.

Taverne Polítiknos (8), die erste in der Reihe der Psárotavérnas, jedoch spezialisiert auf Fleischgerichte vom Grill. Hier kann man, wenn auch verkehrsumtost, direkt am Wasser sitzen. Die Karte ist nur in Griechisch gehalten, die Kellner übersetzen aber gerne. Ansehen sollte man sich die Speisekarte dennoch: Auf der ersten Seite lächelt eine wahre Großfamilie – und erklärt so den spöttischen Namen (frei übersetzt: "Viel-Arbeiter") des Lokals, dessen Gründer nämlich zehn Kinder gezeugt hat.

Taverne To Avgó tou Kókkora (16), noch ein Lokal mit lustigem Namen: "Das Hahnenei". Kleines und gemütliches, besonders bei der studentischen Jugend

Taverne mit Tradition: Kafeníon O Ermís

sehr beliebtes Lokal, das nur im "Winter" (etwa Ende September bis in den Mai) öffnet: Wegen der Nähe der Küche würde es im Sommer viel zu heiß. Spät am Abend oft bis auf den letzten Platz besetzt. Komninaki-Str. 9, eine Parallelstraße zur nördlichen Prokymaía.

Kafeníon O Ermís (12), weit nördlich in der Odós Ermoú. Eine rund zwei Jahrhunderte alte Gastwirtschaft, in der einst "Männer mit Dolchen im Gürtel beim Kartenspiel" saßen – so zumindest hat es manch älterer Einwohner noch von seinem Großvater erzählt bekommen. Heute werden hier prima Mezédes serviert. Die meisten Gäste sind Einheimische, das Lokal füllt sich deshalb erst zu den griechischen Essenszeiten. Direkt gegenüber, im Charakter recht ähnlich, aber vielleicht eine Kleinigkeit teurer, liegt die **Ouzerí To Kástro (13)**.

Ouzerí am Kai (19), hundert Meter hinter den "Psárotavérnas". Netter als hier, am äußersten Ende des Kais am Fischerhafen und an drei Seiten vom Meer umgeben, kann man in Mytilíni wirklich nicht sitzen. Zu essen gibt's – wenn überhaupt, die Küche ist nicht immer in Betrieb – allerdings nur Kleinigkeiten, die man sich in der Küche aussucht, darunter Oktopus, Fischchen und Salat.

Kneipen/Nachtleben

Seiner Studentenkolonie verdankt Mytilíni ein relativ reges Nachtleben. Wie auch in anderen griechischen Städten beginnt der sommerliche Feierabend mit der Vólta, einem rituellen Spaziergang entlang der Prokymaía, zu dem man sich aufs Feinste herausputzt.

Die "Lokalmeile" Mytilínis erstreckt sich an der Ostseite des Südhafens. Hier finden sich die Bars und Terrassencafés gleich reihenweise, sei es "Flame", der "Dancing Club La Notte" oder die "Lounge Marush".

Café de la Musique, in der Nähe dieser Zone, aber etwas versteckt. Sehr gefragte Music-Bar, deren Lautsprecher zur Freude der Nachbarschaft bis drei Uhr morgens dröhnen. Vernadaki-Str., Ecke Komninaki.

Pantheon, im alten Ex-Hotel Bretannia an der westlichen Prokymaía, nahe Hotel Lesvion. Ein beliebter Treffpunkt – schick und laut.

Café Hott Spott, kein Druckfehler. Vorreiter der heute so zahlreichen Terrassencafés an der östlichen Prokymaía, für viele die erste und letzte Station auf dem Weg von und zum Fährhafen.

Cafés im Stadtpark, willkommene Gelegenheit, dem Trubel des Zentrums zu entfliehen. Je nach Gusto wählt man zwischen griechisch-traditionell (und preiswert) und international-modern (und etwas teurer). Auch ein guter Platz fürs kleine Frühstück.

Kino Arion, bei der Station der Überlandbusse. Nur innen, Mytilínis reizvolle Freiluftkinos wurden leider geschlossen. Übrigens dürfen auch der griechischen Sprache Unkundige sich ruhig in die hiesigen Kinos hineinwagen – die Importfilme meist amerikanischer Provenienz laufen fast immer im Originalton mit Untertiteln.

Einkaufen/Feste

• *Einkaufen* Die klassischen Souvenirs aus Lésbos sind kulinarischer Natur: Ölsardinen und -sardellen, eingelegte Oliven, Olivenöl und Oúzo; alles in reicher Auswahl zu finden in der Handelsstraße Odós Ermoú, in der sich mittlerweile auch einige kleine Boutiquen und Designerläden angesiedelt haben.

• *Feste* **Lesbiako Kalokaíri**, Lesvian Summer bzw. Lesbischer Sommer nennt sich das große Kulturfest zwischen Ende Juli und Anfang September. Auf dem jährlich wechselnden Programm stehen u. a. sehr erlebenswerte Konzerte und Theaterveranstaltungen im Kastell, ein "Oúzo-Festival" (meist Ende Juli) und vieles mehr.

▸ **Baden**: Im näheren Umkreis von Mytilíni finden sich leider keine besonders reizvollen Strände; eine Ausnahme bildet die relativ kleine Bucht von *Ágios Ermogénis* im Süden (siehe "Umgebung von Mytilíni").

Strandbad der Gemeinde: Die weitaus beste Möglichkeit im Stadtbereich. Unterhalb des Kastells und in der Nähe der Freiheitsstatue gelegen, bietet das Strandbad einen gepflegten Kiesstrand, Umkleidekabinen, Toiletten, Stühle, eine Bar, einige (wenige) Schattendächer und kleine Bäume sowie, in Mytilíni nicht unwichtig, relative Ruhe. Wer nur mal eben kurz ins Wasser hüpfen will, kann dies auch direkt bei der Freiheitsstatue tun; allzu einladend wirkt die Umgebung dort allerdings nicht.

Öffnungszeiten Etwa Ende Mai, Anfang Juni bis Ende September, täglich 8-20 Uhr, geringe Eintrittsgebühr.

Sehenswertes

Monumente aus der frühen Geschichte der Stadt sind vor allem deshalb rar, weil viele Fundstellen bislang noch nicht völlig ausgegraben wurden.

Prokymaía: Neben der Handelsstraße Ermoú ist die offiziell *Odós Pavlou Kountouriótou* genannte Hafenpromenade die Pulsader Mytilínis. Den ganzen Tag über und bis spät in die Nacht braust hier der Verkehr, beobachten Müßiggänger von den Terrassencafés aus den vorbeiziehenden Menschenstrom. Im etwas ruhigeren nördlichen Mittelstück der Prokymaía erinnert eine moderne Statue der *Sappho* an die größte Tochter der Insel.

Museum für Volkskunde: Gleich westlich der Statue ist im ehemaligen Gebäude der Hafenbehörde das kleine Museum für Volkskunde untergebracht. Die bunte Sammlung enthält unter anderem Keramik aus den beiden Töpferzentren Mandamádos und Agiássos, Hausgeräte, Trachten und Stickereien, türkische Säbel, Schwerter, Dolche und Gewehre; außerdem Gemälde von Theóphilos und Stücke versteinerter Bäume aus dem Westen der Insel. In den letzten Jahren war das Museum allerdings geschlossen, ein Termin der Wiedereröffnung ist nicht in Sicht.

Orientalische Betriebsamkeit in der Einkaufsstraße Odós Ermoú

Ágios Therápon: Die silbernen Kuppeln der größten Kirche der Insel glänzen gleich hinter der westlichen Prokymaía. Errichtet wurde die Kreuzkuppelkirche um 1860 an einer Stelle, an der Archäologen den antiken Standort eines Apollo- oder Äskulaptempels vermuten. Von außen wirkt die Fassade in byzantinisch-europäischem Stilmix zumindest gewöhnungsdürftig; innen birgt das Gotteshaus eine Reihe wertvoller Ikonen und den Marmorsarkophag des 1828 gestorbenen Bischofs Ignatius.

Museum byzantinisch-kirchlicher Kunst: Gegenüber des Haupteingangs der Kirche Ágios Therápon. Prunkstück des 1979 eingerichteten Museums ist die Ikonensammlung im rechten hinteren Raum, deren älteste, die Ikone des hl. Georg, bis ins Jahr 1250 zurückreicht. Weitere Exponate umfassen geschnitzte Chorwände und Kreuze aus verfallenen Kirchen, wertvolle liturgische Gefäße, bestickte Bischofsgewänder und auch einige Theóphilos-Arbeiten religiösen Inhalts, darunter eine Ikone, die die Entschlafung Marias darstellt.

Öffnungszeiten Mo–Sa 9-13 Uhr; Eintrittsgebühr 2 €.

Odós Ermoú: Gleich meerwärts der Ágios Therápon beginnt die nach dem griechisch-römischen Gott Hermes benannte Einkaufsstraße. Der Götterbote galt nicht nur als Schutzpatron der Reisenden, sondern auch als Gott der Kaufleute – und der Diebe... In den letzten Jahren hat die Odós Ermoú ein neues Pflaster erhalten (wobei eine ganze Reihe archäologischer Funde gemacht wurden), dadurch aber ihren Charme nicht verloren. Zusammen mit ihren Nebengassen bildet sie bis etwa zur Höhe der Kathedrale das orientalisch eingefärbte Marktviertel Mytilínis: Lastkarren schieben sich durch die Menge, vor einer Metzgerei baumeln gehäutete Zicklein, strenger Fischgeruch mischt sich mit dem Duft frisch gemahlenen Kaffees. Schuster, Bäcker, Obsthändler, Kleidergeschäfte und Juweliere bieten ihre Waren an, hie und da zeigt sich auch der Einfluss der Moderne in Gestalt gut sortierter Boutiquen und Videotheken. Am meisten Betrieb ist vormittags; nachmittags und abends geht es eher ruhig zu in der Straße des Hermes.

Kathedrale Ágios Athanássios: In einer ruhigen, meerwärts gewandten Seitengasse der Odós Ermoú erhebt sich die wohl Ende des 16. oder Anfang des

Bewacht von uralten Mauern: der Nordhafen

17. Jh. errichtete Kathedrale, eine dreischiffige, kreuzförmige Basilika; ungewöhnlich ist der freistehende, neogotische Kirchturm mit seiner Höhe von 33 Metern. Im Inneren bemerkenswert sind der Sarkophag des 1795 von den Türken erhängten hl. Theodorus, des Schutzheiligen von Mytilíni (Feier am 17. Februar), vor allem aber die großartigen nachbyzantinischen Schnitzarbeiten des Altars, des Bischofsthrons und der Ikonostase, die den Gemeinderaum vom Allerheiligsten trennt; alle stammen sie aus der ersten Hälfte des 18. Jahrhunderts.

Epáno Skála: Das Gebiet um den nördlichen Teil der Odós Ermoú trägt seinen Namen nach dem Nordhafen, auf den die "Hermes-Straße" schließlich mündet. In diesem Bereich zeigt sich die Odós Ermoú trotz einiger neu eingezogener Geschäfte zusehends nostalgischer, die Häuser niedriger, die Atmosphäre noch einen Hauch orientalischer: Einst lag hier das Wohngebiet der türkischen Bevölkerung. Die *Moschee Yeni Cami* (gesprochen Jeni Dschami), die 1828 erbaute "Neue Moschee", erinnert noch an die alten Zeiten und wurde mittlerweile zumindest teilweise restauriert, ist aber nur selten zugänglich. An ihrer Nordseite kann man aus der Ferne ein kleines Modell des Gebäudes sehen. Im Gebiet hinter der Moschee steht an der Straße Richtung Kástro ein liebevoll gestalteter *Schrein* für den Erzengel Michael mit Verweis auf dessen Bildnis in Mandámados, siehe auch dort. In der Gegenrichtung liegen jenseits der Odós Ermoú die Kuppeln eines *Hammam*, eines türkischen Badehauses, das ebenfalls restauriert wurde. Der *Nordhafen* selbst schließlich war in der Antike der wichtigere der beiden Häfen der Stadt. Seine Bedeutung bezeugen auch die ausgedehnten Reste einer ehemaligen Halle, die erst vor wenigen Jahren im küstennahen Gebiet westlich der Odós Ermoú freigelegt wurde und vermutlich als Kornlager diente. Heute wird der Nordhafen nur noch von einigen

Mytilíni und Umgebung
Karten siehe Umschlagklappe vorne und S. 112

Blick auf die Stadt: im Vordergrund das antike Theater

Fischern benutzt. An Tagen mit geringem Wellengang lassen sich, dicht unter der Wasseroberfläche, die Kais der alten Hafenanlage noch erkennen; einen besonders guten Blick genießt man von den Mauern des Kastells aus.

Antikes Theater: Der mäßigen Beschilderung wegen steuert man das antike Theater, auf einem pinienbestandenen Hügel westlich oberhalb der Stadt gelegen, am besten vom Nordhafen aus an. Während der hellenistischen Epoche errichtet und von den Römern renoviert, war es mit einer Kapazität von etwa 15.000 Plätzen eines der größten Theater Griechenlands, vergleichbar dem von Epidaurus, und soll Pompeius als Vorbild eines ähnlichen Baus in Rom gedient haben.

Allzuviel darf man sich allerdings nicht erwarten. Erhalten ist nur noch die Orchestra, die steinernen Sitzstufen wurden ausgegraben und warten auf den wohl noch fernen Tag, an dem sie wieder in ihre ursprüngliche Lage gebracht werden. Imposant freilich ist, wie immer bei antiken griechischen Theatern, die Lage: Von den ehemaligen oberen Rängen reicht der Blick weit nach Osten, zum Kastell und weiter übers Meer bis zur türkischen Küste. Wer hier herumstreift, sollte ein wenig auf Schlangen achten, die in nicht geringer Zahl auf dem unübersichtlichen Gelände leben sollen.

• *Lage und Öffnungszeiten* Vom Nordhafen zunächst westlich über die Uferstraße bis zu deren Knick nach Norden; dort geradeaus und auf der Odós Krínis den Berg hoch, dann links halten und am Ende wieder rechts, beschildert "Ancient Theatre". Geöffnet ist Di–So 8.30-15 Uhr, Eintritt frei. Auf dem Rückweg kann man mit etwas Orientierungssinn über die Straßen Theatrou und Eschilou zum Stadtzentrum an der Odós Ermoú absteigen. Echte Hobbyarchäologen, die sich mit einem Gleichgesinnten zum Plausch über die Vergangenheit der Insel treffen möchten, können sich übrigens an Herrn Stamos Stephanou (Handy: 69460 11338) wenden, der sehr gut Deutsch spricht.

Altes Archäologisches Museum: Die Archäologische Sammlung von Mytilíni verteilt sich auf zwei Gebäude. Das ältere von beiden ist in einer klassizistischen, um 1910 errichteten Villa an der Rückseite des Fährhafens (Odós Eftalioti) untergebracht, die ein schönes Beispiel eines Herrenhauses jener Zeit darstellt. Auf zwei Stockwerken sind kleinere Funde von der Steinzeit bis zur türkischen Zeit ausgestellt; größere Funde wie Grabstelen, Kapitelle und mit gemeißelten Inschriften versehene Steinblöcke wurden im Garten und im ehemaligen Versorgungsbau hinter der Villa untergebracht. Einen der Höhepunkte der hiesigen Ausstellung bildet die in den *Sälen II* und *III* präsentierte Dokumentation zu den fünf übereinander errichteten vorgeschichtlichen Siedlungen von *Thermí*, deren erste ab 3000 v. Chr. entstand, also in der frühen Bronzezeit. Sehr reizvoll sind auch die Terrakotta-Statuetten in *Saal IV* und die Schmucksammlung in *Saal VII*; ein besonders schönes, mit wertvollen Steinen versehenes Halsband hier wurde von Fischern im Meer gefunden und dem Museum gespendet.

Öffnungszeiten Von Juli bis Mitte September täglich 8-19 Uhr, sonst Di–So 8.30-15 Uhr; Eintritt 3 €, das Ticket gilt auch für das Neue Archäologische Museum.

Im Neuen Archäologischen Museum: Mosaik aus der Villa des Menander

Neues Archäologisches Museum: Der voll klimatisierte, modern konzipierte Neubau an der Odós 8. Noemvriou, nicht weit vom Eingang zum Kastell, erstreckt sich über mehrere Etagen einen Hang hinab. Er ist Exponaten der hellenistisch-römischen Zeit des 2. Jh. v. Chr. bis zum 3. Jh. n. Chr. gewidmet, die sehr eindrucksvoll präsentiert werden und gut beleuchtet sind.

Bereits in *Saal I* ist das Prunkstück der Ausstellung zu sehen. Die teilweise begehbaren, da durch Glassteine geschützten Bodenmosaiken stammen aus der so genannten *Villa des Menander*, einer römischen Villa des 3. oder 4. Jh. n. Chr., die im Ortsteil Chorafa, etwa 500 Meter östlich des antiken Theaters, ausgegraben wurde und wahrscheinlich von einer Truppe von Schauspielern bewohnt war. Die farbigen, ausdrucksstarken Bodenmosaike zeigen u. a. den Sänger Orpheus im Kreis lauschender Tiere, verschiedene Theaterszenen, die

Pulsader der Stadt: die Prokymaía

Theatermuse Thalia, Sokrates mit zwei Schülern und schließlich Menander (341-290 v. Chr.) selbst, den aus Athen stammenden bedeutendsten Dichter der "neuen Komödie".

Auch in *Saal II* ziehen Bodenmosaike die Aufmerksamkeit auf sich. Hier kommen sie aus der *Villa des Telephus*, so benannt nach dem zentralen Medaillon, das die Anlandung des kindlichen Herakles-Sohns und seiner Mutter Auge an der kleinasiatischen Küste darstellt. Fische und mythische Geschöpfe symbolisieren das Meer, während die Fruchtbarkeit des Festlands durch Vögel und Efeuranken versinnbildlicht wird.

Saal III präsentiert Grabreliefs, darunter eindringliche und berührende Darstellungen des so genannten "Totenmahls", auf denen der Verstorbene mit seiner Frau und meist auch einem Bediensteten zu sehen ist. Einen heroischeren Anstrich besitzen die "Thrakischen Reiter", die wegen der weiten Verbreitung dieses Motivs besonders in Thrakien so bezeichnet werden und den Toten hoch zu Ross beim Ritt auf der Jagd zeigen. Fast ausschließlich Männer wurden auf diese Weise dargestellt; das aus Eressós stammende Grabrelief (Nr. 248), auf dem eine Reiterin abgebildet ist, stellt deshalb eine ungewöhnliche Ausnahme dar. Die folgenden *Säle IV* und *V* zeigen Porträts sowie kleinere und größere Statuen aus hellenistischer und römischer Zeit, darunter auch Kopien berühmter Originale.

In *Saal VI* sind erneut Bodenmosaike zu sehen. Sie stammen aus der erst teilweise ausgegrabenen *Villa des Euripus*, einem luxuriösen Anwesen des 2. oder 3. Jh. n. Chr., das – wie die beiden anderen Häuser auch – unterhalb des antiken Theaters lag, einem bei reichen Römern beliebten Wohngebiet. Das Hauptmotiv bildet ein junger Gott, dessen Verbundenheit zum Meer durch Hummerbeine im Haar symbolisiert wird; die Archäologen glauben, dass er entweder Mytilínis ehemaligen Meereskanal Euripus oder den Golf von Kalloní repräsentieren soll. In den Ecken des Mosaiks sind die Jahreszeiten in Form von geflügelten Männern und Frauen symbolisiert; der Herbst z. B. ist an den Früchten im Haar zu erkennen. Der letzte Raum des Museums ist auf zwei Stockwerken *temporären Ausstellungen* gewidmet; zuletzt war hier eine sehr informative Schau zum Thema "Essen und Trinken in der Antike" zu sehen.

• Öffnungszeiten Von Juli bis Mitte September täglich 8-19 Uhr, sonst Di–So 8.30-15 Uhr; Eintritt 3 €, das Ticket gilt auch für das Alte Archäologische Museum.

Kástro: Das in einem Pinienwäldchen oberhalb des Zentrums gelegene Kastell besetzt uralten Siedlungsboden – obwohl bislang keine Spuren davon gefunden worden sind, lag hier wahrscheinlich bereits die Akropolis der äolischen Stadt. Auch wenn im Inneren der Burg nur mehr wenig erkennbar ist, lohnt sich der Aufstieg schon allein wegen des wundervollen Blicks auf Mytilíni.

Große Geste Richtung Türkei: die Freiheitsstatue

In seiner heutigen Form entstand das Kástro in drei verschiedenen Phasen, in denen jeweils auch ältere Baumaterialien neu genutzt wurden; so sind an mehreren Stellen im Mauerwerk antike Fragmente zu sehen. Die erste, nur noch schwach erkennbare Phase datiert aus der frühbyzantinischen Zeit Justinians (6. Jh.). Die zweite Bauperiode begann 1373 unter dem Genueserfürsten *Francesco Gattelusi*, dessen Wappen am sogenannten "Gattelusi-Tor" im Westen der Anlage noch zu sehen ist: Es vereint das Familienwappen der Gattelusi mit dem der byzantinischen Dynastie Palaiologos – *Maria Palaiologos*, die Gattin Francescos, hatte die Insel Lésbos als Mitgift in die Ehe eingebracht. Der dritte Bauabschnitt schließlich entstand nach 1462 unter türkischer Herrschaft; von den Osmanen stammt auch die Mehrzahl der meist verfallenen Gebäude innerhalb der Mauern, darunter, etwa in der Mitte des Hofes, auch die Ruinen der *Mendréses*, einer islamischen Priesterschule.

Öffnungszeiten Wie die Archäologischen Museen, allerdings ist hier grundsätzlich (also auch im Sommer) montags geschlossen. Zugang durch das Tor an der Südostseite, am besten zu erreichen von der Odós 8. Noemvriou, Eintrittsgebühr 3 €.

Vom Kastell führen mehrere Fußwege durch den schattigen, *Tsamakia* genannten Pinienwald zum Meer und zum Strandbad Mytilínis. Kurz vorher lässt sich bei einem kleinen Café im Wäldchen eine angenehme Rast einlegen.

Freiheitsstatue von Mytilíni: Am südwestlichen Rand des Strandabschnitts markiert die große kupferne Freiheitsstatue den Übergang zum Gebiet des Fährhafens. Gestaltet wurde sie nach dem New Yorker Vorbild vom einheimischen Maler Iakovidis, und natürlich blickt sie demonstrativ hinüber zur Türkei, in Richtung des einstigen Okkupators der Insel.

Pigí, Kómi
Skála Mistegnón, Mandamádos, Skála Sikaminéas
Thermí
Paralía Thermís
Pirgí Thermís
Moní Ág. Rafaíl
2 km
Pamfilla
Paralía
Panagioúda
Agiássos, Plomári, Kalloní
Mória
Therme Gerás
Römischer Aquädukt
Golf von Gera
Mytilíni
Variá
Akrotíri
Taxiárches
Neápolis
Agía Marína
Loutrá
Kountouroudiá
Skála Loutrón
Peráma
Ágios Ermogénis
Akr. Maleas
Umgebung von Mytilíni

Umgebung von Mytilíni

Rund um Mytilíni liegt eine Reihe interessanter Ziele, die großteils mit den Stadtbussen zu erreichen sind. Keinesfalls versäumen sollte man die berühmten Museen Theóphilos und Teriade im Vorort Variá; auch der Aquädukt von Mória und die Gemeinde Thermí sind den Weg wert.

Südlich von Mytilíni

Die Gemäldemuseen von Variá

Variá, etwa fünf Kilometer südlich von Mytilíni gelegen, ist mit seinen gepflegten Villen so etwas wie der Nobelvorort der Hauptstadt. Hauptanziehungspunkt jedoch sind die beiden hiesigen Museen, gewidmet dem lange verkannten, heute jedoch sehr populären lesbiotischen Maler *Theóphilos* und seinem Förderer, dem Kunstkritiker und Sammler *Teriade*, der die Museen auch stiftete. Sie liegen in einem Olivenhain des Ortsteils Akrotíri; der Abzweig an der Hauptstraße ist beschildert.

Theóphilos-Museum: Über hundert Gemälde des volkstümlichen Künstlers birgt das 1965 von *Teriade*, dem Literaturnobelpreisträger *Odysseás Elytis* und anderen Künstlern gestiftete Museum, das 1997 nach längerer Renovierung seine Pforten wieder öffnete. Theóphilos' Themenbogen spannt sich von der griechischen Götterwelt und Geschichte bis zum Alltag seiner Landsleute; er malte Sappho und Alkaios, die Kämpfe Alexanders des Großen und die Belagerung von Konstantinopel, Fischer beim Tanz und ein Flugzeug über Pétra, die Stadtansicht von Plomári und den Golf von Géra. Auf Perspektive und Anatomie legte Theóphilos wenig Wert, stellte Hauptfiguren oft viel größer und farbiger dar als Nebenrollen – und folgte damit, unbeabsichtigt vielleicht, durchaus byzantinischem Stil. Der Museumsdirektor beschrieb Theóphilos' Werk einmal folgendermaßen: "Diese Malerei wird von einer Lebendigkeit, einer Frische und Spontaneität und von munteren Farben gekennzeichnet. Es handelt sich um eine Malerei, in der sich verliebte Mädchen, junge Männer, Helden aus der griechischen Mythologie, Leiter der Revolution von 1921, Volksfeste, Krieg, zarte Szenen angenehm und gleichzeitig sanft mischen..." Ein Katalog sowie Drucke der Ausstellung sind im Museum erhältlich.
Öffnungszeiten Di–So 9-17 Uhr; Eintrittsgebühr 1,50 €.

Museum-Bibliothek Teriade: Neben dem Theóphilos-Museum und der kleinen Kirche Agía Paraskeví beherbergt der lichte Olivenhain auch die hochklassige internationale Sammlung seines Entdeckers Teriade (1897-1983). *Strátis Eleftheriádis*, so sein eigentlicher Name, wurde in Mytilíni geboren und zog achtzehnjährig als Jurastudent nach Paris. Seine wirkliche Liebe aber galt der Malerei, der er sich zunächst aktiv, später dann als Kritiker, Mäzen und Verleger widmete. Nach bescheideneren Anfängen, die jedoch seinen Namen in der Kunstszene bekannt machten, gründete er zunächst die Kunstzeitschrift "Minotaurus", 1937 dann die Vierteljahreszeitschrift "Verve". Wenige Jahre später nahm Teriade ein weiteres Projekt in Angriff, die "Grandes Livres":

Karten siehe Umschlagklappe vorne und S. 112

Theóphilos: Später Ruhm eines Außenseiters

Theóphilos Chatzimichail, 1873 in Variá als eines von acht Kindern eines Schusters geboren, war nicht gerade das, was man die Freude seiner Eltern nennen würde: An der Schule wenig interessiert, ebensowenig an einer Stelle als Lehrling seines Vaters, zog er es vor, seinen Großvater, einen Ikonenmaler, bei der Arbeit zu beobachten. Bald schon galt er als tölpelhafter Sonderling, der lieber malte oder mit den Nachbarskindern Theater spielte, als mit einem "anständigen" Beruf Geld zu verdienen.

Dem Spott, den er von vielen Seiten erdulden musste, entfloh der jugendliche Theóphilos ins kleinasiatische Smyrna (heute Izmir), wo er am griechischen Konsulat arbeitete, wohl als eine Art Gehilfe des Portiers und stolz auf seine Tätigkeit für Griechenland. Seinen Nationalstolz unterstrich er fortan mit seiner Kleidung, dem traditionellen griechischen Faltenrock Fustanella. Doch auch in Smyrna hielt es ihn nicht lange, Theóphilos zog weiter. Mehr als ein Jahrzehnt verbrachte er in Thessalien, auf der Pilion-Halbinsel und in Volos; in manchen der dortigen Dörfer sind Wandmalereien von ihm zu sehen, unter anderem in einer Bäckerei von Áno Volos.

Als Theóphilos nach langen Wanderjahren auf seine Heimatinsel zurückkehrte, war ihm die Malerei zum Lebensinhalt geworden. Reichtümer brachte sie ihm nicht. Auch auf Lésbos zog er umher, immer noch verhöhnt und ruhelos, und malte auf Türen und Fenster, an die Wände von Kaffeehäusern und Geschäften, oft nur für eine Mahlzeit, einen Becher Wein oder sogar umsonst.

Theóphilos' Entdeckung verdanken wir dem gebürtigen Lesbioten Teriade, einem bekannten Kritiker und Mäzen der Pariser Kunstwelt, gleichzeitig Förderer von Picasso, Matisse und Braque. Ende der 20er-Jahre lernte er bei einem Heimatbesuch Theóphilos kennen und sicherte sich die Schaffenskraft des praktisch mittellosen Künstlers mit einem Exklusivvertrag besonderer Art: Teriade sorgte für Theóphilos' Lebensunterhalt und beschaffte ihm Leinwand und Farben; als Gegenleistung sollte Theóphilos künftig ausschließlich für Teriade arbeiten. Der Künstler hielt sich an die Abmachung; von der Sorge ums tägliche Brot

Szene voller Lebensfreude: Gemälde von Theóphilos

befreit, malte Theóphilos wie im Rausch Bild auf Bild. Als Teriade 1934 wieder nach Lésbos kam, warteten an die 120 Gemälde auf ihn – und die Nachricht von Theóphilos' Tod, der am 26. März des gleichen Jahres an einer Lebensmittelvergiftung gestorben war. Erst posthum erreichte Theóphilos die ihm zeitlebens verwehrte Anerkennung, fanden seine Werke den Weg bis in den Louvre.

Ihr Konzept verband Texte berühmter Schriftsteller mit Illustrationen nicht minder berühmter Künstler. Miró, Picasso, Matisse, Leger, Le Corbusier, Gris und viele andere arbeiteten für die "Grandes Livres"; Marc Chagall lieferte 42 Farblithographien für die Illustration von Longos' auf Lésbos spielendem Roman "Daphnis und Chloe". Diese und andere Original-Lithographien, Skizzen und Radierungen aus den "Grandes Livres" sind, neben einigen Ausgaben der Zeitschrift "Verve", in dem 1972 eröffneten Museum ausgestellt – eine Sammlung moderner Kunst, wie man sie an diesem Ort kaum vermuten würde.
Öffnungszeiten Di–So 9-14 Uhr, Mai bis September auch 18-20 Uhr, Eintrittsgebühr 2 €.

Rund um die Amalí-Halbinsel

Die hügelige, olivenbestandene Halbinsel reicht südlich von Mytilíni bis zum *Kap Maleas*. Passable Strände hat sie, mit Ausnahme der Buchten von *Ágios Ermogénis*, leider nicht zu bieten. Südlich von Variá verläuft die Straße zunächst über mehrere Kilometer parallel zu einem schmalen, steinigen Küstensaum.

▸ **Neápolis** ist der nächste Ort hinter Variá. Nördlich des Hotels "Lesvos Beach" besetzt eine kleine Kirche des letzten Jahrhunderts die Grundmauern eines frühchristlichen Kirchleins, das im 6. Jh. errichtet wurde und als "Basilika von Argala" bekannt ist; da außer den Grundmauern kaum etwas von dem früheren dreischiffigen Gotteshaus verblieb, lohnt sich ein Stopp wohl nur für speziell Interessierte. Wenige Kilometer südlich von Neápolis erreicht die Straße den *Flughafen* und passiert später das Kap Maleas.

▸ **Ágios Ermogénis**: Etwa sechs Kilometer hinter dem Kap Maleas zweigt ein Asphaltsträßchen meerwärts ab und endet nach weiteren 1,5 Kilometern an

Mytilíni und Umgebung
Karten siehe Umschlagklappe vorne und S. 112

Der größere der beiden Strände: Kiesbucht von Ágios Ermogénis

den beiden Buchten von Ágios Ermogénis, kurz vor der Mündung des Golfs von Gera.

Das beliebte Badeziel der Einwohner Mytilínis besteht aus zwei kleinen Stränden, die im Sommer ziemlich voll werden können: Selbst der vordere und größere, ein Kiesstrand, misst höchstens 100 Meter Länge. Romantischer ist der kleinere Sandstrand am Ende des Fahrwegs, der von der namensstiftenden Kapelle überragt wird und über eine heilkräftige Quelle verfügt; im Sommer sorgt eine hübsche Taverne mit Strohdach für die Bewirtung.

• *Anfahrt/Verbindungen* Wer Ágios Ermogénis von Mytilíni aus direkt anfahren will, ist mit der weit kürzeren Route über Loutrá besser bedient. Diesen Weg nehmen auch die Stadtbusse, die im Sommer gelegentlich bis zu den Buchten, sonst aber nur bis zum kleinen Hafen Kountouroudiá fahren.

Loutrá, etwa neun Kilometer südwestlich von Mytilíni, ist ein recht großes, inmitten von Olivenhainen gelegenes Dorf etwas abseits der Küste; vom Ort führt eine Staubstraße über den Hügelkamm nach *Taxiarches* bei Variá. In byzantinischer Zeit noch am Golf von Gera gelegen, wurde Loutrá später zum Schutz vor Piratenüberfällen landeinwärts verlegt. Die im 19. Jh. errichtete dreischiffige Dorfkirche *Ágios Geórgios* bewahrt einige reizvolle Ikonen des 18. und 19. Jh.

Skála Loutrón, der Hafen des Dorfes, liegt etwa zwei Kilometer südwestlich am Golf von Gera. Der von Kleingewerbe und Industrieruinen geprägte Hafen selbst erweist sich als wenig reizvoll, Strände sucht man vergebens. Dafür gibt es hier einige nette, nur im Sommer geöffnete Fischtavernen, die besonders abends recht romantisch sind und auch gerne von den Hauptstädtern aufgesucht werden. Und wer schon einmal hier ist, kann dann auch gleich die beiden Pelikane Jorgos und Dimitra grüßen, die gewissermaßen die Maskottchen von Skála Loutrón darstellen.

▸ **Kountouroudiá**, am Ende der Asphaltstraße von Mytilíni, besteht fast nur aus drei Fischtavernen, die beliebtes Ziel von Wochenendausflügen sind. Der gute Ausbauzustand der Straße hierhin gründet sich auf die Fährverbindung hinüber nach Perama auf der anderen, westlichen Seite des Golfes von Gera. Autos können mit der mehrmals täglich verkehrenden Fähre allerdings nicht transportiert werden, höchstens Fahrräder oder Mopeds.

Imposant: der römische Aquädukt bei Mória

Nördlich von Mytilíni

Mória und sein Aquädukt

Ungefähr sieben Kilometer nordwestlich von Mytilíni und etwas landeinwärts der Küste gelegen, sähe das Olivendorf wohl kaum einen Besucher, stünde nicht in seiner Umgebung der so fotogene römische Aquädukt. Doch wer schon einmal in Mória ist, sollte auch einen Blick in die 1766 erbaute Kirche *Ágios Vassilios* am östlichen Ortsrand werfen, die eine Anzahl hübscher Ikonen birgt, von denen viele von einem ehemaligen Priester der Kirche angefertigt wurden.

Römischer Aquädukt von Mória: Etwa 600 Meter südwestlich von Mória überspannen die Bögen des insgesamt 170 Meter langen Aquädukts ein weites Oliventai. Irgendwann zwischen dem ersten und dem dritten Jahrhundert nach Christus entstanden, war er Teil einer römischen Wasserleitung, die Mytilíni über eine Entfernung von insgesamt 26 Kilometern mit Wasser aus dem Gebiet von Agiássos versorgte. Der dreistöckige, 26 Meter hohe Aquädukt besaß 17 Bögen, die allerdings nicht mehr komplett erhalten sind – eindrucksvoll genug ist die Anlage aber auch heute noch.

• *Anfahrt/Verbindungen* Mória ist mit den Stadtbussen ab Mytilínis Prokymaía zu erreichen. Von der Bushaltestelle am Ortsrand folgt man der Hauptstraße ins Dorf und biegt dort links ab (in der Gegenrichtung sinnigerweise beschildert). Fahrzeuglenker müssen Mória zunächst Richtung Kalloní umfahren, dann das Dorf Richtung Küste bis zum Abzweig (rechts) durchqueren.

• *Wanderung* "Den Spaziergang von Mória zum Aquädukt kann man zu einer hübschen Wanderung ausdehnen, die (nur für den Hinweg) etwa eine bis eineinhalb Stunden dauert. Dazu folgt man einfach weiter dem zum Aquädukt führenden Weg, bis man zu einer Beschilderung gelangt, die die Richtung zum ‚Propheten Elias' weist. Oben gibt es eine reizende Kapelle, und die Aussicht ist fantastisch!" (Leserbrief von Brigitte Ebnöther – vielen Dank!)

Die Küste bis Thermí

Nördlich von Mytilíni stören, bis über den Abzweig nach Mória hinaus, zunächst die rauchenden Schlote von Industrieansiedlungen das Bild. Nicht nur optisch bemerkbar macht sich eine Konservenfabrik, in der Sardinen und Sardellen geruchsintensiv verarbeitet werden.

▶ **Panagioúda** ist der erste Ort hinter der Kreuzung nach Mória. Was die Einwohner von Mytilíni daheim nur beschränkt können, nämlich gemütlich und autofrei am Wasser zu sitzen, genießen sie hier: Am Fischer- und Sporthafen von Panagioúda liegen eine ganze Reihe von Bars und Restaurants, die sich vor allem an Wochenendabenden füllen.

▶ **Pámfilla**, die nächste Siedlung, erweist sich als großes, vom Fremdenverkehr unberührtes Dorf mit einigen traditionellen Herrenhäusern des 19. Jh. Eine Enttäuschung ist dagegen der etwa einen Kilometer entfernte Hafen *Paralía Pamfíllon*, ein trauriges Stückchen Erde mit verfallenden Industrieruinen und stinkenden Bächen, die hier ins Meer münden.

Essen **Taverne To Limanaki**, Oase in der Wüste: Am kleinen Fischerhafen, etwas nördlich des Industriegebietes, liegt die am Wochenende viel besuchte Ausflugsgaststätte der Hauptstädter, die besonders für ihre guten Fischgerichte bekannt ist.

Thermí

Noch im Bereich der Stadtbusse von Mytilíni liegt diese Gemeinde, die sich über drei Ortsteile erstreckt: Pírgi Thermí und Paralía Thermís liegen beide an der Küste, das eigentliche Dorf Thermí etwas landeinwärts.

Pírgi Thermís: Ihren Namen hat die lang gezogene Siedlung von den Wehrtürmen ("Pírgi" = Türme) des 16.-19. Jh., von denen einige, unter Denkmalschutz gestellt, noch erhalten sind. In unruhigen Zeiten boten die trutzigen Bauten guten Schutz vor Überfällen; nur die oberen, schießschartenbewehrten Stockwerke dienten als Wohnräume, das Erdgeschoss fungierte als Lager.

Panagía Troulotí: Ein kleines Stück landeinwärts der Durchgangsstraße, etwa auf Höhe der Bushaltestelle, steht eines der ältesten byzantinischen Gotteshäuser der Insel: Ende des 8. oder Anfang des 9. Jh. wurde die schlichte Kreuzkuppelkirche aus Bruchstein errichtet. Im Inneren birgt sie einige wertvolle Ikonen, darunter eine Jungfrau mit Kind aus der Zeit um 1200; den Schlüssel zur Kirche bewahrt der Priester, der im Haus nebenan wohnt – wer ihn nicht antrifft, mag sich mit der schönen Aussicht trösten.

Prähistorische Siedlungen von Thermí: An der Küste von Pírgi Thermís wurden in den Dreißigerjahren fünf übereinander gelagerte vorgeschichtliche Siedlungen ausgegraben, die Ähnlichkeiten mit ähnlichen Stätten der Region Troja aufwiesen. Die verschiedenen Schichten erlaubten eine Datierung der Anfänge bis in die frühe Bronzezeit ab etwa 3000 v. Chr.; in dieser ersten, noch unbefestigten Siedlung lebten etwa tausend Menschen. Um 2400 v. Chr.

wurde die fünfte Siedlung verlassen. Erst Jahrhunderte später, etwa um 2000 v. Chr., ließen sich in bescheidenem Umfang erneut Menschen hier nieder; gegen 1200 v. Chr. wurde das Dorf dann durch einen Brand endgültig zerstört. Das etwas südlich des Motels "Votsala" gelegene Ausgrabungsgelände ist heute nicht mehr zu erkennen; dennoch werden am Strand von Spaziergängern gelegentlich noch Scherben entdeckt. Die Funde aus der prähistorischen Siedlung sind im Alten Archäologischen Museum von Mytilíni gut dokumentiert.

Paralía Thermís: Der mit Bars und Restaurants gut bestückte Fischer- und Sporthafen des Binnendorfes Thermí schließt sich fast direkt an Pírgi an. Bekannt ist Paralía, das zusammen mit Pírgi auch *Káto Thermí* ("Unter-Thermí") genannt wird, für seine 49,9 Grad warmen, schwach radioaktiven Thermalquellen, die schon in der Antike genutzt wurden und gegen Rheuma, Leber- und Nierenleiden sowie Arthritis helfen sollen. Das Kurhaus (tägl. 9-11 Uhr, Mo–Fr auch 18-19.30 Uhr, Heilbad 5 €) liegt an der Kreuzung zum Dorf Thermí, zusammen mit der früheren, bis in die Türkenzeit benutzten Badeanlage, in der einige antike Bausteine verarbeitet wurden. In ihrem Umfeld wurden erst vor wenigen Jahren wieder einige interessante archäologische Entdeckungen gemacht.

Auch im Meer baden lässt es sich in Paralía Thermí. Der beim Motel "Votsala" gelegene Strand ist allerdings von bescheidenen Dimensionen, das Wasser aufgrund der Strömungsverhältnisse recht kühl.

• *Übernachten/Essen* An der Straße durch Pírgi eine ganze Reihe von Privatvermietern, die hauptsächlich auf griechische Kurgäste eingestellt sind.

Motel Votsala (B), an der Grenze von Pírgi zu Paralía Thermí, meerwärts der Durchgangsstraße. Großes, altehrwürdiges Hotel mit mehreren Gebäuden und ausgedehntem Garten. Die Besitzer sprechen Englisch und etwas Deutsch und können eine Menge über die Umgebung und über Wandermöglichkeiten und Touren etc. erzählen. Viele Stammgäste. Geöffnet ist April/Mai bis Ende Oktober; DZ/Bad nach Lage und Saison etwa 45-75 €. ✆ 22510 71231, ℻ 22510 71179, votsala@otenet.gr.

I Oasis, Privatvermieter (A-Klasse) an der Durchgangsstraße unweit Motel Votsala. Ein Großteil der Zimmer geht nach hinten und ist deshalb relativ ruhig. Nur im Sommer geöffnet, ✆ 22510 71224.

Taverne Plátanos, beim Hafen von Paralía, Richtung Motel Votsala. Der freundliche Besitzer Andreas hat in Deutschland gearbeitet und spricht deshalb gut Deutsch; geöffnet ist die Taverne ab Mai bis Anfang Oktober.

▸ **Thermí**: Das von Olivenhainen umgebene Inlandsdorf, offiziell *Loutrópoli Thermí* geheißen und auch als *Áno Thermí* ("Ober-Thermí") bekannt, sieht nur wenige ausländische Touristen – die meisten Besucher sind Griechen, die nach der Wallfahrt zum Nonnenkloster des hl. Raphael (s. u.) hier eine Pause einlegen. Dabei besitzt Thermí einen hübschen, traditionellen Ortskern mit einer Reihe von Kafenía, in denen es sich gut sitzen lässt.

Moní Ágios Rafaíl

Gerade mal vierzig Jahre jung ist dieses Nonnenkloster drei Kilometer südwestlich von Thermí, und dennoch parkt an manchen Sonntagen ein gutes Dutzend Busse davor: Ágios Rafaíl ist ein bedeutender Wallfahrtsort, zu dem viele Griechen auch von anderen Inseln anreisen – sie hoffen auf wundertätige

Heilungen ihrer Krankheiten, wie sie sich hier schon häufig ereignet haben sollen. Immerhin sind es, neben dem namensstiftenden Raphael, noch zwei weitere Heilige, die diesbezügliche Bitten erhören können. Berühmtheit erlangt hat das Kloster, das kaum besondere Kunstschätze sein eigen nennt, vor allem durch die Äbtissin Eugenia, die bereits zahlreiche Bücher über die hier geschehenen Wunder verfasste und für ihre Werke mit dem Literaturpreis des Verbandes griechischer Schriftsteller ausgezeichnet wurde.

Das Kloster kann besichtigt werden; oft findet hier um 12 Uhr eine Taufe statt. Neben den üblichen Bekleidungsvorschriften ist allerdings zu beachten, dass Frauen in "Männerkleidung" nicht zugelassen sind; auch Sandalen und legere Kleidungsstücke sind nicht gern gesehen.

Verbindungen Ágios Rafaíl ist mit den Stadtbussen von Mytilíni zu erreichen. Fahrkarten für die Rückfahrt werden in dem (durchaus empfehlenswerten) Self-Service unterhalb des Klosters verkauft.

Träume, historisch abgesichert

Anlass für die Gründung des Klosters Ágios Rafaíl war eine ganze Reihe seltsamer Ereignisse. Lange schon war in Thermí von einem mysteriösen, ständig leuchtenden Öllämpchen erzählt worden, das hier in den Zweigen eines Baumes hing, und oft hatte man in der Dämmerung eine eigentümliche Gestalt bemerkt, die es zu bewachen schien. Kalógeros, den "Mönch", nannte man sie, und nach ihr auch die Gegend.

Jahrzehnte waren ins Land gegangen, die ungewöhnlichen Erscheinungen fast vergessen, als gleich mehrere Frauen aus Thermí wundersame Träume hatten. Sie berichteten von einem Kloster, dessen Brandschatzung durch die Türken und der Ermordung der Bewohner. Vielleicht waren es diese Träume, die die Besitzer des Olivenhains Ende der Fünfzigerjahre veranlassten, auf dem Gelände ein kleines Kirchlein zu errichten. Bei den Arbeiten stieß man auf ein Grab, bald darauf auf weitere Gräber und einen Tonkrug, gefüllt mit den halb verbrannten Knochen eines Mädchens. Die Geschichte begann, interessant zu werden. Und wieder träumten die Frauen von Thermí: Vom Mönch Raphael erzählten ihre Gesichte, von dessen Freund Nikoláos und der kleinen Irini, die in eben jenem Olivenhain als Bewohner eines Klosters von räuberischen Türken umgebracht wurden, am Osterdienstag, den 9. April des Jahres 1463.

Neugierig geworden, forschten die Kirchenoberen in ihren Archiven nach. Und wurden fündig: Tatsächlich bestand bereits im 13. Jh. ein Kloster im Gebiet von Kalógeros, das nach Zerstörungen im 14. Jh. wieder aufgebaut worden war; auch der türkische Überfall von 1463 konnte belegt werden. Keine Frage für die Kirche, dass es sich hier um ein Wunder handelte. 1964 begann man deshalb, unterstützt von vielen Spenden, mit dem Bau des heutigen Klosters. Jeden Osterdienstag erinnert hier ein großes Kirchenfest an das Märtyrertum der Heiligen Raphael, Nikoláos und Irini.

Lauschig: der kleine Hafen von Skála Sikaminéas

Der Nordosten

+++ Kirchen, Klöster und Legenden +++ Strände eher Mangelware +++ Tavernen, Töpfer, Traditionen +++

Die Küste nördlich von Thermí wird nicht mehr von den Stadtbussen, sondern von den Überlandbussen der K.T.E.L. bedient. Sie ist für den internationalen Tourismus bislang kaum erschlossen; es sind vor allem Griechen, die in den kleinen Strandsiedlungen ihren Sommerurlaub verbringen. Ganz unverständlich ist das Desinteresse der Touristikkonzerne nicht: Die Strände in diesem Bereich sind schmal, von Seegrasanschwemmungen geplagt und insgesamt nicht allzu ansehnlich; das Wasser ist aufgrund der Strömungsverhältnisse oft unangenehm kühl.

Interessanter wird es ab dem im Binnenland gelegenen Töpferdorf *Mandamádos*. Hier, an den Ausläufern des 968 Meter hohen Lepétymnos-Massivs, ändert sich auch die Landschaft, zeigt sich mal karg, mal lieblich, immer aber von eindrucksvoller Schönheit. Vollends dramatisch präsentiert sich das Bild an der Nordseite des Bergzugs: zur Küste hin tief abfallende, bewaldete Hänge und atemberaubende Ausblicke hinüber zur Türkei. Die hiesigen Dörfer haben sich ihr Eigenleben bewahrt. Selbst in *Skála Sikaminéas*, mit seinem bildhübschen Hafen voller Tavernen ein zu Recht beliebtes Ausflugsziel, ist der Tourismus zwar spürbar, aber noch nicht übermächtig geworden.

Nördlich von Paralía Thermís verläuft die Straße zunächst eine Weile direkt am schmalen Küstensaum entlang. Die Bademöglichkeiten in diesem Bereich sind jedoch äußerst bescheiden.

▸ **Petalidi** bildet eine gewisse Ausnahme. Der winzige Weiler meerwärts der Hauptstraße besteht praktisch nur aus ein paar Bäumen und einem Hotel, vor dem sich ein kleiner Strand erstreckt.

Hotel Petalidi (C), von einem Leser unseres Führers "Griechische Inseln" als sehr kinderfreundlich gelobt; auch das Restaurant wurde empfohlen. Geöffnet April bis Oktober; DZ/Bad nach Saison 30-45 €; ✆ 22510 94220.

▸ **Skála Mistegnón** ist der Hafen des Bauerndorfes *Mistegná*, zu erreichen über zwei Zufahrten, die noch vor dem Dorf selbst von der Hauptstraße abzweigen. Die kleine Siedlung liegt an einer weit geschwungenen Bucht, die im Norden und Süden von bizarren Felsformationen gesäumt wird; ihr langer Strand zählt noch zu den relativ besten der Region, fällt aber ebenfalls recht schmal aus. Am nördlichen Rand finden sich einige kleine Fischtavernen, die aber nur im Sommer geöffnet sind, daneben gibt es auch einige Privatzimmer, zum Beipiel bei "Domátia Litsa" (✆ 22510 94349), zu erreichen über die zweite Zufahrt.

▸ **Skála Neon Kidonión**, einige Kilometer nördlich und über einen kurzen, asphaltierten Abzweig zu erreichen, ist die Hafensiedlung des kleinen Binnendorfes *Nées Kidoniés*, das landeinwärts der Hauptstraße liegt. Die Sommersiedlung besteht nur aus einer Handvoll Häuser an einer Bucht mit kuriosen Felsgebilden; südlich anschließend ein kleiner Strand.

• *Übernachten/Essen* Ein kleines Hotel war zuletzt in Bau, dürfte aber nur im Sommer geöffnet haben.

Taverne O Vrachos, angenehmer und preisgünstiger Zwischenstopp in bevorzugter Lage am Südende der Bucht, schöne Terrasse auf einem Aussichtsfelsen über dem Meer.

Nördlich von Skála Neon Kidonión wandelt sich die Landschaft, wird deutlich kahler; die Olivenbäume weichen einer erbarmungslosen, rötlichen Felswüste, in der nur die stacheligen Büsche der Phrygana existieren können. Zwar tauchen später wieder Macchia, sogar Kiefern und Oliven auf, der karge Charakter jedoch bleibt bestimmend. In reizvollem Kontrast steht der Blick auf die vorgelagerten, hell leuchtenden kleinen Kalkinseln, die allgemein "Tokmakia" genannt werden; ein beliebter Anlegeplatz für Fischer und Yachtkapitäne.

▸ **Asspropótamos** und **Ágios Stéfanos**, letzterer Ort östlich etwas abseits der Hauptstraße und mit ihr durch eine Piste verbunden, sind zwei kleine Streusiedlungen in verstaubter Landschaft, die der Vegetation nur in bewässerten Zonen eine Chance lässt – zur Blütezeit im Frühling sieht es hier freilich anders aus. Die meist schmalen und grausandigen Strände sind an vielen Stellen mit Steinen durchsetzt und wirken nicht sehr einladend. Reizvoll ist hingegen die uralte frühchristliche *Basilika* mit überdachtem Vorhof, die in einer Olivenplantage von Ágios Stéfanos liegt und möglicherweise bis ins 6. Jh. zurückgeht.

• *Wegbeschreibung* "Auf der parallel zum Ufer verlaufenden Schotterstraße Asspropótamos-Ágios Stéfanos geht man bis zur großen Olivenplantage, dann den Fußweg hinunter zum Kieselstrand (Wegmarkierung), diesen entlang bis zur kleinen Fischersiedlung und links den Hang hinauf. Ein Weg führt durch ein Gatter in den Olivenhain und zum Kirchlein. Alternative: auf der Fahrstraße in großem Linksbogen um die Olivenplantage herum bis auf die Anhöhe vor dem Fischerdörfchen, dort dann den Fußweg rechts durch das Gatter nehmen." Diese Beschreibung wie auch der Hinweis auf die Basilika selbst stammen von Herrn Dieter Fiedler – vielen Dank!

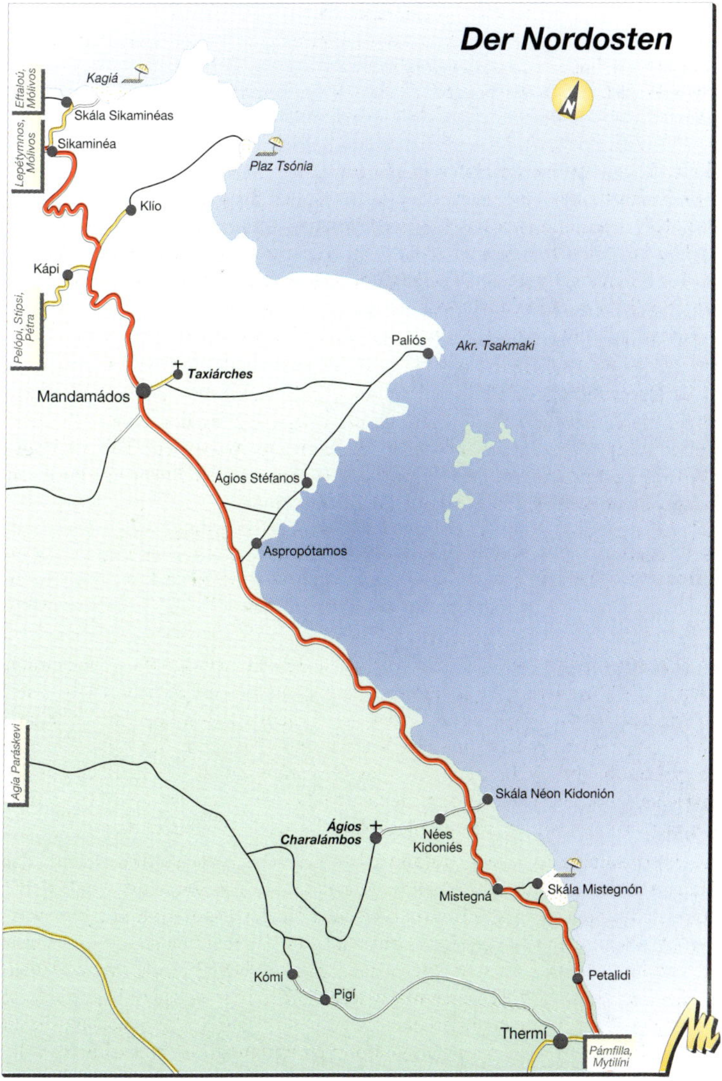

Der Nordosten
Karte siehe S. 123

Nordöstlich von Ágios Stéfanos, nur über kleine Wege zu erreichen, liegt der Weiler *Paliós* am *Kap Tsamaki*: Hier ist man nun wirklich am Ende der Welt, für Einsamkeitsfanatiker vielleicht genau das Richtige. Das weite, fast unbesiedelte Küstenland, in dem die Zeit stehengeblieben zu sein scheint, gibt im Frühling oder Herbst, wenn es nicht gar zu heiß ist, ein gutes Wanderrevier ab. Wer nur einen schönen Strand sucht, kann sich allerdings den Weg sparen.

Mandamádos

Obwohl das Dorf wegen der nahen Wallfahrtskirche *Taxiárches* häufig von Pilgern besucht wird, hat sich sein Charakter kaum verändert. Mandamádos liegt in einer Furche des Hügellands, beiderseits eines nur im Winter Wasser führenden Trockentals; das Ortsbild wird von traditionellen Häusern aus Naturstein geprägt. Die um 1750 errichtete Dorfkirche *Ágios Vassilios* an der Platía im Zentrum bewahrt eine holzgeschnitzte Ikonostase, die als eine der schönsten der Insel gilt.

Bekannt ist Mandamádos auch durch die *Stieropferfeste*, die alljährlich im Mai bei der Taxiárches-Kirche stattfinden, und wegen der im Ort ansässigen *Töpfereien*, deren Produkte sich zumeist am Geschmack griechischer Pilger orientieren; mit etwas Suchen findet man jedoch auch formschöne Gebrauchskeramik.

- *Verbindungen* **Überlandbusse** von/nach Mytilíni Mo–Fr 4-mal, Sa/So 2-mal täglich.
- *Einkaufen* **Töpferei Stamatis**, am Ortseingang vor der Tankstelle. Zwei Generationen betreiben hier noch traditionelles Töpferhandwerk und führen Besucher gerne durch die Werkstatt, verkaufen natürlich auch ihre handgearbeiteten Keramikartikel.

Taxiárches-Kirche: Das an der Durchgangsstraße mit "Monastery" beschilderte, heute aufgegebene Kloster steht etwa einen Kilometer östlich von Mandamádos. Sein Mittelpunkt ist die im 18./19. Jh. errichtete *Wallfahrtskirche*, die dem Erzengel Michael, dem Schutzpatron der Insel, geweiht wurde. Die wundertätige, silbergerahmte Ikone des Erzengels ist rechts der Mitte der Ikonostase zu sehen; ein etwas ungeschlacht wirkendes, von den Küssen zahlloser Gläubiger gezeichnetes Gesicht, um das sich natürlich auch eine Legende rankt.

Aus Blut und Lehm ein Bildnis

Einst, vor vielen Jahrhunderten, wurde das damals an einem anderen Ort gelegene Kloster Opfer eines Überfalls sarazenischer Piraten. Sie ermordeten alle Mönche bis auf einen, der sich auf das Dach retten konnte. Auch dieser wäre den ihn verfolgenden Piraten wohl kaum entkommen; doch jedesmal, wenn sie sich dem Mönch näherten, schleuderte das Meer ihnen eine hohe Woge entgegen. Entsetzt suchten die Mörder das Weite. Der Mönch aber war sich gewiss, seine Rettung dem Erzengel Michael (Taxiárches) zu verdanken. Aus Lehm und dem Blut seiner toten Brüder formte er das Bildnis des Erzengels, der fortan nicht nur zum Schutzpatron der Gegend, sondern der ganzen Insel Lésbos wurde.

Als solcher geht der Erzengel weite Wege – das bezeugen zumindest die Schuhe, die zu Füßen der Ikone liegen: Sie werden mehrfach im Jahr ausgewechselt, da sich ihre Sohlen im Lauf der Zeit abwetzen sollen.

- *Feste* **Stieropferfest** an einem Sonntag nach Ostern. Tausende von Gläubigen, viele Taufen und ein rituelles Stieropfer, dessen Wurzeln vielleicht noch in der Antike münden. Die Wallfahrer tauchen Wattebäusche und Tücher in das Blut und malen sich damit Kreuze auf die Stirn; das Fleisch des Tieres wird mit Weizenkörnern gekocht und an die Gläubigen verteilt (vgl. auch das Fest in Agía Paraskeví). Termin ist in der Regel der zweite Sonntag nach dem griechischen Osterfest; besser jedoch, man erkundigt sich beizeiten.

  Tag des Erzengels Michael, 8. November.

Schattiges Idyll: im Hof der Taxiárches-Kirche

- **Kápi:** Hinter Mandamádos steigt die Straße an und überquert die östlichen Ausläufer des Lepétymnos-Massivs. Kápi selbst liegt westlich etwas abseits der Hauptroute, an der Straße nach Pelópi und Stípsi, über die man schließlich Pétra erreichen kann; Näheres siehe im Kapitel "Der Norden". Kurz vor dem Abzweig zum Ort findet sich die letzte *Tankstelle* in weitem Umkreis.

- **Klío**, über einen Abzweig wenige Kilometer nördlich zu erreichen, ist an einen Hang etwas östlich der Hauptstraße gebaut; ein sehr ländliches Dorf, auf dessen zentralem Platz sich Hühner und Katzen tummeln. Die tägliche Ankunft des Pickups des Fischverkäufers löst in den engen Pflastergassen regelmäßig einen kleinen Verkehrsstau aus, an dem sich aber niemand stört: In Klío hat man noch Zeit...

  Plaz Tsónia: Im oberen Ortsbereich zweigt linker Hand ein beschilderter Feldweg ab, der nach etwa vier Kilometern auf den recht ruhigen Strand von Tsónia trifft. Im Sommer ist hier eine Ausflugstaverne in Betrieb.

  Nördlich von Klío steigt die Straße zu einer Art Pass an, hinter dem sich ein furioses Panorama bietet. Üppig grün öffnen sich die Hänge zum Meer hin, eine harmonische, lichte Landschaft der Feigenbäume, Oliven, Platanen, Quitten- und Nussbäume. Weit reicht der Blick über die Meeresstraße bis zur Türkei.

- **Sikaminéa**: Wie ein Balkon thront das ruhige Bergdorf über den Hängen. Enge, steil ansteigende Gassen, alte Steinhäuser und idyllische Gärten bilden ein stimmiges Ensemble; am westlichen Dorfrand gibt eine Ausflugstaverne eine erstklassige Aussichtsplattform ab.
  Nach Mólivos: Von Sikaminéa führt eine landschaftlich grandiose Straße in westlicher Richtung nach Mólivos. Verwandelte sich der Asphalt bis vor wenigen Jahren noch hinter *Argenos* in eine Piste, ist die Strecke inzwischen durchgehend ausgebaut und asphaltiert.

Skála Sikaminéas

Seit vor einigen Jahren die Asphaltstraße fertiggestellt wurde, hat die reizvoll gelegene Hafensiedlung ihrem Mutterdorf in den Bergen den Rang abgelaufen, verlagert sich das Alltagsleben zusehends nach hier unten. Skála Sikaminéas, bis dato ein winziger Weiler, der von Fischfang und einer kleinen Olivenölfabrik lebte, partizipiert nun auch am Tourismus, vor allem in Gestalt von Ausflüglern, zunehmend aber auch Übernachtungsgästen.

Die baulichen Veränderungen seit jener Zeit sind sichtbar, halten sich jedoch bislang noch in Grenzen. Skála Sikaminéas (auch: *Skála Sikamiás*) ist das putzige kleine Nest geblieben, das es immer war; geprägt von seinem Hafen, um den sich eine Reihe angenehmer Tavernen scharen.

Panagía Gorgóna: Die kleine Kapelle über dem Hafen ist einem schönen Beispiel der Verknüpfung antiker Mythen mit der christlichen Religion geweiht, nämlich einer Art Meerjungfrau mit Mariengesicht, die hier in der Gegend einst aufgetaucht sein soll. Die entsprechende Ikone gibt es leider nicht mehr, doch bewahrt der Roman "Die Madonna mit dem Fischleib" von *Stratis Miri-*

vílis das Andenken der ungewöhnlichen Heiligen; auch ins Deutsche übersetzt, schildert die Erzählung das Schicksal der 1922 aus Kleinasien nach Lésbos vertriebenen Flüchtlinge. Der in Griechenland sehr bekannte Autor Mirivílis, einer der ersten Verfechter der Volkssprache Dimotikí, wurde um 1890 im Bergdorf Sikaminéas geboren; sein Haus ist an einer Plakette des Rotary Clubs von Mytilíni zu erkennen.

Unser Tipp: Die Tavernen von Skála Sikaminéas

Den malerisch um den Hafen gelegenen Tavernen verdankt Skála Sikaminéas einen guten Teil seiner Popularität bei Touristen und den Wochenendausflüglern aus Mytilíni. Tatsächlich sitzt man hier, teilweise von Platanen beschattet, sehr idyllisch und speist überaus erfreulich. Die hiesigen Fischgerichte wissen auch die Katzen von Skála Sikaminéas zu schätzen, die sich mit Vorliebe besonders um verfrühte und verspätete Esser konzentrieren: Bis zu zwölf gierige Mäuler pro Tisch zählten wir hier an einem sonnigen Herbstnachmittag – die zahlenden Gäste nicht mitgerechnet.

• *Verbindungen* Sehr ratsam, die Weiter- oder Rückreise beizeiten zu klären, da die Verkehrsverbindungen recht bescheiden sind.

Überlandbusse auf der Linie Mytilíni-Skála Sikaminéas verkehren, via Mandamádos und Klío, nur im Sommer.

Ausflugsboote fahren, ebenfalls nur während der Saison, ab Mólivos. Prinzipiell ist die Einweg-Passage möglich, doch sollte man sich darauf nicht verlassen: Oft sind die Boote ausgebucht.

Zu Fuß: Skála Sikaminéas lässt sich von Mólivos aus in etwa drei Stunden auch zu Fuß erreichen bzw. umgekehrt; die Schotterstraße führt vorbei am dortigen Eftaloú-Strand.

• *Übernachten/Essen* Im Ort eine Handvoll Privatvermieter und Studios; auch eine der Tavernen bietet Zimmer an.

Hotel Gorgóna (E), neueres Haus kurz vor dem Hafen und weit komfortabler, als es die Einstufung verrät: Geräumige Zimmer mit Marmorboden, Klimaanlage und Kühlschrank, moderne Bäder. Die freundliche Besitzerfamilie Kiparisis hat über dreißig Jahre in Stuttgart gewohnt und spricht perfekt Deutsch. Geöffnet von Ende April, Anfang Mai bis Ende Oktober. Ab Mitte Juli und den August über ist, wie im ganzen Ort, mit Engpässen zu rechnen. DZ/Bad nach Saison etwa 30-40 €, das üppige Frühstück geht extra; ✆ 22530 55301, ✆/℻ 22530 55400.

Pension Niki, kleine Familienpension etwas oberhalb des Hotels Gorgóna, ein paar Meter westlich der Hauptstraße. Im Garten Orangenbäume, vom ersten Stock aus Meerblick. Nur im Sommer geöffnet, ✆ 22530 55244.

Taverne To Kyma, etwa einen Kilometer westlich des Ortes, zu erreichen über die Uferpiste Richtung Mólivos. Ein Lesertipp von Wulf-Eberhard Hennings: "Ein reiner Familienbetrieb, Preise etwa wie im Ort, Essensqualität eher noch besser." Die freundlichen Besitzer vermieten auch vier geräumige Zimmer mit Balkon und Meerblick, DZ/Bad etwa 20-30 €, Frühstück inklusive. Geöffnet ist April/Mai bis Mitte Oktober; ✆ 22530 55942.

▸ **Baden**: Der Strand *Kagiá*, östlich des Dorfes und über eine separate, asphaltierte Zufahrt zu erreichen, ist die erste Adresse in weitem Umkreis: gute 500 Meter Kiesel bis etwa Faustgröße, sauberes Wasser und etwas Schatten durch junge Tamarisken. Im Sommer ist hier eine hübsche, von Lesern gelobte Fischtaverne in Betrieb.

Blick über die Dächer: Plomári, "Hauptstadt" des Südens

Der Süden um Agiássos und Plomári

+++ Bergdörfer, Küstenstädtchen und Badeorte +++ Beherrschend: Der mächtige Olympos +++ Keramik in Agiássos, Oúzo in Plomári, Strand satt in Vaterá +++

Vielgestaltig präsentiert sich der Süden der Insel zwischen den Golfen von Géra und Kalloní. Den Mittelpunkt dieser landschaftlich ausgesprochen reizvollen Region bildet der 968 Meter hohe Kalkgipfel des *Olympos*, dessen tief eingeschnittene Schluchten und von Laub- und Nadelwäldern gezierten Hänge im Süden bis zur Küste reichen. An den Rändern des Gebiets, entlang der stillen, silbern glänzenden Wasser der beiden Golfe, erstrecken sich lichte Olivenhaine.

Hauptorte des Südens sind *Agiássos* und *Plomári*, zwei traditionelle, selbstbewusste Siedlungen. Agiássos, an den Hang des Olympos gelehnt, ist ein von Griechen viel besuchter Wallfahrtsort, gleichzeitig bekannt für seine Töpfereien. Weltoffener allerdings wirkt das hübsche Küstenstädtchen Plomári, zweitgrößter Ort und Zentrum der Oúzo-Produktion von Lésbos.

Auch Liebhaber von Stränden werden im Süden fündig. Mit die besten Bademöglichkeiten bieten sich im kleinen *Ágios Isídoros* und in *Vaterá*. Beides sind fast lupenreine Feriensiedlungen. Während Ágios Isídoros jedoch praktisch eine Art Strandvorort von Plomári darstellt und somit jederzeit Gelegenheit zu

Ausflügen ins kleinstädtische Alltagsleben eröffnet, ist das weit im Westen gelegene Vaterá außerhalb der recht kurzen Saison praktisch ausgestorben.

Die bislang mäßigen *Verkehrsverbindungen* der Region sind Problem und Segen zugleich, sorgten sie doch bislang auch dafür, dass sich der Süden in weiten Gebieten seine Ursprünglichkeit bewahren konnte.

Bei jedem Blick auf die Karte wird die Lücke zwischen Plomári und Vaterá sofort augenfällig. Eine Verbindungsstraße ist, zum Verdruss auch der Hoteliers vor allem in Mólivos, seit langem geplant. Die bereits begonnenen Arbeiten wurden jedoch aus Mangel an Finanzmitteln schon vor vielen Jahren vorerst gestoppt. Irgendwann wird die Straße wohl dennoch fertiggestellt werden; der Zeitpunkt ist bis jetzt allerdings Gegenstand wilder Spekulationen. Eine gewisse Alternative bildet die Inlandsroute über die Bergdörfer Akrási und Ambelikó, die bis auf das recht gut befahrbare Schotterstück zwischen Ambelikó und Káto Stavrós mittlerweile zur Asphaltstraße ausgebaut wurde. Ähnliches gilt auch für die Verbindung Plomári-Agiássos, deren komplette Asphaltierung allerdings noch eine Weile auf sich warten lassen dürfte – die Arbeiten auf dem verbliebenen Pistenstück kamen in den letzten Jahren kaum voran.

Von Mytilíni Richtung Agiássos und Plomári

Auf den ersten zwölf beziehungsweise fünfzehn Kilometern entspricht die Strecke der Hauptstraße nach Kalloní und damit auch der Route in den Norden und Westen der Insel. Schon kurz hinter Mytilíni überquert die Straße einen kleinen Hügelzug, von dessen Höhe sich ein schöner Blick auf den Golf von Géra (*Kolpos Géras*) bietet.

Ágios Therápon: Knapp zehn Kilometer nordwestlich von Mytilíni, bereits auf Höhe des Golfes, steht rechter Hand eine kleine Kapelle. Ihr gegenüber, auf der Meerseite der Straße, fällt ein merkwürdiger Ölbaum ins Auge, der über und über mit Kleidungsstücken behängt ist. Des Rätsels Lösung: Baum und Kapelle sind dem heiligen Therápon geweiht, der für die Genesung Kranker zuständig ist; die Gewohnheit, als Zeichen des Dankes und der Fürbitte Kleidungsstücke an den Baum des Heiligen zu hängen, entspricht einer langen Tradition.

Therme Gerás: Etwa 500 Meter westlich von Kapelle und Kleiderbaum unterstützt ein kleines Kurbad den heiligen Therápon bei seinen therapeutischen Bemühungen. Die direkt am Golf gelegene Anlage (Abzweig beschildert: "Cafe-Restaurant Therma") stammt ursprünglich noch aus der Türkenzeit und wurde erst vor wenigen Jahren mit Fördergeldern der EU ausgebaut und verschönt. Sie besteht aus zwei kleinen, nach Geschlechtern getrennten Schwimmbecken, in denen man gegen geringe Gebühr im schwach radioaktiven, 39,5 Grad warmen Wasser plantschen kann. Nach dem Bad lässt es sich auf der zum Golf hin angelegten Terrasse des Restaurants wunderbar entspannen.

Etwa zwei Kilometer hinter dem Kurbad folgt linker Hand die Kreuzung nach Plomári (siehe weiter unten). Weitere zweieinhalb Kilometer später biegt auch die Verbindung nach Agiássos und Polichnítos von der Hauptstraße in den Westen und Norden ab.

Richtung Agiássos

Nach der Abzweigung von der Hauptstraße nach Kalloní durchquert die Route nach Agiássos zunächst das Dorf *Keramía*. Kurz darauf biegt links ein Sträßchen ab, das zu den Dörfern Ippio und Sykounta führt.

"**Neromilos**": Wenige hundert Meter hinter dem Abzweig zu den beiden Dörfern steht linker Hand eine kleine Kirche. Auf der rechten, gegenüberliegenden Straßenseite führt fünfzig Meter weiter ein Feldweg zu einer alten, wieder instandgesetzten *Wassermühle*. Deren Restaurierung geht auf einen Einwohner des Dörfchens Assómatos zurück, der als Vertreter eines großen Autokonzerns in Athen sein Glück machte und fast der ganzen Dorfbevölkerung dort Arbeit verschaffte – hinterher stand der Ort nahezu leer. Quasi als Wiedergutmachung betätigte sich der Mann als Mäzen, ließ eine Schule bauen, die Dorfkirche ausmalen und restaurierte eben auch diese Mühle. Gern und not-

Der Süden um Agiássos und Plomári
Karte siehe S. 130/131

falls pantomimisch führt der stolze Besitzer, ein Ex-Mitarbeiter des Autokonzerns, die Funktionsweise vor: Das Wasser wird durch ein dickes Rohr aus mehreren Metern Höhe auf ein horizontales Mühlrad geleitet, das wiederum den Mühlstein antreibt. Mittlerweile ist der Anlage sogar ein kleiner Laden mit regionalen Produkten angeschlossen.

• *Lage* Zufahrt von der Hauptstraße beim Schild "Old Water Mill". Der etwa 600 Meter lange Fahrweg führt durch einen Olivenhain, später auf einer Brücke über ein Flussbett; danach links, nach etwa 150 Metern wieder rechts auf die Mühle zu, die unter hohen Bäumen liegt.

▸ **Pigí Karinis**: Im weiteren Verlauf erreicht die Straße die Kreuzung zum Dorf Assómatos. Etwa eineinhalb Kilometer weiter lohnt sich erneut ein Stopp – Pigí Karinis ist ein traumhaftes Plätzchen. Die kleine Siedlung besteht praktisch nur aus zwei Tavernen samt Nebengebäuden. Umgeben sind sie von einer dschungelartigen Oase aus Platanen, Feigenbäumen, Weiden und Nussbäumen,

in deren Zweigen laut die Vögel zwitschern. Bei der nördlichen, rechts der Straße gelegenen Taverne (Honigverkauf) sind Reste eines Gemäldes von *Theóphilos* zu sehen: An die Wand eines älteren Hauses gegenüber der Taverne gemalt, lassen sie die Handschrift des Künstlers noch erkennen, doch sind die Bilder leider schon so stark verblasst, dass es für eine Rettung wohl bereits zu spät ist.
Von Pigí Karinis gibt es einen alten Pilgerweg, über den man in etwa eineinhalb Stunden hinauf nach Agiássos laufen kann; siehe dazu auch Wanderung 6.

Richtung Plomári

Nach dem weiter oben beschriebenen Abzweig am Golf von Géra geht es zunächst durch eine fast mitteleuropäisch anmutende, von Pappeln bestandene Landschaft, später über die etwas landeinwärts gelegenen Géra-Dörfer und schließlich durch eine reizvolle Platanenschlucht hinab an die Küste bei Ágios Isídoros östlich von Plomári.

▸ **Dípi** ist die erste Ortschaft hinter der Kreuzung, ein winziger Hafen mit verfallenden Gewerberuinen, aber auch einigen guten Fischtavernen mit Blick auf den Golf. Schön sitzt man hier besonders am Abend.

▸ **Káto Trítos** liegt westlich etwas abseits der Hauptstraße in fruchtbarer Umgebung. Ein kleines Dorf nur, bewahrt es in seiner dreischiffigen Gemeindekirche (19. Jh.) doch eine wertvolle, sehr detailreich geschnitzte Ikonostase des 18. Jahrhunderts.

Die *Taxiárches-Kirche* etwas oberhalb des Dorfes und kenntlich an einer großen Zypresse, ist der einzige Überrest eines Erzengel-Klosters, das hier ab der byzantinischen Zeit bestand, im 17. oder 18. Jh. aber aufgegeben wurde. Das Innere des schlichten Kreuzkuppelkirchleins wurde ab dem 15. Jh. mit drei Schichten von Fresken ausgemalt, die leider großteils stark beschädigt sind. Von der Kirche aus ist, jenseits einer Schlucht mit dem Weiler *Mychós*, ein weiteres Kirchlein zu erkennen; es steht an Stelle einer ebenfalls nicht mehr vorhandenen, dem Evangelisten Johannes geweihten Klosteranlage. Ein reizvoller Pfad führt hinunter ins einstige Türkendorf Mychós, von dem aus man zu dem Kirchlein aufsteigen kann.

Hinter Káto Trítos windet sich die Straße durch Olivenhaine zunächst allmählich, dann rasch und kurvenreich bergauf.

▸ **Géra** wird man auf keiner Landkarte finden, wohl aber auf den Fahrplänen der Überlandbusse: Der Name bezeichnet eine aus mehreren Dörfern bestehende Gemeinde, die sich großteils über einen Hangausläufer des Olympos erstreckt. *Paleókipos* ist das erste der Dörfer auf unserer Route; eine alte Siedlung, die wie alle Géra-Dörfer von der Landwirtschaft lebt. *Plakádos* und *Pappádos* folgen fast unmittelbar aufeinander. Auch hier bestimmen die fruchtbaren Gärten den Lebensrythmus. *Messagrós* und *Skopelós* liegen etwas oberhalb der Hauptstraße. In Messagrós sind noch die Reste einer ehemaligen Moschee zu erkennen. In Skopelós locken die hübsche Platía und die Kirche Maria Magdalena, hinter einem anderen, größeren Gotteshaus gelegen, zu einem Zwischenstopp. Wer Glück hat, trifft bei der Kirche vielleicht auf einen Einheimischen, der ihm mit Kerze oder Lampe deren unterirdische Gänge zeigt, die sehr eng und düster sind, nichts für Menschen, die unter Klaustrophobie leiden.

Kurioser Anblick: der Kleiderbaum des heiligen Therápon

• *Übernachten* **Traditional House Sorocco** (B), in Skopelós. In dieser Kategorie eingestuft, da das neu eröffnete Hotel in einer ehemaligen türkischen Schule untergebracht ist, die später als Polizeistation diente. Die französisch-deutschen Besitzerinnen haben das schöne Steinhaus für zunächst sechs Jahre von der Gemeinde gemietet. Acht schlichte, aber ordentliche Zimmer, Cafeteria und große Aussichtsterrasse über den Golf; Wandermöglichkeiten gleich vor der Haustür. Ohne Fahrzeug wird man hier wohl trotzdem nicht glücklich. Ganzjährige Öffnung vorgesehen, Zentralheizung vorhanden. DZ/Bad 25-30 €; ✆ 22510 84569, Handy (Diane) 6976 558131.

▶ **Pérama** bildet am Golf von Géra den Hafen der Gemeinde. Bis vor einigen Jahren waren hier noch große Gerbereien in Betrieb, die das Wasser des Golfs jedoch so stark belasteten, dass sie nach heftigen Protesten schließlich geschlossen wurden. Dieser Bedeutungsschwund ist dem Ort auch anzumerken; als Marktplatz der Umgebung jedoch blieb Pérama trotzdem halbwegs lebendig. Von hier führt eine Schotterpiste, von der sich sehr schöne Panoramen auf den Golf bieten, südwärts zu den Weilern *Mármaro* und *Pírgi*, in denen es einige Fischtavernen gibt, darunter die gute und beliebte Taverne "Mármaro".

Weiter Richtung Plomári: Südlich von Skopelós führt eine Abzweigung nach links auf ein zunächst asphaltiertes, dann als Piste verlaufendes Sträßchen. Es endet im Küstenweiler *Tárti*, in dem es vier Sommertavernen und einen kleinen Kiesstrand gibt; Gerüchten zufolge bestehen seit einiger Zeit gewisse Pläne zur "Entwicklung" der bescheidenen Siedlung – bleibt abzuwarten, was die Zukunft bringt. Hinter der Abzweigung nach Tárti steigt die Hauptstraße Richtung Plomári durch Olivenhaine an und erreicht dann eine Art Pass; die Abfahrt durch das folgende, schluchtartig verengte Platanental ist für Motorradfahrer ein Hochgenuss, doch gilt es aufzupassen – manche Kurven ziehen sich gefährlich zusammen. Im weiteren Verlauf der Hauptstraße erreicht man am Ende der Schlucht die Dörfer *Trígonas* und *Plagiá*, die mit dem Ferienort Ágios Isídoros (siehe "Umgebung von Plomári") schon fast zusammengewachsen sind.

Karte siehe S. 130/131

Plomári

Ein angenehmes Städtchen, das für manchen vielleicht gar sein Lieblingsfleck auf Lésbos werden könnte: Plomári ist lebendig ohne die Hektik Mytilínis, hübsch anzusehen, jedoch nicht so stark auf Tourismus fixiert wie Mólivos.

Ganz im Gegenteil führt die zweitgrößte Siedlung der Insel ein sehr selbstbewusstes Eigenleben. Plomáris etwa viertausend Einwohner ernähren sich vom Handel vornehmlich mit Olivenprodukten, vom Fischfang, Kleingewerbe und, gelegentlich ist es in den Gassen zu erschnuppern, auch von der Produktion von Oúzo, der einen ausgezeichneten Ruf genießt. Tourismus hat das Städtchen also gar nicht unbedingt nötig. An Sommerabenden flaniert gleichwohl eine ganze Reihe fremdländischer Besucher, die Mehrzahl untergebracht im nahen Strandort Ágios Isídoros, durch die engen Gassen. Auch bei Wandergruppen ist das Städtchen beliebt, denn das bergige Hinterland bietet viele Möglichkeiten zu interessanten Streifzügen.

Schattenpause: Idylle im Flussbett

Plomáris Ortsbild ist reizvoll, aber nicht herausgeputzt. Einem Amphitheater gleich klettern die bunten Häuser vom Meer einen Ausläufer des Olympos-Massivs hoch, scharen sich beiderseits des sommertrockenen, betonierten Betts des Flusses *Sedountas*, der im Winter zum reißenden Strom werden kann. In den Gassen hinter der Hafenfront versteckt sich manch traditioneller Handwerksbetrieb, manch ungewöhnlicher kleiner Laden, und immer noch werden wie in alten Zeiten die Bewohner durch eine "akustische Zeitung" mit den letzten Neuigkeiten versorgt – die Aufgabe des Esels, der früher den Ausrufer trug, hat heute allerdings ein japanischer Pick-up mit Lautsprecher übernommen. Auffallend sind die überstehenden, balkonähnlich ausgebauten oberen Stockwerke mancher Häuser, die zusätzlichen Wohnraum schaffen, ohne die Breite der Gasse zu beeinträchtigen; ihre verglasten Veranden sind der Lieblingsplatz aller Großmütter, die von hier aus das Treiben beobachten.

▸ **Orientierung**: Drei Plätze sind die Fixpunkte des öffentlichen Lebens. Die *Hauptplatía* von Plomári liegt direkt am Hafen. Wenige Schritte landeinwärts von ihrem westlichen Ende erreicht man die *Platía Beniamín ou Lesbíou,* die trotz einiger Kafenía eher wie eine zu groß geratene Kreuzung wirkt; von hier führt die Einkaufsgasse *Odós Kountouriótou* weiter nordwärts Richtung Agiássos. Als lauschigster Platz des Städtchens präsentiert sich die kleine *Platía Plátanos,* die offiziell einen anderen Namen trägt, völlig zu Recht aber überall unter dieser Bezeichnung bekannt ist: Den Stamm der mächtigen Platane, die sie beschattet, können vier Männer kaum umspannen. Sie liegt gleich auf der anderen Seite des Flussbettes, über einen Abzweig linker Hand der Odós Kountouriótou zu erreichen.

Geschichte

Plomári ist vergleichsweise jung, war lange nur eine kleine Hafensiedlung des heutigen Bergdorfes *Megalochóri.* Auch dieses "Große Dorf", so die Übersetzung, entstand erst im 15. Jh., als sich zunächst nur einige Familien hier niederließen. Rasch gesellten sich jedoch weitere Siedler hinzu, war das fruchtbare Gebiet doch so herrlich abgelegen, dass es die türkischen Besatzer mit der Kontrolle insbesondere der Steuern nicht gar so genau nahmen. Weitere, kleinere Siedlungen entstanden im Umkreis, alle jedoch versteckt fernab des Meeres.

Erst im 18. Jh. machte man sich daran, die Küste zu besiedeln, an der vorher nur einige Lagerhäuser gestanden hatten. Im 19. Jh. entwickelte sich *Potamós* (Fluss), wie Plomári damals noch hieß, zu einem wichtigen Handelshafen für die Ausfuhr von Olivenprodukten. Im 20. Jh. ging die Bedeutung des Hafens zwar stark zurück, doch änderte das am relativen Wohlstand des Städtchens nicht viel: Plomári hatte inzwischen andere Einkommensquellen gefunden.

Reisebüro/Verbindungen/Post

• *Reisebüro* **Psarras Travel**, in der Einkaufsstraße Odós Kountouriótou, ✆ 22520 33555. Hier auch aktuelle Infos über die früher recht häufig angebotenen Schiffsausflüge ab Plomári und Ágios Isídoros, die zuletzt jedoch nur noch unregelmäßig z. B. Richtung Vaterá stattfanden.

• *Verbindungen* **Bus**: Solange die Straßen nach Norden und Westen nicht ausgebaut sind, ist Plomári Endstation der Busse; Agiássos beispielsweise ist von hier derzeit noch nicht erreichbar. Busse von/nach Mytilíni fahren Mo–Fr 5-mal (Sa/So 3-mal), Ágios Isídoros/Trígonas 6-mal täglich.

Taxi: Standplatz der Taxen an der Westseite des Parks an der großen Hafenplatía; ✆ 22520 33331.

Mietfahrzeuge: Dimitris, beim Hotel Oceanis, ✆ 22520 32455. Im nahen Ágios Isídoros ist das Angebot deutlich größer. Die Preise, insbesondere für Zweiräder, liegen in der Regel günstiger als in Mytilíni.

• *Post* An der Straße Richtung Ágios Isídoros, nicht weit vom Hauptplatz; Öffnungszeiten: Mo–Fr 7.30-14 Uhr.

Übernachten

Plomári ist kein Zentrum der Hotellerie, die Bettenkapazität des nahen Ágios Isídoros liegt um ein Vielfaches höher. Wer allerdings lieber in der Stadt selbst wohnt, findet einige reizvolle Pensionen.

Hotel Oceanis (C), 1978 als seinerzeit erstes Haus am Platz errichtet, direkt an der Hauptplatía am Hafen gelegen. Ein ziemlicher Klotz in lauter Lage, Zimmer teilweise mit Balkon und Meerblick. Geöffnet April bis Oktober; DZ/Bad nach Saison etwa

Karte siehe S. 130/131

25-30 €, im Hochsommer bis knapp 40 €. ✆ 22520 32469, 📠 22520 32455.

Pension Diónysos, in der Hauptgasse, die von der Platía Beniamín parallel zum Fluss landeinwärts führt. 1869 errichtetes Haus; hohe Decken, teilweise bemalt, moderne Bäder. Familiäre Atmosphäre, Terrasse fürs Frühstück. DZ/Bad je nach Saison ca. 20-25 €, auch Vierbettzimmer. ✆ 22520 31580.

Studios Nick, von der Hauptplatía einen knappen Kilometer Richtung Ágios Isídoros. Insgesamt sieben Studios und acht Zimmer, alle gepflegt und mit Balkon; die Mehrzahl an der straßenabgewandten Seite und deshalb ruhiger. Besonders schön liegen die drei Studios mit Meerblick in der oberen Etage. Zwei Personen zahlen je nach Ausstattung und Saison 30-45 €, bei Langzeitaufenthalt oder in den Räumen zur Straße geht´s auch mal billiger. Die Vermieterin, Frau Stavrellis, spricht perfekt Englisch. Geöffnet April/Mai bis Ende Oktober, ✆ 22520 31051/32380, 📠 (Mytilíni) 22510 43080.

Weitere Privatvermieter gehobenen Niveaus im östlichen Ortsbereich Richtung Ágios Isídoros und am Ammoudeli-Strand im Westen. Dort vermietet auch die Taverne "Mama Katerina" (✆ 22520 32667) einige sehr einfache, aber preisgünstige Zimmer.

Pension Lida I und II, unser Tipp in dieser Klasse. Zwei reizvolle, über hundert Jahre alte Häuser, liebevoll restauriert von ihrem Besitzer Jannis Stergellis und seiner Frau. Insgesamt 13 individuell eingerichtete Zimmer, viele mit hübschem Blick. Vor Lida II erstreckt sich eine gemütliche Terrasse mit Aussicht auf die tiefer gelegenen Häuser des Ortskerns, ein schöner Platz fürs Frühstück und am Abend. Angenehme Atmosphäre, freundliche Gastgeber. Jannis spricht gut Deutsch und verkauft auch gerne sein liebevoll selbst angebautes, biologisches Olivenöl sowie Essoliven. Geöffnet etwa Mitte April bis Ende Oktober, DZ im Dreh 25-30 €, Zimmer Nr. 5 (groß und schön) 30-40 €. Da nur in griechisch beschildert, nicht ganz leicht zu finden: von der Platía Beniamín ou Lesbíou in die Gasse neben dem Olympic-Büro, kurz rechts, die Stufen hoch, dann links. Lida I ist dunkelgelb angestrichen, Lida II, am Ende der Gasse gelegen, roséweiß. ✆ / 📠 22520 32507, ledabiotravel@hotmail.com.

Essen/Nachtleben

• *Essen* Eine Reihe von Terrassenrestaurants, die sowohl von Einheimischen als auch von Touristen frequentiert werden, erstreckt sich an der Hafenstraße östlich des Hotels Oceanis, Richtung Ágios Isídoros.

Taverne Bacchus, an der Rückfront des Hotels Oceanis. Vielerlei Vorspeisen, Ofen- und Grillgerichte; sympathischer und mehrsprachiger Service, nette Atmosphäre: Die Tische reichen bis an den Hafenrand. Nur zur Saison geöffnet.

Taverne Plátanos, an der gleichnamigen Platía. Ein idyllisches Plätzchen unter der schattigen Platane, in dem ein freundlicher Service gutes Essen serviert.

Café-Bar Serafino, direkt gegenüber. Junges Ambiente und Publikum, angenehmer Platz fürs Frühstück oder den Aperitif; manchmal greift das Personal selbst in die Saiten und spielt traditionelle Musik.

Ouzerí Potamós, ebenfalls am Platanenplatz, hinter der Taverne Plátanos. Urig und

Kirche und Konkurrenz: Priester vor dem Pasok-Büro

fast nur von Einheimischen besucht, im Angebot vielerlei Arten von Mézedes. Der Italiener, der (hoffentlich immer noch) bedient, spricht Deutsch.

Taverne Mama Katerina, am kleinen Ammoudeli-Strand fünf Minuten westlich des Zentrums. Weinüberrankte Terrasse, innen eine Riesensammlung Postkarten. Und, so Leser Reimar Mick: "Die Frau ist ein Kommunikationsphänomen".

Taverne Ammoudeli, strandwärts gegenüber. Nüchterner eingerichtet, aber mit schönem Seeblick von der Terrasse. Nur im Sommer geöffnet.

• *Nachtleben* Nichts Aufregendes; Treffpunkt ist die Handvoll Bars an der Hafenstraße nach Osten, Richtung Ágios Isídoros. Im Sommer verlagert sich die Szenerie teilweise in die eher durchschnittlichen Bars von Ágios Isídoros selbst.

Disco Dream, beim Knick am Ende der Hafenstraße Richtung Ágios Isídoros. Untergebracht in einer ehemaligen Ölmühle, im Sommer teilweise open air. Der Name des Lokals wechselt praktisch jährlich, der Charakter bleibt.

• *Feste* **Ágios Nikoláos**, Nikolausfest zu Ehren des Stadtpatrons am 6. Dezember.

"Beniaminian", Sommerfest mit zahlreichen Veranstaltungen zu Ehren des Gelehrten Beniamín ou Lesbíou, etwa vom 20.-30. August.

Baden: Der kleine Strand *Ammoudeli* am westlichen Ortsrand ist für einen Sprung ins Wasser gerade recht; geboten sind einige Dutzend Meter Kies und eine Handvoll Tavernen. Ein weiterer kleiner Strand namens *Plakakia* liegt Richtung Ágios Isídoros, unterhalb der großen, landeinwärts führenden Straßenkurve. Mehr Platz haben allerdings die Strände von Melínda und Ágios Isídoros, siehe jeweils unter "Umgebung".

Sehenswertes

Anziehend am Städtchen ist vor allem das stimmige Gesamtbild, weshalb sich das Fehlen hochrangiger Sehenswürdigkeiten leicht verschmerzen lässt.

Die **Hauptplatía** am Hafen ist alles andere als der schönste Platz Plomáris, eher ein städtebauliches Desaster; mit ihren traditionellen Kafenía an der Nordseite bildet sie dennoch den Schauplatz der abendlichen Vólta, die an

Zu besichtigen: Destillerie Barbayanni

Wochenenden fast hauptstädtische Ausmaße annimmt. Hafenwärts des kleinen, sorgfältig eingezäunten Parks in der Mitte siedelt sich unter der Woche vormittags ein bescheidener Flohmarkt an, dessen buntes Angebot vom Kohlkopf bis zur Kettensäge reicht.

Platía Beniamín ou Lesbíou: Benannt ist der kleinere, landeinwärts der Hafenplatía gelegene Platz, ebenso wie der hiesige Kulturverein, nach einem aus Megalochóri stammenden Gelehrten, der zu den Mitgliedern eines gegen die Türkenherrschaft gerichteten Geheimbunds zählte. In östlicher Richtung zweigt, parallel zum Meer, die ehemalige Hauptstraße des Städtchens ab, gesäumt von einer Reihe von Geschäften und alten Handwerksläden.

Volkskundemuseum: Im Norden des Platzes beherbergt das obere Stockwerk eines Kafeníon (Eingang über die Außentreppe an der Rückseite) ein kleines und leider nur unregelmäßig geöffnetes Museum, das unter anderem Kleidung, Haushalts- und Handwerksgegenstände, Waffen etc. vornehmlich des 19. Jahrhunderts präsentiert.

Odós Kountouriótou: Von der Platía landeinwärts verläuft parallel zum Flussbett die Einkaufsstraße Plomáris, ein Begriff, der in einem Städtchen dieser Größe allerdings relativ zu sehen ist; neben einigen Touristenläden findet sich auch eine Reihe traditioneller Geschäfte. Weiter oben im Sträßchen wird es ruhiger. In der Nähe liegen eine restaurierte alte Ölmühle und das Kulturzentrum des Ortes.

Polikentro Beniamín ou Lesbíou: Das Kulturzentrum von Plomári, untergebracht in einer restaurierten ehemaligen Seifenfabrik, lohnt einen Besuch. Neben einem Kafeníon und einer Reihe von Seminarräumen gibt es hier auch eine informative Ausstellung, die mit Fotografien, Dokumenten und alten Gerätschaften an die großen Zeiten des Städtchens als Zentrum von Handel und Industrie erinnert.

Lage und Öffnungszeiten Der Odós Kountouriotou landeinwärts folgen, hinter der Pension Dionysos links über die Brücke, dann rechts bis zu dem ockergelben Bau. Geöffnet ist 9-13, 16.30-20.30 Uhr, die Eintrittsgebühr mäßig.

Oúzo in Plomári

Der Oúzo von Lésbos genießt hohes Ansehen in Griechenland, und als besonders gelungen gelten die aus Plomári stammenden Produkte. Insgesamt vier Destillerien gibt es heute noch in und um den Ort, alle arbeiten sie noch nach den althergebrachten, sorgfältigen Methoden.

Besuch bei Barbayanni

Die Destillerie Barbayanni, an der Straße nach Ágios Isídoros knapp außerhalb der Stadtgrenze gelegen, ist auf Besucher gut eingestellt. Gegründet wurde das Familienunternehmen bereits 1860 von Efstathios J. Barbayannis, einem aus Odessa zurückgekehrten Emigranten. Mittlerweile steht die fünfte Generation am Ruder, zwei Brüder und eine Schwester. Zu Recht stolz ist die Familie auf ihre penible, seit den Anfängen praktisch unveränderte Produktionsmethode, deren Einzelheiten selbstverständlich streng geheim sind. Soviel verraten die Barbayannis aber doch ganz gerne: Während viele große Fabriken zwanzig Prozent destillierten Extrakt (die gesetzliche Grundanforderung) schlicht mit weiterem Alkohol, Wasser und Aromastoffen ergänzen, wird im Hause Barbayanni der gesamte Extrakt – Anis und weitere zehn Pflanzen, zusammen mit aus Trauben gewonnenem Alkohol – mehrfach destilliert; erst nach gut drei Wochen währender Lagerung wird das Ergebnis schließlich mit Wasser auf Trinkstärken zwischen 42 und 47 Prozent verdünnt. Rund 400.000 Liter Oúzo werden so jedes Jahr hergestellt, der Großteil für Griechenland selbst. Etwa ein Viertel der Jahresproduktion jedoch geht in den Export; Abnehmer sind vor allem Länder mit hohem Anteil an griechischen Emigranten, wie Deutschland, die USA und Kanada.

An die Fabrik angeschlossen ist ein kleines Museum, das unter anderem historische Dokumente und Fotografien, diverse alte Gerätschaften (darunter eine Maschine zur Zerkleinerung von Anis) sowie das hier aufgebaute Büro des Enkels des Gründer präsentiert; eine Kuriosität ist der Brief von George Bush senior, in dem er sich für die Übersendung einer Kiste Oúzo bedankt. Im Anschluss kann auch die Destillerie selbst besichtigt werden.

Besuchszeiten Mo–Fr 9-16 Uhr, Sa 9-12.30 Uhr; Eintritt frei. Natürlich lässt es sich hier auch direkt einkaufen: Das Angebot reicht vom kleinen Fläschchen der Marke "A.A. 63" für etwa zwei Euro bis zur 0,7 Liter fassenden Flasche des Nobel-stoffs "Aphrodite" für knapp sieben Euro.

Umgebung von Plomári

Das Angebot ist vielfältig: An der Küste zwei Strandsiedlungen in sehr unterschiedlichen Stadien der Erschließung, im Binnenland viel Natur und kleine Dörfer.

Ágios Isídoros X

Der kleine Ferien- und Strandort liegt kaum drei Kilometer östlich von Plomári und ist mit diesem fast zusammengewachsen. Die nahe Nachbarschaft macht einen großen Teil des Reizes von Ágios Isídoros aus. Anders als beispielsweise in Vaterá ist es hier leicht möglich, den Tag am Strand und den Abend in einem lebendigen, intakten und "griechischen" Städtchen zu verbringen.

Bislang sind es vorwiegend skandinavische Urlauber, die die Vorzüge dieser Kombination genießen, doch taucht Ágios Isídoros mittlerweile auch in den Katalogen deutscher Veranstalter auf. Über eines sollten sich Besucher allerdings

Karte siehe S. 130/131

klar sein: Ágios Isídoros ist eine junge Siedlung, die sich allmählich in die Umgebung ausdehnt und besteht fast ausschließlich aus Hotels, Restaurants, Disco-Bars, den Häusern von Privatvermietern und anderen touristischen Einrichtungen. Ein gewachsenes Zentrum wird man vergebens suchen.

• *Verbindungen* **Bus**: Ágios Isídoros liegt an der Linie Mytilíni-Plomári; Busse in beide Richtungen Mo–Fr 5-mal (Sa/So 3-mal). Nach Plomári einige zusätzliche, lokale Busse.

Mietfahrzeuge: Großes Angebot, das in der Nebensaison die Nachfrage oft weit übersteigt; Preisvergleiche (auf Endpreise achten!) lohnen sich. Die meisten Vermieter finden sich an der bergwärts führenden "Hauptstraße" der Siedlung: Oceanis, ✆ 22520 32498; Dimitris, ✆ 22520 32950; Original, unterhalb der Kirche, ✆ 22520 31960.

• *Übernachten* Üppiges Bettenangebot, von dem ein großer Teil jedoch durch Reiseveranstalter belegt ist. Das gilt auch für die zahlreichen Privatvermieter.

Hotel Viki (B), ganz oben am Berg. Erst vor einigen Jahren errichtete, komfortable Hotelanlage in engagiertem Familienbesitz; Swimmingpool, Terrasse mit Bar und Blick. Geöffnet ist von April bis Oktober, das Preis-Leistungsverhältnis durchaus in Ordnung: DZ/Bad mit Frühstück saisonunabhängig etwa 40 €, Studio (2 Pers.) ohne Frühstück 45 €. ✆ 22520 32806, ℻ 22520 31383, hotelbicky@hol.gr (kein Schreibfehler).

Hotel Akrogiali (C), 1999 eröffnetes Quartier in schöner strandnaher Lage unweit der Kirche. Ein Lesertipp von Cornelia Berthold: "Geführt von einem sehr netten Ehepaar, das sich ganz toll um die Gäste kümmert. Die zehn Zimmer sind alle neu und gut gepflegt, es gibt einen ganz hübschen Garten mit Meerblick und vielen Blumen." Solide Ausstattung mit Klimaanlage, TV und Kühlschrank, DZ/Bad knapp 30-50 €. Geöffnet ist April–Oktober, ✆ 22520 33302 und 22520 31461.

Domátia Dimitrios Ligiros, ganz in der Nähe. Älteres Haus direkt am Strand, Kleinküchen und Bäder nachträglich eingebaut; schöne Terrasse. Trotz der Belegung durch Reiseveranstalter ist meist Platz vorhanden. DZ/Bad nach Saison etwa 25-30 €. ✆ 22520 32955 oder 22520 32062.

Domátia Pelagia, Privatvermieter der A-Klasse; keine Bindung an Reiseveranstalter, deshalb meist Platz. Geöffnet Mai bis Oktober, Preise im hier allgemein üblichen Rahmen: DZ/Bad nach Saison knapp 25-30 €, mit Küche etwas mehr. An der Bergstraße beim Minimarket, dort fragen, ✆ 22520 31710.

• *Essen* **Taverne Mouria**, ein sympathisches, für hiesige Verhältnisse nicht allzu touristisch aufgemachtes Lokal mit üppiger Speisenauswahl und Terrasse. An der Straße nach Plagiá und Mytilíni, ein paar hundert Meter vom "Zentrum".

Sun-Set-Taverne, ein Lesertipp von Astrid und Michael Nitsch: "Im ´Zentrum´ hoch über der Durchgangsstraße gelegen. Ausgesprochen freundlicher Familienbetrieb mit täglich wechselnder, sehr umfangreicher Speisekarte."

Taverne Paradeisos, noch ein Lesertipp, diesmal von Anneliese und Franz Götz: "In der zweiten Seitengasse der bergwärts an den Autovermietern vorbeiführenden Straße. Dort kann man noch in der Küche in Töpfe und Pfannen sehen und seine Auswahl treffen. Wir haben hier die besten gefüllten Weinblätter unserer siebenjährigen Griechenland-Urlaubserfahrung gegessen."

▸ **Baden**: Sein hübscher Strand ist das Kapital von Ágios Isídoros und dementsprechend gepflegt, prunkt sogar mit der "Blauen Umweltflagge". Über gut einen Kilometer schwingt sich die schattenlose Bucht mit hellem Sand und feinem Kies nach Osten.

Westlich von Plomári

Solange die projektierte Verbindung nach Vaterá nicht fertiggestellt ist, endet das hoch über dem Meer entlangführende Sträßchen wenige Kilometer hinter Plomári bei Melínda beziehungsweise wendet sich von dort hinauf ins hübsche, traditionelle Inlandsdorf Paleochóri, in dem zuletzt eine alte Ölmühle in

Restaurierung war. Weite Teile des Küstenabschnitts im Westen bleiben deshalb vorerst noch Wanderern und Bootsbesitzern vorbehalten.

Melínda

Der winzige Weiler bildet den Hafen des Inlandsdorfes Paleochóri und liegt etwa sechs Kilometer westlich von Plomári. Zu erreichen ist Melínda von dort über eine landschaftlich sehr reizvolle Asphaltstraße, deren Streckenführung knapp oberhalb der Küste schöne Ausblicke auf das Meer gestattet.

Bislang hat sich das Dörfchen, in dem wohl höchstens zwei Dutzend Einwohner leben dürften, seine Unschuld weitgehend bewahrt. Am hübschen Kieselstrand schaukeln ein paar Fischerboote, landeinwärts sorgen Felder und Obstbäume für ein Zubrot; insgesamt drei Tavernen vermieten Zimmer. Wie lange dieser friedvolle Zustand anhält, ist wohl in erster Linie eine Frage der Fortschritte, die besagte Straße nach Vaterá macht...

Bei Maria ist's romantisch

• *Verbindungen* Abgesehen von Taxis besteht bislang keinerlei öffentliche Verkehrsverbindung.

• *Übernachten/Essen* Im Juli und August sind die wenigen Betten meist von griechischen Urlaubern belegt.

Maria's Restaurant, von Plomári kommend am Ortsanfang, mit großer schattiger Terrasse in schöner Lage über dem Meer. Die Einrichtung der Zimmer ist schon etwas älter, doch verfügt die Mehrzahl über ein Bad, einige Familienzimmer sogar über eine Küche. Ein wenig Leserkritik gab es aber auch: "Die Wände sind dünn wie Papier, und Maria war wenig freundlich, als wir auch die anderen Tavernen ausprobierten", so Martin Bredebusch. Ganzjährig geöffnet, Maria spricht etwas Englisch. DZ nach Saison und Ausstattung etwa 20-25 €, ✆ 22520 93239/92349.

Taverne Psaros, im hinteren Strandbereich beim pittoresken Felsen. Acht solide möblierte Zimmer, das von Lesern sehr gelobte Restaurant glänzt mit schöner Aussichtsterrasse. Geöffnet ist März bis November; die Preise liegen ähnlich wie oben. ✆ 2252 93234.

Taverne Melínda Paradiso, die dritte im Bunde. Ein renoviertes älteres Haus, freundlich und international geführt von Vassilis (genannt Bill), der lange in Australien gelebt hat, und seiner dänischen Frau Birgit. Schlichte, aber gepflegte und nett eingerichtete Zimmer ohne eigenes Bad, die Gemeinschaftsbäder sind in Ordnung. DZ kosten bescheidene 15-20 €. Liebevoll dekorierte Terrasse mit schönem Meerblick, Spezialität der Taverne sind Ofengerichte, darunter auch große Pizzen; es gibt diverse Importbiere. Prinzipiell ganzjährig geöffnet, die Taverne nur von April bis Anfang Oktober; ✆ 22520 93220, vineke@otenet.gr.

Wanderungen im Gebiet westlich von Plomári

Wanderung 1: Durch ein schattiges Olivental nach Melínda

Route: Spídes – (Paleochóri) – Melínda; **Distanz**: etwa 10 km; **Wanderzeit**: etwa 3,5 Stunden; **Einkehr**: Tavernen in Paleochóri und Melínda.

Verbindungen: Die Wanderung beginnt oberhalb von Plomári im lang gestreckten Straßendorf Spídes; das Taxi dorthin kostet ab Plomári etwa 8 € und erspart den Aufstieg über gut sechs Kilometer Asphaltstraße. Der Rückweg ab Melínda kann ebenfalls per Taxi erfolgen, alternativ auf Wanderung 2 in umgekehrter Richtung oder auch über das kürzere (knapp sechs Kilometer) Asphaltsträßchen, das küstennah von Melínda nach Plomári führt.

Charakteristik: Diese herrlich schattige Wanderung führt abwärts durch ein Flusstal, in dem man in Olivenhainen geradezu badet, und vermittelt einen schönen Eindruck vom immer noch landwirtschaftlich kultivierten Bergland des Südens. Sie folgt einem der "Olive Trails", die das Fremdenverkehrsamt in den letzten Jahren auf Lésbos ausgewiesen hat (andere dieser "Trails" sind entlang von Straßen angelegt) und ist recht gut beschildert; die Wegweiser, meist in Grün oder Naturholz, tragen die griechische Aufschrift "Melinta". Eine Übersichtskarte steht an der großen Platía von Plomári unweit des Taxistands, eine weitere in Paleochóri. Leider sollen im Gebiet um Paleochóri künftig mehrere neue Sandwege geschoben werden, durch die sich der Routenverlauf streckenweise ändern könnte – etwas Orientierungsfähigkeit kann also nicht schaden. Folgt man immer dem Taleinschnitt, so ist es prinzipiell jedoch fast schon schwierig, nicht in Melínda herauszukommen.

Verlauf: An der von Plomári kommenden Straße weist kurz hinter dem Ortseingang von Spídes linker Hand ein erstes Schild den Weg nach links. Wir folgen dem geschobenen Weg, der nach etwa 10 min. in einen Pfad übergeht, abwärts und erreichen nach insgesamt etwa 30 min. einen Sandweg. Hier geht es links; vielleicht möchten wir aber auch bei dem Kirchlein mit den drei Marienikonen erst einmal die Knie ein wenig ausruhen. Bald erreicht der Weg die Asphaltstraße nach Akrási, an der ein Schild den Weg in umgekehrter Richtung nach Megalochóri weist. Wir folgen der Straße 100 Meter weit nach rechts und biegen dann links in den beschilderten Sandweg ein, der südwärts hinein in weitere Olivenhaine führt und bald in einen Pfad übergeht. Nach etwa 30 min., in denen man dem Hauptpfad folgt und weitere Hinweisschilder passiert, lässt sich oberhalb eines pinkfarbenen Trafohäuschens über den dort beginnenden Betonweg ein Abstecher (an der Asphaltstraße links) ins urige Bergdorf Paleochóri einlegen; auf dem Weiterweg folgt man dann unterhalb von Paleochóri hinter der letzten Ölmühle wieder dem Schild ins Tal – der Umweg dauert etwa eine halbe Stunde. Will man stattdessen direkt nach Melínda,

Weit ab vom Trubel: Strand bei Melínda

hält man sich beim Trafohäuschen links hinab zurück zum Bachbett. Nach etwa 30 min. geht es vorbei an einer Holzbrücke, an der ein Weg links hinauf nach Kournéla führt. Wir jedoch halten uns geradeaus Richtung Meer. Bald ist es Zeit für ein Bad – oder doch lieber zuerst ein Schlückchen in den Tavernen von Melínda?

Wanderung 2: Von Plomári nach Melínda

Route: Plomári – Kato Horió – Ág. Ioánnis – Melínda; **Distanz**: etwa 10 km; **Wanderzeit**: 3-3,5 Stunden; **Einkehr**: Tavernen in Melínda. **Rückweg**: Wie der Hinweg, alternativ auf der kürzeren Asphaltstraße entlang der Küste oder per Taxi (von Plomári kommen lassen).

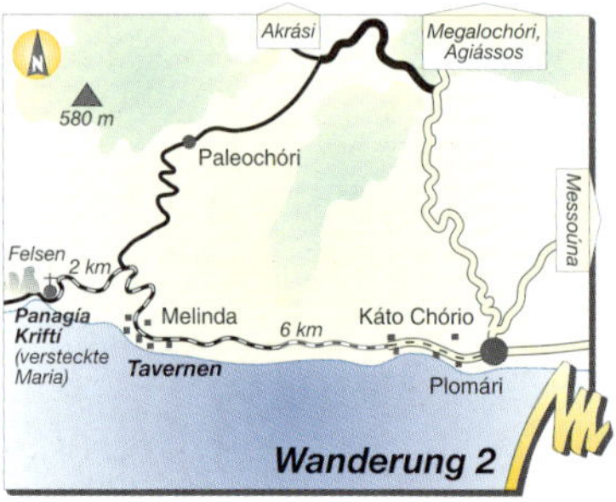

Charakteristik: Diese anspruchsvolle Wanderung bildet eine Alternative zur zwar kürzeren, mittlerweile aber komplett asphaltierten Küstenstraße von Plomári nach Melínda. Unterwegs bieten sich herrliche Ausblicke, teilweise geradezu aus der Vogelperspektive. Erstaunlich, auf welch steilen Berghängen einst Oliven gepflanzt wurden und meistens auch heute noch geerntet werden. Streckenweise ist der Pfad ein wenig zugewachsen; lange Hosen sind ebenso sinnvoll wie eine gute Orientierungsfähigkeit, zumal – wie in Wanderung 1 – auch diese Wanderung durch geplante neue Sandwege ihren Verlauf etwas ändern könnte.

Verlauf: Von Plomári nehmen wir zunächst die Küstenstraße Richtung Melínda. Bald taucht vor einer Rechtskurve links ein rot gestrichenes Gebäude mit einer Aufschrift auf. In der folgenden Linkskurve steht eine Bank mit einem Heiligenschrein, und hier beginnt auch der weiße Kopfsteinpflasterpfad, der uns in 45 min. hinauf nach Kato Horió bringt. Dort halten wir uns an der Gabelung am Ortseingang links, gehen am Dorfplatz mit der Platane vorbei und auf dem befahrbaren Sandweg leicht aufwärts ins ehemalige Dorf Ágios Ioánnis, das etwa 30 min. hinter Kato Horió erreicht wird. Wir biegen nicht rechts ab, sondern gehen an der großen Platane vorbei und sehen fünf Minuten später tief unter uns das Meer. An der Gabelung halten wir uns rechts auf einen Weg, der gleich in einen Pfad übergeht. Mit ein wenig Selbstvertrauen müssen wir nun entscheiden, welches der Hauptpfad ist, nehmen an der ersten kleinen Abzweigung die linke Möglichkeit, an der nächsten die rechte aufwärts. Unser Weg ist durch kleine blaue Punkte bezeichnet; viele andere Markierungen sind von den Olivenbauern erstellt. Wichtig ist es, den spitzen Felsen linker Hand mit dem Zaun darüber zu finden. Entlang dieses Zauns gehen wir 15 min. lang nach rechts, bis der Zaun nach links hinunter abbiegt, während unser Pfad nach rechts verläuft. Der Blick auf Melínda ist fantastisch, beim Gedanken dort hinab zu müssen aber vielleicht auch ein wenig erschreckend. Wir bleiben zunächst auf dem nunmehr nicht mehr ganz leicht zu erkennenden Pfad, der vom Meer weg auf ungefähr gleicher Höhe (also erst einmal nicht abwärts) ins Tal hinein führt. Einige Felder hier sind seit

Jahren verwildert. Nach etwa 10 min. nehmen wir einen Pfad nach unten, der nicht ganz so steil verläuft wie andere mögliche Wege hier. Bald treffen wir auf einen quer verlaufenden Sandweg. Nun gibt es zwei Möglichkeiten: Gehen wir rechts, erreichen wir bald ein Flussbett; von dort geht es hinunter in die Felder hinter Melínda und dann am Bach entlang zum Meer. Gehen wir hingegen links, erreichen wir nach ein paar hundert Metern kurz vor unserem Ziel die Asphaltstraße nach Melínda.

Einstieg in der Gegenrichtung: Von Melínda geht es zunächst etwa eine Viertelstunde auf der Asphaltstraße Richtung Plomári. Dann hält man sich links auf den Sandweg (Sarantos Road) und läuft diesen 800 Meter weit entlang, bis erst ein Weg nach links hinab und kurz darauf ein Weg nach rechts hinauf führt. 50 Meter hinter dieser Abzweigung geht man rechts den Olivenhang hinauf bis zu einem Querpfad, dort rechts. Dieser führt zu dem angesprochenen Zaun, bei dem sich der herrliche Blick hinab nach Melínda bietet. An dessen linker Seite geht es entlang, nach etwa einer Viertelstunde auf Höhe des spitzen Felsens dann links ab nach Plomári.

Wanderung 3: Von Melínda zur Höhlenkirche Panagía Kriftí

Route: Melínda – Panagía Kriftí – Melínda; **Distanz**: 8 km; **Wanderzeit**: 2 Stunden; **Einkehr**: Tavernen in Melínda.

Charakteristik: Eine Wanderung zu der versteckten Höhlenkirche Panagía Kriftí, die am Meer westlich von Melínda liegt. Bei guter Kondition lässt sich der Abstecher zur Höhlenkirche auch an die oben beschriebenen Wanderungen 1 und 2 anhängen.

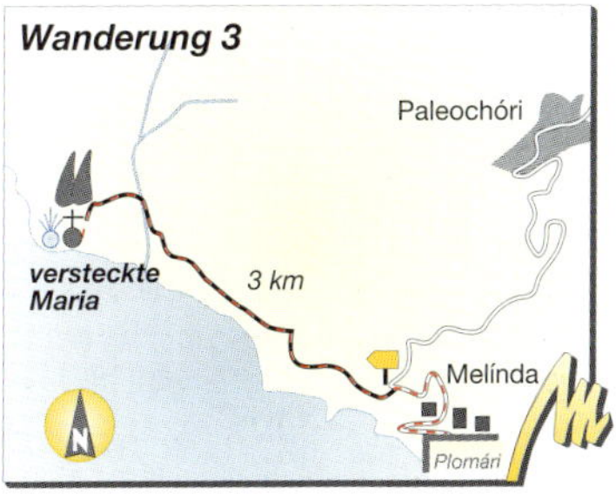

Verlauf: Am westlichen Ende der Bucht von Melínda steigt die zuletzt in Ausbau befindliche und mittlerweile sicher komplett asphaltierte Straße bergwärts Richtung Paleochóri an. Wir gehen jedoch nicht die kompletten drei Kilometer hinauf in das verschlafene Bergdorf, sondern biegen nach etwa einem Kilometer in der zweiten Rechtskurve links ab, so dass wir nun das Meer linker Hand haben. Nach 3 km endet dieser breite Sandweg und geht in einen Pfad über, der uns in fünf Minuten hinab zur "Versteckten Maria" Panagía Kriftí führt – das Kirchlein liegt in der steilen Schlucht vor dem Felsmassiv. Der Rückweg erfolgt in umgekehrter Richtung wie der Hinweg.

Panagía Kriftí: Die Höhlenkirche ist am Montag nach der griechischen Osterwoche (acht Tage nach Ostersonntag) Ziel vieler Gläubiger, die der Bequemlichkeit halber oft mit Booten anreisen. Als Altarraum des Kirchleins dient eine Felsgrotte; nahebei entspringt eine Thermalquelle, der wundertätige Heilkräfte zugeschrieben werden, und die in eine Art "Badewanne" auf Meeresniveau tropft.

Von Plomári nach Vaterá

Wer mit dem eigenen oder geliehenen Fahrzeug unterwegs ist und sicher sein will, breite Asphaltstraßen nicht verlassen zu müssen, bleibt vorläufig noch auf den weiten Umweg entlang der Westseite des Golfs von Géra angewiesen.

Karte siehe S. 130/131

▸ **Durchs bergige Hinterland**: Liebhaber schmaler Sträßchen und Pisten können eine andere Variante wählen und sich wahlweise über Agiássos (siehe unten) oder über die kleinen Bergdörfer im Hinterland der Küste durchschlagen. Hierbei sind allerdings Orientierungsvermögen und eine möglichst aktuelle Karte gefragt, da Schilder nicht überall vorhanden sind. Tankstellen gibt es an der etwa 35 Kilometer langen Route bislang noch nicht! Von Plomári geht es zunächst bergwärts Richtung *Agiássos*. Nach knapp fünf Kilometern zweigt links ein Sträßchen ab, das mit "*Paleochóri*" beschildert ist. Wir folgen ihm zunächst für etwa dreieinhalb Kilometer, bis zum nächsten Schild nach Paleochóri. Richtung Vaterá biegen wir dort aber nicht meerwärts ab, sondern halten uns geradeaus zum fünf Kilometer entfernten *Neochóri*, in dem kürzlich eine alte Ölmühle restauriert wurde. Kurz vor dem Dorf geht es nach *Akrási* mit seiner hübschen Platía. Von hier sind es über eine nördlich führende Asphaltstraße erneut etwa fünf Kilometer nach *Ambelikó*. Noch vor dem Ort erreicht man eine Kreuzung mit einer Piste; Ambelikó liegt einige hundert Meter weiter. Wir jedoch wenden uns links und erreichen auf der gut befahrbaren Piste, die durch lichten Kiefernwald etwa sieben Kilometern bergab führt, schließlich *Káto Stavrós*, wo an der Kreuzung eine urige Taverne auf Gäste wartet. Von hier verläuft eine Asphaltstraße auf etwa fünf Kilometern durch das Tal des Flusses Vourkos zum Meer, ans Ende des langen Strandes von Vaterá. Bis zum Ort selbst sind es noch einmal etwa dreieinhalb Kilometer.

Tipp: Wenn Sie über wirklich gute Kondition verfügen, dann mieten Sie sich in Plomári ein Mountainbike, andernfalls besser ein Moped oder Geländemotorrad. Auf ausreichenden Benzinvorrat achten, auch in Vaterá gibt es bislang keine Tankstelle (für Notfälle: in Vríssa, 3 km nördlich). Bei frühem Aufbruch sind die etwa 70 Kilometer hin und zurück trotz der starken Höhenunterschiede an einem Tag zu schaffen: Ein anstrengender, auf jeden Fall aber sehr reizvoller Ausflug in abgelegene Bergregionen, gekrönt vielleicht von einer Badepause in Vaterá mit anschließendem Fischessen am Kap Ágios Fokás.

Von Plomári nach Agiássos

Das viel besuchte Wallfahrtsziel liegt etwa 25 Straßenkilometer nördlich von Plomári an den Hängen des Olympos. Die kurvige Bergstrecke dorthin steigt bis in Höhen nahe 800 Meter an und ist bislang nur streckenweise asphaltiert; etwa zehn Kilometer sind momentan noch auf mäßiger Piste zurückzulegen.

Für Wanderer ist die Strecke aufgrund des geringen Fahrzeugaufkommens und der schönen Landschaft ebenfalls ein Tipp. Wem die Gesamtdistanz zu weit erscheint, der kann sich mit dem Taxi nach Megalochóri am derzeitigen Ende der Asphaltstraße bringen lassen. Von dort sind es noch etwa 15 Kilometer bis Agiássos.

Megalochóri: Das "Große Dorf", auf 645 Meter Höhe gelegen, wurde ab dem 15. Jh. zum Ausgangspunkt der Besiedelung des Südens. Reich an Quellen, blühenden Gärten, Olivenhainen und Obstbäumen, trägt das Gebiet um Megalochóri den stolzen Beinamen "Schweiz von Lésbos". Nicht verwunderlich also, dass sich das Dorf zu einem beliebten Ausflugsziel entwickelte, zumal Megalochóri, neben seiner schönen Lage und einigen Tavernen und Kafenía, auch zwei sehenswerte Kirchen (18. Jh.) mit interessanten Schnitzarbeiten vorzuweisen hat. Ein mit blauen Kreuzen markierter Fußpfad führt von Megalochóri hinunter nach Plomári und endet dort beim Flussbett, doch ist der Weg mittlerweile arg überwuchert und nur schwer zu finden.

Bei Megalochóri verwandelt sich der Asphalt in eine Piste, der man rechts um das Dorf herum folgt; später muss man sich an zwei unklaren Gabelungen jeweils links halten. Die stellenweise recht ausgefahrene Piste klettert durch Wälder und Macchia, bietet dabei immer wieder reizvolle Ansichten des Olympos und seiner Umgebung. An der höchsten Stelle liegt ein Militärgebiet neben der Strecke, so geheim, dass mit mehrsprachigen Hinweisschildern darauf aufmerksam gemacht wird (Fotografierverbot!). Abwärts geht es erneut durch Wälder aus Kiefern und Kastanien, bis sich die Piste in eine Asphaltstraße verwandelt, die nach etwa fünf Kilometern Agiássos erreicht.

Agiássos

Bereits auf den ersten Blick präsentiert sich Agiássos als Inbegriff eines romantischen Bergdorfes: Enge Pflastergassen, hübsche Steinhäuser mit Erkern und Holzbalkons, viele traditionelle Geschäfte und Handwerksbetriebe.

Anziehend zeigt sich auch die fast alpin wirkende Umgebung des über 450 Meter hoch gelegenen Dorfes: Überragt vom Kalkgipfel des beherrschenden Berges erstrecken sich üppige Wälder aus Kiefern, Kastanien und Nussbäumen; auch Pappeln sind gelegentlich zu sehen.

Fremdenverkehr kennt man in Agiássos, man merkt es schnell, nicht erst seit gestern. Das Dorf, mit etwa 3.500 Einwohnern für inselgriechische Verhältnisse schon fast eine Kleinstadt, ist das wichtigste Wallfahrtsziel von Lésbos; vor allem im August zieht es griechische Pilger in Scharen zum uralten Marienbild der hiesigen Wallfahrtskirche. So mancher spart sich dadurch weite Wege: Zwei Wallfahrten nach Agiássos gelten dem Volksmund als gleichwertig zu einer Pilgerreise nach Jerusalem.

Auch ausländische Ausflügler finden immer häufiger den Weg ins pittoreske Agiássos, angezogen nicht nur von Landschaft und Ortsbild, sondern auch vom Ruf des Dorfes als Zentrum der Handwerkskunst, insbesondere der Töpferei und Holzverarbeitung. Um schöne Stücke – es gibt sie – zu finden, muss man jedoch etwas suchen; entlang der Pilgermeile von der Hauptplatía zur Kirche ist vor allem viel Kitsch im Angebot. Wer keine Keramik schleppen will, mag sich vielleicht lieber mit kulinarischen Souvenirs eindecken: Die kleinen Geschäfte von Agiássos bieten in dieser Hinsicht sehr Erfreuliches, vor allem Kräuter, Käse, Honig, zur Ernte im Herbst auch getrocknete Feigen.

• *Verbindungen* **Bus**: Haltestelle an der unteren, südlichen Platía; Busse lt. Sommerfahrplan von Mytilíni Mo–Fr 6-mal, Sa/So 4-mal täglich, nach Mytilíni 4-mal täglich.

• *Post:* In der Hauptgasse Odós 28. Martí 1944, bergwärts der Panagía; Öffnungszeiten: Mo–Fr 7.30-14.30 Uhr.

• *Übernachten* Wenig Möglichkeiten. Vor allem im gesamten Wallfahrtsmonat August, aber auch zum Fest der Kreuzreliquie im September, wird es sehr schwer, ein freies Bett zu finden.

Pension Agía Síon (B), einfache kirchliche Pension innerhalb des Bezirks um die Wallfahrtsstätte, mit "Hostel" beschildert. Geöffnet von Juli bis September, nur bei vielen Gästen evtl. auch mal länger, DZ/Bad offiziell knapp 25-30 €. ✆ 22520 22126.

Domátia Kazantzis, Privatvermieter bei der kleineren der beiden Tankstellen vor der

Karte siehe S. 130/131

Ein traditionelles Bergdorf: Agiássos

unteren Platía, bei unserem Besuch leider geschlossen. ✆ 22520 22539.

• *Feste* **Karneval** von Agiássos, inselweit beliebt.

Marienfest im August, weiteres Fest im September. Das Marienfest am 14./15.8. zählt zu den wichtigsten Festivitäten der Ägäis und zieht Besucher aus ganz Griechenland an. Prozessionen, Musik, Tanz und viel Stimmung auch beim **Fest der Kreuzreliquie** am 14. September.

Sehenswertes

Auch motorisierte Besucher starten den Streifzug am günstigsten an der großen Platía am Südrand des Ortes, an der die Busse stoppen. Eine schmale, von Keramikständen und Souvenirgeschäften gesäumte Gasse führt ins malerische Zentrum um die Wallfahrtskirche der Panagía. Hügelwärts der Kirche stößt man auf eine zweite, kleinere Platía, in deren Umkreis zahlreiche ursprüngliche Geschäfte und Handwerksbetriebe liegen. Wer es hier immer noch zu rummelig findet, der kann sich in den schönen Pflastergassen des oberen Ortsteils ergehen, in denen mitunter die Zeit seit hundert Jahren stehengeblieben zu sein scheint.

Wallfahrtskirche der Panagía: Der klosterähnliche Bezirk der Wallfahrtskirche bildet das Herz des Dorfes. Ziel aller Pilger ist die hoch verehrte, uralte Marienikone, mit der die Geschichte von Agiássos aufs engste verknüpft ist – das Bildnis war Anlass der Gründung des Ortes und sorgte auch für dessen wirtschaftlichen Aufschwung während der Türkenzeit.

Sichtbar wird die große Verehrung, die die Maria von Agiássos im Volk genießt, im Inneren der äußerlich recht schlichten Kirche: Ganze Hundertschaften Ampeln hängen als Stiftungen dankbarer Pilger von der Decke. Das wundertätige Bildnis, dem sein hohes Alter anzumerken ist, findet sich in einer Vitrine vor der Ikonostase; wie es ursprünglich einmal ausgesehen haben mag, zeigt die Kopie darüber.

Wie Agía Sion nach Agiássos kam

Es war die Zeit des Bilderstreits (Ikonoklasmus, 726-843), als im Jahr 803 der Priester Agathon von Jerusalem nach Lésbos kam, im Gepäck eine heilige Ikone der Maria, die um jeden Preis vor den Bilderstürmern geschützt werden musste – immerhin galt das Bildnis als Werk des Evangelisten Lukas und somit als authentisches Porträt der Muttergottes. Das damals unbesiedelte, abgelegene Gebiet am Hang des Olympos schien dem Geistlichen für seine Zwecke ideal, und so errichtete er hier eine kleine Einsiedelei, der sich bald andere Fromme anschlossen. Auch nach dem Tod Agathons im Jahr 830 blieb die Klause bestehen, doch erst um 1170 entstand eine Kirche samt Wohngebäuden. Bald bildete sich nun ein kleines Dorf im Umfeld des Klosters, nach der Herkunft der Ikone Agía Síon genannt: Heilige aus Zion.

Ab dem frühen 18. Jh. verstärkte sich der Zustrom in die Siedlung, der vom türkischen Sultan Steuerfreiheit gewährt worden war. Dieses seltene und für die Entwicklung von Agiássos überaus förderliche Privileg geht der Überlieferung zufolge auf ein Wunder der heiligen Maria zurück, die den osmanischen Bezirksverwalter von schwerer Krankheit gerettet haben soll. Während das Dorf blühte, verfiel das Kloster allmählich und musste 1783 abgerissen werden. Darauf hatten die Nachfolger des generösen Sultans wohl nur gewartet: Mit dem Abriss erlosch auch das Steuerprivileg. Ein bald darauf errichteter Neubau wurde 1812 wie fast ganz Agiássos ein Raub der Flammen; 1814 schließlich ermöglichten Spenden den Bau der heutigen Kirche.

Kirchenmuseen: Ein Nebengebäude des Kirchenkomplexes stellt auf zwei Etagen sakrale Kunst, einige Bilder von Theóphilos und Geschenke von Pilgern aus, darunter sehr skurrile Gaben wie Elefantenstoßzähne oder ein riesiger Stein, der zum Ruhme der Gottesmutter über die halbe Insel geschleppt wurde: Um von Krankheit geheilt zu werden, hinterlassen viele Gläubige eine Spende, quasi als Ersatz für "göttliche Arztkosten". Eine arme alte Frau hatte nichts zu geben, hoffte aber, die Güte Gottes auch dadurch zu erlangen, dass sie den Stein den steilen Pilgerweg hinaufwuchtete.
Öffnungszeiten beider Museen 9-19 Uhr; Eintrittsgebür 0,50 €, Tickets im Laden.

"**Garten der Madonna**": Direkt südlich der Platía erstreckt sich diese Mischung aus verwildertem Garten und heruntergekommenem Kurpark; ein platanenüberwuchertes Idyll mit plätscherndem Brunnen und Freiluftkafeníon, das aber nur im Sommer in Betrieb ist.

Agiássos Library's Museum: Ebenfalls an der Platía ist in einem Neubau traditionellen Stils ein Volkskundemuseum untergebracht, dessen Öffnungszeiten leider alles andere als regelmäßig sind.

Kastélli: Ein reizvoller Spaziergang durch blühende Gärten führt in einer guten halben Stunde auf den Gipfel des knapp 600 Meter hohen Kastélli, von dem sich eine schöne Aussicht auf Ort und Umgebung bietet. Seinen Namen verdankt der Hügel im Nordwesten von Agiássos den Resten einer byzantinischen Festung, denen sich vor einigen Jahrzehnten eine kleine Kapelle hinzugesellt hat. Von

Karte siehe S. 130/131

der unteren Platía geht es zunächst die Hauptstraße entlang, etwa 300 Meter hinter einer Tankstelle und direkt nach einer Schreinerei dann links auf den teilweise markierten Spazierweg durch Kiefernwald. Oben wartet ein schattiger Rastplatz mit Brunnen.

Wanderungen ab Agiássos

Wanderung 4: Auf den Olympos

Route: Agiássos – Olympos (968 m) – Agiássos; **Distanz**: etwa 23 km; **Wanderzeit**: ca. 5,5-6 Stunden; **Einkehr**: Nur in Agiássos und an der Asphaltstraße beim Kirchlein Ag. Dimítrios.

Charakteristik: Eine recht anstrengende Tageswanderung auf den höchsten Gipfel im Süden von Lésbos. Der Weg führt großteils durch schöne Waldgebiete, vorbei an mehreren Quellen. Fantastische Panoramen lohnen die Mühen des Aufstiegs; die beste Sicht genießt man normalerweise nach einem Regentag.

Der Olympos: Wanderziel mit Aussicht

Verlauf: Wir starten an der Bushaltestelle von Agiássos, bei der südlichen Platía. Eine Treppe mit dem Neonschild "Madonas Garden" (kein Schreibfehler unsererseits) führt uns zur gleichnamigen Taverne, die von einer Platane beschattet wird. Oberhalb des "Gartens der Madonna" verläuft ein kopfsteingepflasterter Weg, dem wir zunächst nach links folgen. Schon bei der ersten Möglichkeit, nach etwa 250 m, biegen wir rechts ab (dicker gelber Punkt). Etwa 100 m weiter, unter einer Platane mit kleinem Brünnlein, heißt es aufzupassen: Hier biegt ein Weg links ab, dessen offizielles Wanderwegsschild uns leicht irritieren könnte. Wir folgen aber nicht dieser Richtung, sondern dem rechten Weg mit dem Schild "OLYMPOS PEAK". Von nun an bleiben wir auf dem meist kopfsteingepflasterten, schattigen Fußweg, der mit blauen Punkten markiert ist. Er führt uns durch herrliche Esskastanienwälder und über lichte Höhenzüge mit schönem Ausblick auf unser Ziel. Nach etwa 1 Std. müssen wir uns bei einer Platane mit Brunnen rechts halten, den geschobenen Weg schräg kreuzen und etwa 30 m hinter der Platane die Fortsetzung des links oberhalb verlaufenden alten Fußpfads suchen. Auf diesem geht es nun weiter, bis er wieder auf einen breiteren, befahrbaren Sandweg stößt. Diesem folgt man nach rechts, bis in einer Rechtskurve ein Wasserreservoir mit

Schaftränke zu sehen ist. Direkt dahinter biegt man rechts ein und folgt nun etwa 20 min. lang den Punkten, bis man auf eine Sandpiste stößt. Hier steht ein großes weißes Lagerhaus mit Eternitdach, außerdem ein Telegraphenmast mit einem roten Pfeil – wer denselben Weg zurückgehen will, sollte sich diese Abzweigung merken. Wir gehen nun rechts auf dem Sandweg weiter und erreichen nach 20 min. den Gipfel – ab Agiássos sind wir nun insgesamt etwa 2,5 Stunden unterwegs gewesen.

Zwischen den riesigen Antennenmasten versteckt sich ein kleines Kirchlein, das – wie fast alle Gipfelkirchen – dem Propheten Elias geweiht ist. Die schönste Aussicht genießt man vom Wachthaus der Feuerwehr; vielleicht lässt uns der Brandwachtmeister ja hinauf. Bei klarer Sicht sind dahinter die Bergzüge der Insel Chíos auszumachen; im Osten sieht man die Türkei und nach Nordwesten Límnos. Ein kleines Stück weiter rechts, also in ungefähr nordnordwestlicher Richtung, ist auch unser weiterer Weg zu erkennen: ein neu geschobener Waldweg, der sich gleich an das Felsmassiv anschließend abwärts schlängelt, vorbei an einem Steinbruch. Er wird uns durch sehr dichten Wald führen – da kann es durchaus beruhigend wirken, wenn man sich den ungefähren Verlauf schon mal von hier oben aus eingeprägt hat.

Zunächst müssen wir jedoch dem Sandweg, den wir hinaufgekommen sind, etwa 45 min. lang abwärts folgen, vorbei an der Abzweigung des Aufstiegs und einem etwas später linker Hand liegenden Gehöft mit kleinem Wasserbecken.

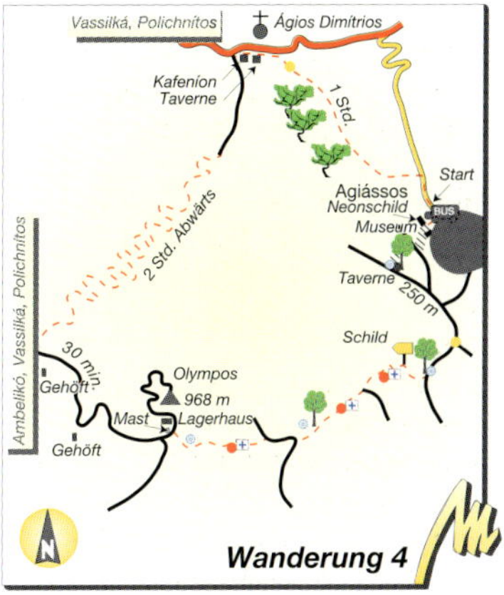

Ein paar Meter hinter dem nächsten, ebenfalls links liegenden Gehöft, beginnt links ein Zaun. Rechts geht es in einen breiten Waldweg, der mit blauen Punkten markiert ist, nach etwa 100-150 Metern dann rechts auf einen schmalen, schwer erkennbaren Weg. Etwa 2 Std. lang wandern wir nun durch Kiefernwald abwärts, bis wir auf die von Polichnítos kommende Asphaltstraße stoßen. Hier, bei der kleinen Kirche Ágios Dimítrios mit ihrem schönen Garten, finden wir Kafenía und eine Taverne (mit Quelle davor), in der man zumindest Kleinigkeiten zu essen bekommen kann.

Nach einer Pause folgen wir der Asphaltstraße etwa 100 m weiter in östlicher Richtung, bis uns ein Punkt nach rechts in die Olivenhaine führt. Auf diesem blau gepunkteten Weg erreichen wir in sanftem Anstieg nach etwa einer Stunde wieder Agiássos.

Wanderung 5: Zur Quelloase Ágii Anagiri und nach Assómatos

Route: Agiássos – Ágii Anagiri – Assómatos – Agiássos; **Distanz**: 18 km; **Wanderzeit**: ca. 4 Stunden; **Einkehr**: Taverne in Ágii Anagiri (nur Mai–September), Kafenía in Assómatos.

Charakteristik: Eine abwechslungsreiche Rundwanderung, deren Höhepunkt die Rast in einer paradiesischen Quelloase ist. Kräftige Höhenunterschiede erfordern gute Kondition. Unterwegs finden sich zwar Quellen, etwas Trinkwasservorrat kann dennoch nicht schaden.

Karte siehe S. 130/131

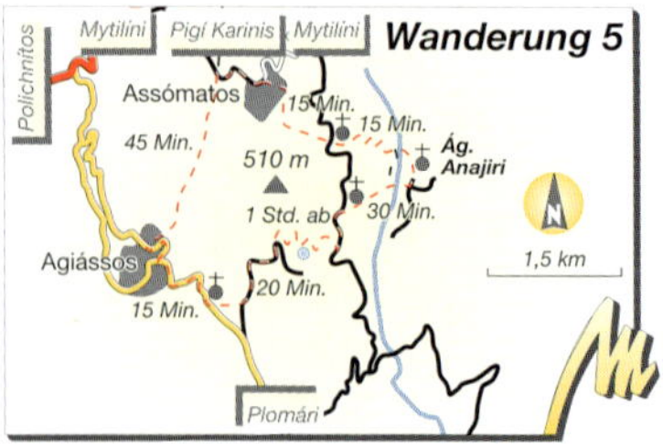

Verlauf: Ausgangspunkt dieser und der nächsten Wanderung ist jeweils die Überführung der Umgehungsstraße nach Plomári; um sie zu erreichen, folgt man von der kleinen Platía oberhalb der Wallfahrtskirche der steil ansteigenden Straße Odós 28. Martí 1944, vorbei an der Post.

An der Überführung nehmen wir dann die Hauptstraße Richtung Plomári, kürzen die Kurve der Straße auf dem kleinen Stück Kopfsteinpflasterpfad ab und folgen dann dem Asphaltband. Nach ca. 1 km taucht links etwas erhöht eine kleine Kirche auf; in der folgenden Kurve biegen wir in den linker Hand etwas aufwärts führenden Kopfsteinpflasterweg ein, der bald für etwa 20 min. in einen breiten Waldweg übergeht, von dem wir dann nach rechts unten (nicht nach oben) abbiegen. Eine gute Stunde lang führt dieser Weg uns abwärts, durchquert eine zauberhafte Landschaft der Kirsch- und Mandelbäume, Olivenhaine, hohen Pinien, schroffen Berge, sanften Hügel und plätschernden Quellen. Schließlich erreichen wir im Tal einen Sandweg, auf dem wir uns links halten. Nun haben wir zwei Möglichkeiten. Entweder biegen wir nach etwa 100 m an einer kleinen Kirche rechts ab und folgen den blauen Kreuzen durch Olivenhaine unweit des Baches bis zur Quelloase Ágii Anagiri. Oder wir gehen bequem etwa 2,5 km weiter, bis linker Hand der Kopfsteinpflasterweg ins Dorf Assómatos (1,5 km) die Möglichkeit böte, die Wanderung abzukürzen. Das aber wäre schade, denn nur ein kleines Stück weiter führt rechts bei der Kirche ein weiterer, abwärts führender Pflasterpfad in etwa 15 min. zur Quelloase Ágii Anagiri. Wir folgen ihm, überqueren den Bach und halten uns rechts bis zu den großen Platanen mit der Taverne und der Kirche. Ein Hochgenuss, die Füße in den eiskalten Bach zu halten oder sich gleich ganz hineinzulegen!

Auf dem Weiterweg gehen wir ein Stück zurück und nehmen dann den oben angesprochenen Pflasterpfad nach Assómatos. Im Dorf ist die Orientierung etwas schwierig; die freundlichen Einwohner zeigen uns aber gerne den bis zum Pilgerpfad breit ausgebauten Weg nach Agiássos. Etwa eine Viertelstunde geht es nun abwärts, dann links in einer weiteren knappen Stunde den alten Pilgerpfad auf Kopfsteinpflaster hoch zum Ausgangspunkt in Agiássos.

Wanderung 6: Über Pigí Karinis nach Lámbou Míli

Route: Agiássos – Pigí Karinis – römischer Aquädukt – Lámbou Míli; **Distanz**: 10 km; **Wanderzeit**: 2,5 Stunden; **Einkehr**: Tavernen in Pigí Karinis, Kafenía in Lámbou Míli.

Verbindungen: Wer am Ende der Wanderung zurück nach Agiássos möchte, kann sich mit einem Taxifahrer in Lámbou Míli verabreden oder sich in den dortigen Kafenía ein Taxi rufen lassen. Alternative: Nicht bis ganz nach Lámbou Míli gehen, sondern zurück nach Pigí Karinis; dort kommen die Busse der Linie Mytilíni-Agiássos vorbei (vorher Zeiten klären). Startet man die Wanderung ab Mytilíni, so gestaltet sich die Transportfrage recht einfach: Agiássos wird von den Bussen relativ häufig angefahren und Lámbou Míli, an den Busrouten von Norden und Westen zur Hauptstadt gelegen, noch häufiger; dennoch empfiehlt es sich auch in diesem Fall, vorher den Busfahrplan zu konsultieren.

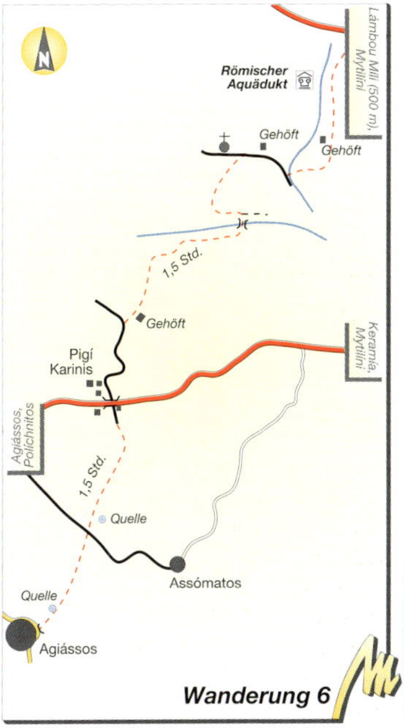

Charakteristik: Eine Wanderung auf alten Pfaden durch Olivenhaine, vorbei an klaren Quellen. Schöne Rastplätze unterwegs sind die Oase Pigí Karinis (zwei Tavernen) und der römische Aquädukt bei Lámbou Míli. In der beschriebenen Form handelt es sich um eine "One-Way-Wanderung", bei der man auf Busse oder Taxis angewiesen bleibt. Entsprechende Kondition vorausgesetzt, kann man natürlich auch auf derselben Route nach Agiássos zurückkehren, hat dann aber kräftige Aufstiege vor sich.

Verlauf: Auch diese Wanderung beginnt an der oben bei Wanderung 5 beschriebenen Überführung der Straße nach Plomári. Diesmal gehen wir jedoch, vom Ortszentrum kommend, geradeaus und folgen dem alten Pilgerpfad auf Kopfsteinpflaster ungefähr eineinhalb Stunden (5 km) bergab; unterwegs finden wir mehrere Quellen mit köstlich-kühlem Wasser. Unten gehen wir bei einem Lagerhaus links an der Mauer entlang und kreuzen die Asphaltstraße: Wir sind in Pigí Karinis (siehe Kapitel "Von Mytilíni nach Plomári und Agiássos"), einer traumhaften Quelloase unter ehrwürdigen Platanen, denen die Einheimischen ein Alter von rund sechshundert Jahren zuschreiben.

Von Pigí Karinis folgen wir dem leicht ansteigenden Sandweg, der mit blauen Kreuzen markiert ist, in nördliche Richtung. Nach etwa 10 min., der Weg beschreibt hier eine leichte Linksbiegung, halten wir uns geradeaus hinunter (rechts ein Gehöft), vorbei an einer Quelle und wieder ein Stück auf einem zementierten Weg. Ganz unten führt uns der Weg durch Olivenhaine am Bach entlang und links über eine Brücke. Dahinter geht es ein kurzes Stück links. Wir steigen über eine niedrige Steinmauer und folgen dem Weg durch ein Olivenfeld nach rechts, vom Bach weg. Nach 20 min. stoßen wir auf einen Weg (gegenüber eine kleine Kirche), den wir ungefähr 100 Meter weit nach rechts bis zum Bach gehen, an einem links gelegenen Gehöft vorbei. Wir queren den Bach und halten uns dann links, den blauen Kreuzen und Punkten (und nicht dem Weg) folgend. Unser Trampelpfad führt zunächst geradeaus durch Olivenhaine, dann links leicht aufwärts, vorbei an einem Gehöft linker Hand. Nun geht es ein Tal aufwärts, bis nach etwa 20 min. links von uns die Reste des römischen Aquädukts von Lámbou Míli auftauchen.

Wie sein Pendant bei Mória ist auch dieser Aquädukt ein Teil jener römischen Wasserleitung, die irgendwann zwischen dem ersten und dem dritten Jahrhundert nach Christus entstand und damals Wasser aus dem quellenreichen Gebiet von Agiássos nach Mytilíni brachte. Zwei Bögen sind eingestürzt, doch sonst hat der Bau alle Erdbeben überstanden.

Nach einer Pause folgen wir dem Pfad weiter in etwa nördlicher Richtung, bis wir nach etwa 20 min. auf die Asphaltstraße von Mytilíni nach Kalloní stoßen; rechter Hand liegt, noch etwa 1 km entfernt, Lámbou Míli.

Westlich von Agiássos

Gut drei Kilometer nördlich von Agiássos trifft man auf die Hauptstraße von Mytilíni über Keramía nach *Polichnítos* und *Vaterá*. Gen Westen führt die landschaftlich traumhafte Straße zunächst durch Olivenhaine, dann über den dicht bewaldeten Nordhang des Olympos.

▸ **Pigí Tsingou** liegt wenige Kilometer westlich der Kreuzung in einem engen, kühlen Taleinschnitt. Ein wundervolles Plätzchen für eine Rast: Die kleine Siedlung besteht nur aus einer Handvoll Tavernen, die sich unter schattigen Bäumen um eine Quelle gruppieren.

Fahrt auf den Olympos: Den Gipfelsturm per Fahrzeug machte die griechische Radio- und Fernsehgesellschaft ERT möglich – seit dem Bau ihrer großen Antennenanlage auf dem Olympos gibt es auch einen Fahrweg dorthin. Oben auf dem zerrissenen Kalkplateau steht, eingekeilt zwischen den gigantischen Masten, auch eine kleine Kapelle, die (wie fast alle Gipfelkirchen) dem Propheten Elias geweiht ist. Die Häuser von Agiássos scheinen von hier fast zum Greifen nahe. Ganz besonders lohnt sich der Weg jedoch nach einem Regentag, wenn die dann glasklare Sicht bis zu den Bergen von Chíos reicht.

Anfahrt: Fünf Kilometer westlich der oben angesprochenen Kreuzung zweigt von der Straße nach Polichnítos ein Sträßchen südwärts ab, beschildert mit "Ambelikón". Auf diesem gelangt man nach gut zwei Kilometern an eine weitere Kreuzung, an der ein Schild nach links auf den Olympos weist. Von hier sind es nochmals sieben Kilometer überwiegend auf schlaglochreicher Asphaltstraße durch Kiefernwald; das letzte Stück ist Schotterpiste.

Vassiliká: Das "königliche" Dorf, so die Übersetzung des Namens, verdankt dieses Attribut der Kaiserin *Irene von Byzanz*, die von 801 bis 803 hier in der Verbannung lebte. Westlich von Vassiliká weichen die bewaldeten Hänge des Olympos zurück, kommt wieder der Olivenbaum zu seinem Recht.

Skála Vassilikón, der nördlich gelegene kleine Hafen des Dorfes, rühmt sich ebenfalls großer Vergangenheit. Hier, so berichtet zumindest eine Sage, landete im Jahre 52 das Schiff des Apostels Paulus. Sicher ist, dass man sich hier auf uraltem Boden bewegt: Bei *Kourtiri*, etwas westlich von Skála Vassilikón, haben Archäologen unter Wasser und auf einem kleinen Vorgebirge eine prähistorische Siedlung entdeckt, die möglicherweise fünfmal größer war als die von Thermí, bislang jedoch noch kaum erforscht wurde. Weitere Fundstellen liegen über den gesamten Osten des Golfs von Kalloní verstreut.

Heiße Quelle Lisvóri: Versteckt und von Ausländern kaum besucht, findet sich nördlich der Straße Richtung Polichnítos noch eine kleine Badeanlage, die bis auf osmanische Zeiten zurückgeht. Die Anfahrt erfolgt am besten über das kleine Dorf Lisvóri selbst, von dem ein beschildertes Asphaltsträßchen zur Häusergruppe des Kurbads von Lisvóri führt. Die schwefelhaltige Heilquelle hier nützt vor allem bei Hautproblemen – kleine Wunden z. B. sollen sich fast wie von selbst schließen. Wie auch andere Thermen der Insel wurde diese Badeanlage mit EU-Geldern renoviert. Prinzipiell ist die Quelle von April bis Oktober täglich geöffnet (Eintritt 2 €), doch entscheidet sich leider Jahr für Jahr neu, ob sie wieder in Betrieb genommen wird. Anfragen unter der Telefonnummer 22520 71159 beim Wirt Nikos, der Englisch spricht, einige Zimmer in einem bescheidenen "Kurhaus" vermietet und auch eine schattige, freundliche Taverne betreibt, in der es gutes Essen gibt und das Gemüse direkt aus dem eigenen Garten kommt.

Restauriert: die Thermen von Polichnítos

Polichnítos

Kurz vor dem Ort überquert die Straße von Mytilíni kurioserweise die Landebahn eines ehemaligen Militärflugplatzes. Polichnítos selbst wurde der Überlieferung nach als eine Art Fluchtpunkt für die Einwohner der früher zahlreichen hiesigen Küstendörfer gegründet, die aus Angst vor den steten Piratenüberfällen ins Binnenland umsiedelten. Das große, inmitten von Olivenhainen gelegene Dorf stellte früher mit rund 10.000 Einwohnern den Mittelpunkt einer reichen Olivenregion und das Marktzentrum seiner Umgebung dar. Der städtische Charakter ist der Siedlung immer noch anzumerken. Heute leben jedoch nur noch etwa 3000 Menschen im Ort, stehen wegen Abwanderung der Eigentümer viele Häuser leer.

Dennoch lohnt sich ein Bummel durch Polichnítos, allein schon wegen der schönen alten Steinhäuser, die mit ihren vielfältigen Tür- und Fensterfassungen ein Fest für Fotografen sind. Wer Sinn für Kuriositäten besitzt, kann auch noch in dem mit einem wahren Sammelsurium gefüllten "Museum" von Jorgos vorbeischauen; es liegt unweit der Hauptstraße von Mytilíni und gegenüber des Schornsteins mit dem Storchennest, der fast schon ein Wahrzeichen von Polichnítos ist. Daneben existiert noch ein bescheidenes Volkskundemuseum sowie, in einer Querstraße 50 Meter oberhalb der Bank an der Hauptstraße des Ortskerns, das Ladengeschäft der örtlichen Frauenkooperative, die neben allerlei Leckereien auch Handarbeiten produziert.

• *Verbindungen* **Busse** von/nach Mytilíni Mo–Fr 4-mal, Sa/So 2-mal täglich; zur Saison mit Weiterfahrt nach Vaterá.

• *Übernachten* **"Olivenhaus"**, ein schön restauriertes altes Patrizierhaus mit Garten, das in vier komfortablen Zimmern Gruppen von bis zu acht Personen (Wochenpreis 910 €) Platz bietet, auf Last-Minute-Basis aber eventuell auch Einzelreisenden zur Verfügung steht. Informationen bei Erika Meyer und Lefteris Papafilippou in der Pension "Zimmer mit Aussicht" in Skála Polichnítou, siehe unten.

Heiße Quellen: Bekannt ist Polichnítos für seine radioaktiven *Thermalquellen*, die mit Temperaturen von nahezu 90 Grad Celsius als die heißesten Europas gelten und bei der Behandlung von Rheuma, Ischias, Arthritis, Frauen- und Hautkrankheiten hilfreich sein sollen. Die südöstlich etwa einen Kilometer außerhalb des Dorfes gelegenen Kuranlagen wurden mit Hilfe von EU-Geldern sorgfältig restauriert; ihr Zustand ist schlicht, aber gepflegt. Zuletzt waren die Quellen geöffnet, doch rentiert sich das Geschäft wohl nicht recht, weshalb sich der derzeitige Pächter leider mit dem Gedanken trägt, es aufzugeben. Nach einem Wechsel im Bürgermeisteramt von Polichnítos ist jetzt jedoch auch wieder der Plan einer griechischen, in Deutschland tätigen Ärztegemeinschaft näher gerückt, hier ein Gesundheitszentrum einzurichten. Zu erreichen ist das Bad über ein Sträßchen, das noch im Ortsbereich von der Straße nach Vaterá etwa 100 Meter hinter einer Tankstelle links abzweigt (Schild: "Hot Springs") und später vorbei an einer Kaserne führt. Übrigens könnten die heißen Quellen nicht nur zu gesundheitlichen Zwecken dienen, Fachleute für Geothermik hoffen auch auf Möglichkeiten der Elektrizitätsgewinnung.

Umgebung von Polichnítos

Skála Polichnítou: Der kleine Hafen des Binnendorfes, vier Kilometer nördlich gelegen und über eine Asphaltstraße zu erreichen, ist ein sehr "griechischer" Ferienort: keine Schönheit, aber von gewissem Charakter. Der Strand des Dorfes, der sich am stillen Wasser des Golfs erstreckt, besteht aus dunklem Sand und Kies und ist lang, aber sehr schmal. Es gibt eine Reihe von Fischtavernen, zu deren Spezialitäten die viel gerühmten Sardellen aus dem Golf von Kalloní zählen.

Man sieht es nur mit viel Phantasie, doch vor hundert Jahren lag hier einer der wichtigsten Häfen der Insel. Damals wurden von Skála Polichnítou nicht nur Kalkstein, Salz und Olivenprodukte verschifft, sondern auch hoch geschätzter Anis, der bis nach Venedig und Odessa exportiert wurde. An die goldenen Zeiten des Örtchens erinnert nur noch die verfallene Villa des Großkaufmanns Kaliabey an der Hauptstraße. Als einziger Wirtschaftszweig hat die Erzeugung von Salz die Zeiten überdauert. In den *Alikí* genannten Salinen, die sich nördlich des Dörfchens erstrecken, wird im September das Salz geerntet, nach

Thessaloníki verschifft und aufbereitet wieder zurückgebracht. Mittlerweile ist hier auch ein (unregelmäßig geöffnetes) kleines Museum untergebracht, das unter anderem Fotos von Salzgärten in ganz Europa ausstellt. Der Kustode führt gerne durch die umliegenden Salinen; wer eine kleine Tüte dabei hat, bekommt vielleicht sogar etwas Salz abgefüllt. In den Salzgärten leben rund ums Jahr viele Stelzvögel, darunter gelegentlich auch Flamingos. Reizvoll ist auch das Farbenspiel der ausgedehnten Salzbecken, die sich umso dunkler färben, je mehr Wasser verdunstet ist. Bei Sonnenuntergang nehmen sie alle Farbtöne zwischen rosa und violett an – passionierte Fotografen sollten dann einmal dort vorbeischauen.

• *Übernachten* **Zimmer mit Aussicht**, an der Strandstraße nach Norden. Zwölf ordentliche Zimmer, alle mit Balkon, DZ/Bad nach Saison knapp 25-30 €, das in jeder Hinsicht hervorragende Frühstück geht extra. Gute Tipps und Informationen über die Region gibt´s von Lésbos-Kennerin Erika Meyer (von der auch die meisten Wanderungen in diesem Buch stammen) und Lefteris Papafilippou gratis. Auch Verkauf von selbst produziertem Olivenöl. Geöffnet ist Mitte März bis November, ✆ und ℻ 22520 42678, Handy 693 7925435; www.ppfi.de/lesbos.htm.

Taverne T'Astería, ebenfalls an der Strandstraße zu den Salinen, vermietet auch einige Zimmer. Geöffnet Juni–September, sonst nur am Wochenende. ✆ 22520 41041.

Fotogen: Salinen bei Skála Polichnítou

▶ **Nifída**: Etwa zwei Kilometer westlich von Skála Polichnítou gelegen, verfügt das kleine Streudorf über einen deutlich besseren Strand: Mehr als einen Kilometer weit erstreckt sich die dunkle Mischung aus Sand und Kies, beschattet von Tamarisken. Außer bei Nordwind zeigt sich das Wasser des Golfs auch hier meist von der ruhigen Seite. Der Strand selbst könnte zwar etwas besser gepflegt sein, doch ist immerhin die Wasserqualität in Ordnung. Es gibt einige Restaurants mit Zimmervermietung und ein Hotel (Nifída, B-Kat., ✆ 22520 41841), das jedoch selten gut gebucht ist.

• *Essen* **Taverne Giotis**, mit Abstand das beliebteste Lokal von Nifída – auch wenn alle anderen Tavernen leer sind, herrscht hier meist immer noch reger Betrieb. Nützlich an kalten Abenden und außerdem sehr gemütlich ist das Kaminzimmer, auch wenn das Feuer natürlich nur im Winter brennt; zu essen gibt es Fischgerichte und viele leckere Kleinigkeiten.

Wanderungen ab Skála Polichnítou und Polichnítos

Wanderung 7: Quellen- und Klosterwanderung ab Skála Polichnítou

Route: Skála Polichnítou – Quelle Lisvóri – Kloster Damandríou – Polichnítos; **Distanz**: Insgesamt 22 km, ohne Klosterabstecher 14 km; **Wanderzeit**: 5 Stunden; **Einkehr**: im Sommer eventuell Gelegenheit an der Quelle Lisvóri (siehe auch oben, ✆ 22520 71159), sonst nur in den Start- und Zielorten.

Verbindungen: Wer nicht in Skála Polichnítou Quartier genommen hat, wird wahrscheinlich per Bus von Mytilíni nach Polichnítos anreisen. Von hier nach Skála Polichnítou kann man sich entweder in der Hauptgeschäftsstraße ein Taxi (✆ 22520 41218) nehmen oder vier Kilometer auf der wenig befahrenen Straße gehen.

Charakteristik: Eine Wanderung durch hügeliges, landwirtschaftlich genutztes Gartengebiet. Höhepunkt ist der Besuch der heißen Quelle Lisvóri (Badepause, siehe dazu auch oben im Abschnitt vor dem Text zu Polichnítos); wer weiter zum Kloster und/oder nach Polichnítos möchte, muss Teilstrecken auf Asphaltstraßen zurücklegen. Für den Klosterbesuch ist angemessene Kleidung (keine Shorts) vonnöten.

Verlauf: Die Wanderung beginnt bei den Salinen (Alikí) am nördlichen Ende von Skála Polichnítou. Wir gehen die erste Abzweigung hinter dem Salzgewinnungsgelände nach rechts, vorbei an einem Haus mit einer hohen Palme. Die erste Abzweigung linker Hand ignorieren wir und biegen erst nach etwa 5 min. links ab (Markierung: blauer Punkt), kommen dann an einer kleinen Kirche vorbei. Der Weg geht in einen Pfad über, führt im leichten linken Bogen an einem Feld entlang, später im rechten Bogen auf einen Sandweg zu. Wir überqueren ihn und bleiben (auch durch ein schilfiges Bachbett hindurch) so lange auf dem Weg, bis an einer neuen Asphaltkreuzung ein Schild den Weg nach rechts zu den "Hot Springs" weist. Gleich darauf folgt ein Gewächshaus mit langstieligen Rosen; 100 m weiter rechts liegen zwei kleine Badehäuschen aus der Türkenzeit, mit einem neueren "Kurhaus" daneben. Nach einem Bad in dem heißen Wasser hier ist man ganz schön schlapp! In der im Sommer manchmal geöffneten Taverne gibt es nette Kleinigkeiten zu essen.

Wer nach der Pause nicht auf demselben Weg zurückgehen möchte, wandert auf dem Sandweg weiter Richtung Südosten, bis zur Asphaltstraße Mytilíni-Polichnítos; Richtung Polichnítos sind es hier rechter Hand noch etwa 1,5 km. Haben Sie dagegen noch Energie, Lust und entsprechende Kleidung, das Kloster Damandriou zu besuchen, dann gehen Sie an der Straße links nach Nordosten, bis nach 2 km rechter Hand ein Schild auf den Sandweg weist, der zum 2 km entfernten Kloster führt. Ein gewisses Risiko birgt dieser Umweg: Das Kloster ist nur dann zugänglich, wenn die einzige verbliebene Nonne anwesend ist. Interessant sind hier besonders die mysteriösen Wandmalereien aus dem 14. oder 15. Jh., die den hl. Damandriou mit einer Nonne zeigen. Zurück geht es auf demselben Weg und über Asphalt bis Polichnítou; eventuell kann man auch versuchen, einen Bus anzuhalten.

Wanderung 8: Von Polichnítos zur Südküste

Route: Polichnítos – Vaterá; **Distanz**: nach Vaterá-Zentrum ca. 13 km; **Dauer**: rund 3 Stunden; **Einkehr**: nur in den Start- und Zielorten.

Verbindungen: Die Buslinie Mytilíni-Polichnítos wird rund ums Jahr bedient. Busse von Vaterá nach Polichnítos/Mytilíni verkehren dagegen nur zur Sommersaison; wer außerhalb dieser Zeit unterwegs ist, muss zurückmarschieren, ein Taxi aus Polichnítos (✆ 22520 41218) anfordern oder in Vaterá übernachten.

Charakteristik: Eine Wanderung durch hügelige Landschaft ans Meer, bei der nur geringe Höhenunterschiede überwunden werden müssen. Das erste Stück ist auf einer Asphaltstraße zurückzulegen.

Verlauf: Von Polichnítos folgt man der Straße nach Vaterá auf etwa 3 km bis zur alten Brücke in einer Linkskurve. Hier biegen wir bei einer Ziegelei rechts ab und folgen den meerwärts führenden Sandwegen, bleiben dabei vorerst immer auf der westlichen Seite des Flussbettes. Wir ignorieren die erste Abzweigung nach rechts; etwas später taucht linker Hand ein alter Wachturm auf. Auch am nächsten, rechts aufwärts abzweigenden Weg bleiben wir auf unserer bisherigen Piste, folgen dem kurzen Knick nach Osten und biegen dann rechts ab (der andere Weg führt nach Vrissá), überqueren also das Flussbett hier noch nicht. An der nächsten Gabelung geht es links, bei der nächsten Ecke auf der Brücke über den Fluss und dann wieder rechts, immer parallel zum Flussbett bis zum westlichen Ende des kilometerlangen Strandes von Vaterá. Von hier sind es noch knapp 2 km bis zur großen Kreuzung, dem "Zentrum" des Ferienortes.

Abstecher zum Kap Ágios Fokás: Auf dem Weg zum Meer sieht man im Südwesten das kleine Kirchlein am Kap

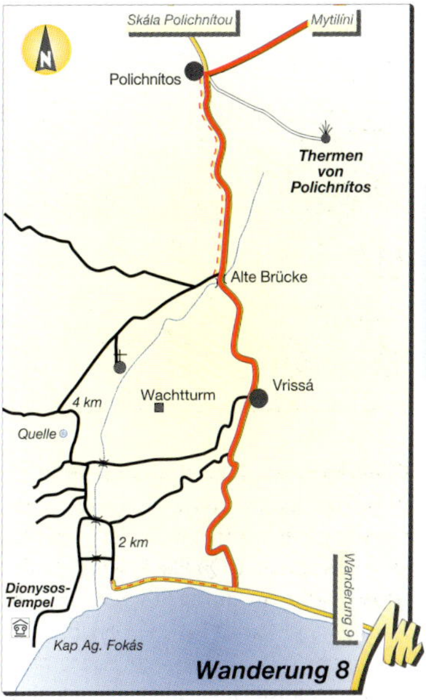

Ágios Fokás, an dem sich auch eine gute Fischtaverne findet (siehe dazu auch unten). Um dorthin zu gelangen, biegt man bald nach Passieren einer weiteren, linker Hand gelegenen Ziegelfabrik über ein kleines Brücklein nach Westen (rechts) ab und folgt dann dem Sandweg; nach etwa 40 min. ist das Kap erreicht.

Karte siehe S. 130/131

Der Storch auf dem Kamin: fast schon ein Wahrzeichen von Polichnítos

Vríssa

Das alte, kompakte Dorf liegt fünf Kilometer südlich von Polichnítos kurz vor Vaterá. Der Kontrast könnte nicht größer sein: Von Feldern und Olivenhainen umgeben, im Zentrum eine gemütliche, platanenbestandene Platía, scheint sich Vríssa in den letzten Jahrhunderten nur wenig verändert zu haben – von der Tankstelle an der Umgehungsstraße einmal abgesehen. Vrissás ganzer Stolz ist das 1999 eröffnete Naturgeschichtliche Museum.

Natural History Collection: Wichtigster Bestandteil der kleinen Ausstellung sind die Funde einer erst 1997 bei Vaterá entdeckten Ausgrabungsstätte, aus der zahlreiche, rund zwei Millionen Jahre alte Fossilien geborgen worden. Damals (und bis etwa 20.000 v. Chr.) bildete Lésbos noch einen Teil von Kleinasien, das Klima war wesentlich wärmer als heute und ähnelte dem der afrikanischen Savanne. Ans Licht kamen Überreste von Antilopen, Elefanten und einer besonderen Pferderasse, außerdem der Panzer einer Schildkröte, die die Größe eines VW-Käfers hatte; eine Reproduktion des mächtigen Tiers steht im Hof des Museums. Aufschlussreich war auch die Entdeckung einer Primatenart, deren besondere Fußknochen es ihr ermöglichten, auf zwei Beinen zu gehen. Weitere Räume des Museums enthalten Vulkangesteine, versteinerte Bäume aus der Region sowie eine Sammlung etwas verstaubter Tier- und Pflanzenpräparate.

Lage und Öffnungszeiten Das Museum liegt im Ortskern, aus Richtung Polichnítos geht es hinein nach Vrissá und dann immer den Schildern Richtung Vaterá nach. Geöffnet ist täglich, im Sommer 9-19 Uhr, sonst 9.30-15 Uhr; Eintrittsgebühr 1 €.

Vaterá

Der längste Strand der Insel konnte wohl nicht unberührt bleiben: In der einst entlegenen Ecke hat sich binnen weniger Jahre ein winziger Fischerhafen in eine Ferienkolonie der verstreuten Häuser und langen Wege verwandelt.

Fast zehn Kilometer Sand und feiner Kies, zwischen 30 und 50 Meter breit – soviel hat keine andere Region auf Lésbos vorzuweisen. Es verwundert nicht, dass aus dem kleinen Nest Vaterá ein Ferienziel der Marke "Strand satt" wurde. Die Metamorphose geschah in kürzester Zeit: Von "zwei kleinen Pensionen" berichtete 1990 ein damals gerade erschienener Reiseführer; wenige Jahre später waren es bereits vier Hotels, von den zahlreichen neuen Pensionen, Privatvermietern und Tavernen nicht zu reden. Mittlerweile erstreckt sich die junge Siedlung, eigentlich nichts weiter als eine aufgelockerte Ansammlung vereinzelt stehender Häuser, über rund sieben (!) Kilometer parallel zum Strand. Dörfliche Idylle sollte sich da niemand erwarten, ebensowenig ein gewachsenes Ortszentrum oder gar eine gemütliche Platía; stattdessen weist ein Schilderwald am Meer dem Besucher den Weg. Trotz allem ist die Atmosphäre bodenständig geblieben. Besonders für Familien mit Kindern mag sich die Siedlung auch für längeren Aufenthalt eignen – sofern sie den richtigen Zeitpunkt erwischen.

Obwohl auch mitteleuropäische Reiseveranstalter langsam Geschmack an Vaterá und seinem mit der "Blauen Umweltflagge" prämierten Strand finden, sind es bislang nämlich noch in erster Linie griechische Urlauber, die den Ort besuchen. Entsprechend gestaltet sich auch der Saisonablauf: Im Juli und August herrscht Hochbetrieb in den Bars und der inselweit bekannten Disco, im Mai oder Oktober hat dagegen fast alles noch oder schon wieder geschlossen. Vaterá liegt dann praktisch verwaist – viel mehr als vielleicht fünfzig ständige Einwohner hat die Raum greifende Siedlung nämlich wohl immer noch nicht.

• *Verbindungen* **Bus**: Von/nach Mytilíni über Polichnítos zur Saison Mo–Fr 4-mal, Sa/So 2-mal täglich.

Mietfahrzeuge: Beim Hotel Aphrodite, ✆ 22520 61288.

• *Übernachten/Essen* Privatzimmer sind an sich reichlich vorhanden, doch kann es zur Nebensaison schwer werden, überhaupt einen Vermieter aufzutreiben. In der Hochsaison sind die Zimmer dagegen schnell ausgebucht; gleichzeitig ziehen die Preise ordentlich an.

Hotel Vaterá Beach (C), westlich der Kreuzung nach Polichnítos; durch die Uferstraße vom Strand getrennt. Kleineres, sympathisches Mittelklassehotel mit 24 Zimmern, 1989 von der charmanten Amerikanerin Barbara und ihrem im Filmgeschäft tätigen griechischen Mann George errichtet. Prima Küche mit einem Herz auch für Vegetarier, Halbpensionsgäste finden breite Auswahl. Viele Stammgäste, als besonderer Service wird zur Saison ausländische Presse geboten. Zimmer mit Klimaanlage und Kühlschrank, DZ/Bad/F nach Saison 50-80 €, bei Vorausbuchung via Internet oder Fax geht´s auch mal günstiger. Zwei Familienzimmer gibt es ebenfalls, Studios werden vermittelt. Geöffnet April bis Oktober; ✆ 22520 61212, ℻ 22520 61164, www.vaterabeach.gr und www.our-lesvos.com.

Hotel Aphrodite (C), ein ganzes Stück weiter östlich in Richtung Plomári, von Leserin Maria Klausmann als Unterkunft besonders für Urlaub mit Kindern empfohlen: "Sauber, gutes Essen, ein netter Familienbetrieb". Für das DZ/Bad/F ist je nach Saison mit ca. 30-100 € zu rechnen; daneben gibt es auch Studios. Ein Fahrzeugverleih ist angeschlossen.

Karte siehe S. 130/131

Träge: Wasserschildkröten bei der Brücke Richtung Kap

Geöffnet April bis Oktober, ✆ 22520 61588 und 22520 61728, ✆ 22520 61128, www.aphroditehotel.gr.

House Voudouris, fünfzig Meter westlich des Hotels Vaterá Beach. Insgesamt drei Häuser, in denen Apartments mit einem und zwei Zimmern zu mieten sind. Geöffnet ist ab April bis in den Oktober; Preisniveau für das kleine Apartment je nach Saison und Aufenthaltslänge etwa 25/30 bis 45/50 €. ✆ / ✆ 22520 61310, www.house-voudouris-lesvos.com.

• *Camping* **Dionysos Club**, etwa zweihundert Meter vom Strand, beschildert. Noch recht neuer, sehr komfortabler Platz mit entsprechend hohem Preisniveau. Swimmingpool, Laden, Restaurant und Bar, alles da, auch eine Disco – letztere vielleicht nicht zu jedermanns nächtlicher Freude ... Es gibt sogar einige Leihzelte; Bungalows werden ebenfalls vermietet, ein Hotel ist angeschlossen. Geöffnet Mai–September; ✆ 22520 61151, ✆ 22520 61155.

Kap Ágios Fokás: Etwa drei Kilometer westlich des Ortsrands von Vaterá versammeln sich auf dem Kap des hl. Fokás gleich mehrere Kultbauten. Vom einstigen *Dionysos-Tempel* blieben freilich, ebenso wie von einer nahen frühchristlichen Basilika, nur Grundmauern; die kleine Kapelle daneben ist von keinem kunstgeschichtlichen Interesse. So ist es denn vor allem die Taverne am Kap, die heute Besucher anzieht – und das zu Recht, denn hier gehen die Wirtsleute noch selbst auf Fischfang. Außerhalb der Saison wird nur am Wochenende geöffnet. Zu erreichen ist das Kap über die Strandstraße westwärts; nach einer Weile biegt sie landeinwärts ab und verwandelt sich in eine Piste. Bald darauf geht es dann links über eine kleine Flussbrücke, unter der sich die Wasserschildkröten zu Dutzenden tummeln; übrigens ist das Flüsschen auch für Vogelbeobachter ein Paradies. Ab dem "Zentrum" an der Kreuzung dauert der Spaziergang zum Kap und zurück etwa zwei Stunden.

Richtung Plomári enden der Strand und die projektierte, im Bau aber bislang unterbrochene Küstenstraße einige Kilometer östlich von Vaterá an einem spitzen Felsen, in dessen Nähe ein Hotelneubau steht, der seit vielen Jahren unfertig ist. Eines der vielen Gerüchte glaubt zu wissen, ein Athener Unternehmer plane hier eine große Freizeitanlage mit Marina und sogar einem Hubschrauberlandeplatz, warte aber noch auf den endgültigen Bau der Küstenstraße – weit hergeholt muss das nicht sein. Solange die Straße nicht fertiggestellt ist, bleibt man Richtung Osten auf weite Umwege angewiesen; Details im Kapitel über Plomári, Abschnitt "Von Plomári nach Vaterá".

Wanderung 9: Strandwanderung ab Vaterá

Route: Vaterá – Dróta – Vaterá; **Distanz**: Ab der großen Kreuzung in Vaterá rund 16 km; **Dauer**: 3,5 Stunden; **Einkehr**: Tavernen in Dróta.

Charakteristik: Eine schattenlose Wanderung entlang schier endloser Strände. Auf einem kurzen, etwas schwierigeren Stück ist Gleichgewichtssinn nötig.

Verlauf: Von der großen Kreuzung am Meer mit ihrem skurrilen Schilderpark folgen wir der Straße oder dem Strand in östliche Richtung. Mehrere Kilometer geht das so, bis zunächst die Hauptstraße ins Inselinnere abbiegt und wir wenig später, in der Nähe des linker Hand liegenden Hotelneubaus, vor dem oben angesprochenen spitzen Felsen am Strand stehen. Bei Südwind muss man die Schuhe ausziehen, um dorthin zu gelangen. Wir lassen uns jedoch nicht irritieren, sondern gehen direkt links an dem Felsen vorbei. Der folgende kurze Abstieg ist etwas unbequem, doch entschädigt uns gleich darauf ein weiterer, oft völlig menschenleerer Traumstrand. Diesem folgen wir nun für etwa 40 min. nach Osten, bis links, unter Bäumen in einer

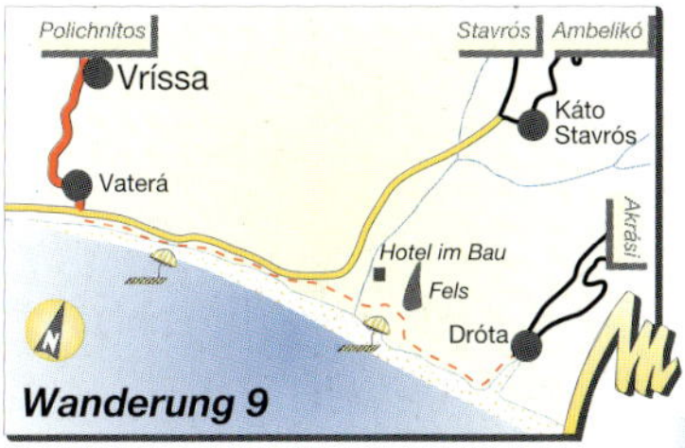

Schlucht versteckt, das Dörfchen Dróta auftaucht. Und hier finden wir genau die malerische kleine Taverne, die wir uns vorgestellt haben ... Der Rückweg erfolgt in umgekehrter Richtung.

• *Übernachten/Essen* Es gibt zwei Tavernen in Dróta, beide sind nur im Sommer geöffnet. Die freundlichere der beiden liegt im Parallelweg zum Strand, 10 m von der großen Platane; hier, bei Familie Kourtellis, kann man auch preiswerte Zimmer mieten (Minimum 1 Woche, ✆ 22520 91116 o. 22520 91130); die andere Taverne liegt zwei Häuser weiter mit Blick aufs Meer.

Was haben Sie entdeckt?

Haben Sie *den* Strand auf Lésbos gefunden, eine freundliche Taverne weitab vom Trubel, ein nettes Hotel mit Atmosphäre, einen schönen Wanderweg? Und welcher Tipp war nicht mehr so toll?

Wenn Sie Ergänzungen, Verbesserungen oder neue Informationen zum Lésbos-Buch haben, lassen Sie es mich bitte wissen!

Bitte schreiben Sie an:

Thomas Schröder
Stichwort "Lésbos"
c/o Michael Müller Verlag
Gerberei 19
91054 Erlangen
E-Mail: thomas.schroeder@michael-mueller-verlag.de

Karte siehe S. 130/131

Am Hafen von Skála Kallonís: Der Golf bietet reiche Beute

Die Inselmitte um den Golf von Kalloní

An drei Seiten von Höhenzügen begrenzt, wird das flache bis hügelige Gebiet um den Golf von lichten Olivenhainen geprägt. Für die meisten Reisenden stellt es nur eine Durchgangsstation dar. Interessante Ausflugsziele gibt es aber durchaus.

Wer in den Norden und Westen von Lésbos will, durchquert fast zwangsläufig die Ebene am Golf von Kalloní. Doch so heiter sich die Landschaft auch ausnimmt, halten sich doch nur wenige Besucher hier länger auf. Das liegt zum einen wohl daran, dass es kaum Dörfer mit Übernachtungsmöglichkeiten gibt, vom hauptsächlich von Familien und Vogelliebhabern besuchten Ferienort *Skála Kallonís* einmal abgesehen, zum anderen auch an der eher geringen Attraktivität des Golfs als Badeziel – das ruhige Meer wirft kaum Wellen und die grausandigen, schattenlosen Strände wirken doch etwas öde.

Zwar ist der Golf von Kalloní also nicht unbedingt die bevorzugte Ferienregion der Insel, doch finden sich in seiner Umgebung eine ganze Reihe reizvoller, abgelegener Ausflugsziele. Meist sind es historische Bauten, die ihre Anziehungskraft vor allem dem Zusammenspiel mit der Landschaft, weniger ihrem guten Erhaltungszustand verdanken. Die Skala reicht von Resten der Tempelanlagen *Méssa* und *Klopedí* über einen römischen Aquädukt bei *Lámbou Míli* bis zur frühchristlichen *Basilika Chalinádou*. Jüngeren Datums und ebenfalls einen Besuch wert ist das Kloster *Limónos* bei Kalloní, wohl das interessanteste der Insel.

Die Inselmitte um den Golf von Kalloní
Karte siehe S. 165

Von Mytilíni nach Kalloní

Bis zu den Kreuzungen im Umfeld des Golfes von Géra ist diese viel befahrene Hauptstraße der Insel im Kapitel "Von Mytilíni nach Agiássos und Plomári" beschrieben.

Der Aquädukt von Lámbou Míli

Lámbou Míli ist das erste Dorf westlich der Abzweigung nach Agiássos, eine lang gezogene Siedlung ohne besonderen Reiz. Anders der römische Aquädukt außerhalb der Siedlung, der einst Teil jener Leitung war, die Mytilíni mit Wasser aus dem Gebiet von Agiássos versorgte. Zwar ist er wesentlich kleiner und auch nicht mehr so gut erhalten wie sein Äquivalent bei Mória, doch liegt er mindestens ebenso idyllisch.

Spaziergang zum Aquädukt: Der Aquädukt ist auch Ziel unserer längeren Wanderung 6, die im Abschnitt unter Agiássos beschrieben ist und natürlich auch in der Gegenrichtung begangen werden kann; dann allerdings ist mit kräftigen Anstiegen zu rechnen. Hier nur ein kurzer Abstecher ab Lámbou Míli: Westlich des Ortes steigt die Straße zu einem kieferbestandenen Hügelrücken an; etwa 800 Meter hinter dem Schild am Ortsausgang zweigt vor einer Rechtskurve der Straße linker Hand ein Feldweg ab, beschildert "Paspala". Von diesem Weg biegt man bereits nach etwa 15 Metern rechts ab, vorbei an einem U-förmigen, ausgemauerten Graben, der militärischen Zwecken dient. Wenige Meter weiter trifft man auf einen mit blauen Kreuzen gekennzeichneten, in halber Talhöhe verlaufenden Weg, der linker Hand zum Aquädukt führt. Insgesamt dauert der Spaziergang etwa eine halbe Stunde.

Hinter Lámbou Míli überquert die Straße einen Hügelrücken, der mit ausgedehnten Kiefernwäldern bewachsen ist, und senkt sich dann wieder hinab zur Ebene des Golfs von Kalloní. Hat man den Tempel von Méssa (siehe unten) passiert, streift die Hauptstraße am Nordufer des Golfs ein Sumpfgebiet; im Süden spiegeln die glänzenden Flächen ausgedehnter Salinen (Alikí) die Sonne. Dort sieht man oft ganze Schwärme von Flamingos stehen, die sich ganzjährig hier aufhalten und sogar brüten. Wenig später zweigt bei einer Tankstelle linker Hand die Straße in das drei Kilometer entfernte Dorf Agía Paraskeví ab; geradeaus erreicht man nach ebenfalls drei Kilometern das lokale Zentrum Kalloní.

Tempel von Méssa

Nur wenige hundert Meter nördlich der heutigen Hauptstraße liegen im sumpfigen, überwucherten Schwemmland des Golfs die Reste des einst bedeutendsten Tempels der Insel: Aufgrund seiner zentralen Lage gilt Méssa als panlesbisches Heiligtum, das wohl allen antiken Städten der Insel als kultisches Zentrum und Versammlungsort diente. Vermutlich standen hier auch schon jene Altäre, die der archaische Lyriker *Alkaios* in einem seiner Gedichte als den Göttern Zeus, Hera und Dionysos geweiht beschrieb.

Die Reste des Tempels, die im 19. Jahrhundert vom deutschen Archäologen Koldewey ausgegraben wurden, datieren dagegen wahrscheinlich aus dem späten 4. Jh. v. Chr. Erhalten blieben leider nur die Grundmauern eines sogenannten Pseudodipteros, dessen Säulenumgang – im Gegensatz zum Dipteros – nur von einer äußeren Reihe Säulen gestützt wurde. Auf dem romantisch verwilderten Gelände stehen auch die Ruinen eines christlichen Gotteshauses; geradezu ein Symbol der systematischen Besetzung "heidnischer" Heiligtümer durch die Kirche.

• *Lage und Öffnungszeiten* Der etwa 800 Meter lange Fahrweg zweigt von der Hauptstraße in nördlicher Richtung ab, aus Richtung Mytilíni nach einer Brücke und noch vor der Kreuzung mit der Piste Richtung Polichnítos; beschildert "Archaeological site of Messon". Alle Busse der Linie Mytilíni-Kalloní und umgekehrt stoppen bei Bedarf (dem Fahrer Bescheid sagen). Geöffnet ist Di–So 8.30-15 Uhr.

Antikes Pyrra/Richtung Polichnítos: Wenige hundert Meter westlich des Feldwegs nach Méssa zweigt linker Hand eine Straße ans Ostufer des Golfs ab, beschildert mit "Polichnítos". Folgt man ihr, gelangt man ins Gebiet von Achladerí. In der Antike lag hier das Siedlungsgebiet der Stadt Pyrra, die nach einem Erdbeben 231 v. Chr. von den Fluten des Golfs verschlungen wurde; bei ganz stiller See soll man noch Reste der Hafenanlagen und Häuser im Wasser des Golfs erkennen können.

Im weiteren Verlauf wendet sich die Straße von der Küste ab und führt hinauf zur Hauptstraße nach Polichnítos, auf die sie kurz vor Vassiliká trifft. Hält man sich hingegen weiter immer in Meeresnähe, kommt man mit etwas Orientierungssinn über Pisten bis nach Skála Políchnitou, alternativ über eine schmale Asphaltstraße nach Vassiliká. Unterwegs trifft man auf hübsch gelegene, jedoch nicht immer geöffnete Tavernen.

Wanderung 10: Strandwanderung nach Skála Kallonís

Route: Tempel von Méssa – Skála Kallonís; **Distanz**: 12 km; **Wanderzeit**: 2,5 Stunden; **Einkehr**: Nur in Skála Kallonís.
Verbindungen: Die Anfahrt ist mit allen Bussen der Linie Mytilíni-Kalloní (und umgekehrt) möglich, also auch mit den Bussen von/nach Pétra und Mólivos sowie in den Westen von Lésbos. Wer nicht in Skála Kallonís übernachten will, kann auf Asphalt weiter nach Kalloní wandern (gut 3 km) oder ein Taxi nehmen.

Charakteristik: Eine schattenlose Wanderung entlang des Golfs von Kalloní. Tavernen oder Quellen gibt es unterwegs nicht; vor allem ein ausreichender Trinkwasservorrat ist also sehr wichtig.

Verlauf: Die Wanderung beginnt am Tempel von Méssa. Wir folgen dem Feldweg zurück zur Hauptstraße Mytilíni-Kalloní. Hier halten wir uns rechts und folgen dem Asphaltband für einige hundert Meter, bis linker Hand die Piste nach Achladerí abzweigt. Wir nehmen jedoch nicht diese Piste, sondern den von ihr in spitzem Winkel nach rechts abzweigenden Weg ans Ufer des Golfs. Jetzt geht es für etwa 2 Stunden immer einfach am Strand entlang bis Skála Kallonís; wer die Augen offenhält, hat unterwegs reichlich Gelegenheit, Muscheln zu sammeln.

Agía Paraskeví

Das große Dorf im Hügelland oberhalb der Golfebene besitzt eine ganze Reihe uriger Tavernen und Kafenía, wird aber nur selten von Fremden besucht. Fremdenverkehr hat Agía Paraskeví auch gar nicht nötig, lebt man hier doch in erster Linie von der Landwirtschaft und Viehzucht. Und das nicht eben schlecht: Agía Paraskeví gilt als eines der reichsten Dörfer ganz Griechenlands. Ein guter Teil des Wohlstands ist sicher auch auf die Cleverness der Einwohner zurückzuführen – so wählte man sich als Bürgermeister einen des EU-Rechts kundigen Juristen aus Mytilíni ...

- *Verbindungen* Nur karge Busverbindungen ab Mytilíni; in der Regel bleibt man darauf angewiesen, einen Bus Richtung Kalloní zu nehmen und an der Hauptstraße bei der Tankstelle auszusteigen; ab dort noch gut drei Kilometer.
- *Lesbian Wildlife Hospital* "Der holländische Unfallchirurg Dr. Joris Peeters und seine Frau Ineke haben in einem Pinienwäldchen auf einem Hügel hinter der Schule eine Reihe von Gehegen errichtet, in denen sie verletzte Wildtiere (von Uhus bis zu Schildkröten) nach Operation und Behandlung pflegen und ausheilen, um sie anschließend wieder in Freiheit zu entlassen. Ihr kleines Haus in einem versteckten Gässchen ist Pflegestation auch für viele Singvögel, Katzen und Hunde. Die Station lebt vom grenzenlosen Idealismus der Betreiber und von Spenden und verdient kräftige Unterstützung. Eine günstige Besuchszeit ist zur täglichen Fütterung, da die Gehege viel leichter zu finden sind als das Haus", so der Leserbrief von Dr. Dr. h.c. Wolfgang Pircher. Wer ein verletztes Tier gefunden hat und ihm helfen (oder auch ein Not leidendes Tier mit nach Hause nehmen) will, ist hier an der richtigen Adresse. Anfragen bzw. die vor einem Besuch erwünschte Anmeldung unter ✆ 22530 32006; www.wildlifeonlesvos.org.

Die Stieropferfeste von Agía Paraskeví: Landesweiten Ruf erlangt hat das Dorf vor allem durch die traditionellen Stieropfer, die alljährlich im Frühjahr Anlass eines großen Festes sind. Ohne groß zu spekulieren, darf man diesen Brauch in seinen Grundzügen wohl auf vorchristliche Kulte zurückführen – wie in Mandamádos ist er jedoch auch hier ins schicklichere Gewand einer christlichen Legende gehüllt.

Der Räuber, der Stier und der heilige Charalambos

Es war zur Zeit der Türkenherrschaft, als einem Bauern namens Malomitis sein Stier verlustig ging. Die Suche nach dem Tier führte den guten Mann in eine abgelegene Bergregion im Südosten, deren Betreten die Behörden den Griechen verboten hatte; vielleicht mit gutem Grund, wurde sie doch von einem türkischen Räuber unsicher gemacht. "Tauros", Stier, nannte man den Berg, auf dem eine verfallene kleine Kapelle stand, die dem heiligen Charalambos geweiht war. Während sich Malomitis nun vor Unbehagen schwitzend nach seinem Stier umsah, erschien ihm plötzlich die Gestalt eines Mönchs, wies den verdutzten Bauern an, beim Kirchlein zu suchen – und war wie vom Erdboden verschluckt. Malomitis tat wie ihm geheißen, fand den Stier auch, zu seinem Entsetzen allerdings in Gesellschaft des türkischen Räubers. Der jedoch sagte: "Nimm deinen Stier und danke dem Heiligen dieses Berges. Dreimal habe ich mit meinem Gewehr auf dich gezielt, und dreimal warst du plötzlich verschwunden. Nach Hause mit dir, und zünde deinem Heiligen eine Kerze an!" Malomitis eilte ins Dorf und berichtete vom Wunder. Noch am selben Abend begaben sich der Priester und die Dorfältesten mit der Ikone des Heiligen zu dessen Kapelle. Durch den Kerzenschein wurden die Türken aufmerksam auf den verbotenen Zug und eilten waffenstarrend herbei, die Dörfler zu bestrafen. Als sie jedoch die Geschichte hörten, zeigten sie sich einsichtig und gestatteten dem Dorf fortan, die Kapelle des heiligen Charalambos wieder aufzubauen und fortan alljährlich eine Prozession und einen Dankgottesdienst abzuhalten.

Das Stieropferfest wird in seiner heutigen Form seit 1774 gefeiert, und zwar aus klimatischen Gründen nicht am 10. Februar, dem Jahrestag des heiligen Charalambos, sondern an einem Wochenende Ende Mai oder Anfang Juni. Gespendet wird das Opfertier von einem Bürger des Dorfes, wobei eine regelrechte Auktion um dieses Recht stattfindet. Das Fest beginnt am Donnerstag mit einer Prozession, bei der der geschmückte Stier durch das Dorf geführt wird. Am Freitag wird der Stier geweiht, am Samstag zur nahe der Ostküste gelegenen Kapelle des heiligen Charalambos gebracht. Hier findet auch die Opferung statt, die heute ein Metzger vornimmt. In das Blut des Stieres taucht man Wattebäusche und malt sich damit Kreuze auf die Stirn. Das Fleisch wird über Nacht zusammen mit Weizenkörnern zu der *Keskétsi* genannten, traditionellen Festspeise gekocht und am Sonntag nach dem Gottesdienst dann verzehrt, bevor die Teilnehmer nach Agía Paraskeví zurückkehren. Abschluss des viertägigen Festzyklus ist ein wildes Pferderennen, dessen Sieger die Herzen der Dorfschönen gewiss sind.

Karte siehe S. 165

Inmitten friedvoller Olivenhaine: Basilika Chalinádou

• *Termine* Ende Mai oder im Juni; weitere Stierfeste finden, ebenfalls im Zeitraum Mai/Juni, in den südöstlich von Agía Paraskeví gelegenen Dörfern Kómi und Pigí statt, außerdem bei Mandamádos (siehe dort). Die genauen Daten der "bull feasts" wechseln allerdings jährlich und sind auch nicht eben leicht in Erfahrung zu bringen.

Umgebung von Agía Paraskeví

Im Umkreis des Binnendorfs verstecken sich einige kaum besuchte Altertümer. Sie liegen etwas abseits der gängigen Routen und lohnen die Mühen eines Besuchs weniger ihrer Architektur wegen als aufgrund ihrer reizvollen Umgebung. Beachten Sie bitte auch die Wanderung 12, die entgegen der beschriebenen Richtung auch in Agía Paraskeví gestartet werden kann.

Basilika Chalinádou: Gut fünf Kilometer Piste sind es von Agía Paraskeví zu den malerischen Ruinen der frühchristlichen Kirche des heiligen Georg, die aus der zweiten Hälfte des 6. Jh. stammt. 1937 wurden ihre Überreste ausgegraben und in einsamer Landschaft inmitten von Olivenhainen wieder aufgestellt. Manchmal brennen einige Kerzen an einem improvisierten Altar, aufgestellt vielleicht von einem Schäfer – ein friedliches, fast mystisches Plätzchen, das allmählich wieder von Büschen und Sträuchern überwuchert wird.

Wegbeschreibung: Die Basilika steht an der Piste nach Kómi und Pigí. In Agía Paraskeví zweigt man ganz hinten, an der letzten Ballung von Kafenía, rechts von der Hauptstraße ab, nach wenigen Metern dann links den Hügel hoch; nun immer geradeaus, vorbei an einer Kaserne und einem Müllplatz. Nach etwa vier Kilometern durchquert die Piste ein meist trockenes Bachtal; etwa 800 Meter weiter steht rechter Hand die Kirche. Wanderer müssten der Karte zufolge in etwa zwei Stunden durch das Bachtal und anschließend durch das größere, sommertrockene Tal des Flusses Mylópotamos zur Hauptstraße Mytilíni-Kalloní, knapp östlich des Salinengebietes, absteigen und dort einen Bus Kalloní-Mytilíni anhalten können.

Kalloní

Der Hauptort des Golfs, gleichzeitig Verwaltungszentrum des Bezirks Míthimna (Mólivos) liegt in brettebener Landschaft, umgeben von ausgedehnten Olivenhainen. Kalloní ist keine Schönheit und bietet auch keinerlei Sehenswürdigkeiten, stellt jedoch an der Kreuzung wichtiger Verkehrswege das Versorgungszentrum seiner Umgebung dar: Das große Binnendorf verfügt über Banken, eine Post, Tankstellen und gute Einkaufsmöglichkeiten. Letztere haben auch schon begonnen, sich allmählich auf touristische Bedürfnisse einzustellen, schließlich liegt mit dem drei Kilometer entfernten Skála Kallonís ein expandierendes Ferienziel in der Nachbarschaft. Für Busreisende ist Kalloní ein wichtiger Umsteigepunkt – alle Busse in den Norden und Westen der Insel legen hier einen Zwischenstopp ein.

• *Verbindungen* **Busse** nach Pétra und Mólivos Mo–Sa 5-mal, So 3-mal täglich; in der Gegenrichtung 4-mal bzw. 3-mal täglich. Von und nach Eressós 2-mal täglich, Sígri Mo–Sa 2-mal, So 1-mal täglich (Sommerfahrplan). Alle Linien starten und enden in Mytilíni. Zusätzlich verkehren von etwa Mitte Juli bis Mitte September noch mehrmals täglich **Strandbusse** von Skála Kallonís via Kalloní nach Pétra, Ánaxos und zum Strand von Eftaloú bei Mólivos und zurück.

Skála Kallonís

Ehemals der kleine, besonders auf den Fang von Sardellen eingestellte Fischerhafen von Kalloní, hat sich Skála Kallonís zu einem international besuchten Ferienort entwickelt.

Mittlerweile erscheint Skála Kallonís auch in den Programmen mehrerer mitteleuropäischer Reiseveranstalter. Grund für die Beliebtheit des Dorfes besonders bei Familien ist sicher der eher schmale, aber kilometerlange, flach abfallende Sandstrand am ruhigen Wasser des Golfs, der auch mit der nötigen Infrastruktur aufwartet: vom Sonnenschirm übers Tretboot und den Windsurfverleih bis zum Ausflugsschiff ist alles vorhanden, was das Urlauberherz begehren mag. Obwohl der Strand mit der "Blauen Umweltflagge" ausgezeichnet wurde, ist die Wasserqualität allerdings nicht ganz unumstritten: Das flache Wasser des Golfs, so ist gelegentlich von Einheimischen zu hören, erneuere sich durch die enge Mündung einfach zu langsam.

Seit einigen Jahren finden auch "Birdwatcher" zunehmend den Weg nach Skála Kallonís. Besonders im Frühling, etwa von Mitte April bis Mitte Mai, aber auch im Herbst sieht man zahlreiche Hobby-Ornithologen, darunter natürlich viele Engländer, die teure Ferngläser und Kameras mit Objektiven in der Größe eines Megaphons mit sich schleppen. Lésbos gilt als guter Platz für die Beobachtung der gefiederten Freunde, und Skála Kallonís, am nährstoffreichen Golf gelegen, als der beste Spot der ganzen Insel.

Der Bettennachfrage entsprechend, herrscht rege Bautätigkeit, und so dehnt sich Skala Kallonís allmählich ins Umland aus, was dem ohnehin wenig ansprechenden Ortsbild naturgemäß nicht zum Vorteil gereicht. Bislang blieb die Atmosphäre des Dorfes dennoch eher ruhig und beschaulich, eben

Karte siehe S. 165

familiengerecht, und fast ländlich. Es gibt zwar eine Open-Air-Disco, doch beschließen die meisten Besucher den Abend lieber in den Tavernen am Strand oder dem kleinen Hauptplatz am Hafen. Besonders auf Familien eingestellt haben sich auch die hiesigen Fahrzeugvermieter, die neben einer beschränkten Anzahl von Autos, Mopeds und Motorrädern ganze Hundertschaften von Fahrrädern im Angebot haben.

• *Verbindungen* **Strandbusse** fahren von etwa Mitte Juli bis Mitte September mehrmals täglich via Kalloní nach Pétra, Ánaxos und zum Strand von Eftalóu bei Mólivos und zurück. Ansonsten gilt: Um- bzw. Einsteigen in Kalloní.

• *Übernachten* Für Individualreisende ist die Situation zumindest zur Hochsaison relativ problematisch, da fast alle Hotels und auch der Großteil der Privatvermieter an Reiseveranstalter gebunden sind.

Abendstimmung am Hafen: in Skála Kallonís

Hotel Kalloní II (B), etwa 600 Meter westlich des Ortskerns, zum Strand nur über die Straße. Komfortabel ausgestattet, u. a. mit Swimmingpool; DZ/Bad/Frühstück etwa 65-75 €, zur Nebensaison oft günstiger. ✆ 22530 23334, ℻ 22530 23386, www.medsun.gr.

Hotel Aigaion (B), noch ein Stück dahinter, eine großzügige, hübsch begrünte Anlage, ebenfalls im Besitz der regionalen Hotelgruppe "Medsun" und im Preisniveau ähnlich wie Kalloni II; ✆ 22530 22349, ℻ 22530 22309, www.medsun.gr.

Hotel Pasiphae (B), von Kalloní kommend kurz vor Skála Kallonís, in bequemer Fußentfernung zum Ort, mit Garten und Pool. Komfortables, gut geführtes Quartier, in dem auch Birdwatcher an der richtigen Adresse sind: Der Manager ist ein "Kollege" und zeigt gern sein Buch, in dem jede Sichtung festgehalten wird. Geöffnet April bis Mitte Oktober; DZ/Bad/F 65-80 €, zur Nebensaion oft günstiger. ✆ 22530 23212, ℻ 22530 23154.

Hotel Kalloní I (C), einfacheres Quartier im östlichen Ortsbereich nahe der Kirche. DZ/Bad kosten hier etwa 45 €. ✆ 22530 22147, ℻ 22530 28386, www.medsun.gr.

Privatzimmer sind, wie gesagt, oft an Reiseveranstalter vergeben. Im Hochsommer bleibt es deshalb oft die einzige Möglichkeit, nach Zimmern zu forschen, die aufgrund von Absagen nicht belegt wurden.

• *Essen* **Ouzerí Ambrósia**, ein paar Schritte östlich vom Hauptplatz, leicht erhöht gegenüber der Kirche. Prima Ouzerí, die sogar einen Umweg nach Skála Kallonís lohnt und leckere Mézedes in breiter Auswahl zu günstigem Preis serviert. Wer sich nicht entscheiden mag, kann den gemischten Teller "Pikílies" (auf der englischen Karte: "Various dish") in klein oder groß ordern. Zur Saison täglich geöffnet, sonst nur am Wochenende.

• *Sport* **Happy-Windsurfpool** im westlichen Strandbereich Nähe Hotel Kalloni II. Boards und Kurse sind zwar vorwiegend pauschal vorgebucht, aber ebenso vor Ort erhältlich. Auch Katamaran-Kurse.

Hort griechischer Kultur: Moní Limónos

▸ **Richtung Parákila und Agra**: Die Asphaltstraße, die von Kalloní an der Abzweigung nach Skála Kallonís vorbei und über Parákila und Agra in den südlichen Inselwesten führt, ist mittlerweile komplett bis zur Verbindungsstraße Eressós – Skála Eressoú ausgebaut und bildet so eine gut befahrbare, verkehrsarme Alternative zur Fahrt auf der Hauptstraße via Ántissa. Näheres im Kapitel zum Westen, Abschnitt "Östlich von Skála Eressoú: Die Südroute nach Kalloní".

Moní Limónos

Unterhalb der Hauptstraße in den Westen der Insel und etwa fünf Kilometer von Kalloní entfernt, steht das wohl interessanteste der Klöster von Lésbos. Es ist eines der Ziele unserer Wanderung 11, aber auch mit anderen Verkehrsmitteln zu erreichen.

Hier, auf einer Wiese am Übergang der olivenbaumbestandenen Golfebene ins karge Hügelland, gab es bereits vor der türkischen Besetzung der Insel ein Kloster, das jedoch entweder zerstört oder aufgegeben wurde. 1527 ließ der fromme *Ignátios Agalianos*, Priester aus Berufung und Familientradition, Limónos von neuem errichten. Ignátios, der auch das Nonnenkloster Myrsiniotíssas (s. u.) gegründet hatte, wurde Bischof von Míthimna, bald nach seinem Tod heilig gesprochen und wird heute als Schutzheiliger der Region verehrt; seine Reliquien gelten als wundertätig. Die Gründungsfeier des Klosters findet jährlich am 14. Oktober statt, dem Tag des Heiligen.

Hohen Verdienst erwarb sich die heilige Stätte als Hüterin der griechischen Sprache und Kultur. Während der Herrschaft der Türken, die die christliche

Religionsausübung weitgehend tolerierten, jedoch an einem niedrigen intellektuellen Niveau der Bevölkerung interessiert waren, entwickelte sich das Kloster Limónos zum geistigen Zentrum von Lésbos; trotz offiziellen Verbots bestand hier eine Schule für griechische Sprache und Schrift. Heute noch hält das viel besuchte Kloster die Tradition sozialen Wirkens aufrecht, beherbergt in seinen weitläufigen Trakten neben einer Reihe von Pilgerzellen unter anderem ein Altersheim, ein Waisenhaus, ein Heim für geistig Behinderte und ein Internat. Rund um das Hauptgebäude entstehen zudem immer mehr Kapellen, die verschiedenen Heiligen geweiht sind: Clever vom Abt, denn auf diese Weise erhöht sich auch die Zahl der Spenden.

Als Hauptkirche eines Männerklosters bleibt das schön ausgemalte Katholikon mit der Krypta weiblichen Besuchern immer noch verschlossen. Der Rest des Klosters ist jedoch auch Frauen zugänglich, darunter jene kleine Kapelle südlich außerhalb des Umgangs, die mit zeitgenössischen, rührend naiven, farbenprächtigen Darstellungen geschmückt ist; unter anderem predigt Christus hier einem breiten Spektrum der Tierwelt, das vom Pinguin bis zum Elefanten reicht. Die *Museen* sind der eigentliche Schatz des Klosters. Aus der unschätzbar wertvollen Bibliothek, einer der bedeutendsten aller griechischen Klöster, sind Drucke, Handschriften und weit über tausend Jahre alte Bücher ausgestellt. Die Schriftensammlung umfasst auch eine ganze Reihe von Dokumenten, darunter jene Bescheinigungen, in denen der türkische Sultan dem Kloster besondere Privilegien garantiert ("Firman"). Besonders stolz ist man auf die Fahne, die bei der siegreichen Schlacht von Klapádos 1912 von den Türken erbeutet wurde. Weitere Räume enthalten liturgische Gewänder und Requisiten, Ikonen und Geschenke an das Kloster, darunter teils recht ungewöhnliche Stücke. Eine eigene Abteilung ist der Volkskunde gewidmet; zu sehen sind unter anderem Kupferrequisiten zum Brennen von Oúzo. Auch eine geologische Ausstellung ist nun zugänglich.

• *Verbindungen* Bis zur Abzweigung von der Hauptstraße kann man einen der Busse nach Eressós/Sígri nehmen, ebenso auf dem Rückweg nach Kalloní oder Mytilíni; da die Verbindungen ausgesprochen spärlich sind, empfiehlt es sich sehr, vorher die Zeiten zu klären. Wer mit dem Taxi kommt, vereinbart mit dem Chauffeur am besten auch gleich die Rückfahrt, doch gibt es vor dem Kloster mittlerweile auch ein Kartentelefon.

▸ **Moní Myrsiniotíssas**: Auch dieses Nonnenkloster, gleichfalls von Ignátios gegründet, unterhielt während der Türkenzeit eine geheime Schule. Das Kloster mit seinem lauschigen Innenhof wird ebenfalls von unserer Wanderung 11 berührt, liegt östlich von Limónos und ist von Kalloní über die Straße nach Pétra auch mit dem Fahrzeug zu erreichen: Etwa zwei Kilometer nördlich von Kalloní zweigt linker Hand der zum Kloster führende Feldweg ab. Das Kloster ist jedoch nicht immer zugänglich.

Wanderungen ab Kalloní

Beide Wanderungen starten an der Straße von Kalloní nach Pétra. Wegen der recht guten Busverbindungen zwischen den Orten sind sie deshalb auch interessant für Urlauber, die in Pétra oder Mólivos Quartier genommen haben.

Karte siehe S. 165

Etwa drei Kilometer nördlich von Kalloní schraubt sich die Straße in Serpentinen den Osthang des Skotino-Berges hoch; bereits in der ersten Serpentine (also der letzten aus Richtung des 12 km entfernten Pétra) liegt eine Brücke, in deren Umgebung beide Routen beginnen.

• *Verbindungen* Die Busse zwischen Kalloní, Pétra und Mólivos stoppen bei Bedarf an der Brücke; vorher dem Fahrer Bescheid geben bzw. ihm das Ziel auf der Karte zeigen. Wer ein Taxi rufen oder reservieren will, erreicht den Taxistand in Agía Paraskeví unter ✆ 22530 31625 oder 22530 31136, in Kalloní unter ✆ 22530 22088.

Wanderung 11: Drei-Klöster-Tour

Route: Brücke – Kloster Myrsiniotíssas – Kloster Limónos – Kloster Metochi – Kalloní (Skála Kallonís); **Distanz**: 14 km; **Wanderzeit**: rund 3 Stunden; **Einkehr**: im Kafeníon des Klosters Limónos, in dem auch Sandwiches etc. angeboten werden.

Charakteristik: Die herrliche Wanderung führt, teils im Halbschatten, teils in der Sonne, auf 500 Jahre alten Kopfsteinpflasterwegen zu drei verschiedenen Klöstern. Wegen der Klosterbesuche sollten Frauen einen Rock tragen (oder im Gepäck haben), Männer eine lange Hose.

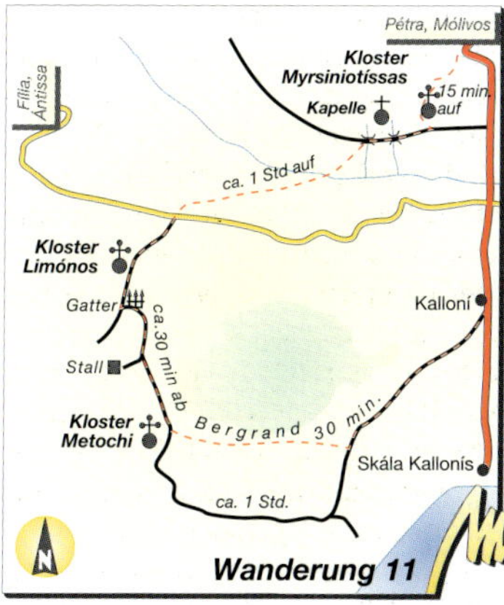

Verlauf: Aus Richtung Kalloní gesehen finden wir vor der oben beschriebenen Brücke links an einem Stein einen roten Punkt. Hier setzt ein uralter Kopfsteinpflasterweg an, der uns über einen Hügel in südwestlicher Richtung in rund 15 min. zum Frauenkloster *Myrsiniotíssas* (siehe oben) bringt. Vom Kloster folgen wir der Sandpiste zunächst etwa 10 min. westwärts. Etwa 150 Meter hinter einem Kapellchen mit langer Treppe steigen wir etwas unbequem über den Zaun (roter Pfeil) und gelangen so auf einen zunächst parallel zum Sandweg verlaufenden, schattigen und mit roten Punkten markierten Kopfsteinpflasterpfad, der uns später über den Fluss bringt (umgestürzte Brücke) und in etwa einer Stunde sanfter Steigung weiter zum Kloster *Limónos,* siehe oben.

Nach der Besichtigung und einer ausgedehnten Verschnaufpause gehen wir am Klostercafé vorbei Richtung Süden und biegen dann, nach etwa 100 m, links durchs Gatter ab. Der Weg führt uns, durch ein weiteres Gatter, auf einen großen Stall zu. 50 m vor diesem setzt ein Kopfsteinpflasterpfad in ungefähr südlicher Richtung an, dem wir folgen. Eine gute halbe Stunde lang geht es nun mit herrlichem Blick auf die Ebene von Kalloní durch pittoreskes Lavagestein abwärts zum rund 500 Jahre alten Kloster, einem "Unterkloster" von Ágii Anagiri. Mit finanzieller Beihilfe der Universität Oslo wurde es zu einem Seminarzentrum umgestaltet; im Sommer finden hier Kurse in Philosophie statt.

Nach dem Klosterbesuch bieten sich verschiedene Möglichkeiten an, die Wanderung fortzusetzen: Folgt man dem Kopfsteinpflasterpfad am Berg entlang nach Osten, gelangt man auf eine Piste nach Kalloni (insgesamt ca. 30 min.); geht man zunächst weiter südlich und dann erst im Bogen nach Osten, erreicht man nach einer guten Stunde Skála Kallonís.

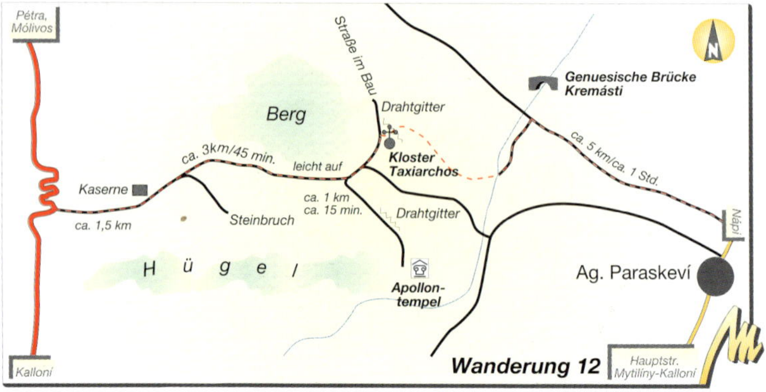

Wanderung 12: Versteckte Schätze zwischen Kalloní und Agía Paraskeví

Route: Brücke – Apollontempel – Kloster Taxiarchos – Genuesische Brücke – Agía Paraskeví; **Distanz**: 16 km; **Wanderzeit**: knapp 3,5 Stunden; **Einkehr**: Tavernen und Kafenía in Agía Paraskeví.

Verbindungen: Die Wanderung endet im Dorf Agía Paraskeví, das leider nur unregelmäßige Busanbindung besitzt. Wer von dort nicht mit dem Taxi fahren (Taxistand im Ort, ✆ 22530 31625 oder 22530 31136) oder zur 3 km entfernten Hauptstraße Mytilíni-Kalloní laufen und dort einen Bus anhalten will, kann natürlich auch von der Genuesenbrücke zum Ausgangspunkt zurückkehren und dort einen Bus stoppen. Bei der Weiterreise per Bus empfiehlt es sich, vorher die Abfahrtszeiten zu klären.

Charakteristik: Eine teilweise schattige Wanderung zu wenig spektakulären, aber schön gelegenen Sehenswürdigkeiten in der hügeligen Landschaft zwischen Kalloní und Agía Paraskeví. Wer mit dem Taxi zurückfährt, kann die Wanderung auf den späten Nachmittag legen und in den Tavernen des lebendigen Dorfs Agía Paraskeví zu Abend essen.

Verlauf: Auch diese Wanderung beginnt an der Brücke zwischen Kalloní und Pétra. Diesmal jedoch folgen wir der Straße aufwärts bis zur nächsten, nach Osten gerichteten Kurve. Dort biegen wir in den ostwärts verlaufenden Schotterweg ein, der nach etwa 1,5 km an einer Kaserne vorbeiführt. Am Ende des Geländes folgen wir ihm nach links, leicht abwärts in ein Kiefernwäldchen hinein. An der folgenden Gabelung nehmen wir den linken, geradeaus führenden Weg und folgen ihm gute 30 min. (ab der Kaserne 45 min.) auf- und abwärts durch waldiges Gelände. In einer Linkskurve, in der ein Weg geradeaus abzweigt, halten wir uns links; in der Ferne ist das Dörfchen Nápi zu sehen. Nach weiteren 500 m zweigt rechts ein hell geschotterter Weg ab, dem wir nun etwa 15 min. lang folgen. Es geht durch ein Drahtgatter, dann etwas abwärts bis vor einen Zaun, hinter dem wir die Basis eines Tempels sehen; rechter Hand dem Zaun folgend, gelangen wir zum Eingang, der uns in der Regel aber versperrt bleiben wird.

Apollon-Tempel von Klopedí: Obwohl man durch den deutschen Archäologen Koldewey bereits seit Ende des 19. Jh. von ihrer Existenz wusste, begannen die Ausgrabungen an den beiden nebeneinanderliegenden Apollontempeln des frühen und späten 6. Jh. v. Chr. erst 1982; sie sind bisher noch nicht abgeschlossen. Beide Tempel blickten von der Südseite eines Hügels auf den Golf von Kalloní; der jüngere war von den Ausmaßen her der größte Tempel der Insel. Das Ausgrabungsgelände, auf dem der Laie nur Grundmauern erkennt, ist eingezäunt und darf normalerweise nicht betreten werden, doch immerhin sind unter einer Blechkonstruktion an der Südseite eine Reihe der hier entdeckten äolischen Kapitelle zu sehen – die schönsten Funde allerdings sind ins Archäologische Museum Mytilíni gewandert. Insgesamt gilt hier wohl: Der Weg ist das Ziel.

Im weiteren Verlauf der Wanderung gehen wir auf dem geschotterten Weg zunächst bis zur ersten Abzweigung zurück und halten uns dort rechts. Bereits hier kann man, in einer Entfernung von ca. 1 km, das Kloster *Taxiarchos* sehen; es wird derzeit aus Spendengeldern wieder aufgebaut. Hier wohnt der Priester Ignatius, der einen schönen Kräutergarten angelegt hat und sich über Besuch freut. Wir folgen der Mauer links des Eingangstors und finden einen

Kapitelle des Apollon-Tempels

schmalen Weg. Er führt uns an ein Flussbett. Auf der anderen Seite setzt sich der Weg schräg links fort; er beschreibt zunächst eine Linkskurve und bringt uns dann, immer etwa parallel zum Flussbett, zur Brücke *Kremásti*, die wir etwa 1 Std. hinter dem Kloster erreichen. Die sagenumwitterte Brücke wurde bereits von den Genuesen erbaut und ist somit über 500 Jahre alt. – Über den Sandweg vor der Brücke erreicht man rechter Hand nach etwa einer weiteren Stunde schließlich Agía Paraskeví.

Immer wieder schön: Sonnenuntergang bei Pétra

Der Norden um Pétra und Mólivos

+++ Meistbesuchte Region der Insel +++ Ferien bei den Frauen von Pétra +++ Malerische Urlaubsbühne Mólivos +++

Kein anderes Gebiet auf Lésbos zieht so viele Touristen an. Die Hochburg der Urlauber ist Mólivos, Pétra schließt allmählich auf. Raum für Entdeckungen bleibt aber genug ...

Schon seit der Ankunft des internationalen Tourismus auf Lésbos ist der Norden Favorit fast aller Reiseveranstalter. Es begann mit ein paar Hotels und Pensionen in *Mólivos*, einem uralten, pittoresken Städtchen, das zur Keimzelle des Fremdenverkehrs wurde. Im nahen *Pétra*, einem kleineren, auch heute noch etwas ländlicher wirkenden Dorf, setzte die Nachfrage dagegen erst Mitte der Achtzigerjahre ein: Presseberichte über die hiesige Frauenkooperative, die durch Privatvermietung von Urlaubsquartieren den Frauen des Dorfes zu mehr Selbständigkeit verhelfen will, zogen mehr und mehr Individualtouristen an. In ihrem Gefolge kamen vor einigen Jahren auch die Pauschalreisenden. Noch jüngeren Datums und wohl längst noch nicht abgeschlossen ist die touristische Entwicklung der kleinen, westlich von Pétra gelegenen Strandsiedlung *Ánaxos*.

Wer sich den Norden jetzt als völlig überlaufenes, verbautes Touristendorado vorstellt, liegt allerdings falsch: Ánaxos ist zwar keine Schönheit, aber Mólivos wie Pétra haben sich ihr Ortsbild weitgehend bewahrt. Erst recht gilt das für die kleinen Dörfer im bergigen Hinterland, das zu ausgedehnten Exkursionen

einlädt – die Hänge und Ausläufer des im Osten bis auf 968 Meter ansteigenden Lepétymnos-Massivs sind für Wanderer und Mountainbiker geradezu ein Paradies. Für einen reinen Badeurlaub allein wäre der Norden also zu schade, außerdem nicht unbedingt die allererste Adresse der Insel: Zwar zählt auch eine ganze Reihe von Stränden zu den Reizen der Region, doch finden sich im Westen und Süden von Lésbos noch bessere Möglichkeiten, zumal es an der Nordküste, je nach den Strömungsverhältnissen, schon mal zu Trübungen oder Seegrasanschwemmungen kommen kann.

Routen nach Pétra

- **Über Kalloní**: Die gebräuchlichste Route, durchgehend asphaltiert und auch von den Inselbussen benutzt. Nur ein kleines Stück nördlich von Kalloní verlässt die Straße die Golfebene und erreicht über eine Art Pass den Osthang des 699 Meter hohen *Skotino*-Berges. Unterwegs trifft die Straße auf die von Stípsi kommende Strecke. Hinter der Kreuzung beider Routen erklettert das Asphaltband noch einen letzten Sattel, an dem eine Taverne mit weiter Aussicht zur Rast lockt. Dann schwingt sich die Straße hinab nach Pétra.

- **Von Nordosten über Stípsi**: Die landschaftlich sehr reizvolle Querverbindung von der Ostküstenstraße wird nur wenig befahren. Sie beginnt an der Straße von Mandamádos nach Skála Sikaminéas, in der Nähe einer Tankstelle, der letzten vor Stípsi.

Kápi, noch in Sichtweite der Hauptstraße gelegen, ist das erste Dörfchen an der Strecke, ein kleiner Ort mit erstaunlich vielen Kafenía.

Pelópi, knapp vier Kilometer weiter, lehnt sich in fruchtbarer Umgebung an einen Hang. 1988 geriet das Dörfchen in die Schlagzeilen: Der damalige

Karte siehe S. 179

Lauschig: die "gute Stube" von Stípsi

demokratische Präsidentschaftskandidat der USA, Mike Dukakis, stammt aus einer einst hier ansässigen Familie. Pelópi ist ein möglicher Ausgangspunkt für die mit weiter Aussicht gekrönte Besteigung des Lepétymnos-Gipfels. Auf der Weiterfahrt wunderschöne Aussicht auf den Golf von Kalloní.

Ypsilométopo, die nächste Siedlung, ist nicht viel mehr als eine heimelige kleine Ansammlung von Häusern um eine sehenswerte Kirche. Die Straße Richtung Stípsi wurde als letztes Teilstück dieser Strecke mittlerweile ebenfalls asphaltiert.

Stípsi ist ein recht großes, von Landwirtschaft und Viehzucht geprägtes Bergdorf. Im Zentrum ist die Hauptstraße lauschig von Weinreben überwuchert und bildet als herrlich schattiger Tunnel gewissermaßen das Wohnzimmer des Ortes. Neugierig, aber nicht unfreundlich beäugen die älteren Herren vor ihren Kafenía die wenigen Durchreisenden.

Pétra

Seine Frauenkooperative verhalf dem Dorf zu touristischem Aufschwung. Dennoch ist Pétra ländlicher geblieben als das benachbarte Mólivos, griechischer Alltag hier spürbarer.

Der erste Blick auf Pétra stimmt heiter: An drei Seiten von Hügeln umgeben, öffnet sich die fruchtbare Ebene zu einer weiten, von feinem Sandstrand begrenzten Meeresbucht. Zwischen Olivenhainen, Pappeln und den roten Ziegeldächern des Dorfes leuchten sattgrüne Felder. Mittendrin der markante Kirchenfelsen, dem Pétra ("Stein") seinen Namen verdankt, im Hintergrund drei kleine Inselchen. Und kommt man gar zur Zeit des viel gerühmten Sonnenuntergangs ...

Unten, aus der Nähe besehen, glänzt Pétra dann nicht mehr gar so gülden. Schnell wird spürbar, dass der Tourismus heute die Haupteinnahmequelle der etwa tausend Einwohner darstellt, Olivenbau und Fischfang als wichtigste Wirtschaftszweige abgelöst hat. Immer neue Häuser entstehen entlang der Küstenstraße; wenigstens wurde für den fruchtbaren Boden des Hinterlandes nun ein Baustopp verfügt. Weniger augenfällig werden die sozialen und ökologischen Veränderungen, die der Umbruch mit sich gebracht hat. So sinkt durch den hohen Wasserverbrauch der Touristen alljährlich der Grundwasserspiegel, die Brunnen trocknen aus.

Keine heile Welt also. Dabei besitzt die vergleichsweise sanfte Form des Fremdenverkehrs von Pétra durchaus Zukunftsperspektive. Zwar ist der Anteil an Pauschalurlaubern in den letzten Jahren deutlich gestiegen, doch genießt Pétra unter Individualreisenden immer noch einen guten Ruf. Und die lassen ihr Geld eben eher bei der Frauenkooperative oder in den kleinen Pensionen anderer Ortsansässiger als in großen Hotels. Zumindest ein Teil der Einkünfte bleibt mithin im Dorf. An warmen Sommerabenden, wenn sich der halbe Ort auf der zum Meer hin offenen Platía trifft und die Sonne zwischen den Inselchen versinkt, ist die Welt in Pétra auf jeden Fall in Ordnung.

Orientierung: An der lang gezogenen Strandstraße, die sich von der Kreuzung nach Mólivos und Kalloní westwärts bis über die *Platía* hinaus erstreckt, findet sich die Mehrzahl der touristischen Einrichtungen wie Tavernen, Music-Bars und Fahrzeugvermieter. Der alte Ortskern um den Felsen der *Panagía Glykofiloúsa* liegt gleich hinter der Platía; ein weiteres Stück landeinwärts bildet *Ágía Marína* einen früher eigenständigen, mit Pétra mittlerweile aber zusammengewachsenen Ortsteil.

Reiseagentur/Adressen

• *Reiseagentur* Ein offizielles Fremdenverkehrsamt besteht nicht.

Pétra Tours, landeinwärts der Platía. Die erste Adresse in punkto Ausflüge, organisierte Wanderungen, Bus- und Taxiverbindungen, griechische Tanz- und Kochkurse, Eselstouren etc. Geleitet wird das Büro von Magdaleni Chioti, der Tochter von Eleni, Vorsitzende der Kooperative. Geöffnet ist Mai bis Oktober 10-13 Uhr, 18-20 Uhr, sonst nach Bedarf. ✆ 22530 41390 und 22530 42011, ℻ 22530 41690, www.petratours-lesvos.com.

• *Adressen* **Internet-Zugang** z. B. im Café Reef, an der Strandstaße unweit der Bushaltestelle und des Hotels Ilion.

Wäscherei: "Coin-Laundry" im Rückgebäude des Café Reef, an der Strandstraße 30 m westlich vom Hotel Ilion.

Verbindungen

Bus: Pétra liegt an der Linie Mytilíni-Mólivos. Busse (Sommerfahrplan) Richtung Mytilíni Mo–Sa 4-mal, So 3-mal täglich, Richtung Mólivos 5-mal bzw. 3-mal mal täglich. In den Westen (Eressós, Sigri) nur mit Umsteigen in Kalloní. Von etwa Juni bis September verkehren mehrmals täglich **Strandbusse** zwischen Ánaxos, Pétra, Molívos und dem Strand von Eftaloú, im Hochsommer auch von/nach Skála Kallonís. Richtung Mólivos kann es dann schon mal passieren, dass der reguläre Bus niemanden mitnimmt, weil der Fahrer das Geschäft dem "Beach Bus" überlässt.

Taxi: Stehen oft an der Platía oder sind über Pétra Tours zu buchen.

Mietfahrzeuge: Vor allem Zweiräder sind in Pétra etwas günstiger als in Mólivos, wo die Auswahl allerdings weit größer ist. Teilweise sind auch Mountainbikes erhältlich.

Number 1, Nähe Fußballplatz, bei den Apartments der Familie Gelagotis. Hier auch recht gute Mountainbikes. Der freundliche Besitzer Alex spricht Englisch und sogar etwas Deutsch und liefert Autos bei längerer Mietdauer auf Wunsch am Flughafen an. Künftig sollen eventuell auch geführte Jeeptouren und Bootsausflüge im Programm stehen. ✆ 22530 41596, ℻ 22530 41808; www.number1-rentacar.com/lesvos.htm.

Homerus, an der Strandstraße unweit des Hotels Ilion. Freundliche englische Besitzerfamilie. ✆ 22530 41577.

Bootsausflüge: Zur Saison an die Nordostküste nach Skála Sikaminéas täglich, z. T. weiter zum Strand Plaz Tsónia, seltener auch in den Westen nach Gavathás; Preis je nach Ziel um die 17 €. Etwa die Hälfte kostet die Fahrt mit Jorgós zu der Pétra vorgelagerten "Kanincheninsel". Infos jeweils bei Pétra Tours.

Karte siehe S. 179

Übernachten

Zur Saison sind viele Zimmer auch von Privatvermietern an Reiseveranstalter vergeben. Wer nicht ein ausgesprochener Nachtschwärmer ist, sollte die Strandstraße (vor allem in Richtung Ánaxos) und das Gebiet um die Platía besser meiden: Zur Saison geht es hier bis tief in die Nacht ausgesprochen fröhlich zu.

Hotel Klara (B), für hiesige Verhältnisse relativ große, ausgesprochen komfortable Terrassenanlage etwa zwei Kilometer westlich am Strand Avláki. Ruhige Lage, geschmackvolle Zimmer mit Meerblick, Balkon oder Terrasse; Pool. Geöffnet ist April bis Mitte Oktober, DZ/Bad nach Saison etwa 85-100 €. ✆ 22530 41532-34, 📠 22530 41535.

Hotel Ilion (C), ein einfacheres, zentrumsnah direkt an der Strandstraße mit allen Vor- und Nachteilen dieser Lage platziertes Hotel. Zimmer recht angenehm möbliert, nur teilweise schöner Blick. Geöffnet ist von Mai bis in den Oktober, DZ/Bad nach Saison knapp 40-60 €. ✆ 22530 41227, 📠 22530 41260.

Apartments Gelagotis, in recht ruhiger Lage an der Ostseite des Fußballplatzes, 50 m vom Strand. Die Familie von Alex Gelagotis vermietet hier drei Apartments für bis zu vier Personen; Gäste erhalten in seiner Fahrzeugvermietung "Number 1" Rabatt. Der Preis liegt je nach Saison bei etwa 30-45 €. ✆ 22530 41596, 📠 22530 41808.

Pension Café Reef, bei der Bushaltestelle. Die freundlichen (griechischen) Besitzer sprechen sehr gut Englisch, auch das Lokal selbst ist "very british"; es gibt Guinness, Foster´s und englisches Sat-TV. Die Zimmer sind ordentlich und liegen, da nach hinten hinaus, relativ ruhig. DZ/Bad nach Saison und Aufenthaltslänge etwa 25-30 €. ✆ 22530 42140, 📠 22530 41488, www.cafereef.com.

Pension Kostas, sehr ruhige, idyllische Lage in Gartenbaugebiet, gegenüber einer kleinen Kapelle; der Fußweg dorthin beginnt neben dem Hotel Ilion. Keine Fremdsprachen; DZ kosten je nach Saison etwa 15-25 €. ✆ 22530 41237.

Pension Katerina, an der Westwand des Kirchenfelsens, nur an einem Schild "Rooms to let" zu erkennen. Kleiner Familienbetrieb, zentral und relativ ruhig gelegen; modern eingerichtete Zimmer teils mit, teils ohne Bad, Preisniveau ähnlich wie oben. Ganzjährig, ✆ 22530 41024.

Frauenkooperative: Zu Motiven, Angebot und Preisen siehe den Kasten auf Seite 186/187. In der Nebensaison sind manche der nicht organisierten Privatvermieter etwas günstiger als die Kooperative, die ja das Büro unterhalten muss – vielleicht sollte man hier jedoch zugunsten einer guten Sache mal nicht so genau auf den Cent schauen.

Essen/Nachtleben

• *Essen* Entlang der Strandstraße reiche Auswahl an "internationalen" Restaurants. Ein Tipp sind die Fischtavernen am außerhalb gelegenen Strand von Avláki.

Restaurant Marína, an der Uferstraße Richtung Ánaxos, etwa 100 m von der Platía. Vielleicht etwas teurer als die anderen Lokale, wegen der feinen griechisch-internationalen Küche jedoch immer gut besucht. Die Zukunft des Lokals steht allerdings in den Sternen, eventuell soll hier ein Disco-Café einziehen.

Restaurant I Pórta tou Limanioú, die "Tür zum Hafen", das letzte Lokal am Ortsausgang Richtung Mólivos rechter Hand und eben nicht weit vom Hafen. Große überdachte Terrasse, Spezialität ist frischer Fisch, der direkt vom Fischer kommt und – wie überall – natürlich seinen Preis hat.

Restaurant der Frauenkooperative, im ersten Stock des Hauses an der Platía, Zugang durch das Büro der Genossenschaft. Terrasse mit Sonnenuntergangsblick aufs Meer; authentische Küche ist Ehrensache. Auch der Hauswein fand den Beifall mehrerer Leser. Geöffnet ist etwa Mai bis Mitte Oktober.

Marias Taverne, an der "Hauptstraße" des Ortsteils Agía Marína und seit vielen Jahren eine Institution. Nach dem Tod des Besitzers Rigas hat seine Frau Maria das Lokal übernommen, das alte Namensschild hängt aber noch außen. Rustikale griechische Küche "mit Topfgucken", gleichzeitig ein uriger Treffpunkt.

Restaurant To Paradosiakó, fast schräg gegenüber, von einem ehemaligen Kellner von Rigas eröffnet. Etwas teurer und im Charakter deutlich edler, jedoch hübsch auf

Der Kirchenfelsen: das Wahrzeichen von Pétra

"traditionell" gemacht, wie es der Name verspricht. Das Essen (Spezialität sind Ofengerichte) ist gut.

• *Nachtleben* Im Sommer zieht es viele in die gigantische Freiluftdisco "Gattelusi" (Richtung Mólivos, siehe dort). Kleiner, aber nicht unbedingt leiser sind die Music-Bars westlich der Platía.

Tanzbar Michaní, die "Maschine", sicher die schönste Music-Bar hier. Untergebracht im ehrwürdigen Gebäude einer ehemaligen Ölmühle, alte Gerätschaften als Dekoration. Starkes Ambiente; wechselnde, jedoch immer laute Musik, geöffnet ab zehn Uhr abends bis gegen vier oder fünf Uhr morgens. An der Uferstraße etwa 250 m westlich der Platía.

Einkaufen/Feste

• *Einkaufen* Als Haupteinkaufsstraße – was relativ zu sehen ist – fungiert die Odós Ermoú, die von der Platía westwärts verläuft. **Oúzo Petras**, in eben dieser Odós Ermoú an der Kreuzung zum Felsen, ist die einzige Oúzo-Destillerie des Ortes. Die kleine Fabrikation kann besichtigt werden, die besonderen Details werden aber natürlich nicht verraten.

• *Feste* **Marienfest** an drei Tagen um den 15. August. Viel Betrieb, Pilger, Musik und Tanz; im Hof der Kirche Ágios Nikoláos wird die traditionelle, aus Fleisch und Weizenkörnern gekochte Speise Keskétsi zubereitet.

Baden: Direkt am Ort erstreckt sich der lange, feinkörnige Grausandstrand, gepflegt und mit Sonnenschirmverleih u. Ä. ausgestattet. Die früher desolate Wasserqualität hat sich seit dem Bau einer Bio-Kläranlage, an die die überwiegende Mehrzahl der Häuser angeschlossen ist, deutlich verbessert, weshalb der Strand jetzt auch mit der "Blauen Flagge" prunken kann. Auf das Ablegen des Oberteils sollten Frauen hier, in Sichtweite eines doch eher konservativen griechischen Dorfes, besser rücksichtsvoll verzichten.

Kavaki-Strand: Ein kleiner Strand nordöstlich des Ortes in Richtung Mólivos. Trotz der Nähe des ebenfalls bescheidenen Hafens von Pétra gilt er als gepflegt und sauber.

Karte siehe S. 179

Avláki-Strand: Knapp zwei Kilometer westlich von Pétra, unterhalb eines Hügels, liegt dieser mit verschiedenen Einrichtungen versehene Kies- und Sandstrand, der allerdings in den letzten Jahren zunehmend verbaut wurde. Der Weg dorthin zweigt beim Knick der Hauptstraße nach Ánaxos ab. Weitere etwa eineinhalb Kilometer westlich erreicht man den Strand von *Ánaxos* selbst, siehe "Umgebung von Pétra".

Byzantinischer Stil: Fresko in der Basilika des heiligen Nikolaus

Sehenswertes

Ágios Nikoláos: Von der Platía führt eine Gasse südwärts, vorbei an Post und Telefonamt, zum Kirchenfelsen. Kurz bevor man auf diesen stößt, lohnt sich linker Hand ein Blick in die schlichte, einschiffige Basilika des hl. Nikolaus. Die älteste Kirche des Dorfes (offizielle Öffnungszeiten: 8-12 Uhr) steht unter Denkmalschutz. Wände und Gewölbe sind mit drei Schichten von recht gut erhaltenen Fresken byzantinischen Stils farbenfroh und eindringlich ausgemalt; wie die Kirche selbst stammen auch sie aus dem 16. Jahrhundert.

Panagía Glykofiloúsa: 114 Stufen führen hinauf auf das Wahrzeichen Pétras, den etwa 35 Meter hohen, schroffen Felsen mit der Marienkirche. Während der Zeit der Gattelusi und wohl auch schon früher bestand auf dieser natürlichen, nur von einer Seite zugänglichen Festung eine Art Kastell, das auch eine kleine Kapelle beherbergt haben soll. Anfang des 17. Jh. wurde dann eine Kirche errichtet, deren Bau natürlich mit einer Legende verbunden ist: Von einem vor Pétra ankernden Schiff verschwand plötzlich eine wundertätige Ikone. Als der Kapitän sie suchte, bemerkte er ein seltsames Licht auf dem Felsen, den er daraufhin bestieg. Oben fand sich das Bild, und der Kapitän nahm es wieder mit aufs Schiff. Am nächsten und am übernächsten Tag wiederholte sich die ganze Geschichte, und dem Kapitän wurde klar, dass die Ikone ihren Platz gewählt hatte. In ihrer heutigen Form geht die dreischiffige Basilika auf das Jahr 1840 zurück und ist kunsthistorisch nicht besonders bemerkenswert. Einmal sollte man jedoch schon hinaufgestiegen sein, und sei es nur wegen der hübschen Aussicht auf die Dächer und Felder von Pétra.

Üppig geschmückt: Panagía Glykofiloúsa

Spíti Vareltzídaina: In der Odós Sapfous, die an der Westwand des Kirchenfelsens entlangführt, steht ein bemerkenswertes *Archontikó* (Herrenhaus) aus der türkischen Zeit des frühen 18. Jahrhunderts. 1960 wiederhergestellt und im Jahr 2000 aufwändig restauriert, ist es im Besitz des Kultusministeriums und kann besichtigt werden. Bereits von außen erkennt man die wehrhafte architektonische Grundform: Das Erdgeschoss fast fensterlos und aus Naturstein gemauert, das überstehende Obergeschoss mit seinen Erkern dagegen großteils aus Holz.

Im Inneren lässt sich ein ganz guter Einblick in die Lebensweise der früheren, offensichtlich wohlhabenden Bewohner gewinnen. Das dunkle Untergeschoss diente nur als Lagerraum und als Stall. Eine Treppe führt nach oben und bildet auf einer Art Zwischengeschoss so etwas wie eine Kanzel: Von ihr erteilte der Hausherr seinen Arbeitern die täglichen Befehle; Besucher ließen hier ihre Schuhe zurück. Die Treppe mündet im Obergeschoss in einen zentralen, offenen Raum, von dem fünf Zimmer ausgehen. Die beiden nach Norden weisenden Räume waren den Frauen der Familie vorbehalten und für männliche Wesen mit Ausnahme des Hausherrn nicht zugänglich; eine Betrachtung wert sind die romantischen Deckenmalereien.

Den gemütlichen, informellen Treffpunkt der Männerwelt, an dem auch gegessen wurde, bildete die diwanähnliche Empore zwischen den beiden Frauenräumen; links davon ist ein kleines Händewaschbecken zu sehen. Der Südwestraum diente formelleren Aktivitäten, denn hier fanden wichtige Geschäftsgespräche statt: Der Hausherr thronte dabei auf einem ihm allein vorbehaltenen, durch zwei Säulen in seiner Bedeutung unterstrichenen Platz.

Wehrhaft: Spíti Vareltzídaina

Nach Osten schließt sich das Schlafzimmer an, in dem Matratzen auf dem Boden und der Konsole lagen. Im Südosten schließlich war die Küche, über deren Kamin das Familienwappen hing, dessen Umrisse noch erkennbar sind.

Öffnungszeiten Di–So 8.30-15 Uhr; der Eintritt ist frei.

Agía Marína: Obwohl sich allmählich auch Agía Marína für Besucher herausputzt, lässt ein Bummel durch den friedlichen, ländlich wirkenden Ortsteil immer noch ahnen, wie es in Pétra vor zehn Jahren ausgesehen haben mag. Der Weg beginnt dort, wo die beiden den Burgfelsen umrundenden Gassen zusammentreffen; bei einer kleinen Kapelle geht es dann südöstlich in die Odós Nikis genannte Pflasterstraße. Durch ein nobleres Gebiet mit Villen, Obst- und Weingärten gelangt man nach wenigen Minuten zu den kleinen Häusern des einst selbständigen Dörfchens.

Die Frauenkooperative von Pétra

"Gleichberechtigung fängt mit dem eigenen Geldbeutel an" – so etwa lautete das Motto, als 1983 unter Mithilfe der sozialistischen Pasok-Regierung die Initiative von Pétra ihre Arbeit aufnahm. Eine Frauenkooperative auf Lésbos: Allzuweit muss man da nicht gängige Klischees bemühen, um auf völlig falsche Fährten zu gelangen. Auf diesen landete auch ein Teil der alsbald zahlreich anreisenden Journalisten, deren Artikel damals einen wahren Pétra-Boom auslösten. Mit feministischen Idealen haben die Frauen von Pétra allerdings nicht viel zu schaffen, von gleichgeschlechtlicher Liebe nicht zu reden: Alle in der Kooperative organisierten Frauen sind verheiratet oder verwitwet und ihre Kundschaft besteht großteils aus Individualreisenden, darunter viele Familien. Männliche Gäste sind selbstverständlich herzlich willkommen.

Der Grundgedanke war ganz einfach: "Es ging darum, den Frauen des Dorfes durch die Vermietung leerstehender Zimmer ein selbständiges Einkommen zu schaffen, ihnen das Gefühl zu geben, selbst etwas in die Hand nehmen zu können", erklärt Eleni Chioti, Vorsitzende und treibende Kraft bei der Gründung der Kooperative. Der größte Teil der erzielten Einkünfte geht dabei direkt an die jeweilige Vermieterin, ein weiterer wird über einen Bettenschlüssel an alle beteiligten Frauen verteilt, der verbliebene Rest dient dem Unterhalt des Büros, der Tilgung von Krediten etc.

Mit dem touristischen Aufschwung von Pétra, der ja durch die Kooperative erst eingeleitet wurde, ergaben sich gewisse Probleme – manche Frauen zogen es vor, sich den Genossenschaftsanteil zu sparen und auf eigene Faust zu vermieten. So ging die Zahl der Teilnehmerinnen von früher 54 auf mittlerweile 30 zurück; unter anderem auch deshalb, weil manche Ex-Mitglieder Pensionen eröffneten, die mit mehr als vier Zimmern die von der Satzung vorgegebene Größenordnung sprengen. Eleni Chioti nimmt das nicht weiter tragisch: "Das zeigt doch, dass wir unserem Ziel, den Frauen zu mehr Selbständigkeit zu verhelfen, näher gekommen sind." Weniger gleichmütig ließen sie die Schwierigkeiten, die die Kooperative Anfang der Neunziger mit der konservativen Regierung der Néa Demokratía hatte. Derzeit stehen wieder andere Probleme ins Haus. Pessimisten befürchten, der organisierte Tourismus, der mittlerweile auch in und um Pétra deutlich Fuß gefasst hat, könne auf längere Sicht die eher individualistisch geprägte Klientel der Kooperative abschrecken. Es bleibt zu hoffen, dass diese kritischen Geister Unrecht behalten und Elenis Wunsch für die Zukunft doch noch in Erfüllung geht: "Den Frauen einen festen Platz im Dorfleben – nicht nur im Haus – zu verschaffen."

Ferien bei den Frauen von Pétra: Das Büro der Kooperative liegt an der Westseite der Platía, der Eingang an der parallel zum Meer verlaufenden Odós Ermoú. Angeboten werden einige wenige Einzelzimmer, in erster Linie aber DZ mit Bad, die je nach Saison und Lage etwa zwischen 20 und 25 € kosten, sowie Mehrbettzimmer und Studios. Die Zimmer liegen praktisch alle im Dorf selbst, mangelnde Fremdsprachenkenntnisse der Vermieterinnen werden meist durch besondere Freundlichkeit wettgemacht. Frühstück und Küchenbenutzung sind gegen geringen Aufpreis möglich; im Rahmenprogramm auch diverse Kurse und Wanderungen. Nachfragen und Vorbestellungen an:

Eleni Chioti, Frauenkooperative Pétra, GR-811009 Lésbos. Telefon bzw. Fax ab D, A, CH: 0030/22530 41238 bzw. 41309; www.petratours-lesvos.com/cooperative.

Karte siehe S. 179

Umgebung von Pétra

Ein Dorado für Spaziergänger, Wanderer und Mountainbiker – ein ganzes Geflecht kleiner Wege und Pfade erschließt das bergige Hinterland mit seinen ursprünglichen Dörfern, den kahlen Hängen, Quell-Oasen und baumbestandenen Flusstälern. Im Westen locken einsame und weniger einsame Strände.

Fußweg nach Mólivos: Wer nach Mólivos laufen, aber nicht die asphaltierte Küstenstraße benutzen möchte, für den gibt es eine nur wenig längere, aber z. T. ungeteerte und kaum befahrene Route. Sie beginnt an der Hauptstraße nach Kalloní, ziemlich genau in der Mitte zwischen den beiden Tankstellen von Pétra: Bei einem Haus ("Rooms Evangelia") führt eine Doppelabzweigung nach Osten. Der linke der beiden Feldwege, der unterwegs das Wasserreservoir von Pétra und Mólivos passiert, erreicht nach etwa vier Kilometern die Straße Mólivos-Vafiós, dort links, bis Mólivos noch gut zwei Kilometer.

Über Ánaxos nach Skoutáros und westwärts

Wer mit dem eigenen oder geliehenen Fahrzeug unterwegs ist und vor einsamen Straßen nicht zurückschreckt, kann diese Route auch für eine landschaftlich fantastische Fahrt in den Inselwesten benutzen.

▸ **Ánaxos**: Gut drei Kilometer westlich von Pétra und über eine Asphaltstraße zu erreichen, ist die einst winzige Strandsiedlung in den letzten Jahren förmlich explodiert. In kürzester Zeit schossen in dem früher landwirtschaftlich genutzten Gebiet Tavernen, Bars, Mini-Markets und fast ausschließlich pauschal gebuchte Hotels aus dem Boden. An der durchaus reizvollen, gut einen Kilometer langen Sandbucht selbst etablieren sich im Sommer Verleihstationen für Windsurfing und Wasserski.

• *Verbindungen* Etwa von Juni bis September mehrmals täglich Strandbusse von und nach Pétra, Mólivos und Eftaloú, im Hochsommer auch von/nach Skála Kallonís.

• *Fußweg von Pétra nach Ánaxos* "In Pétra folgt man der Küstenstraße Richtung Ánaxos, bis diese nach links ins Hinterland abbiegt. Hier beginnt ein Uferpfad, der erst einige Tavernen passiert und dann als Sandweg, z. T. auch über Felsen, verläuft. Er steigt steil zu den 'Ánaxos Hill Bungalows' an, deren Anlage man problemlos durchqueren kann, um schließlich am Strand herauszukommen. Das Ganze dauert etwa eine halbe Stunde" (Leserbrief von Anita Neumann – vielen Dank!).

▸ **Ambélia-Strand**: Kurz hinter dem Ortsausgang von Ánaxos weist rechter Hand ein Schild den Weg: "Ampelia-Beach 2 km". In Wirklichkeit sind es gut drei Kilometer. Der Marsch oder die Fahrt durch das grüne, landwirtschaftlich genutzte Tal lohnen sich durchaus – am etwa 800 Meter langen Strand aus Sand und Steinen stehen nur ein paar Ferienhäuser und eine Sommertaverne. Natürlich kann auch hier zur Saison ein gewisser Andrang herrschen; geringer als in Ánaxos ist der Auftrieb jedoch allemal. Etwa einen Kilometer vor dem Strand biegt von der Zufahrt ein Betonsträßchen ab, das sehr eng, steil und kurvig nach Skoutáros führt – Autofahrer und nicht sehr erfahrene Lenker motorisierter Zweiräder sollten vielleicht besser die Hauptstraße wählen.

▸ **Skoutáros**: Die Durchgangsstraße nach Westen streift nur den unteren Rand des abgelegenen Bergdorfes. Steigt man die Gassen hinauf zur heimeligen, alles andere als herausgeputzten Platía neben der Kirche, so spürt man schnell, dass fremde Besucher hier noch eine Seltenheit sind. Die Wirte der Kafenía sind freundlich und für richtig Hungrige gibt es auch ein Restaurant.

▸ **Tsichrada**: Etwa 1,5 Kilometer hinter Skoutáros zweigt rechts ein beschilderter Feldweg zur einige Kilometer weiter gelegenen Küstensiedlung Tsichrada ab, einem winzigen Hafen mit einigen Sommerhäusern und steinigem Strand. Im Sommer kann man hier einkehren und sogar Apartments (✆ 22530 92402) mieten. Bei einem Kirchlein findet sich auch ein Sandstrand.

Die gut ausgebaute Hauptstraße hingegen führt weiter in den Inselwesten. Nach etwa zwei Kilometern könnte man links auf eine Piste ins Dorf *Fília* und damit zur Straße Richtung Kalloní abbiegen. Folgt man hingegen der Hauptstraße, gelangt man auf eine einsame, als Schafweide genutzte Hochebene, über die man schließlich, insgesamt zehn flott zu fahrende Kilometer hinter Skoutáros, *Skalochóri* (siehe Kapitel "Der Westen") erreicht.

Wanderungen im Bergland um Pétra

Dank der guten Verkehrsverbindungen und der Nähe der beiden Orte zueinander bieten sich die unten beschriebenen Wanderungen auch für Urlauber an, die in Mólivos Quartier genommen haben. Die Wanderung 16 lässt sich mit etwas Orientierungssinn sogar direkt ab Mólivos durchführen.

Wanderung 13: Nach Lafiónas und zum Heiligen Aléxandros

Route: Pétra – Lafiónas – Hl. Aléxandros – Lafiónas – Pétra; **Distanz**: ca. 12 km; **Wanderzeit**: gut 4 Stunden; **Einkehr**: Kafenía in Lafiónas, die nachmittags allerdings oft geschlossen sind.

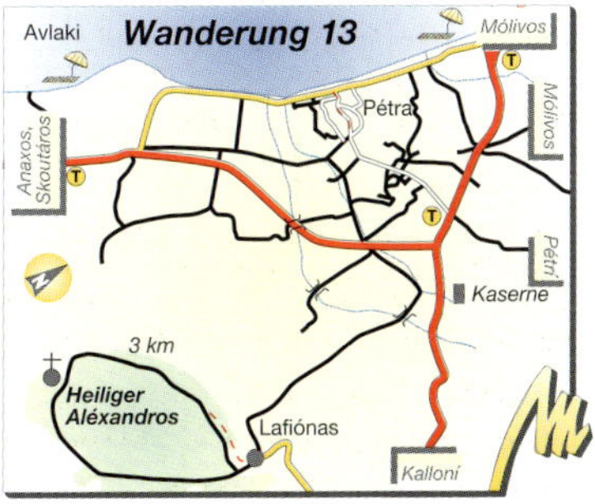

Charakteristik: Eine Wanderung durch Olivenhaine, die von Meeresniveau auf gut 300 m Höhe führt. Oben angekommen, umrundet man auf einem Panoramaweg den "Hausberg" von Lafiónas und rastet bei einem idyllischen Kirchlein.

Verlauf: Von der Platía in Pétra gehen wir links am Kirchenfelsen vorbei bis zum "Super Markt" hinter dem Felsen. Hier biegen wir rechts ab, so dass die kleine "Kapelle der Heiligen Apostel" links von uns liegt. Nach 100 m gehen wir vor dem Bach links und folgen dann knapp 20 min. lang dem Sandweg (kreuzen dabei die Umgehungsstraße), bis wir in Höhe der Kaserne fast auf die Asphaltstraße nach Kalloní stoßen. Kurz vor der Straße biegen wir rechts ab und kommen so auf die etwa 4 km lange Piste hinauf ins Dorf Lafiónas – Zeit für eine Pause in dem Kafeníon mit der schönen Aussicht, denn der anstrengendste Teil ist schon geschafft.

Lafiónas: In piratensicherer Rückzugslage am Hang des Skotino-Berges und umgeben von Olivenhainen, war Lafiónas einst größer als Pétra. In den letzten Jahrzehnten ließ Abwanderung jedoch die Bedeutung des Dorfes sinken. Am 26. Juli lohnt sich der Weg ganz besonders: Dann findet bei der Kapelle Agía Paraskeví eine Kirchweih statt.

Oberhalb des Dorfes verläuft ein relativ neuer Sandweg. Wenn wir auf dem Hauptweg, vorbei am Kafeníon und dem einzigen Geschäft, durchs Dorf gehen, stoßen wir auf ein trockenes Brünnlein. Links davon gehen wir steil bergauf, dem Schild mit der griechischen Aufschrift "AG. ALEXANDROS" nach. Über einen schmalen Fußpfad gelangen wir so, etwa parallel zum Meer gehend, auf den Sandweg, der (wenn man den Fußpfad nicht nehmen will) an der landeinwärtigen Seite des Dorfes beginnt. Auf dieser Piste umrunden wir, je nach Tempo in etwa 1 bis 1,5 Stunden, nun den Berg, wobei sich tolle Panoramen eröffnen. Etwa auf halbem Weg, an der tiefsten Stelle der Piste, liegt rechts das kleine Kirchlein des hl. Alexandros mit dem Sarkophag des Heiligen davor. Geweiht ist es dem ersten Bischof von Míthimna (Mólivos). Im Umfeld liegen Reste eines frühchristlichen Klosters, das als erstes der Insel gilt und ins 4. Jh. datiert wird – ein schöner Platz für eine Pause unter den beiden Bäumen.

Weiter Richtung Lafiónas folgen wir erneut der Piste, die nun an der landeinwärts

Karte siehe S. 179

gerichteten Seite des Berges entlangführt, diesmal mit schöner Aussicht auf waldige Höhen und wildromantische Täler. Ab Lafiónas verläuft der Rückweg wie der Aufstieg.

Wanderung 14: Über Petrí ins Tal der Mühlen

Route: Pétra – Petrí – Tal der Mühlen – Pétra; **Distanz**: 10 km; **Wanderzeit**: ca. 2,5-3 Stunden; **Einkehr**: Tavernen in Pétri.

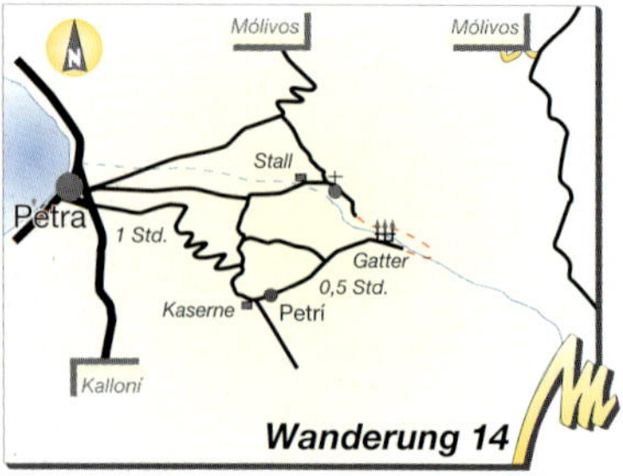

Charakteristik: Eine schöne Wanderung in ein hübsches Bergdorf und ein vergessenes Tal. Wir besuchen Reste alter Wassermühlen, rasten im Schatten großer Platanen und lauschen den zahlreichen Vögeln. Achtung, im Gebiet hinter Petrí wird es schwierig: Dort kann ein Teil der Wanderung stark zugewachsen sein, feste lange Hosen und eine gute Portion Abenteuerlust sind dann nötig.

Verlauf: Der kürzeste von zahlreichen möglichen Wegen hinauf nach Petrí erstreckt sich über etwa drei Kilometer und beginnt im südlichen Ortsbereich von Pétra, an der Straße nach Kalloní vor einer Tankstelle. Von der Platía gehen wir am einfachsten direkt durch den Ortsteil Agía Marína und dann direkt über die Hauptstraße.

Auf einen möglichen Abstecher unterwegs verweist Leser Dieter Fiedler: "Gleich nach Beginn der Fahrstraße Pétra-Petrí zweigt bei der ersten Rechtskurve links ein teilweise noch mit Pflastersteinen ausgelegter Weg ab, der im Zickzack in etwa 15 min. aufwärts zur Achilles-Quelle führt. Dort soll Achill mit seinen Leuten vor der Weiterfahrt nach Troja Station gemacht haben. In der Nachbarschaft liegt ein zerstörtes türkisches Dorf." Vielen Dank für den Hinweis!

Petrí: Beliebter Zweitwohnsitz vieler Deutscher, gleichzeitig fast so etwas wie ein Standardausflug von Pétra – von dem blitzsauberen Bergnest mit seinen maultierengen Pflastergassen und aufgeschichteten Steinhäusern bietet sich zur Zeit des Sonnenuntergangs ein fast unübertrefflicher Blick auf die Bucht. Auf die Besucher gut eingestellt hat sich die hübsche Taverne "To Petrí", auf deren Aussichtsterrasse feines Essen serviert wird.

Nach einer Pause folgen wir der "Hauptgasse" durchs Dorf ostwärts und gehen im weiteren Verlauf auf einem Sandweg fast parallel am Hang entlang, biegen nirgends ab und kommen nach etwa 30 min. an ein Gatter, das wir natürlich hinter uns wieder schließen. Wir folgen dem Weg, bis sich nach wenigen Minuten ein überraschender Anblick bietet: Tief unter uns liegt ein Tal mit ausgewaschenem Bachbett, vulkanischen Basaltsäulen und treppenartigen Ruinen. Sie sind Reste der in den Fünfzigerjahren aufgegebenen Wassermühlen, insgesamt zwölf an der Zahl, Zeugen einer vergangenen Epoche.

Um wieder nach Pétra zu gelangen, kann man entweder den bisherigen Weg zurückgehen oder eine abenteuerlichere, schwierigere Variante wählen. Für letztere durchqueren wir ein weiteres Gatter und biegen an einem etwas schwer zu findenden roten Pfeil – es gibt auch eine blaue Markierung – rechts ab auf einen manchmal zugewachsenen Fußpfad (Leserbrief: "Ein Buschmesser wäre empfehlenswert"), der uns über den Bach in ein dicht mit dornigen Büschen und Bäumen bestandenes Gelände führt. Dann gilt es, den mit blauen Punkten markierten, leider ebenfalls überwucherten Kopfsteinpflasterpfad zu suchen, der die Mühlen verbindet und uns abwärts führt. Nach einer Weile verwandelt er sich in einen breiten Sandweg, der von Mólivos kommt; wir aber biegen links ab, sobald wir eine kleine Kirche sehen, die auf den ersten Blick aussieht wie ein Stall. Nun sind es noch etwa 30 min. bis Pétra.

"Kapellenpferch" an der Wanderung 16

Wanderung 15: Vom Tal der Mühlen über Vafiós nach Pétra

Route: Pétra – Petrí – Tal der Mühlen – Vafiós – Pétra; **Distanz**: 18 km; **Wanderzeit**: ca. 4,5 Stunden; **Einkehr**: Tavernen in Pétri und Vafiós.

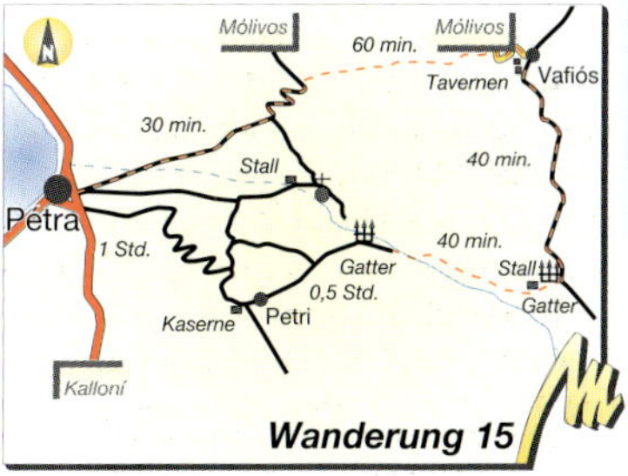

Charakteristik: Diese ebenfalls anspruchsvolle Variante von Wanderung 14 führt uns zunächst auch ins Tal der Mühlen, doch machen wir von hier noch einen "Schlenker", der uns durch das dschungelähnliche Bachbett aufwärts und weiter ins Dorf Vafiós bringt.

Verlauf: Wie in Wanderung 14 beschrieben, nehmen wir zunächst den Weg ins Tal der Mühlen. Nach der Überquerung des Bachs jedoch gehen wir nach rechts und ungefähr 200 m weit neben dem Bach her. Dann müssen wir ins Bachbett ausweichen und klettern nun ungefähr 45 min. aufwärts durch einen märchenhaften Wald. Sobald wir vor uns auf einer Anhöhe einen Stall sehen, verlassen wir das Bachbett und halten auf ihn zu. Durch ein Gatter gelangen wir auf einen Sandweg, der uns linker Hand in ca. 40 min. nach Vafiós führt.

Karte siehe S. 179

▸ **Vafiós** ist ein gepflegt wirkendes, landwirtschaftlich orientiertes und wasserreiches Dörfchen aus Steinhäusern und Gassen, in denen Autos zwangsläufig steckenbleiben würden. Am nördlichen Dorfrand liegen zwei Tavernen, in denen es neben guter Aussicht auch leckere Kleinigkeiten gibt.

Von Vafiós bis Pétra sind es noch noch etwa eineinhalb Stunden Weg. Wir folgen zunächst für kurze Zeit der hier asphaltierten Straße nach Mólivos. Bereits in der zweiten Kurve hinter der Taverne "O Ilias" müssen wir jedoch linker Hand absteigen. Oberhalb des Bachbetts beginnt ein mit blauen Punkten markierter Fußpfad, der uns, großteils abwärts, auf den Feldweg Mólivos-Pétra führt.

Wanderung 16: Panorama-Tour über Stípsi

Route: Pétra – Petrí – Stípsi – Vafiós – Pétra; **Distanz**: knapp 20 km; **Wanderzeit**: gut 4,5 Stunden; **Einkehr**: Tavernen in Petrí, Stípsi und Vafiós.

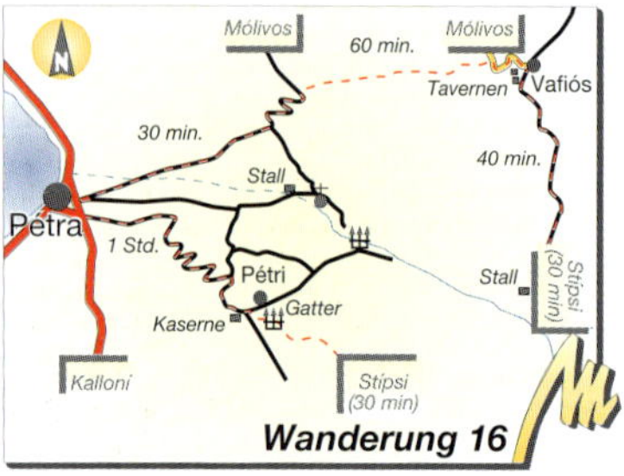

Charakteristik: Auch diese Tour führt in die bergige, vielfältige Landschaft im Osten von Pétra. Teilstrecken sind dabei identisch mit den oben beschriebenen Wanderungen 13 und 14. Auf dieser Route sparen wir jedoch das Tal der Mühlen aus und besuchen stattdessen das Bergdorf Stípsi (siehe "Routen nach Pétra"). Die Vegetation unterwegs besteht überwiegend aus karger Phrygana und Schafsweiden; die Aussicht reicht im Norden bis Pétra, Mólivos und zur türkischen Küste, Richtung Süden bis zum Golf von Kalloní. Aufgrund der Streckenlänge und des anstrengenden, stetigen Anstiegs bis Stípsi ist gute Kondition erforderlich.

Verlauf: Bis Petrí geht es wie in den Wanderungen 14/15. Westlich knapp außerhalb von Petrí trifft man bei einer Kaserne und einem Brunnen auf eine Kreuzung: links geht es in den Ort hinein, die neue Straße geradeaus trifft später auf die Straße von Stípsi zur Kreuzung nach Kalloní. Wir jedoch nehmen den kleineren, nach Südosten steil ansteigenden Weg dazwischen, der in Sichtweite durch ein Schafsgatter (wieder schließen) führt und uns nach gut 4 km nach Stípsi bringt. Wir durchqueren den Ort und bleiben auch am Ende des Dorfes auf der Hauptstraße nach Ypsilométopo und Pelópi, ignorieren also die beiden Abzweigungen nach rechts. Hinter dem letzten Haus (das Ortsschild haben wir bereits hinter uns gelassen) biegen wir auf den Sandweg links aufwärts ab, gehen links an einem länglichen Stall vorbei und gelangen so auf die 5 km lange Piste nach Vafiós. Immer noch führt der Fahrweg bergauf, bis nach etwa 800 m, in einem Hochtal mit Schafsweiden und Pferdekoppeln, der höchste Punkt der Strecke erreicht wird; etwa 100 m weiter bietet sich bei einem kleinen, sorgfältig steinumrandeten Kapellchen eine Rast an.

Bis Vafiós führt der Weg nun überwiegend bergab, jetzt mit Aussicht auf Pétra und Mólivos statt auf den Golf von Kalloní. Ab Vafiós gehen wir, wie in Wanderung 15 beschrieben, zurück nach Pétra.

Wanderung 17: Auf den Lepétymnos

Route: Ypsilométopo – Profítis Ilías (968 m); – Pelópi (oder: zurück); **Distanz**: ca. 15 km; **Wanderzeit**: 2 Stunden Aufstieg; 1,5 Stunden Abstieg; **Einkehr**: Kafenía in Ypsilométopo (hier manchmal nur Getränke) und Pelópi.

Anreise: Es bestehen keine Busverbindungen. Man kann sich jedoch mit dem Taxi nach Ypsilométopo bringen und dort wieder abholen lassen; die Strecke kostet ab Pétra ca. 8 € für die einfache Fahrt. Wer mit dem eigenen Fahrzeug anreist, wird wohl auf dem Weg des Aufstiegs auch wieder absteigen; andernfalls sind 5 km von Pelópi nach Ypsilométopo auf der Straße zurückzulegen.

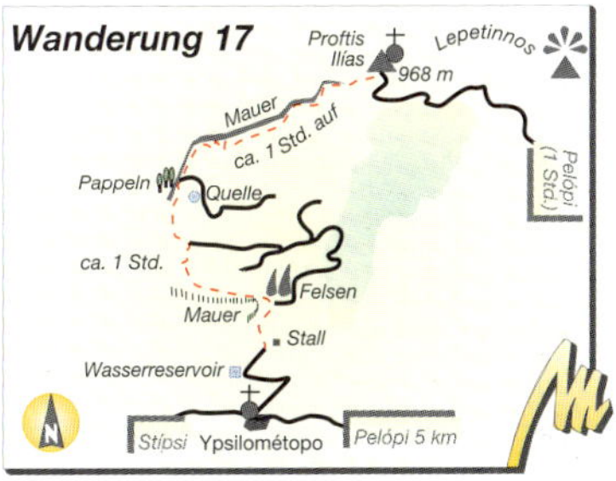

Charakteristik: Der Profítis Ilías ist mit 968 m Höhe der höchste Gipfel des Lepétymnos-Massivs. Seine Besteigung ist auch mit durchschnittlicher Kondition möglich, festes Schuhwerk jedoch unabdinglich, die Aussicht grandios. Ausgangspunkt ist der Weiler Ypsilométopo, Endpunkt das Dorf Pelópi; beide Orte liegen an der Straße von Kápi nach Stípsi (vgl. auch "Routen nach Pétra"). Es empfiehlt sich, früh am Morgen aufzubrechen, da dann die Hitze geringer und die Sicht besser ist. Wer eine Kerze in der Gipfelkapelle entzünden will, sollte als Spende etwas Kleingeld mitführen. Die Route ist mit blauen Punkten markiert.

Verlauf: Wir nehmen den Pfad, der links neben der Kirche ansetzt und aufwärts aus dem Dorf hinaus führt. Bald passieren wir eine kleine Kapelle neben einem Baum. Kurz danach macht der Weg eine Linksbiegung, führt dann an einem Wasserreservoir und später an einem Stall vorbei. Hier gehen wir links an der zaunbewehrten Mauer entlang, steigen dann zwischen den Felsen hindurch, dann links herum und gehen am Zaun entlang. Wir folgen dem Zaun etwa 20 min. aufwärts, bis die blauen Punkte uns rechts steil aufwärts auf einen höher gelegenen, neu geschobenen Weg leiten; hier geht es links. Etwa 10 min. später plätschert rechter Hand etwas erhöht eine Quelle mit frischem Wasser – eine gute Gelegenheit, unsere Flaschen aufzufüllen, bevor wir dem Weg an der Mauer entlang folgen. Der neu geschobene Weg biegt nach rechts ab, wir jedoch gehen geradeaus weiter an der Mauer entlang. Nach ungefähr 5 min. treffen wir auf eine Quermauer; hier führt uns der Weg auf einem zunächst steilen Anstieg, der etwa 10 min. in Anspruch nimmt, rechts hoch. Die Mauer reicht bis auf den Gipfel. Noch etwa 1 Std. lang begleitet sie unseren Weg, der in breiten Kehren durch flechtenbewachsenen Märchenwald aufwärts führt.

Vom felsigen Gipfel aus genießen wir einen fantastischen Rundblick: Im Westen thront das Kloster Ypsiloú auf seinem Vulkanfelsen; im Norden ahnen wir das antike Troja, das nur 80 km entfernt liegt. Östlich erstreckt sich die Küste mit ihren vorgelagerten Inselchen. Im Süden glänzen die Golfe von Kalloní und von Géra, dazwischen erhebt sich der Olymp; an besonders

Karte siehe S. 179

klaren Tagen, etwa nach einem Regenguss, können wir im Süden vielleicht sogar die hohen Berge von Chíos sehen. Zeit, dem Gipfelheiligen, dem Propheten Elias, eine Kerze zu entzünden (Spende); die Kapellentür hakt etwas, ist aber nicht verschlossen.

Der Weg nach Pelópi ist südlich unterhalb des Gipfels leicht zu erkennen; er führt uns in etwa 1,5 Stunden bequem hinab ins Dorf.

• *Varianten* Auch Richtung Meer ist ein Wegansatz zu erkennen, der abenteuerlustige Entdeckernaturen nach Überwinden der dazwischenliegenden, unangenehmen Schotterfläche nach Vafiós bringt. Hält man sich dagegen an die Ziegenpfade Richtung Nordosten, auf die Felszackenwand zwischen den beiden Gipfeln zu und dann auf ihrer Nordseite entlang, so kann man auf schmalen Pfaden und mit viel Orientierungssinn in etwa 2 Std. nach Argenos gelangen.

Mólivos (Míthimna)

Die touristische Hauptstadt der Insel, offiziell (und sonst von niemandem) Míthimna genannt – ein pittoreskes, wunderschönes Städtchen.

Enge, kopfsteingepflasterte, von einem Dach aus Rankenpflanzen beschattete Gassen führen den Hügel hinauf zur alles überragenden Burg. Kein Neubau stört das malerische Ensemble. Zumindest wäre er nicht als solcher zu erkennen: Der ganze Altort steht bereits seit den Fünfzigerjahren unter Denkmalschutz, bauliche Veränderungen sind nur unter strengsten, vorbildlichen Auflagen gestattet. Traditionelle und neoklassizistische Natursteinhäuser, rote Ziegeldächer, Erker und überkragende Obergeschosse, bunt bemalte Holzbalkone und Fenster bilden die Vorgabe. Schließlich ist das Ortsbild das größte Kapital von Mólivos. Und das bringt beste Zinsen.

Denn Mólivos ist, wohl mit weitem Abstand, das meistbesuchte Ziel der Insel. Gleichzeitig das älteste: Der Fremdenverkehr hat hier bereits mehrere Jahrzehnte Tradition. Im Sommer tummelt sich reichlich internationales Publikum in den Gassen, den Freilufttavernen am Hafen, am schmalen Ortsstrand und an den weit reizvolleren, außerhalb gelegenen Kiesstränden von Eftaloú. Die Atmosphäre ist lässig, das Angebot an Tavernen, Boutiquen, Unterhaltungs- und Sportmöglichkeiten mehr als ausreichend.

Ländlich unberührtes Griechenland darf man also nicht erwarten. Mólivos stellt sich eher als schönes Bühnenbild dar – Bühne für Urlaubsfreuden wie auch fürs Kino, wurden im reizvollen Ambiente des Städtchens doch bereits mehrere Filme gedreht. Zum Saisonende hin, wenn die Gäste weniger, die Gassen und Tavernen leerer werden, mag die einseitige Ausrichtung auf den Fremdenverkehr bei manchem dann schon etwas Nachdenklichkeit wecken ...

Orientierung: Das Gassengewirr des Burgbergs völlig zu durchschauen, bleibt wohl den etwa 1500 Einheimischen vorbehalten. In groben Zügen ist die Orientierung jedoch leicht: Am südlichen Ortsrand liegt die Kreuzung der Straße von Pétra mit der nach Eftaloú; hier halten auch die Busse. Von dort führt, oberhalb der Küste und unterhalb des Ortskerns, eine Straße bis hinter zum kleinen Hafen; etwa auf der Hälfte des Wegs zweigt die *Agorá* ("Marktplatz") genannte Hauptgasse schräg bergwärts ab.

Malerisches Mólivos: beliebtestes Ferienstädtchen der Insel

Geschichte

Mólivos ist uralt, war als *Methymna* eine der mythischen Städte der Insel; Siedlungsspuren in der Umgebung weisen weit in die Vorgeschichte.

Für den Burgberg selbst sind als erste Siedler die Äoler belegt, die irgendwann zwischen dem 11. und dem 8. Jh. v. Chr. diese strategische Stelle mit Beschlag belegten. Bald schon konkurrierte die Hafenstadt mit Mytilíni um den Rang der wichtigsten Siedlung der Insel, gründete auf der kleinasiatischen Seite des Muselim-Sunds die Stadt *Assos* und eroberte die Siedlung Arisvi in der Ebene von Kalloní. Gleichzeitig blühten die Künste; der Sänger und Poet *Arion*, dessen Gesang sogar die Delphine bezauberte, stammte aus Methymna. Weiteren Aufschwung nahm die Siedlung nach dem Peloponnesischen Krieg (431-404 v. Chr.), in dem Methymna als einzige der Inselstädte auf Seite des siegreichen Athen stand und deshalb mit Privilegien belohnt wurde. Ähnlich großzügig zeigten sich Jahrhunderte später die Römer, die 167 v. Chr. Ántissa zerstörten und dessen Gebiet Methymna zuschlugen – die Ländereien der Stadt reichten damals bis an die Grenzen von Eressós.

Während der byzantinischen Periode musste Methymna häufige Piratenüberfälle über sich ergehen lassen; wohl als Konsequenz wurde im 11. Jh. die Festung kräftig verstärkt. Auch die Genueser der Familie *Gattelusi*, unter denen erstmals der Name Mólivos auftauchte, erweiterten die Festung.

1462 eroberten die Türken die Stadt; da Mólivos immer noch als reiche Provinz galt, hatten die griechischen Einwohner hohe Steuern zu entrichten; viele wanderten nach Kleinasien aus. Im 18. Jh. besserte sich die Situation, im 19. Jh.

Karte siehe S. 179

wurde Mólivos sogar so wohlhabend, dass viele Bewohner Land auf der kleinasiatischen Seite besaßen. Einen herben Rückschlag, von dem sich das Städtchen nur langsam erholte, brachte die "Kleinasiatische Katastrophe" von 1922, bei der die Siedlung nicht nur einen Teil ihrer Ländereien, sondern auch wichtige Handelspartner verlor.

Für einen wirtschaftlichen Aufschwung größeren Ausmaßes sorgte seitdem erst wieder der Fremdenverkehr. Ein Faltblatt des Städtchens drückt es treffend aus: "Seit den 60er-Jahren schließlich ist der Fremdenverkehr zum bestimmenden Faktor für das Leben in Mólivos und seine Entwicklung geworden."

Information/Adressen

• *Information* **Municipal Tourist Information** (Stadtplan, Zimmervermittlung, allgemeine Auskünfte) an der Hauptstraße, in einem Steinhaus etwa 200 m stadtwärts der Bushaltestelle; ✆ 22530 71347. Geöffnet ist Mitte Mai bis Mitte Oktober, offizielle Bürozeiten 9-15.30 Uhr, die aber nicht immer genau eingehalten werden.

• *Adressen* **Internet-Zugang**: Net Café Cinema, einer von mehreren Anbietern, am Ortsanfang beim Open-Air-Kino, unweit der Infostelle.

Post: Im Ortszentrum oberhalb der Agorá, vielleicht das Postgebäude mit der schönsten Aussicht im Land. Öffnungszeiten Mo–Fr 7.30-14 Uhr

Waschsalon: "Laundry" im oberen Ortsbereich, in einer Seitenstraße der Odós Kastroú.

Verbindungen

Bus: Verbindungen nach Pétra-Kalloní-Mytilíni im Sommer Mo–Sa 4-mal, So 3-mal täglich; in der Gegenrichtung 5-mal bzw. 3-mal täglich. Richtung Westen in Kalloní umsteigen. Etwa von Juni bis September verkehren mehrmals täglich Strandbusse auf der Linie Ánaxos-Pétra-Mólivos-Eftaloú, im Hochsommer auch von/nach Skála Kallonís. Busfahrpläne hängen am Tourist-Büro aus.

Taxi: Standplatz an der Hauptstraße Nähe Bushaltestelle.

Mietfahrzeuge: Großes Angebot, auch Mountainbikes. Die Mehrzahl der Vermieter findet sich im vorderen Bereich der zum Hafen führenden Hauptstraße; vor allem Zweiräder sind etwas teurer als in Pétra. Achtung: Das Ortszentrum inklusive Hauptstraße ist ab 19 Uhr für Zweiräder gesperrt; zur HS häufige Kontrollen.

Euro Motors, im Gebiet meerwärts der Touristinfo, ✆ 22530 71756.

Nikos, Autos und Zweiräder, Hauptstraße, ✆ 22530 71578.

Pink Panther, im hinteren Bereich der Hauptstraße, deutschsprachig und relativ preiswert. ✆ 22530 71681.

Bootsausflüge: Zur Saison täglich nach Skála Sikaminéas (Nordostküste), p.P. ca. 17 €; teilweise mit Weiterfahrt zum Strand Plaz Tsonia. Gelegentliche Fahrten führen auch in den Westen nach Alt-Ántissa. Infos bei den zahlreichen Reiseagenturen.

Übernachten (siehe Karte S. 198/199)

Großes Angebot mit Schwerpunkt auf Hotels höherer Klassen, zur Saison viele Häuser allerdings durch Reiseveranstalter belegt. Gehobenes Preisniveau.

Hotel Delfinia (15) (B), knapp einen Kilometer außerhalb in Richtung Pétra, mit teilweise sehr schönem Blick auf Mólivos. Ausgesprochen weitläufige, angenehm begrünte Anlage mit hübschem Pool, Zugang zum steinigen Strand und mehreren Tennisplätzen. DZ/Bad im Haupthaus nach Lage und Saison knapp 50-70 €, in komfortablen Bungalows 70-110 €. Gutes Frühstücksbuffet. Ganzjährig geöffnet, ✆ 22530 71315, 📠 22530 71524, delfinia@otenet.gr.

Hotel Sun Rise (13) (B), komfortable, recht ausgedehnte Bungalowanlage, in einer Hotelsiedlung etwa 2 km Richtung Eftaloú. Zimmer großzügig und raffiniert geschnitten, Swimmingpool mit Türkeiblick, Tennis etc. Geöffnet Mai–Oktober, DZ/Bad knapp 60-80 €. ✆ 22530 71713/71715, 📠 22530 71791.

Nachmittags noch ruhig: die Agorá in Mólivos

Hotel Panselinos (14) (B), ein paar Kilometer außerhalb Richtung Eftaloú, ein Lesertipp von Aiko Gastberg und Alexander Vorwerk: "Sehr gepflegtes, relativ neues Hotel mit gut ausgestatteten, sehr geräumigen Zimmern in einzeln stehenden Häusern und einem recht großen Pool. Shuttle-Bus zur Stadt. Ruhige Lage, die Leitung spricht perfekt Deutsch." 80 Zimmer, DZ nach Saison etwa 55-130 €, in der Regel aber ja pauschal gebucht, wie die meisten Hotels in Molivós. ✆ 22530 71905, ℻ 22530 71904, www.panselinoshotel.gr.

Hotel Olive Press (10) (B), Schmuckstück am Ortsstrand. Eine ausgediente Ölmühle wurde sensibel restauriert. Stil, Ambiente und Service sind vom Feinsten. Geöffnet Mai–Oktober, DZ/Bad nach Saison etwa 65-90 €; auch Dreier-Studios zum fast gleichen Preis. ✆ 22530 71205, ℻ 22530 71647.

Hotel Amfitriti (11) (B), in der Nähe, am Sträßchen von der Infostelle zum Meer. Altes Steinhaus mit hübschem Garten und Pool, angenehme Zimmer, viele mit Zugang zu Balkon oder Terrasse. Freundliche Betreiber. Geöffnet Mai bis Oktober, DZ/Bad etwa 50-65 €. ✆ 22530 71741, ℻ 22530 71744.

Hotel Sea Horse (3) (C), hinten am Hafen. Hübsches Steinhaus, lauschige Lage, Fischerambiente und Balkone mit Blick. Wer früh zu Bett möchte, ist hier an der Tavernenmeile aber vielleicht nicht an der richtigen Adresse. DZ/Bad etwa 50-60 €, Frühstück inklusive. ✆ 22530 71630, ℻ 22530 71374, tekes@otenet.gr.

Hotel Eftaloú (12) (C), in der Nähe des Hotels Sun Rise, also etwas außerhalb. Freundlich und familiär geführte Anlage mit Pool, viele Stammgäste und Wiederholer. DZ/Bad knapp 40-55 €. ✆ 22530 71584, ℻ 22530 71669, www.eftalouhotel.gr.

Hotel Akropol (1), eigentlich ein Privatvermieter, ein altes Steinhaus in toller Aussichtslage oben auf dem Kastro-Hügel, zehn Fußminuten vom Zentrum. Auch von vielen der soliden Zimmer genießt man einen weiten Blick, ebenso vom großen Pool. Im Programm eines Reiseveranstalters, manchmal bleiben aber Restplätze frei. Geöffnet ist Mitte April bis Mitte Oktober, DZ/Bad etwa 35-45 €. Anfahrt nur von der Straße nach Eftaloú, dann links Richtung Burg; ✆ 2253 71745, ℻ 2253 71522, www.acropol-hotellesvos.com.

Domátia Tekes (6), Privatvermieter kurz vor dem Hafen, links der Straße. Gute Zimmer, z. T. mit Blick, die freundliche Maria hält alles picobello sauber. Preisniveau etwa wie oben. ✆ 22530 71158 und 22530 71233. Falls geschlossen, im nahen Hotel Sea Horse erkundigen.

Privatzimmer vermittelt die Infostelle; falls dort geschlossen, kann man sich auch an

Karte siehe S. 179

die zahlreichen Reiseagenturen wenden. Viele Privatvermieter sind auch oft schon bei Ankunft der Busse präsent. Preisniveau nach Saison gestaffelt ab etwa 30-40 € fürs DZ/Bad.

• *Camping* **Camping Míthimna**, städtischer Platz, der etwa einen Kilometer außerhalb des Ortes an der Straße nach Eftaloú liegt, am Knick dann rechts. Gute Sanitärs, Schatten durch Bäume, preiswerter als der Platz in Vaterá. Geöffnet etwa April/Mai bis Mitte September. ✆ 22530 71079.

Essen/Nachtleben/Einkaufen

• *Essen* Reiche Auswahl, oft schöne Aussicht aufs Meer, ebenso häufig aber auch gesalzene Preise.

The Captain´s Table (2), Nachfolger des Klassikers "Melinda´s Food and Wine Bar". Das Restaurant der gebürtigen Australierin Melinda offeriert griechische Küche mit Schwerpunkt auf Fisch; wie früher gibt es aber auch einige vegetarische Gerichte. Flinker Service hat ohnehin Tradition. An der Tavernenmeile am Hafen.

Taverne To Chtapódi (7), ein weiteres Beispiel für die Reihe verschiedener Restaurants und Bars am Hafen – der in einem alten Steinhaus untergebrachte, bereits 1978 gegründete "Oktopus" ist sicher eines der urigeren unter ihnen.

Taverne Faros (5), ganz hinten im Hafen, ein Lesertipp von Dieter Kossmann: "Gutes Essen, guter Service, tolle Aussicht. Die Ausnahme im Hafen von Mólivos." Von anderen Lesern gelobt wurde die benachbarte **Taverne Onar**.

Restaurant Sansibal (9), oberhalb der Hauptstraße an der Abzweigung zur Agorá. Verwinkelter Bau mit mehreren Terrassen, das Essen vielleicht eine Kleinigkeit teurer als anderswo, aber mit dem gewissen Extra. Fantasievoll eingesetzte Gewürze, freundliche Bedienung.

Restaurant Filoxenía (8), ganz in der Nähe, betrieben von zwei engagierten Brüdern. Griechisch-internationale Speisekarte, sehr freundlicher Service. Für die Küche gilt, zumindest zu Hoch-Zeiten: Gut Ding will Weile haben. Zu erreichen über die Stufen ab der Agorá-Straße.

Tropicana-Bar (4), des Autors Lieblingsplatz in Mólivos: Versteckt im Gassengewirr abseits des Trubels, idyllisch unter zwei riesigen Platanen gelegen, zur Blütezeit im Frühjahr eine olfaktorische Orgie. Gut auch zum Frühstück oder für einen

Aperitif, abends ein Restaurant mit Kerzenschein und einer breiten Auswahl internationaler Gerichte. Vom Scheitelpunkt der Agorá den Berg hoch, vorbei an der Post, oben dann links bergab.

• *Nachtleben* In Mólivos vergleichsweise vielseitig. Revier für abendliche Streifzüge ist in erster Linie der Strandbereich vom Hotel Olive Press Richtung Hafen.

Disco Gattelusi, etwa zwei Kilometer vom Zentrum, oberhalb der Straße nach Pétra. Wie ein Raumschiff ragt die gigantische Open-Air-Disco mit Platz für etwa zweitausend Leute aus dem Hang. Tanzen unterm Sternenzelt mit Meeresblick... Nur zur HS geöffnet, Eintrittsgebühr.

Piano-Bar, in einem alten Steinhaus nahe dem Hotel Olive Press untergebracht. Angenehmes, stilvolles Ambiente, griechische Musik. Gleichzeitig eine Art Talentschuppen; manche Sängerin, die hier erstmals auftrat, soll später berühmt geworden sein.

Music-Club Bazaar, kurz vor dem Hafen, gegenüber der Zimmervermietung Tekes. Kurioses Interieur, buntes Publikum, laute Musik. Zur Saison ab 20 Uhr geöffnet.

Bar-Café Skála, ein paar Schritte oberhalb des Hafens, an der Gasse Richtung Rathaus und Burg. Open-Air-Bar mit gelegentlichen Jazzsessions und orientalischer Küche, aber leider ungewisser Zukunft. Gegenüber eine weitere Bar im Lounge-Stil mit noch schönerer Aussicht.

Open-Air-Kino am Ortsanfang nahe der Infostelle, unterhalb der Hauptstraße zum Hafen. Nur im Sommer geöffnet. Die meisten Filme laufen im Original.

• *Einkaufen* **Seagull**, am Hafen. Neben "Arts, Handicrafts & Gifts" gibt es hier auch CDs sowie Literatur über Lésbos, darunter Wanderführer und vielleicht auch das Buch, das Sie gerade in Händen halten. Besitzerin Birgitt Naumann kennt zudem eine ganze Reihe guter Privatvermieter.

▸ **Baden**: Der schmale, steinige bis kiesige Ortsstrand, der sich etwa vom Hotel Olive Press nach Süden erstreckt, ist sicher nicht die Hauptattraktion von Mólivos. Immerhin ist für Wassersportler alles Mögliche geboten, von Windsurfing über Wasserski bis zum lärmenden Jet-Ski.

Eftaloú-Strand: Die weit bessere Adresse, allerdings gut vier Kilometer östlich – an der Kreuzung vor Mólivos rechts ab, dann immer dem Straßenverlauf folgen. Die Strecke ist mittlerweile asphaltiert. Vorbei an Hotels, kleineren Stränden und der Taverne "Eftaloú" gelangt man zum Badehaus *Loutrá Eftaloú*: Das unscheinbare kleine Gebäude umschließt radioaktive, 43,6 bis 46,5 Grad warme Quellen, die bei Rheuma, Arthritis und Ischias helfen sollen. Direkt neben dem Badehaus entspringen auch im Meer warme, z. T. bis über die Schmerzgrenze heiße Quellen. Hinter dem Badehaus beginnt der lange Kieselstrand von Eftaloú; der Zugang dorthin führt durch ein stets offenes Nebengebäude und ein Tor des Kurbads. Eigentlich sind es ein halbes Dutzend durch

Karte siehe S. 179

Beste Bademöglichkeit um Mólivos: Strand bei Eftaloú

Felsabschnitte getrennte Strände, die mit sauberem Wasser und Türkeiblick glänzen; im hinteren Bereich wird FKK toleriert.

• *Essen/Übernachten* **Taverne Eftaloú**, kurz vor Eftaloú selbst, ein schmalerer Strand liegt fast direkt vor der Tür. Traditionell im Stil, auch bei Einheimischen beliebt. Hübscher schattiger Garten. Spezialität sind Fischgerichte, es gibt aber auch Fleisch vom Grill und feine Vorspeisen. Ganzjährig geöffnet, nicht teuer.

Taverne Chrissi Akti ("Golden Beach"), direkt am Eftaloú-Strand. Schon die Taverne liegt schön am Hang, der Clou sind jedoch die neun Zimmer der A-Kategorie, die die Wirtsleute in einem ehemaligen Kloster mit schönem Innenhof vermieten. Leider sind sie oft von einem Spezialreiseveranstalter belegt. Falls frei: DZ/Bad etwa 35 €. Geöffnet Mai bis Mitte Oktober, ✆ 22530 71879, ℻ 22530 72044.

Sehenswertes

In erster Linie ist Mólivos als Ensemble interessant, ein Städtchen, das weniger mit hochrangigen Sehenswürdigkeiten prunkt als vielmehr zum entspannten Bummel einlädt. Da und dort wird man einen der spitzbogigen Brunnen entdecken, die noch aus türkischer Zeit stammen. Wehrhaft zeigen sich die äußeren Hausreihen des Ortes, die vor allem zum Meer hin als Stadtmauer ausgeformt sind.

Kástro: Die wuchtige Burg über dem Ortskern ist selbstverständlich Pflichtprogramm. In ihren Grundzügen geht sie auf die byzantinische Zeit zurück, die meisten Mauern und Tore stammen jedoch von der Erweiterung der genuesischen Gattelusi; die Türken veränderten den Komplex nur mehr wenig. Fantastisch ist die Aussicht über die Ziegeldächer des Städtchens, bei gutem Wetter auch bis weit in die Türkei. Nach dem Besuch erfrischen kann man sich, bei fast ebenso reizvollem Blick, in der direkt unterhalb gelegenen Bar "To Panorama", die ihren Namen zu Recht trägt.

Öffnungszeiten Di–So 8-15 Uhr, im Hochsommer bis 19 Uhr; Eintritt 2 €, So gratis.

Pinakothek: Die künstlerische Tradition des Städtchens bewahrt eine 1981 eingerichtete Gemäldegalerie in der Altstadt. Sehenswert ist bereits das rustikale Natursteinhaus selbst; im Inneren fanden früher wechselnde Ausstellungen zeitgenössischer Künstler statt. Leider war die Pinakothek zuletzt geschlossen, soll aber künftig eventuell wieder öffnen.

Archäologisches Museum: Auch diese kleine archäologische Sammlung war zuletzt geschlossen, doch wird auch sie hoffentlich eines Tages wieder öffnen. Das Museum liegt im Untergeschoss des neoklassizistischen, von einem Garten umgebenen Rathauses und präsentiert Funde aus Ort und Umgebung. Aufschlussreich ist die Fotodokumentation, die das Mólivos des Jahres 1912 zeigt.

Blick vom Hafen: Hoch oben thront das Kastell

Umgebung von Mólivos

Siehe auch das Kapitel "Umgebung von Pétra". Die dort beschriebene Rundwanderung beispielsweise lässt sich auch ab Mólivos starten.

- **Versteinerter Baum**: Wer einen gewissen Eindruck von diesem Naturwunder bekommen, sich dazu aber nicht in den "Versteinerten Wald" bei Sígri im Inselwesten begeben will, findet einen in Stein verwandelten Mammutbaum auch unterhalb der Straße nach Pétra: Noch vor der Disco "Gattelusi" und etwa 200 Meter vor den "Aigaiou-Studios" öffnet sich, gegenüber eines kleinen Bildstocks, meerwärts ein Tor zu einer Bucht unterhalb. Folgt man einem der Pfade linker Hand bergab, gelangt man zu einem Drahtkäfig, der einen etwa zehn Meter großen, liegenden Stamm schützt. Die nahe Kieselbucht eignet sich gut für ein ruhiges Bad fernab der Massen.

- **Nach Skála Sikaminéas**: Eine beliebte Wanderung führt oberhalb entlang der Nordküste ins etwa 14 Kilometer entfernte Skála Sikaminéas (siehe "Der Nordosten") mit seinen hübschen Hafentavernen. Bis kurz vor Eftaloú ist die Strecke asphaltiert, verwandelt sich dann in eine Piste. Unterwegs liegen mehrere, meist nur im Sommer geöffnete Tavernen. Eine Alternative für den Rückweg sind die Ausflugsboote, die den Ort zur Saison täglich anfahren und auch One-Way-Passagiere mitnehmen; diese Möglichkeit sollte man besser jedoch bereits in Mólivos klären.

Natur pur: das Flüsschen Chálandra am Strand von Skála Eressoú

Der Westen

+++ Die Heimat der Dichterin Sappho: Eressós +++ Kurioses Naturwunder: Der Versteinerte Wald +++ Am Ende: Sígri +++

Westlich von Kalloní endet allmählich das Reich der heiteren Olivenhaine. Ein ganz anderes Lésbos beginnt: Trocken, kahl und erodiert, lebensfeindlich. Vulkanland.

Viel Grandioses ist in dieser weiten, sonnenverbrannten Landschaft, die an die Sierras Zentralspaniens oder das Innere Siziliens erinnert. Karge, von Schluchten zerrissene Felshänge; kaum Farben neben den erdigen Tönen des Gesteins und dem Blau des Himmels. Nur hie und da, auf dem Grund eines Tals, speist ein schmaler, im Sommer oft versickernder Wasserlauf ein paar Bäume oder einen Dschungel aus Oleander – Oasen in der Wüste.

Die vom Rest der Insel so verschieden wirkende Landschaft erklärt sich aus der Geologie: Der Westen besteht (wie auch der Norden, dem dies aber nicht so anzumerken ist) überwiegend aus Vulkangestein des Tertiärs. Vulkanischen Ausbrüchen, die das Gebiet mit meterhohen Ascheregen überzogen, verdanken wir die ungewöhnlichste Naturkuriosität der Insel: Der *Versteinerte Wald* zwischen Ántissa und Sígri besteht aus den Resten von Mammutbäumen, die vor Jahrmillionen noch weite Flächen von Lésbos bedeckten.

Sehr unterschiedlich im Charakter präsentieren sich die verstreut liegenden Ortschaften des Westens. In den Inlandsdörfern und an der Nordwestküste ist von Tourismus bislang kaum etwas zu spüren; eher schon stößt man, wie in *Fília* oder *Skalochóri*, auf Reste der türkischen Besatzungszeit. Eine gewisse Tradition im Fremdenverkehr hat dagegen *Skála Eressoú* an der südwestlichen Küste; traf sich früher vor allem die Internationale der gleichgeschlechtlich liebenden Frauenwelt in der mythischen Heimat der Sappho, so zieht der lange Sandstrand des Dorfes heute auch die bunt gemischte Kundschaft manches Reiseveranstalters an. *Sígri* schließlich, im äußersten Westen gelegen, hat sich eine ureigene Atmosphäre bewahrt, wie man sie nur an wenigen Orten findet: Hier spürt man wirklich etwas vom Gefühl, am Ende der Welt zu leben.

Zwischen Kalloní und Ántissa

Auf den ersten Kilometern hinter dem Hauptdorf des Golfes geht es noch durch die Ebene, doch bald windet sich die Straße bergwärts, vorbei am sehenswerten *Kloster Limónos*, das im Kapitel "Umgebung von Kalloní" näher beschrieben ist. Die Vegetation passt sich der kargeren Umgebung an, Eichen ersetzen die Ölbaumkulturen.

▸ **Fília**, zehn Kilometer von Kalloní entfernt, ist der erste Ort an der Strecke; schon von der etwas abseits des Dörfchens verlaufenden Hauptstraße ist der Rest eines ehemaligen türkischen Minaretts zu erkennen. Von Fília führt eine Piste zur Straße nach Skoutáros (siehe "Umgebung von Pétra"), auf deren Verlängerung man nach Pétra kommt.

Skalochóri

Das lebendige Dorf, acht Kilometer westlich von Fília, liegt ebenfalls etwas abseits der Hauptstraße, die sich im weiteren Verlauf kurvig über die Ausläufer einer Bergkette windet. Für inselgriechische Verhältnisse geht es der kleinen Siedlung wirtschaftlich recht gut: Hier arbeitet eine erfolgreiche Kooperative, die Käse produziert, ein eigenes Kühlhaus und sogar einen Kühlwagen besitzt.

Relikt türkischer Zeiten: Minarett in Skalochóri

Ein Abstecher nach Skalochóri lohnt sich: Neben dem Stumpf eines Minaretts, der sich heute sinnigerweise an eine kleine Kapelle lehnt, ist auch ein türkischer Brunnen mit dem charakteristischen Spitzbogen zu sehen. Die Hauptattraktion von Skalochóri jedoch bildet die süße kleine Platía mit ihrem Sonnendach und der schattigen Platane. Unter den umgebenden Kafenía fällt jenes als besonders

Karte siehe S. 204

originell auf, dessen Obergeschoss wie ein Balkon hervorragt. Leider wirkt es mittlerweile ein wenig ramponiert und ist geschlossen; eine Restaurierung wäre wünschenswert.

Von Skalochóri zum antiken Ántissa

An der Küste tief unterhalb von Skalochóri liegen in schöner Umgebung die Reste von Ántissa, in der Antike eine der bedeutendsten Städte von Lésbos.

Zu erreichen ist das antike Ántissa (nicht mit der heutigen Siedlung zu verwechseln) am besten über die beschilderte, recht gut befahrbare Schotterpiste, die am Ortsrand von der aus Richtung Pétra und Skoutáros kommenden Asphaltstraße abzweigt. Sie führt zunächst durch eine Kiefernallee, windet sich dann in Kehren meerwärts und erreicht nach insgesamt elf Kilometern Alt-Ántissa. Zwar existiert noch eine andere Anfahrtsmöglichkeit über eine Piste, die weiter westlich an der Zufahrt nach Gavathás beginnt, doch muss auf diesem Weg kurz vor der Ausgrabungsstätte noch der Fluss Voúlgaris durchquert werden, was je nach Jahreszeit und Wasserstand schwierig sein kann.

Kaló Limáni: Knapp fünf Kilometer hinter Skoutáros führt eine Abzweigung zu diesem "Guten Hafen", der mit seinen Sommerhäusern und den Resten der byzantinischen Burg einen einladenden Anblick bietet. Der flach abfallende Sandstrand der auch als "Boudjor Limáni" bekannten Bucht ließ früher einmal Pläne keimen, hier ein riesiges Hotel hinzustellen, doch erwies sich die Gegend erfreulicherweise dann doch als zu abgelegen; immerhin gibt es eine Taverne, im Hochsommer sogar zwei.

▸ **Antikes Ántissa**: Von der Abzweigung sind es noch etwa sechs Kilometer bis zum ausgedehnten, schönen Kieselstrand von Alt-Ántissa. Hier genießt man das besondere Gefühl, an einem historischen und mythengetränkten Platz im Meer zu baden. Es gibt auch eine urige Taverne, die unter anderem Salat direkt aus dem Garten anbietet; wer möchte, kann in den drei allerdings sehr einfachen Zimmern hier auch übernachten. Die Stätte selbst liegt auf dem Hügel, der sich am östlichen Strandende erhebt.

Wohl von Äolern gegründet, war das alte Ántissa eine der mythischen Siedlungen von Lésbos, jahrhundertelang auch eine der mächtigsten. 168 v. Chr. zerstörten die Römer Ántissa dann so gründlich, dass es nie wieder besiedelt wurde. 1931 wurden die Reste der antiken Akrópolis von britischen Archäologen ausgegraben; ins Auge fallen jedoch eher die Ruinen einer genuesischen Burg. Vor und nach der Distelzeit kann es trotzdem viel Spaß machen, in den alten Festungsmauern herumzustöbern. Und obwohl der Laie nur wenig erkennt, ist das alte Ántissa ein überaus romantisches Plätzchen – vor allem, wenn man weiß, dass hier die Lyrik nach Lésbos kam.

Lésbos entdeckt die Lyrik: Orpheus und Terpandros

Grausig genug muss es für die Bewohner des alten Ántissa gewesen sein, als da ein abgerissener Kopf an ihren Strand gespült wurde. Größer noch war ihr Erstaunen, als das Haupt begann, wundersame Weisen zu singen: Sie hatten den Kopf des Orpheus vor sich, angespült von Thrakien, wo die wütenden Mänaden den berühmten Sänger in Stücke gerissen hatten. Auch die Lyra des Sängers, dessen Lieder Tiere, Bäume und sogar Steine verzaubert hatten, war angeschwemmt worden und spielte bittersüße Melodien. Die Leute von Ántissa bestatteten den Kopf und stellten die Lyra in ihrem Apollon-Tempel auf. Der Gott versetzte die Lyra als Sternbild an den Himmel, die Bewohner von Ántissa aber wurden als Dank mit der Gabe der Dichtkunst gesegnet. So also kam die Lyrik, die zur Lyra vorgetragene Dichtung, nach Lésbos; das Gebiet, in dem Orpheus' Kopf angeschwemmt worden war, heißt noch heute Orphíkeia.

Kein Zufall also, dass die erste historisch belegte Gestalt der Musikgeschichte aus Ántissa stammt. Der Komponist und Lyriker Terpandros, um 710 v. Chr. geboren, erwies sich als würdiger Erbe des Orpheus, erweiterte die Lyra um drei auf sieben Saiten und siegte 675 v. Chr. bei den musikalischen Festspielen der Karneia in Sparta. Auf ihn geht auch der "Kitharodische Nomos" zurück, eine neue Kompositionsform für die bis zu achzehn Saiten umfassende Kithara, die Namenspatronin unserer Gitarre.

Der Westen
Karte siehe S. 204

Wüstenhafter Westen

Vatoússa, acht Kilometer westlich von Skalochóri, staffelt sich einen Hügel oberhalb der Hauptstraße hinauf. Das noch sehr ursprüngliche Dorf bemüht sich fast schüchtern um ein paar Besucher, bittet auf einem Schild an der Hauptstraße, doch das Haus von Gogo zu besichtigen: Das Archontikó Gogon ("Gogo's Mansion"), ein restauriertes, rosafarbenes Herrenhaus, liegt, von der Zufahrtstraße kommend, linker Hand des Abzweiges zum Hauptplatz. Falls es geschlossen ist, kann man sich in den Kafenía an der Platía nach dem Schlüssel erkundigen, ebenso nach den kaum nachgefragten Unterkunftsmöglichkeiten, die das Dorf in seiner ehemaligen Post eingerichtet hat.

Westwärts von Vatoússa führt die Hauptstraße zunächst durch ein grünes Tal, das sich jedoch bald zu einer Felsschlucht verengt.

Moní Perivolís: Gut fünf Kilometer hinter Vatoússa zweigt rechter Hand eine beschilderte Asphaltstraße zu dem ehemaligen Nonnenkloster ab, das seinen Namen ("Garten") zu Recht trägt. Es liegt im Tal des Flusses *Voulgáris*, der eine üppige Vegetation aus Nussbäumen, Platanen und Oleanderbüschen speist – ein lieblicher Kontrast zu den kahlen Hügeln der Umgebung. Sogar Nachtigallen sollen in dieser Flussoase ihren Gesang hören lassen.

Das Kloster selbst, von hohen Mauern umgeben, ist der Muttergottes geweiht. Im Inneren der früher einschiffigen, in späterer Zeit mit einer Vorhalle und einem nördlichen Seitenschiff erweiterten Kirche sind Fresken zu sehen, die teilweise noch aus byzantinischer Zeit stammen sollen, zumindest aber in diesem Stil gehalten sind. Ehrwürdig präsentiert sich die Ikonostase mit ihren schönen Ikonen besonders der Panagía. Oft scheint das Kloster geschlossen. Macht man sich zu "christlichen" Zeiten (Mittagsruhe beachten!) mittels der Glocke bemerkbar, so wird einem meist dann aber doch aufgetan. Nach der Besichtigung ist eine Spende, die man beispielsweise mit dem Kauf von Postkarten verbinden kann, sicher angebracht.

Abstecher an die Küste: Gavathás

Knapp zwei Kilometer westlich des Abzweigs zum Kloster biegt, erneut rechter Hand, eine Asphaltstraße meerwärts ab. Durch Olivenhaine geht es bergab, vorbei an einem beschilderten Feldweg, der zum Strand Kámpos und den Ruinen des antiken Ántissa (siehe aber oben) abzweigt, nach Gavathás.

Typisch griechisch: Kapelle bei Gavathás

▸ **Gavathás**: Eine ruhige kleine Strandsiedlung von vielleicht fünfzig Einwohnern, in der sich der Fremdenverkehr nur sehr zurückhaltend bemerkbar macht. Die Handvoll Häuser, der kleine Hafen und eine Kapelle scharen sich am Ende einer Strandbucht, deren grauer Sand sich sehr flach ins Meer senkt; ein idyllisches, aber keineswegs herausgeputztes Plätzchen, für manchen vielleicht schon zu ruhig. Etwas lebendiger wird Gavathás nur zur Hochsaison, wenn griechische Urlauberfamilien sich in den wenigen Privatquartieren einmieten.

• *Übernachten* **Domátia O Paradisos**, im Dörfchen nicht zu übersehen. Recht großer Bau über dem Meer, tolle Aussicht. Schöne Terrasse fürs Frühstück, das Restaurant ist leider mittlerweile geschlossen. Persönliche Atmosphäre, freundliche Besitzerfamilie, die gut Englisch spricht, viele Stammgäste, die die Ruhe hier zu schätzen wissen. Sieben Zimmer der A-Klasse, DZ/Bad nach Saison etwa 25-30 €. Geöffnet etwa Mai bis Mitte Oktober. ✆ 22530 56376.

Umgebung von Gavathás

Kámpos-Strand: Östlich des Ortes, über die oben erwähnte Piste und über einen zweiten Abzweig kurz vor Gavathás zu erreichen, erstreckt sich dieser weitläufige, zur Nebensaison oft nahezu einsame Naturstrand; der Weg führt durch ein betoniertes Flussbett, an dem auch eine Taverne liegt, die praktisch ganzjährig geöffnet ist. Mit etwas Orientierungssinn kann man sich von hier auf Pisten hinüber nach Alt-Ántissa durchschlagen, muss dann allerdings kurz vor dem Ziel noch den Flusslauf des Voúlgaris durchqueren.

Ligerí (Liota): Auch das winzige Dörfchen Ligerí ist über eine Piste zu erreichen, die knapp zwei Kilometer vor Gavathás von der Zufahrt abzweigt, diesmal in westlicher Richtung; beschildert ist sie mit dem Namen des Gebiets,

Der Westen
Karte siehe S. 204

Kleine Kuriosität: Stamm der hohlen Platane von Ligerí

Liota. Ungewöhnlich groß für den entlegenen kleinen Weiler ist die byzantinische Kirche von Ligerí. Ein Schild an ihr verweist auf eine Legende, die den Bau der Kirche erklärt. Einst nämlich habe auf Lésbos eine Prinzessin gelebt, die an Lepra litt. Nichts konnte ihr helfen, bis sie sich an die Madonna wandte. Die Muttergottes wies ihr den Weg zu einem Schlammpfuhl, in dem sich Wildschweine suhlten. Die Prinzessin tat es ihnen gleich, wälzte sich ebenfalls im Schlamm – und war geheilt. Aus Dankbarkeit ließ ihr Vater eine Kirche bauen. Und er gab dem Dörfchen den Namen seiner Tochter: Ligerí. Ganz in der Nähe der Kirche steht eine uralte Platane. Ihr hohler Stamm besitzt einen so großen Umfang, dass der Wirt der benachbarten, aus einer alten Mühle umfunktionierten Taverne zum Spaß einige Stühle hinein gestellt hat. – Westlich von Ligerí erreicht die Piste nach knapp fünf Kilometern den Strand *Lápsarna*, an dem zwar einige Sommerhäuser stehen, aber keine Taverne. Da ein Naturstrand, ist mit Anschwemmungen zu rechnen.

Ántissa

An der Hauptstraße kurz vor der Gabelung nach Eressós und Sígri gelegen, bildet das große Dorf das wirtschaftliche Zentrum des westlichen Lésbos.

Ein Schild an der Durchgangsstraße fordert die Durchreisenden auf, die Platía von Ántissa zu besuchen. Es lohnt sich, der Einladung zu folgen – der längliche Hauptplatz des Dorfes, von Platanen beschattet und von Tavernen und Kafenía gesäumt, ist wirklich eine Pracht. In der Taverne ganz hinten an der Platía muss man sich nicht einmal um Sprachprobleme sorgen. Sie wird von einer heimgekehrten Auswandererfamilie betrieben, wie das Schild schnell erkennen lässt: "Man spricht Deutsch". Wer richtig Essen möchte, kann sich auch an das das frisch eröffnete Restaurant halten, das nahe der Tankstelle (der letzten Station Richtung Sígri!) und gegenüber der Schule liegt.

Westlich von Ántissa wird die Landschaft nun vollends kahl, prägt nackter Fels die Szenerie. Wenige Kilometer hinter dem Ort zweigt links die Asphaltstraße

Noch sehr traditionell: die Platía von Ántissa

nach Eressós ab; geradeaus geht es weiter zum Kloster Ipsiloú, zum Versteinerten Wald und nach Sígri.

Eressós und Skála Eressoú

Knapp zehn Kilometer sind es von der oben beschriebenen Kreuzung bis Eressós. Zu Fuß gehen möchte man sie nicht: zehn Asphaltkilometer durch eine zerklüftete, fast völlig kahle Berglandschaft, in der steil aufragende Felsspitzen bizarre Akzente setzen.

Knochentrocken ist dieses ehemalige Vulkangebiet, nur auf dem Grund mancher Schluchten zeigt ein grünes Band von Büschen, dass selbst hier noch Wasser zu finden ist. Fruchtbarer wird das Gebiet erst meerwärts von Eressós.

▸ **Eressós**, ein Dorf in piratensicherer Binnenlage, entstand erst in byzantinischer Zeit, ist also nicht die mythische Stadt der Antike. Im Gegenteil präsentiert sich Eressós heute insgesamt eher nüchtern, obwohl der Ort einige hübsche Bürgerhäuser, eine schöne, klassizistische Schule und eine recht charaktervolle Platía besitzt. Die alte Stadt jedoch, Geburtsort vielleicht der Lyrikerin Sappho, sicher aber des Philosophen Theophrast, ist beim heute ohnehin besser bekannten Skála Eressoú zu suchen, oberhalb der vier Kilometer entfernten Küste.

Moní Pitharioú: Am Ortsschild von Eressós weist linker Hand ein Schild den Weg zum vier Kilometer entfernten Kloster Pitharioú, das über einen Feldweg zu erreichen ist. Vor allem seine landschaftlich reizvolle Lage und der Weg selbst lohnen den Abstecher; das Kloster an sich bietet nichts Besonderes. Südlich des Klosters wurde ein Damm gebaut, der mittlerweile das Flüsschen Chalándra zu einem veritablen See aufgestaut haben dürfte.

Karte siehe S. 204

Wanderung 18: Pistenwanderung nach Sígri

Route: Eressós – (Tsichlionda-Strand) – Sígri; **Distanz**: 16 km; **Wanderzeit**: ca. 3,5-4 Stunden; **Einkehr**: In Eressós oder Sígri. Unterwegs keine Versorgungsmöglichkeiten, reichlich Trinkwasser mitnehmen!

Verbindungen: Es gibt keine Busverbindung zwischen den Orten. Vielleicht vereinbart man ja mit einem der Taxifahrer von Skála Eressoú eine Abholung in Sígri, oder lässt sich dorthin bringen und startet dann in Gegenrichtung. Denkbar ist auch, nur eine Teilstrecke zu laufen, z. B. etwa acht Kilometer zum Strand Tsichlionda.

Charakteristik: Völlig schattenlose Wanderung durch den Westen mit möglichem Abstecher zu einem einsamen Strand. Die Orientierung gestaltet sich problemlos, denn man folgt einer auch von Pick-ups befahrbaren Piste, die irgendwann einmal wohl auch asphaltiert werden wird. Im Sommer sollte man wegen der starken Hitze diese Wanderung möglichst sehr früh am Tag starten. Wichtig sind Sonnenschutz und reichlicher Wasservorrat.

Verlauf: Der Weg beginnt im westlichen Ortsbereich von Eressós an einer Kreuzung von vier Sträßchen bzw. Pisten. Mit etwas Bodenfreiheit ist er relativ gut befahrbar, doch hält sich der Verkehr in engen Grenzen. Die Piste führt zunächst durch eine fast völlig kahle Felslandschaft, in der nur kümmerliche Stachelgewächse gedeihen; offensichtlich immer noch genug Futter für die Schafherden, die die eingezäunten Berghänge bevölkern. Angeleinte Hunde wachen an den Stellen, an denen der Weg die Weidezäune passiert. Die Tiere, die heute die früheren Gatter ersetzen, werden zwar einmal täglich mit Futter und Wasser versorgt, haben aber sicher dennoch ein hartes Los gezogen. Gut sechs Kilometer hinter Eressós stößt man auf das breite, sommertrokkene und mit Oleanderbüschen bestandene Tal des Flusses Tsichlionda, das sich in südwestlicher Richtung meerwärts windet.

Tsichlionda-Strand: Folgt man dem steinigen Flusstal bis zum Meer, trifft man auf einen schönen Strand, der kaum besucht, in der Nebensaison meist sogar völlig einsam ist. In Sígri erzählt man, hier habe es in längst vergangenen Zeiten eine geheimnisvolle Stadt gegeben. Weiter südöstlich finden sich weitere Strandbuchten, aber auch Sümpfe – ein Gebiet, in dem man sich leicht verlaufen kann!

Die Hauptpiste Richtung Sígri dagegen überquert jenseits des Flusstals die Ausläufer einiger Höhenrücken und fällt dann wieder zur Küste hin ab, bietet dabei schöne Ausblicke auf die Insellandschaft vor Sígri. Etwa 13 Kilometer hinter Eressós trifft sie auf zwei Strandbuchten, die allerdings weniger reizvoll sind als der Strand von Tsichlionda; das halbverfallene Gebäude zwischen den beiden Buchten war einmal eine Käserei. Von hier sind es noch gut drei Kilometer bis Sígri.

Traumhaft gelegen: Strandbar in Skála Eressoú

Skála Eressoú

Ein Name, der Anfang der Achtziger fast nur in Lesbenkreisen ein Begriff war – etwa so lange ist es her, seit Skála Eressoú sich zum Wallfahrtsort der auf den Spuren Sapphos wandelnden Frauenwelt entwickelte.

Dies gereichte den Einheimischem, die ihre Moral und Sitten gefährdet sahen, nicht immer zur Freude. Mittlerweile hat sich der Besucherkreis von Skála Eressoú allerdings erweitert: Die kleine Küstensiedlung wurde von Reiseveranstaltern entdeckt. Der Strand des Dörfchens nämlich gehört zum Feinsten, was Lésbos in dieser Hinsicht zu bieten hat. Gut zwei Kilometer lang, eine Mischung aus Sand und Kies, schwingt er sich sanft nach Westen, im Ortsbereich von Tamariskenbäumchen beschattet; eine kleine Insel ist in Schwimmentfernung vorgelagert. Und das Wasser ist sauber; stolz weht über der Platía deshalb die "Blaue Umweltflagge". Rund 2500 Gästebetten zählt das Dorf derzeit.

Ein gemütlicher Ort ist Skála Eressoú geblieben, eine architektonische Schönheit war das Dorf wohl nie und wird es auch nicht mehr werden – es wird ziemlich viel gebaut. Ursprünglich völlig auf das Meer ausgerichtet, dehnt sich Skála Eressoú allmählich ins fruchtbare Hinterland aus, verdrängen Sommerhäuser und Pensionen langsam die Felder und Gemüsegärten. Discos und Music-Bars haben sich etabliert, am Meer warten Verleiher von Surfboards und Sonnenschirmen auf Kundschaft.

Der Massentourismus ist in Skála Eressoú bislang noch weit entfernt, die Atmosphäre entspannt mit einem Hauch ins Alternative. Zur Haupturlaubszeit im Juli und August herrscht allerdings schon einiger Betrieb. Und auch wenn die Siedlung insgesamt keinen Schönheitspreis gewinnen mag, zeigt sich die gemütliche Platía am Meer, der zentrale Treffpunkt, doch von einer recht

Der Westen
Karte siehe S. 204

hübschen Seite. Die verkehrsfreie Strandzeile mit ihren Terrassenrestaurants und dem Blick hinüber nach Chíos und Psará ist sogar zweifelsfrei die attraktivste der ganzen Insel. Ein angenehmes Fleckchen für einige Strandtage also, an dem sich auch Männer wohlfühlen dürfen. Und so bleibt zu hoffen, dass das pastellfarbene Hoteldorf im Westen eine (noch erträgliche) Ausnahme darstellt und nicht den Wegweiser für die zukünftige Entwicklung.

Information

• *Reiseagentur* Bislang keine Infostelle. **Sappho Travel**, kurz vor der Platía. Engagiertes Reisebüro mit umfangreichem Angebot, darunter Zimmer- und Häuservermittlung (speziell "women only"), Fahrzeugvermietung, Ticketverkauf, Schiffsausflüge etc. ✆ 22530 52140, ℻ 22530 52002, www.lesvos.co.uk.

Verbindungen/Internet-Zugang/Einkaufen

• *Verbindungen* **Busse** von und nach Mytilíni laut Sommerfahrplan Mo–Sa 2-mal, So 1-mal täglich; Richtung Norden (Pétra/Mólivos) in Kalloní umsteigen.

Mietfahrzeuge: Bislang eher geringes Angebot und relativ gehobene Preise. *Motomotion*, Zweiräder, auch Mountainbikes, macht einen soliden Eindruck; Nähe Platía, ✆ 22530 531700. *IGFA – Rent a car*, an der Hauptstraße, ebenfalls unweit der Platía, ✆ 22530 53001.

Schiff: Zuletzt fanden einmal wöchentlich Ausflüge zum Tsichlionda-Strand und nach Sígri statt; Infos bei Sappho Travel.

• *Internet-Zugang* **Cybersurf Café**, unweit der Platía, im Gebiet gleich östlich der Flussbrücke.

• *Einkaufen* **Made in Lesvos**, ein Nebenraum des "Krinelos Touristic Shop" an der Platía, beherbergt ein interessantes Angebot an Keramiken und Arbeiten aus Olivenholz, die aus kleinen Handwerksläden der Insel stammen, daneben auch Bio-Produkte. Einlösung von Traveller-Cheques. Hier auch Infos über die Pension Krinelos; falls dort belegt ist, helfen die freundlichen, sehr gut Englisch sprechenden Besitzer Philippos und Melanie gerne weiter.

Übernachten

Recht gute Auswahl an Privatquartieren und Hotels. Zur Hochsaison sind allerdings viele Betten an Reiseveranstalter vergeben; notfalls helfen die Agenturen weiter. Preislich sehr starke Saisonschwankungen.

Aeolian Village (A), besagtes pastellfarbenes Feriendorf. Raum greifende Anlage von über 40.000 Quadratmetern in einem früher unberührten Gebiet westlich des Ortes, immerhin von halbwegs akzeptabler Architektur. Knapp 300 Betten im Haupthaus und den Bungalows, aller Komfort inklusive großem Pool, diversen Sportmöglichkeiten, Animation, Kinderclub etc. Vorwiegend pauschal gebucht, z. T. auf All-Inclusive-Basis. Individualreisende zahlen für das DZ je nach Lage und Saison etwa 45-110 €, es gibt auch Studios und Familienbungalows. Geöffnet Mai bis Oktober, ✆ 22530 53585, ℻ 22530 53795, www.aeolianvillage.gr.

Hotel Galini (C), mitten im Ort, ein paar Gassen landeinwärts der Platía, östlich der Zufahrtstraße. Recht komfortables Quartier von zwanzig Zimmern, alle mit Klimaanlage und mit Balkon. Geöffnet ist etwa Mitte April bis Mitte Oktober. Die Preise allerdings sind in den letzten Jahren kräftig gestiegen: DZ/Bad nach Saison 40-50 €, bei längerem Aufenthalt günstiger; Frühstück (nicht obligatorisch) geht extra. ✆ 22530 53138, ℻ 22530 53137.

Hotel Sapphó i Eréssia (C), an der Uferfront; ein Teil der recht geräumigen Zimmer geht aufs Meer. Das älteste Hotel vor Ort und eines der ältesten der Insel, seit einigen Jahren "women only" und geführt von einem weiblichen Besitzerkollektiv. Sehr gutes Restaurant, Terrasse zum Meer, gelegentliche Veranstaltungen. Geöffnet ist April bis Oktober, DZ/Bad je nach Lage und Saison etwa 40-55 €. ✆ 22530 53495, ℻ 22530 53174, www.sapphohotel.com.

Hotel Antiopi, in ruhiger, abgeschiedener Lage relativ weit landeinwärts östlich der

Versteckt: Reste der Basilika Aphentélli

Zufahrtsstraße und ab dort beschildert. Auch dieses Hotel ist "women only" und war unter seinem neuem Management zuletzt gerade in umfassender Renovierung zu einer Art Wellnesshotel mit Outdoor-Jacuzzi, Cocktail-Terrasse, Reitmöglichkeit und vegetarischem Restaurant. Ganzjährige Betriebszeit vorgesehen, die Preise dürften ähnlich liegen wie bei Sappho. ✆ 22530 53311.

Pension Krinelos, recht zentral hinter dem großen Parkplatz vor dem Ortskern gelegen. Freundliches Management, solide und saubere Zimmer mit Kühlschrank, künftig wohl auch mit Klimaanlage; ein Garten soll vielleicht ebenfalls noch angelegt werden. Geöffnet April bis Oktober, nach vorheriger Anfrage auch im Winter. DZ/Bad im Mai und Oktober etwa 15 €, sonst rund 25-40 €, Klimaanlage (nur auf Wunsch) geht extra; auch Studios und Familien-Apartments. ✆ 22530 53246/53376, 📠 22530 53982, krinelos@otenet.gr. Anfragen auch im "Krinelos Touristic Shop" an der Platía.

Pension Villa Marilena, an der Strandstraße etwas westlich des Hotels Sapphó i Eréssia. Zimmer mit Meerblick, Preise ähnlich der Pension Krinelos. ✆ 22530 53095 und 22530 53153.

Essen

Die Strandtavernen mit ihren romantischen Terrassen bieten ein breites Angebot vorwiegend internationaler Küche, und auch Vegetarier werden fündig. Die Fluktuation allerdings ist groß – nicht jedes Restaurant überlebt den ersten Winter.

Rest. Sappho, das Restaurant des gleichnamigen Frauenhotels, steht im Gegensatz zu diesem auch Männern offen. Sehr gute, auch von den Einheimischen viel gelobte Küche von griechisch über international bis hin zu Pasta & Pizza. Frische Zutaten, anständige Portionen, schöne Terrasse zum Meer.

Taverne Karavogiannos, ortsauswärts neben Sappho. Eine kleine Taverne mit Terrasse zum Meer und Gärtchen nach hinten, in der traditionelle griechische Gerichte serviert werden, darunter auch Fleisch- und Fischgerichte vom Grill.

Taverne Filema, im Gebiet östlich der Platía, beim kleinen Denkmalplatz jenseits des Flussbetts. Gute Küche, neben internationalen auch einheimische Gerichte.

Taverne Ioanni & Gabi, ein kleines Stück landeinwärts der Platía, ein Lesertipp von Karen Lehmann: "Betrieben von der

Der Westen
Karte siehe S. 204

Österreicherin Gabi Grech und ihrem Mann Ioannis Agas aus Eressós. Kleine, aber feine und immer frische griechische Hausmannskost. Täglich wechselnde Gerichte, sehr netter Service."

"Cantina", am Strand bei der Mündung des Flüsschens Chalándra. Eine schön gelegene kleine Strandbar im "Karibik-Stil", nett fürs Frühstück, für Snacks, Salate etc.

Sappho und ihre Lyrik

Die einen mögen Reiterheere, andere halten Fußvolk oder Schiffe für das Schönste, ich aber das, was man leidenschaftlich liebt.

Der Mond ist schon versunken und auch die Plejaden. Mitternacht – die Zeit nimmt ihren Lauf. Und ich schlafe allein.

Der gliederlösende Eros treibt mich wieder herum, süß-bitter, ein unzähmbares Tier.

(Fragmente der Sappho)

Sappho, um 617 (612?) v. Chr. wahrscheinlich im antiken Eressós geboren, gilt als erste Lyrikerin der Geschichte, war für Plato die zehnte Muse, für viele andere die größte Dichterin aller Zeiten. Kaum etwas ist über ihr Leben bekannt, doch gibt vielleicht gerade dies Anlass zu vielerlei Spekulationen, die sich allzuoft nur auf Sapphos erotische Neigung zu Frauen beziehen.

Aus einer Adelsfamilie gebürtig, war Sappho (gesprochen: "Sappfo") verheiratet mit dem reichen Kerkyras aus Andros und Mutter einer Tochter, Kléis. Sie lebte in einer Zeit der Machtkämpfe zwischen Tyrannen und Adel; vermutlich als Folge eines Aufstands wurde Sappho nach Sizilien verbannt. Etwa um 585 v. Chr. kehrte sie, wahrscheinlich als Witwe, von dort zurück und lebte fortan als Dichterin in Mytilíni. Gleichzeitig war sie Leiterin eines Kreises junger Mädchen, wie er damals auf Lésbos offenbar üblich war: Auf der Insel gab es mehrere solcher Zirkel, die sich der musischen Erziehung höherer Töchter widmeten und diese gleichzeitig auf die Ehe einstimmten. Sie dienten aber auch der Vorbereitung auf kultische Feste zu Ehren der Hera und der Aphrodite, der Göttin der Liebe – womit wir bei Sapphos Verbundenheit zu ihren Schülerinnen wären: Sapphos intensive Verse, die von Liebe und Trennung, von Eros und Tod, von Glück und Ohnmacht sprechen, sind wohl vor allem als Huldigung an die Liebesgöttin zu verstehen. Ob die fraglos erotisch gefärbte Zuneigung zu ihren Mädchen auch wirklich in einer gleichgeschlechtlichen Sexualität ihren Ausdruck fand, ist ohnehin nicht bewiesen.

War es denn so, dann hatten Sapphos Zeitgenossen vermutlich wenig Probleme damit – bekanntermaßen gönnte sich die archaische Männerwelt durchaus homophile, an ein Erziehungsverhältnis gebundene Sexualität mit Knaben, die als "Päderastie" in unseren Wortschatz einging. Erst Jahrhunderte später wurde Sappho von Moralaposteln verfemt, ihr Werk wütend vernichtet, weshalb bis auf zwei Gedichte nur Fragmente erhalten blieben. Ebenfalls auf spätere Zeiten geht auch die Legende zurück, Sappho habe sich in fortgeschrittenerem Alter (sie starb um 570/560 v. Chr.) aus Kummer über eine Abfuhr des Jünglings Phaon ins Meer gestürzt; entweder vom leukadischen Felsen auf Lévkas oder, wie es auf Lésbos heißt, dem "Felsen der Sappho" am Strand beim heutigen Skála Eressoú.

Literaturtipps: Marion Giebel, "Sappho", Rowohlt Verlag; Joachim Fernau, "Sappho – Ein griechischer Sommernachtstraum", Ullstein; Joachim Schickel, "Sappho. Strophen und Verse", Insel Taschenbuch.

Sehenswertes

Vigla-Hügel: Hier, auf diesem Hügel im Südosten des Dorfes, lag das alte Eressós, die spätestens 800 v. Chr. gegründete Äolerstadt, in der der Naturphilosoph und Aristoteles-Schüler *Theoprast* (371-287 v. Chr.) und vielleicht auch die Lyrikerin *Sappho* geboren wurden.Viele Spuren blieben nicht erhalten von der einst recht weitläufigen Stadt, die sich im Laufe der Jahrhunderte bis ins Flachland ausgedehnt hatte: Zu erkennen sind noch Teile der Mauern, außerdem Türme, die jedoch aus genuesischer und türkischer Zeit stammen. Der Aufstieg lohnt sich dennoch, vor allem wegen des schönen Blicks über die Küste und das Hinterland.

Basilika und Museum: Am Fuß des Burghügels, hinter der heutigen Andreaskirche, wurden Reste einer dreischiffigen frühchristlichen Basilika des 5. Jh. ausgegraben. Anhand der Grundmauern ist zu erkennen, welch stattliche Ausmaße sie einst hatte. Die schönen, zum Schutz vor Zerstörungen lange mit Sand bedeckten Bodenmosaiken wurden mittlerweile freigelegt und sollen künftig restauriert werden. Ein kleines, zuletzt in Renovierung befindliches *Museum* ist der Ausgrabungsstätte angeschlossen; es birgt wenige, aber teilweise hochklassige Funde aus der Umgebung, darunter Architekturfragmente der Basiliken, Münzen, in Stein gehauene Dokumente und auch den Anker der türkischen Fregatte, die 1821 von einem Freiheitskämpfer vor Skála Eressoú in Brand gesteckt wurde. Eigenartig berühren die Grabstelen mit Reliefs von Abschiedsszenen: Würdevoll und gelassen entbieten die Angehörigen ihren Verstorbenen den letzten Gruß. Im alten Rathaus, unweit der Ausgrabungen gelegen, ist, allerdings schon seit Jahren, die Einrichtung eines Folkloremuseums geplant.

Der Westen
Karte siehe S. 204

Chalándra: Naturfreunde sollten das Flüsschen, das am Strand nordwestlich des Ortes ins Meer mündet, einmal näher in Augenschein nehmen. In dem kleinen Biotop leben zahlreiche Wasserschildkröten und andere seltene Tiere. Bleibt zu hoffen, dass der neue Staudamm flussaufwärts dem idyllischen Fleckchen nicht allzusehr schadet.

Basilika Aphentélli: Etwa zweihundert Meter vor dem nordwestlichen Strandende, also jenseits des Flusses Chalándra, führt ein nicht markierter Fußweg zwischen eingezäunten Feldern landeinwärts und durch einen Schafspferch (Gatter wieder schließen). Kaum hundert Meter von der Strandpiste entfernt, finden sich hier Reste einer weiteren frühchristlichen Basilika. Zu erkennen sind jedoch nur vereinzelte Säulenreste und Grundmauern, die schönen Mosaike wurden mit Steinen bedeckt.

Aussichtskapelle: Unweit der Basilika, direkt am westlichen Ende des Strandes, beginnt ein mit großen weißen Pfeilen markierter Pfad, der in etwa einer Stunde zu einer kleinen Gipfelkapelle führt. Der Weg lohnt sich vor allem wegen der wirklich schönen Aussicht hier.

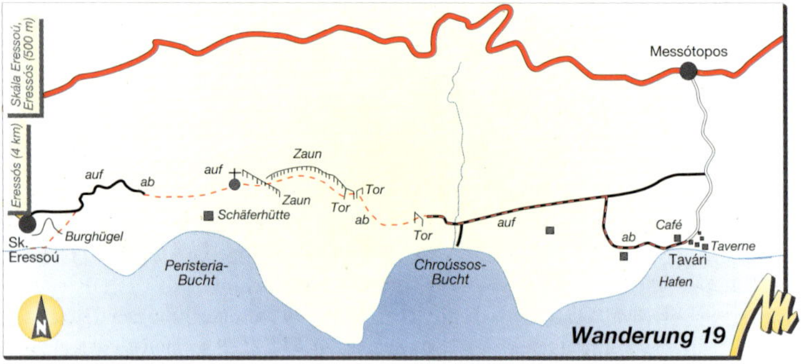

Wanderung 19: Zum Chroússos-Strand und nach Tavári

Route: Sk. Eressoú – Chroússos – Tavári – Chroússos – Sk. Eressoú; **Distanz**: 18 km; **Wanderzeit**: 4 Std.; **Einkehr**: Tavernen am Chroússos-Strand (nur Sommer) und in Tavári

Charakteristik: Eine abwechslungsreiche Wanderung mit überraschenden Ausblicken aufs Meer. Wer nur bis Chroússos und zurück geht, spart sich etwa eineinhalb Stunden Wegstunden auf einer etwas öden Schotterpiste.

Unsere Wanderung beginnt hinter dem Vigla-Hügel von Skála Eressoú. Von dort verläuft ein Sandweg, der über kleine Pfade auch vom Meer aus zu erreichen ist, etwas aufwärts zunächst nach Osten, später nach Südosten. Von diesem Weg aus, unterhalb der zwei Antennen, sehen wir nach etwa 30 min. zunächst die Nachbarbucht *Peristéria*. Der Weg führt in die Bucht hinunter und bis zur gegenüber liegenden Seite, verwandelt sich dann in einen mit blauen Punkten markierten Fußpfad, der hinauf zu einer kleinen weißen Kirche führt. Am Zaun hinter dem Kirchlein steigen wir 100 m hoch und klettern dort, wo von der anderen Seite ein zweiter Zaun kommt, hinüber. Diesen zweiten Zaun gehen wir nun rechts etwa 10 min. entlang, am Ende durch ein Tor und gleich danach rechts durch ein weiteres Tor. Wir folgen dem Pfad für etwa 20 min. auf die immer oasengleich grüne Strandbucht *Chroússos* (siehe auch unten) zu, gehen durch ein Tor und überqueren wenig später den Fluss. Für eine Badepause am schönen Strand muss man jetzt meerwärts rechts abbiegen, Richtung Tavári hingegen hält man sich leicht aufwärts auf den Sandweg Richtung Osten. Nach etwa 2 km heißt es, auf einen rechts abzweigenden Weg aufzupassen; allerdings zweigen in diesem Gebiet mehrere Pfade und Wege ab, die man leicht verwechseln kann. Um den richtigen Weg zu finden, bleiben wir deshalb zunächst auf der bisher begangenen Piste, bis links oben Messótopos in Sicht kommt. An unserer Abzweigung sind wir nun schon knapp vorbei, gehen deshalb 20 m zurück und biegen meerwärts ab, dem Schild folgend. Dieser Weg führt uns in etwa 20 min. nach Tavári; wer hier einkehren möchte, findet östlich des Hafens eine gute Taverne. Zurück geht es auf demselben Weg.

Östlich von Skála Eressoú: Die Südroute nach Kalloní

Etwa zwei Kilometer nördlich von Skála Eressoú zweigt von der Straße nach Eressós rechter Hand eine mittlerweile komplett asphaltierte Straße ab, die zur Fahrt in die Inselmitte und nach Mytilíni durchaus eine Alternative zur Route über Ántissa darstellt. Landschaftlich ist die Strecke entlang der südlichen Gebirgshänge grandios.

Messótopos und Tavári

Etwa elf Kilometer sind es von der Hauptstraße zum Bauerndorf Messótopos. Zwei alte Kirchen stehen in der Bergsiedlung, deren hübsche Platía von einer uralten Platane beschattet wird. In einem Haus wurde nach dem Tod der letzten Bewohnerin ein kleines Museum eingerichtet.

▸ **Tavári** heißt die kleine, vier Asphaltkilometer entfernte Strandsiedlung von Messótopos; ein Fischerhafen mit einer Handvoll Ferienhäusern, einigen wenigen Einkehrmöglichkeiten und dem neuen All-Inclusive-Hotel "Tavári Beach", einem Schwesterhotel des "Aeolian Village" von Skála Eressoú. Es wird relativ viel gebaut, obwohl der Strand hier wirklich nichts Besonderes bietet.

Chroússos-Strand: Ganz anders präsentiert sich der östlich von Tavári gelegene Strand von Chroússos, ein wunderbarer, weit geschwungener und oft nahezu einsamer Strand aus dunklem Sand und feinem Kies. Tamarisken bieten etwas Schatten, das Hinterland ist dank des hier mündenden Flüsschens Langáda üppig grün bewachsen. Am Ostufer des Flussbetts, von Gänsen und Enten umwatschelt, steht in Strandnähe eine urige Sommertaverne, die aus einem ehemaligen Linienbus zusammengebastelt ist. Zu erreichen ist Chroússos über zwei steinige Pisten, entweder von der Zufahrtsstraße nach Tavári oder direkt vom dortigen Hafen aus.

Karte siehe S. 204

Weiter Richtung Kalloní

▸ **Ágra**: Das nächste Dorf an der Straße nach Kalloní, etwa acht Kilometer von Messótopos entfernt, wirkt geradezu an die steilen Hänge geklebt. Trotz einer gewissen Größe macht Ágra einen sehr ruhigen Eindruck, scheint auch nach

Ruhiges Bergdorf in schöner Lage: Ágra

seiner Straßenanbindung immer noch nicht ganz aus dem Dornröschenschlaf erwacht. Immerhin gibt es hier einige Kafenía.

Hinter Ágra wird die Landschaft noch karger. Eine rechter Hand abzweigende Seitenpiste führt nach *Apothíkes*, dem hübschen, recht geschützt liegenden Hafen des Bergdorfs. Die Hauptstraße selbst durchquert hinter der Abzweigung ein Gebiet bizarr geformter Steine und Felsen, das besonders in der Dämmerung eine ganz eigenartige Stimmung besitzt.

▸ **Parákila**: Trotz der Nähe zum Meer widmet sich das etwas abseits der Strecke gelegene Dorf eher der Landwirtschaft als der Fischerei. Verständlich, liegt es doch schon wieder im fruchtbaren Gebiet der silbern glänzenden Olivenhaine des Golfs von Kalloní. Außer Oliven wachsen um Parákila, in dem noch die Ruinen einer Moschee an die Türkenzeit erinnern, vor allem Zitrusfrüchte.

Westwärts nach Sígri

Knapp drei Kilometer westlich der Kreuzung nach Eressós und Skála Eressoú ragt linker Hand der Hauptstraße nach Sígri ein markanter Steinkegel auf, der erloschene Vulkangipfel des *Ordymnos* (511 m). Ganz oben, mit dem graubraunen Gestein fast verschmolzen, thront ein uraltes Kloster, zu erreichen über einen schmalen Fußpfad und eine wenig später abzweigende Fahrstraße. Ganz besonders lohnt sich ein Besuch am 8. Mai, dem Festtag des Klosters.

Moní Ipsiloú: Von festungsartiger Wucht scheinen die Außenmauern des Klosters, und wirklich dienten sie in früheren Jahrhunderten der Verteidigung. Heute nutzt ein naher Militärstützpunkt die fantastische Aussichtslage über weite Teile der Insel bis in die Türkei und, bei sehr guter Sicht, bis zum heiligen Berg Athos; das Fotografieren außerhalb des Klosters ist deshalb untersagt.

Bereits im Jahr 802, so weiß es zumindest der freundliche Abt zu berichten, wurde das dem heiligen Johannes geweihte Kloster gegründet (andere Quellen sprechen von 1101, vielleicht eine Neugründung), im 19. Jh. renoviert, durch einen Brand 1967 aber weitgehend zerstört. Aus dem frühen Mittelalter stammen nur das Portal und die Apsis der Kirche, außerdem der Zellentrakt in der nördlichen Klostermauer, in dem noch steinerne Bettstellen zu sehen sind; der Rest der Anlage ist nur wenige Jahrzehnte alt.

Das kleine *Museum* im Westflügel hat jedoch durchaus ehrwürdige Kunstschätze zu bieten, darunter uralte Bücher und Handschriften, üppig verzierte Bischofsgewänder, Ikonen und eine Sammlung kleiner Kruzifixe, die in filigraner Manier aus Silber getrieben und aus Holz geschnitzt wurden. Der Eintritt ist frei, eine Spende wohl selbstverständlich. Am Eingang des Klosters mag man noch einen Blick auf die versteinerten Baumstämme werfen, die dort herumliegen; eindrucksvoller sind allerdings die deutlich größeren Exemplare im "Versteinerten Wald" weiter westlich.

Der "Versteinerte Wald" (Petrified Forest)

Ein versteinerter Wald: Mancher wird sich zunächst etwas anderes darunter vorstellen, als diese ausgedehnte, nach Südosten abfallende, praktisch schattenlose Felslandschaft, in der die Sonnenglut schon früh am Tag für mörderische Temperaturen sorgt. Es empfiehlt sich sehr, morgens zu kommen, am besten bereits zur Öffnung des Areals.

Denn einen Besuch ist das griechisch *Apolithoméno Dássos* genannte Naturmonument auf jeden Fall wert. Es bildet nicht das einzige Gebiet von Lésbos, in dem versteinerte Baumstämme zu sehen sind, wohl aber das ausgedehnteste und an Funden reichste. Zwei sorgfältig angelegte Rundwege führen hügelauf, hügelab zu einigen Dutzend Stämmen, die Durchmesser von teilweise mehr als zwei Metern aufweisen. Die meisten liegen am Boden, einige gewaltige Stümpfe stehen aber noch aufrecht, darunter auch der riesige, einen Umfang von mehr als acht Metern aufweisende Stumpf, der sich am entferntesten Punkt erhebt; ganz in der Nähe steht ein Schatten spendender Holzpavillon. Faszinierend ist die Vielfarbigkeit der Versteinerungen: Die Stämme leuchten in Nuancen von Grau, Gelb und Dunkelrot, seltener auch in Rosa, Violett, Grün und Dunkelblau bis ins tiefe Schwarz.

Enstanden ist der versteinerte Wald vor etwa fünfzehn bis zwanzig Millionen Jahren. Damals bedeckten riesige Wälder von Mammutbäumen (Sequoia), wie sie heute noch in amerikanischen Nationalparks stehen, weite Teile der Insel. Ein gigantischer Vulkanausbruch des Ordymnos begrub die umgestürzten Bäume unter einem Regen heißer Asche, die sich im Laufe der Zeit zu einer Tuffschicht verfestigte. Heiße Quellen tränkten die Stämme mit mineralhaltigem Wasser; Siliziumdioxid drang in jede einzelne Zelle und formte allmählich die Holzstruktur nach, bis hin zu Astansätzen und Jahresringen. Auf ähnliche Weise versteinerten hier auch Blätter anderer Bäume, darunter Eichen, Erlen, Pappeln, Nuss-, Kirsch- und Lorbeerbäume; sogar ein versteinerter Wurm wurde entdeckt.

Der Westen
Karte siehe S. 204

Übrigens "wächst" der versteinerte Wald: Fast jährlich werden nach den Winterregen neue Stämme entdeckt. Seit das Gelände eingezäunt und bewacht ist und die "handlicheren" Fundstücke in vergitterte Freiluftvitrinen gewandert sind, sinkt auch die Zahl der Diebe, die Bruchstücke mitgehen lassen. Souvenirjäger sollten wissen, dass nicht nur hier, sondern auf ganz Lésbos solches Tun unter herbe Strafen (Gefängnis) gestellt ist.

• *Anfahrt und Öffnungszeiten* Abzweig in südlicher Richtung etwa 5 Kilometer westlich des Klosters Ipsiloú, beschildert: "Petrified Forest", bis zum Gelände nochmals 5 km. Geöffnet ist täglich 8-16 Uhr, Eintritt 1,50 €. An der Kasse ist eine Broschüre erhältlich. Taschen etc. müssen abgegeben werden, festes Schuhwerk und eine Kopfbedeckung zum Schutz vor der Sonne sind sehr ratsam. Auch ein Getränkevorrat schadet nicht; am Eingang befindet sich eine Art Kiosk. Weitere Infos auf Englisch unter www.petrifiedforest.gr.

Vielfarbig: ein Prachtexemplar im "Versteinerten Wald"

Wanderung 20: Vom "Versteinerten Wald" nach Skála Eressoú

Route: Kreuzung Hauptstraße (Ántissa-Sígri) – Versteinerter Wald – Eressós – Skála Eressoú; **Distanz**: Eressós 17 km, Skála Eressoú 21 km; **Wanderzeit**: Eressós 3,5 Stunden, Skála Eressoú 4,5 Stunden; **Einkehr**: Nur in Eressós und Skála Eressoú; Trinkwasser!

Verbindungen: Die Abzweigung zum "Versteinerten Wald" liegt an der selten bedienten Busroute Mytilíni-Sígri; man sollte also vorher klären, ob der Fahrplan auch die Rückfahrt ab Eressós oder Skála Eressoú gestattet. Generell empfiehlt sich die Wanderung jedoch eher für diejenigen, die in Skála Eressoú Quartier genommen haben; in diesem Fall lässt man sich am besten mit dem Taxi an die Kreuzung (oder besser noch zum "Versteinerten Wald" selbst) bringen.

Charakteristik: Eine landschaftlich beeindruckende Wanderung durch die Halbwüste des Westens, die man möglichst früh am Morgen beginnen sollte – es kann sehr heiß werden! Etwas Abkühlung und Erholung fürs Auge bietet der Abschnitt durch den Oleanderdschungel eines Flusstals.

Verlauf: Von der Kreuzung an der Hauptstraße bis zum "Petrified Forest", dem "Versteinerten Wald", sind es rund 5 km schattenloser Straße, die zum Glück einigermaßen eben verläuft. Am Eingang zum Park endet die Zufahrt. Sehen wir in Richtung Südosten, dann erkennen wir den niedrigsten Teil der Gebirgswelt ringsum – nach dem Besuch des Naturmonuments wird dies unsere Richtung sein.

Rechts des Eingangshäuschens setzt ein Weg an, der zunächst am Zaun entlang führt. Nach ungefähr 1,5 km gehen wir links durch ein Tor, an einem Schafstall vorbei. Der Weg verengt sich zum Pfad und führt uns langsam abwärts in ein üppig grünes Tal, in dem von Juni bis August die Oleanderbüsche rosa blühen. Neuerdings stehen hier in allerdings recht großen Abständen quasi offizielle "Wanderhilfen", ein Wandersmann auf einem Holzpfosten. Das Tal ist verlassen, leere Gehöfte bewachen aufgegebene Felder: Die hiesigen Familien flohen, als im Zweiten Weltkrieg hier Partisanen entdeckt und erschossen wurden. Einer der Auswanderer kam zwar zurück, doch fand er keine Frau, die sein Leben in der Einsamkeit teilen wollte und gab deshalb auch auf. Heute kommen nur noch morgens und abends die Schäfer von Eressós zum Melken ins Tal. Am Wegesrand sehen wir hie und da einen versteinerten Baumstumpf. Schlangen und Eidechsen rascheln.

Etwa 1 Stunde hinter dem Eingang zum Park erreichen wir den Fluss, den wir balancierend überqueren; wenn wir da-

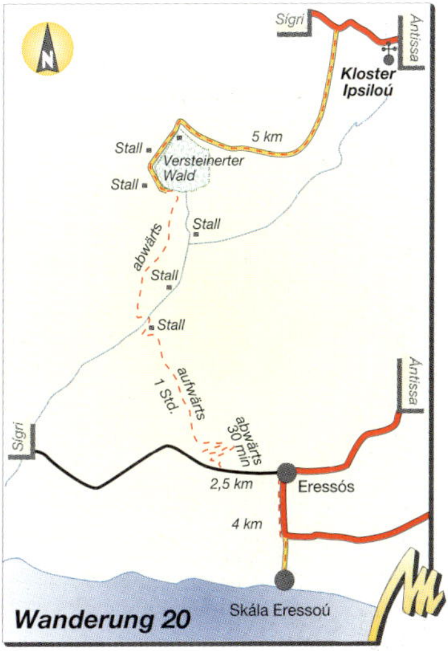

bei leise genug sind, bleiben die Wasserschildkröten vieleicht mit ausgestreckten Hälsen faul auf ihren Baumstämmen sitzen. Wir gehen rechts um den Stall herum (der Hund bellt sicher) und folgen dem schräg ansteigenden Pfad Richtung Südosten. Rund 1 Stunde lang folgen wir nun dem seit ewigen Zeiten ausgetretenen Pfad links das trockene Tal hinauf. Oben angekommen, liegt die herrliche Ebene von Skála Eressoú vor uns – wer altgriechisch gelernt hat, fühlt sich vielleicht versucht, "thalassa, thalassa" ("das Meer, das Meer") zu rufen.

Nun gehen wir etwa 30 min. lang abwärts, bis wir auf den Sandweg treffen, der uns nach links ins 2,5 km entfernte Eressós führt (rechts geht es nach Sígri, siehe Wanderung 18). Den Versuch, Skála Eressoú über das verlockend aussehende Flusstal zu erreichen, verkneifen wir uns lieber, denn es birgt ungeahnte Schwierigkeiten – besser, wir wählen die 4 km lange Asphaltstraße ab Eressós oder hoffen dort auf einen Lift.

Karte siehe S. 204

Schönster Strand um Sígri: Faneroméni

Sígri

Ein entlegener, außerhalb der Saison fast einsamer Ort: Dann, wenn nur noch drei Busse pro Woche Sígri anfahren, wird die ungewöhnliche, etwas melancholische Atmosphäre des Dorfes besonders deutlich.

Der erste Blick auf Sígri, hoch oben von der Hauptstraße und am schönsten bei Sonnenuntergang, bezaubert. Eine raue Felslandschaft dehnt sich dort unten aus, den Winden preisgegeben, nur da und dort ein sonnenverbranntes Feld, ein paar Bäume. Weiße, rot bedachte Häuserkuben scharen sich um ein wuchtiges Kastell. Den Hafen beschützen zwei Inseln, eine lang gestreckt und ebenso steppenhaft wie das Land davor, die andere klein und spitz aufragend. Dahinter, bis zum Horizont, das Meer.

Allein diese Aussicht ist die Fahrt in den äußersten Westen wert. Wer Ferienrummel sucht, kann dann ebensogut umkehren und sich die Fahrt hinunter ins Dorf sparen. Sígri ist ein ruhiger, in sich gekehrter Ort, selbst im Sommer, wenn ein britischer Reiseveranstalter viele der hiesigen Betten mit Beschlag belegt. Auch an Wochenenden, wenn griechische Ausflügler bis aus dem 92 Kilometer entfernten Mytilíni kommen, um Fisch oder einen der berühmten hiesigen Hummer zu essen, bordet die Stimmung selten über. Man braucht schon Sinn für "splendid isolation", um Sígri zu mögen.

Und doch hat die einst rein türkische Siedlung, in der sich erst zu Beginn des 20. Jahrhunderts auch Griechen niederließen, ihre eingeschworenen Liebhaber. Die kommen immer wieder und verfassen sogar Hymnen auf ihr Dorf: nachzulesen im kleinen Führer mit dem treffenden Namen "Where the Road

ΥΠΟΥΡΓΕΙΟ ΠΟΛΙΤΙΣΜΟΥ / MINISTRY OF CULTURE

ΜΟΥΣΕΙΟ ΦΥΣΙΚΗΣ ΙΣΤΟΡΙΑΣ ΑΠΟΛΙΘΩΜΕΝΟΥ ΔΑΣΟΥΣ ΛΕΣΒΟΥ
NATURAL HISTORY MUSEUM OF THE LESVOS PETRIFIED FOREST

ΣΙΓΡΙ-ΛΕΣΒΟΥ / SIGRI, LESVOS, GREECE - 81112

Α.Φ.Μ. 090110375 / Δ.Ο.Υ. ΚΑΛΛΟΝΗΣ

№ 34542

€ 3.00

ΤΙΜΗ ΕΙΣΙΤΗΡΙΟΥ / ENTRANCE FEE

tel - fax : 2253054434 | http: // www.petrifiedforest.gr | e-mail: lesvospf@otenet.gr

ends" von Roy Lawrance oder dem Büchlein "Sígri. the legend, the history, the dream" von Adonis Chiotis, einem in Mytilíni lebenden Journalisten. Für Individualisten mit Sinn für wilde Romantik, Spaß an Wanderungen und einem guten Vorrat an Lektüre ist Sígri in der Tat ein ganz besonderes Ziel.

El Hadschi Yákub Aga wünscht frohe Rast

An der südwärts führenden Hauptgasse des Dorfes steht noch ein Brunnen der Türkenzeit. Die arabische Inschrift besagt folgendes:

Ohne Wasser (gibt es) kein Leben
El-Hadschi Yákub Aga (welcher die Wallfahrt nach Mekka machte), bereut (seine Sünden) und wünscht angenehme Rast
Einen Brunnen zu bauen, ist die tugendhafteste aller guten Taten
Möge Gott, der sein Gesicht (dem Sünder) in Gnade zuwendet, ihm am Tag der Erlösung einen Tropfen (Wasser) von (diesem) Stein zubilligen
Erster des Monats Shawwal, im Jahr der Hijra 1297

Englische Übersetzung und Ergänzungen in Klammern aus dem Führer von Roy Lawrance, frei ins Deutsche übertragen. Anmerkung: Die Jahreszahl 1297 bezieht sich auf den islamischen Kalender, der Brunnen stammt also aus der Zeit um 1880.

• *Information* Ein Fremdenverkehrsamt besteht nicht.

Praktorío Sígri, eine Reiseagentur an der Hauptstraße, kann aushelfen. Fährtickets, Fahrzeugverleih, Zimmervermittlung etc. ✆ 22530 54430, ℻ 22530 54273.

Direct Greece, Reiseagentur des britischen Veranstalters, im hinteren Bereich der Hauptstraße. Hier auch Infos zu Schnorchelausflügen zu den versteinerten Bäumen bei der Insel Nisíopi. ✆ 22530 54250.

• *Verbindungen* **Busse** von/nach Mytilíni (Sommerfahrplan) Mo–Sa 2-mal, So 1-mal täglich; Richtung Norden in Kalloní umsteigen.

Fähren verbanden Sígri früher 2- bis 3-mal wöchentlich mit der Hafenstadt Rafina östlich von Athen und 1-mal wöchentlich mit Límnos-Kavála. Die Linien wurden jedoch eingestellt, sehr zum Verdruss vor allem der vielen vom Tourismus lebenden Einwohner von West-Lésbos, die schmerzlich die Wochenendgäste aus Athen vermissen und für eine Wiederaufnahme der Verbindungen kämpfen.

• *Übernachten* Wie erwähnt, sind viele der Privatzimmer des Ortes im Sommer durch einen Reiseveranstalter belegt. In der Nebensaison ist die Suche problemlos.

Hotel Vision-Orama (C), an der Zufahrt nach Sígri, ein paar hundert Meter vor dem Ort; ein blau-weißer Neubau mit Pool und gut ausgestatteten Zimmern. Der Wirt, ein Mitglied der hiesigen Gastronomen-Familie Tsikna, spricht Deutsch. DZ/Bad offiziell etwa 50-65 €, in der Regel ist man aber mit 40-50 € dabei. ✆ 22530 54226, ℻ 22530 54450, www.visionhotel.gr.

Nelly's Apartments, am Knick der Hauptgasse vor der Post; mit Kühlschrank und Küche eingerichtete Apartments, die z. T. sehr hübsch gegenüber des Kastells liegen. Preis für zwei Personen je nach Saison etwa 25-40 €; andere, größere Apartments über der Post etwas teurer. Geöffnet Mai bis Oktober, ✆ 22530 54230.

Domátia Tsikna, ein Lesertipp von Sígri-Kennerin Ruth Metzmacher: "Einfache, aber nette Zimmer vermietet auch die Familie Tsikna, der die Taverne 'Golden Key' gehört. Sie liegen direkt oberhalb der Kirche und haben meist einen Balkon und eine Gemeinschaftsküche." DZ/Bad etwa 25-30 €, Anfragen in besagter Taverne (s. u.), ✆ 22530 54225.

Studios Damiano Vassilellis, unser Tipp beim drei Kilometer entfernten Strand von Faneroméni, siehe dort.

• *Essen/Kneipen* Sígri ist bekannt für Fisch und Meeresfrüchte, insbesondere für Hummer, die aber natürlich ihren Preis haben.

Taverne Kava Doro, das dem Meer am nächsten gelegene der Restaurants um die

Der Westen
Karte siehe S. 204

Kirche. Ein Besuch lohnt sich schon allein der Einrichtung wegen: Ausgestopfte Eulen und Hummer, Schlangenhäute, Kupfergeräte und Muscheln bilden eine kuriose Mischung. Der Service ist ebenso rustikal wie die Einrichtung – macht nichts, denn das Essen ist gut.

Taverne Golden Key, an der Hauptstraße weit hinten im Ort, nicht mehr weit vom Strand. Hübsche kleine Terrasse zum Meer, recht breite Auswahl. Auch Vermietung von Zimmern bei der Kirche, siehe oben.

Taverne Australia, an der kleinen Platía oberhalb der Taverne Kava Doro. Kleiner Familienbetrieb, in dessen winziger Küche oft drei Generationen werkeln; außen Tische unter Tamarisken.

Notia, Music-Bar im mittleren Bereich der Hauptstraße. Echter Betrieb herrscht zwar nur im Hochsommer, die Atmosphäre ist aber ganz gemütlich.

Kafeníon Kentron, beliebter Treffpunkt, nur ein paar Schritte oberhalb des Hafens und der Taverne Kava Doro.

▸ **Baden/Umgebung**: Direkt südlich des Ortes liegt ein schmaler, von Tamarisken beschatteter und gut geschützter Strand. Weitere Strände finden sich an der Piste nach Eressós (siehe dort), die auch eine schöne Wanderung abgibt. Im Norden bietet der Strand von Faneroméni (siehe unten) die wohl schönsten Bademöglichkeiten in weitem Umkreis.

Sehenswertes

Natural History Museum – Geopark: Sígris Naturgeschichtliches Museum, nach einer jahrelangen Vorbereitungsphase im September 1999 eröffnet, ist ein Prachtstück geworden.Von außen mag der oberhalb des Ortes gelegene Bau ein wenig wuchtig wirken, innen jedoch beeindruckt die großzügige, moderne Konzeption. Das Museum ist Teil des im Jahr 2000 gegründeten Netzwerks von "Geoparks", zu dem auch der Psiloritis-Park auf Kreta, der Geopark Gerolstein in der Vulkaneifel sowie weitere Parks in Frankreich und Spanien zählen. Sein Kernstück bilden natürlich die Funde aus dem "Versteinerten Wald" (darunter auch versteinertes Laub, dessen Struktur sich erfühlen lässt) sowie die Dokumentation seiner Entstehung, doch widmet sich die Ausstellung auch der Geologie des gesamten ägäischen Raums und der Erde im Allgemeinen. Eine Verkaufsausstellung kulinarischer und kunsthandwerklicher Produkte ist ebenso angeschlossen wie eine weitere Zone, in der temporäre Ausstellungen stattfinden, zuletzt eine sehr interessante Schau über die Geschichte der griechischen Seefahrt. Im Außenbereich des Museums, dem eigentlichen "Geopark", warten weitere versteinerte Bäume. Besonders beeindruckend ist hier jedoch das freigelegte Wurzelwerk versteinerter Stämme, wie es in dieser Form im Petrified Forest nicht zu sehen ist.

Öffnungszeiten Täglich 8-18 Uhr; Eintrittsgebühr 3 €, www.petrifiedforest.gr.

Kirche Agía Triáda: Die Kirche oberhalb des Hafens ist ein Bau von 1870, stammt mithin aus einer Zeit, als in Sígri noch ausschließlich Türken lebten. Und tatsächlich war sie einst eine Moschee, wie es die Spitzbögen der Fassade noch ahnen lassen; der kleine blaue Glockenturm wirkt wie ein Fremdkörper. Türkisches Erbe ist auch der überkuppelte *Hammam* (Badehaus) neben der Kirche, an dem der Zahn der Zeit schon kräftig nagt.

Kástro: Das wehrhafte, auf einer schroffen Halbinsel errichtete Kastell stammt wohl noch aus genuesischer Zeit, wenn auch die türkischen Umbauten ihre eindeutigen Spuren hinterlassen haben. Viel ist im Inneren der Anlage, die nach und nach restauriert wird, nicht zu sehen.

Nisíopi: Das lang gestreckte, auch als Megalonísi ("Große Insel") bekannte Trockeninselchen, das Sígri vor der Wucht des Meeres beschützt, wird im Sommer gelegentlich von Ausflugsbooten angefahren. Auf der Insel stehen nur ein Leuchtturm und eine kleine Kapelle; Hauptattraktion sind die Reste versteinerter Bäume am und im Meer, deren größter einen Durchmesser von über anderthalb Metern aufweist.

Ende der Welt: Blick auf Sígri

Faneroméni-Strand

Etwas mehr als drei Kilometer nördlich von Sígri, jenseits des Kaps Elea, erstreckt sich ein besonders hübscher Strand. Gut zwei Kilometer lang ist die Bucht aus Sand und feinem Kies, an deren Rand sich ein panzerbewachter Hügel aus Dünensand erhebt. Die Griechen kennen dieses Plätzchen natürlich, außerhalb der Sommersaison kommen jedoch kaum Besucher. Zu erreichen ist der Faneroméni-Strand über einen Feldweg, der kurz vor dem Hafen von Sígri direkt am Meer entlang abzweigt, später aber landeinwärts biegt. Beim Haus von Damianos Vassilellis muss man dann wieder meerwärts abzweigen.

Übernachtungstipp: Die Studios Damianos Vassilellis

Eine gute Wahl für zivilisationsmüde, gestresste Städter sind die mit Kühlschrank, Küche und Bad ausgestatteten sechs Studios (A-Klasse), die etwa 600 Meter vom Faneroméni-Strand entfernt in einem recht neuen Haus vermietet werden. Von Feldern umgeben, stört nichts die himmlische Ruhe, das lauteste Geräusch ist das Blöken der Schafe, die in der Umgebung weiden. Der Vermieter, Herr Damianos Vassilellis eben, spricht Englisch und ist Mitglied der Handelskammer von Lésbos, als solcher ein ausgewiesener Anhänger von Olivenprodukten: Trefflich lässt es sich mit ihm über die Vorzüge von Olivenöl und die Nachteile anderer Fette diskutieren, ebenso aber über die Geschichte der Insel. Viele Stammgäste, außer eventuell zur Hochsaison ist in der Regel jedoch Platz vorhanden. Ratsam dennoch, vorher anzurufen – wer möchte schon umsonst von Sígri mit Gepäck hierher trotten ...

Geöffnet ist Juni bis September, oft aber auch einige Wochen vor- und nachher. Pro Studio sind für zwei Personen etwa 35 € zu rechnen. Telefon vor Ort 22530 54454 und 22530 54456, im Winter: Mytilíni 22510 23140 und 22510 28303, ✆ 22510 93202. Zu erreichen auf der Sandstraße zum Faneroméni-Strand; nach etwa drei Kilometern links in die Piste zum Strand abbiegen und nach 50 m rechts auf die weiße Häuserzeile zu.

Der Westen
Karte siehe S. 204

"Insel des Dufts": Blick auf Alibey

Türkeiausflüge ab Lésbos

Je nach Saison zwei bis vier Mal wöchentlich verbindet ein Schiff Mytilíni mit der Hafenstadt Ayvalık in der Türkei (Einreise mit Reisepass). Die Überfahrt nimmt kaum 1 ½ Stunden in Anspruch, der Fahrpreis beträgt inklusive Hafentaxen hin und zurück rund 30 €.

In Ayvalık findet jeden Donnerstag ein sehenswerter Bazar statt. Das Ferienstädtchen dient aber auch als Ausgangspunkt für Besichtigungstouren nach Bergama (antikes Pergamon), die man auf eigene Faust per Taxi unternehmen kann. Nicht wesentlich teurer als die reine Schiffspassage sind organisierte Ausflüge, die von vielen Agenturen in Mytilíni angeboten werden; Vorteil ist der reibungslose Transfer, Nachteil der fast obligatorische Aufenthalt in einer Teppichweberei o. Ä. – die Veranstalter sind natürlich am Verkauf der Souvenirs beteiligt.

Achtung Chartergäste: Aufgrund einer IATA-Bestimmung sind für die Gäste von Charterflügen Übernachtungen in der Türkei verboten! Wer trotzdem, und sei es nur für eine Nacht, sein Haupt beim Nachbarn bettet, verliert zumindest theoretisch den Anspruch auf den Rückflug. Falls Sie in der Türkei übernachten wollen, dann erkundigen Sie sich bitte beizeiten, ob die Einschränkung noch besteht. Wer per Linie fliegt, ist von dieser Regelung jedoch nicht betroffen.

Ayvalık

Ayvalık zeigt seine Reize nicht direkt an der Uferfront, sondern im chaotischen Gassenwirrwarr dahinter. Wie vor hundert Jahren klappern dort noch Pferdefuhrwerke über das Pflaster.

Abseits der Durchgangsstraße, der lauten und nüchternen *İnönü Caddesi*, kriechen die engen krummen Pflastergässchen kreuz und quer durch das alte Zentrum den Hang hinauf. Farbenfrohe klassizistische Stadtpalais mit leprösen Fassaden und hohen Portalen wechseln sich mit einfachen Wohnhäusern und Werkstätten ab – stumme Zeugen der griechischen Vergangenheit. Neben seiner pittoresken Altstadt besitzt Ayvalık viele vorgelagerte Inseln mit paradiesischen Buchten; unmittelbar vor Ort fehlt es allerdings an Bademöglichkeiten. Die touristischen Zentren findet man südlich des Städtchens, z. B. im ursprünglich vier Kilometer entfernt gelegenen Dorf *Çamlık*, das heute mit Ayvalık fast zusammengewachsen ist. Noch drei Kilometer weiter wurde am langen Strand von *Sarımsaklı* gar ein riesiges, gesichtsloses Hotelkonglomerat aus dem Boden gestampft.

Geschichte

Das heutige Ayvalık liegt im Siedlungsgebiet des antiken *Kydonia*, von dem äußerst spärliche Reste auf der nahen Insel Alibey ausgegraben wurden. Kydonia machte keine Schlagzeilen in der Geschichte, Ayvalık ebenso wenig. In dem durch und durch griechisch geprägten Küstenort lebte man Jahrhunderte lang vom Fischfang und der Olivenölproduktion, zudem vom Handel mit Lésbos. Das brachte den Einwohnern zwar einen beachtlichen Wohlstand, bis ins 18. Jh. aber auch immer wieder Piratenüberfälle – die vielen vorgelagerten Inselchen boten genügend Verstecke. Nach dem Ersten Weltkrieg mussten die griechischen Einwohner im Rahmen des Bevölkerungsaustauschs ihre Heimatstadt verlassen. Viele von ihnen siedelten nach Lésbos über, Türken aus Kreta übernahmen ihre Häuser und wandelten christliche Gotteshäuser in islamische Gebetsstätten um. Daran erinnern im Gassendschungel noch heute die *Çınarlı Cami* (ehem. *Ágios-Jórgis-Kirche*) und die *Saatli Cami* (ehem. *Ágios-Jánnis-Kirche*), die "Uhrenmoschee", deren Kirchenglocke seit einem Erdbeben im Jahre 1944 schweigt. Lediglich die *Taksiyarhis-Kirche* aus dem 19. Jh. bekam nie ein Minarett aufgeklebt. Zum Zeitpunkt der Recherche fanden hier umfangreiche Restaurierungsarbeiten statt, nach der Wiedereröffnung wird man im Inneren auf Fischhaut gemalte Bilder bewundern können.

Die ersten Jahrzehnte unter türkischer Regie waren von Armut geprägt, schleichend verfiel die alte griechische Bausubstanz. Heute wandelt sich das Blatt langsam wieder. Ayvalık ist ein aufstrebender Küstenort, ohne jedoch an die Blüte von einst anknüpfen zu können. Zu den alten Erwerbszweigen der Fischerei und Olivenölproduktion (rund 7.000 Tonnen jährlich) gesellt sich der Fremdenverkehr. Die Stadtverwaltung hat das touristische Potenzial der alten griechischen Stadthäuser erkannt, mittlerweile wird fleißig restauriert.

Information/Verbindungen/Einkaufen

• *Telefonvorwahl Türkei* 0090, dann die 0 der Ortsvorwahl weglassen.

• *Telefonvorwahl Ayvalık* 0266.

• *Information* Kiosk für knappe Auskünfte nahe den Ausflugsbooten am Hafen. Informativer ist die **Tourist Office** stadtauswärts Richtung Çamlık auf der linken Seite, leicht zu übersehen. Leider ohne Fremdsprachenkompetenz, geöffnet Mo–Fr 8.30–18 Uhr, Sa 10–16 Uhr. ✆/℻ 3122122.

• *Verbindungen* **Bus**: Busbahnhof 1,5 km nördlich des Zentrums an der Durchgangsstraße. Busse nach İzmir oder Çanakkale etwa stündlich, Buchungsbüros rund um den Cumhuriyet Meydanı.

Stadtbus/Dolmuş: Stadtbusse verbinden den Busbahnhof mit dem Zentrum und fahren bis nach Çamlık, zudem besteht eine Stadtbusverbindung vom Zentrum zur Alibey Adası (Abfahrt vom Cumhuriyet Meydanı). Die "Dolmuş" genannten Minibusse nach Sarımsaklı (6–23 Uhr) starten einige hundert Meter südlich des Cumhuriyet Meydanı beim Tansaş-Supermarkt. Minibusse nach Bergama (tagsüber im Stundentakt, 2 €) fahren noch weiter südlich nahe der Marina ab.

Taxi: Standplatz am Cumhuriyet Meydanı, Tagestour nach Bergama 60 €.

Boote zur Alibey Adası starten tagsüber jede volle Stunde am Kai zwischen Infokiosk und Fischmarkt. Für die drei Seemeilen brauchen die Schiffchen knapp 30 Minuten.

Bootstouren mit Badestopps führen zu den Stränden der vorgelagerten Inseln, pro Person mit Mittagessen 4,50 €. Verhandelt wird am Kai nahe dem Infokiosk, Abfahrt meist um 10 Uhr.

Organisierte Touren nach Pergamon, Troja, Bursa oder Ephesus können in diversen Reisebüros im Zentrum gebucht werden. Die Preise sind von der Gruppengröße abhängig.

Mietfahrzeuge: AVIS ist der einzige internationale Anbieter in Ayvalık, Talatpaşa Cad. 677/B, ✆ 513353; Automiete inkl. Versicherungen ab 50 € pro Tag. Die zahlreichen lokalen Anbieter entlang der Durchgangsstraße offerieren Fahrzeuge ab 30 €, allerdings ohne Vollkaskoversicherung.

P&M MOTORBIKE, in Sarımsaklı, Atatürk Bul. 36/A, ✆ 3246445. In Ayvalık selbst besteht keine Agentur für Zweiräder.

• *Einkaufen* **Wochenmarkt** jeden Do im Zentrum. Die Auswahl an Leder-, Teppich- und Schmuckgeschäften ist beschränkt.

Übernachten/Camping

Große Hotels gibt es in Ayvalık nicht, es überwiegen einfachere Quartiere, darunter jedoch einige wirklich schöne Pensionen. Die vielen Hotels an der Straße nach Çamlık sind laut und nicht zu empfehlen.

Kaptan Otel, kleines Hotel nahe der Post, von der Durchgangsstraße ausgeschildert. Ordentliche Standardzimmer, DZ mit Aircondition 27 €, ohne 21 €. Schöne Terrasse direkt am Meer, eigener Parkplatz. Balıkhane Sok. 7, ✆ 3121271, ℻ 312118.

Pansiyon Bonjour, etwas versteckt in einem schönen alten Steinhaus im Gassenwirrwarr hinter der Uferstraße. Eingangsbereich mit Antiquitäten, die 7 Zimmer nicht mehr ganz so prunkvoll, aber mehr als okay. Schöner Innenhof, Gemeinschaftsküche. DZ mit Frühstück 20 €. Çeşme Sok. 5, ✆ 3128085. Ab der Post beschildert.

Chez Beliz, ebenfalls im Gassenwirrwarr hinter der Uferstraße. Eine charmante Unterkunft, geführt von der liebenswerten ehemaligen Filmschauspielerin Beliz İşlek. Fünf einfache, aber sehr freundliche Zimmer, drei Bungalows. Hübsches Gärtchen, tolles Frühstücksbüfett und auf Wunsch ein herrliches Abendessen von Beliz höchstpersönlich (8 €). Saubere Gemeinschaftsbäder, Waschservice, Fahrradverleih. EZ ab 10 €, DZ ab 20 €, Dreier ab 28 €. Von der Post zunächst der Beschilderung zur "Pansiyon Bonjour" folgen, dort rechts halten, etwas weiter dann beschildert. Mareşal Çakmak Cad.28, ✆ 3124897, chezbeliz@hotmail.com.

Pansiyon Taksiyarhis, Top-Tipp unter den Billigunterkünften. Stilvoll restauriertes Haus, mit viel Liebe eingerichtet. Gemütliche Zimmer (meist mit mehreren Betten), sehr saubere Gemeinschaftsbäder. Gärtchen mit Hängematte, Terrasse mit Wahnsinnsblick, jede Menge Bücher, Waschmaschine und Internet. Leider keine Fremdsprachen. Pro Person ohne Frühstück 8 €.

Maraşal Çakmak Cad. 71, ✆ 3121494, ✆ 3122661. Anfahrt wie bei Chez Beliz.

• *Camping* **Çamlık Camping**, ca. 200 Stellplätze auf einem terrassierten Hügel nahe der Straße nach Sarımsaklı, ca. 4 km südlich von Ayvalık. Schöner Platz mit viel Schatten, einfacheren sanitären Anlagen und Bungalowvermietung. 2 Pers. mit Zelt und Auto zahlen 3,50 €, Bungalows 6–7,50 €. ✆ 3122286.

Essen/Nachtleben

Gute und schattige Straßenlokale nördlich der Mareşal Çakmak Cad.; fast alle schenken auch Bier aus. Die Fischrestaurants nahe der Atatürkstatue sind allesamt gut, aber auch nicht billig.

Canlı Balık Restaurant, an der Uferfront bei der Atatürkstatue. Neben Fisch auch große Auswahl an Topfgerichten und Meze (Vorspeisen); Abendessen rund 15 €.

Ayvalık Šehir Kulübü, am Rande des großen Trubels. Gemütliche Terrasse am Wasser. Über 30 verschiedene Meze zur Auswahl – der ideale Ort für einen längeren Abend mit viel Rakı. Hervorragende Fisch- und Fleischgerichte. Preislich okay, Hauptgerichte 2–4 €. Belediye Sok.

Osmanli Mutfağı, einfaches, aber stets gut besuchtes Restaurant mit einer großen Auswahl an Topfgerichten, zudem Pide-Brot und leckere Spieße vom Grill. Preiswert. "Die" Adresse für mittags! Talat Paşa Cad.

• *Nachtleben* Ein paar nette Anlaufpunkte liegen zwischen Hafen und Fährhafen. Einer davon ist die **Sokak Bar** in der Gazinolar Sok. 11, eine lustig-verspielt eingerichtete Kneipe mit kleiner Terrasse am Meer und gelegentlicher Livemusik. Getanzt wird gleich nebenan im **Kytaro Club**.

Alibey Adası (Insel Alibey): Insel oder Halbinsel – der Status ist nicht ganz klar, da das rund acht Kilometer nordwestlich von Ayvalık gelegene Eiland über Brücke und Damm auch trockenen Fußes erreicht werden kann. Die früheren griechischen Bewohner nannten ihre Heimat "Insel des Duftes". Heute zieht vor allem der Duft der zahlreichen Fischbratereien des Hauptortes über die Insel: Allabendlich lädt die Uferpromenade mit ihren vielen Fischlokalen zum Schlemmen (und Flanieren) ein. Tagsüber wirkt der beschauliche 2.000-Seelen-Ort mit seinen alten griechischen Häusern wie ausgestorben. Eine kleine Attraktion ist die im Verfall begriffene, nur noch als Skelett existierende *griechisch-orthodoxe Kirche*. Den Reiz der Insel entdecken seit Jahren mehr und mehr wohlhabende Türken – alte Häuser werden herausgeputzt, neue gebaut. So ist leider auch Alibey Adası, schlicht "Cunda" genannt, von uniformen Ferienhaussiedlungen nicht verschont geblieben. Doch finden sich abseits des Hauptortes noch etliche ruhige Fleckchen und nette, von Pinienwäldern umrahmte Sandbuchten. Tipp: Zu Fuß oder per Mietfahrzeug hinauf zu den Buchten im recht unberührten Norden der Insel!

• *Verbindungen* Regelmäßige **Bus**- und **Bootsverbindungen** ab Ayvalık, siehe dort.

• *Bootsausflüge* gleiches Angebot wie in Ayvalık.

• *Übernachten* **Altay Pansiyon**, im Zentrum von Alibey-Dorf ein paar Reihen hinter dem Meer. Empfehlenswert: Neun blitzblanke Zimmer auf äußerst hohem Niveau; Fliesenböden, Kühlschrank, Ventilator und Fön im Bad. Leider etwas hellhörig. Gemeinschaftsküche und kleiner Hinterhof zum Frühstücken. Ein Swimmingpool ist in Planung. DZ mit Frühstück 18 €. ✆ 3271024, ✆ 3125438.

• *Camping* **Ada Camping**, rund 4 km westlich des Inselhauptortes. Großer Familienplatz in ruhigster Lage zwischen Olivenbäumen. Einfache, saubere Sanitärs, Camperküche, Minimarkt. Eigener Kiesstrand in einer kristallklaren Bucht. Gutes Terrassenrestaurant. Pro Person 3 €, Auto oder Motorrad 1,20 €, Zelt je nach Größe 1,20–3,50 €. Wer nur den Strand benutzen will, bezahlt 2,50 €. ✆ 3271211, ✆ 3272065. Beschildert, nicht mit öffentlichen Verkehrsmitteln zu erreichen.

Pergamon/Bergama

Alltägliches versus Prunk, Provinznest versus Weltstadt, Gegenwart versus Antike – alles vereinigt in Bergama, dem einstigen Pergamon.

Rund 60.000 Einwohner zählt Bergama, eine verschlafene Provinzstadt mit einem reizvollen Marktviertel. Sie liegt inmitten der fruchtbaren Ebene des *Bakır Çayı* auf den Ruinen des römischen Pergamon und zu Füßen jenes Berges, von dessen Akrópolis die Attaliden zuvor ein Weltreich regierten. Die meisten Besucher sind Tagestouristen. In Bergama kann man dank einiger guter Unterkünfte aber auch längere Zeit verweilen. Wer alle Sehenswürdigkeiten auf eigene Faust entdecken will, braucht mindestens einen Tag. Pergamon ist kein kleines, kompaktes Ausgrabungsgelände, die Highlights liegen kilometerweit verstreut.

Orientierung: Wer von der Westküste nach Bergama fährt, gelangt über die İzmir Caddesi geradewegs ins Zentrum. Die Straße ist zugleich auch die Hauptachse des Städtchen, nahezu alle öffentlichen Einrichtungen liegen an ihr oder sind von ihr ausgeschildert. Sie ist mehrere Kilometer lang, das Zentrum beginnt auf Höhe des *Archäologischen Museums*. Etwas weiter nördlich ändert die İzmir Caddesi ihren Namen in Bankalar Caddesi. Sie endet in der geschäftigen Altstadt um die riesige Ruine der *Kızıl Avlu (*Rote Halle). Hier schmiegen sich windschiefe Backsteinbauten eng aneinander, durch die verschlungenen Gassen passen oftmals nur noch Mopeds. Die zwei größten Attraktionen Pergamons liegen außerhalb des Zentrums: das *Asklepieion* im Südwesten der Stadt (vom ausgeschilderten Archäologischen Museum etwa eine halbe Wegstunde entfernt) und die *Akrópolis* in entgegengesetzter Richtung, die zu Fuß mindestens eineinhalb Stunden entfernt ist. Es gibt keine öffentlichen Verkehrsmittel zur Akrópolis oder dem Asklepieion. Den Transport besorgen Taxis, zur Akrópolis 4,10 €, zum Asklepieion 2,40 €, eine 2- bis 3-stündige Tour zu beiden Sehenswürdigkeiten 15 €.

Geschichte

Erste Befestigungen auf dem Burgberg, übrigens ein alter Vulkanschlot, entstanden vermutlich im 7-6. Jh. v. Chr. Geschichte begann Pergamon jedoch erst nach dem Tod Alexanders des Großen zu schreiben. Dessen bedeutendster Feldherr, Lysimachos, hatte sich in Thrakien und Kleinasien einen eigenen Herrschaftsbereich geschaffen und aus vielen Eroberungszügen ein riesiges Vermögen von rund 9.000 Talenten angeeignet. 1 Talent entsprach einem 20 kg schweren Silberbarren: Lysimachos saß also auf einem rund 180.000 kg schweren Berg von Silber! Als Lysimachos 281 v. Chr. in der Schlacht gegen den Syrerkönig Seleukos ums Leben kam, fiel der Schatz in die Hände des Eunuchen Philetairos, der ihn eigentlich in Pergamon bewachen sollte. Philetairos, solchermaßen steinreich geworden, schwang sich zum neuen Herrscher von Pergamon auf: die Geburtsstunde eines riesigen Reiches. Philetairos´ Nachfolgern, zunächst sein Adoptivsohn Eumenes und später dessen Neffe Attalos, gelang es durch siegreiche Schlachten gegen die Syrer und die Kelten,

Einst Zentrum eines Imperiums: die Akrópolis von Bergama

den Herrschaftsbereich weiter auszudehnen. Attalos nahm sogar den Königstitel an und wurde als Attalos I. erster Regent des pergamenischen Königshauses. Pergamons Ruhm verbreitete sich im ganzen hellenistischen Kulturraum. Es folgte der Bau der berühmten *Bibliothek*, des *Athena-Tempels* und etlicher Denkmäler.

Attalos I. schloss zudem eine Allianz mit Rom. Ein weiser Schachzug: Mit Hilfe des mächtigen Verbündeten gelang Attalos' Sohn Eumenes 190 v. Chr. ein erneuter Sieg gegen die Syrer und damit ein weiterer erheblicher Gewinn an Land. Pergamon avancierte zur Weltstadt. Die Akrópolis wurde mit einer Stadtmauer versehen, das *Gymnasion* gebaut, die *Theaterterrasse*, die *Untere Agorá* und der berühmte *Zeusaltar*. Intellektuelle und Künstler aus der ganzen antiken Welt zog es auf den Burgberg. 133 v. Chr. starb mit Attalos III. der letzte König von Pergamon, ein sonderbarer Mann, der seinen Palast aus Verfolgungswahn selten verließ und sich vorrangig dem Studium von Giftpflanzen widmete, die er an Verbrechern testete. In seinem Testament zeigte jedoch auch Attalos III. politische Weitsicht: Um einer stabilen Politik willen vermachte er das gesamte Reich, einen der menschenreichsten und wohlhabendsten Landstriche der damals bekannten Welt, den Römern.

Als *Provinz Asia* stieg das Land endgültig zum Imperium auf. Die Stadt selbst erlebte ihre größte Blüte und dehnte sich vom Burgberg bis in die weite Ebene aus. Die Einwohnerzahl stieg auf 150.000 Menschen an. Unter dem Arzt Galan entwickelte sich das *Asklepieion* zu einer der berühmtesten Heilstätten der Antike. Aufgrund seiner großen christlichen Gemeinde besaß Pergamon zudem eine der sieben apokalyptischen Kirchen.

Der rapide Niedergang folgte 262 n. Chr. auf den Einfall der Goten. Noch unter Byzanz verlor die Stadt so an Bedeutung, dass sich die Einwohnerzahl auf 8.000 Personen reduzierte. Das Stadtgebiet verlagerte sich wieder auf den Burghügel, wo man sich besser gegen angreifende Turkstämme schützen konnte. Erst als die Osmanen im 14. Jh. den Landstrich eroberten, verließen die Bewohner den Burgberg wieder. An seinem Fuß legten sie, über den Ruinen der römischen Blütezeit, den Grundstein zum heutigen Bergama.

1873 entdeckte der deutsche Ingenieur Karl Humann nahe Bergama im Stroh eines Ochsenkarrens eine mit Reliefs verzierte Marmorplatte. Für einen Pfennigbetrag kaufte er sie dem Bauern ab und sandte sie an jenes Museum in Berlin, das heute als *Pergamon-Museum* bekannt ist. Fünf Jahre später begannen unter Humanns Leitung die Ausgrabungen der antiken Weltstadt. Die wertvollsten Fundstücke verschwanden schnell in Berlin, darunter auch das einzigartige *Fries des Zeustempels.* Heute leitet das Deutsche Archäologische Institut İstanbul die Ausgrabungen vor Ort.

Information/Verbindungen/Diverses

- *Telefonvorwahl Türkei* 0090, dann die 0 der Ortsvorwahl weglassen.
- *Telefonvorwahl Bergama* 0232.
- *Information* An der Hauptdurchgangsstraße, ausgeschildert. So inkompetent, dass selbst das Herausfinden der eigenen Telefonnummer zehn Minuten dauert. Geöffnet Mo–Fr 8.30–17.30 Uhr. Yeni Hükümet Konağı, B Blok Zemin Kat., ✆/℡ 6312851.
- *Verbindungen* **Bus**: Busbahnhof an der İzmir Cad, ca. 500 m südlich des Zentrums in einem neueren Stadtteil. Direktverbindungen u. a. nach Ayvalık, Dikili, İzmir und Bursa, zudem ein Nachtbus über Bursa nach İstanbul. Achtung: Nicht alle Busse der Linie Çannakale-İzmir steuern den Busbahnhof an, sondern lassen ihre Fahrgäste an der Schnellstraße bei der Abzweigung nach Bergama aussteigen. Von dort gelangen Sie mit dem Dolmuş ins Zentrum, mit dem Taxi darf die Strecke nicht mehr als 3 € kosten. Erkundigen Sie sich am besten vorher, ob die jeweilige Busgesellschaft Bergama direkt anfährt.
- *Einkaufen* **Teppiche** aus Bergama zählen zwar zu den besten der Türkei, Qualitätsstücke werden aber fast ausschließlich in İstanbul oder Europa verkauft. **Onyx**, der in Bergama bearbeitet wird, kann hingegen problemlos erworben werden. Souvenirs und diversen Krimkrams bekommt man im gedeckten Basar **Kapalı Çarşı**, Mo findet im alten Zentrum ein großer bunter **Wochenmarkt** statt.
- *Festival* **Bergama Festival** Anfang Juni. 7 Tage volles Programm mit türkischen Folkloregruppen und Schlagergrößen, Paraden, archäologischen Konferenzen, Tagungen etc.

Übernachten/Essen

- *Übernachten* **Anil Hotel**, eine gute Option im Zentrum. Lila gestrichenes, 2000 eröffnetes Haus, dementsprechend gut in Schuss. 12 Zimmer, bei denen mit Farben nicht gespart wurde, alle mit Aircon, TV und Fön. Schöne Dachterrasse, auf der im Sommer gegrillt wird, freundlicher Service. DZ 50 €. Hatuniye Cad. 4, ✆ 6311830, www.anilhotel.com.

Pension Athena, unser Pensionstipp in Bergama. Angenehme Unterkunft in einem restaurierten osmanischen Haus. Freundliche hilfsbereite Inhaber (englischsprachig), gemütliche Atmosphäre. Kleiner Innenhof, Waschmaschine. DZ mit Bad und 5-Sterne-Frühstück 15 €, ohne Bad 12 €. İmam Çıkmazı 5 (von der Hauptdurchgangsstraße im Norden des Zentrums ausgeschildert). ✆ 6333420.

Böblingen Pension, benannt nach der Partnerstadt von Bergama. Sehr gepflegte Zimmer mit und ohne Bad, größtenteils mit Stein- oder Dielenböden. Restaurant, lustige Cafébar unterm Dach, schöne Terrasse zum Frühstücken. Die nette Wirtsfamilie spricht Deutsch. Lesertipp. DZ ab 12 € inkl. Frühstück. Asklepion Cad. 2, am Abzweig zum Asklepieion; ☏ 633 2153.

• *Camping* **Bergama Caravan Camping**, 3 km außerhalb des Zentrums an der Straße nach İzmir. Rasengelände, Swimmingpool. Sehr ordentliche Sanitärs – Warmwasserduschen, sauberer Waschraum, Waschmaschine. Restaurant mit "türkischer Küche zum Camperpreis", so der gut Deutsch sprechende Besitzer. 2 Pers. zahlen mit Auto und Zelt 5,30 €. ☏ 6333902, ℻ 6331792.

• *Essen* **Pergamon Restaurant**, eine der gemütlichsten Adressen der Stadt. Mit Geschmack eingerichtetes, dennoch einfaches Restaurant mit Steinboden, Säulen und Brunnen in der Mitte. Ab und zu Livemusik. Auf der Karte stehen Meze und Gegrilltes zu gemäßigten Touristenpreisen. Bankalar Cad. 5.

Meydan Restaurant, an einer Verbreiterung der Hauptstraße nahe der Pension Athena. Ordentliches Kleinstadtrestaurant für Einheimische und Touristen. Hervorragende Meze und gute Grillgerichte zu vernünftigen Preisen. İstiklal Meydanı 4.

Sarmaşık Lokantası, freundliche einfache Lokanta im alten Zentrum. Gute Auswahl an leckeren Topfgerichten, eine Empfehlung auch für Vegetarier. Am besten mittags kommen, schließt abends früh. Bankalar Cad.

Die Akrópolis von Pergamon – Rundgang durch die Oberburg

Hinweis Der hier beschriebene Rundgang durch die Oberburg führt Sie zu den wichtigsten Ausgrabungen. Er beginnt auf der Akrópolis. Das Taxi brauchen Sie nicht warten lassen, da man von der Oberburg durch die Unterstadt nach Bergama absteigen kann. Eine Besichtigung in entgegensetzter Richtung ist zwar möglich, aber im Sommer überaus schweißtreibend.

Eine sechs Kilometer lange Straße windet sich in Serpentinen vom Zentrum Bergamas an der *Roten Halle* (s. u.) vorbei zur Akrópolis. Oben angekommen, genießt man eine grandiose Aussicht auf das Dächermeer der Provinzstadt.

Vom Kassenhäuschen am Parkplatz führt ein Weg bergauf zum einstigen **Burgtor**, von dem nur noch spärliche Reste erhalten sind. Dabei passiert man das **Heroon** (linker Hand). Es war ein großer, um einen Säulenhof angelegter Kultbau zu Ehren der pergamenischen Könige. In römischer Zeit war das Innere des Gebäudes ganz mit weißem Marmor ausgekleidet.

Hinter dem Burgtor lag linker Hand der **Heilige Bezirk der Athena**, doch erinnert nur noch das Fundament an den ältesten Tempel Pergamons. Das Bauwerk, der siegreichen Stadtgöttin geweiht, flankierten je sechs Säulen an den Schmal- und zehn an den Längsseiten. Reliefs und Statuen verherrlichten den siegreichen Kampf gegen die Gallier.

Steigt man hinter dem Burgtor weiter bergauf, reihen sich zur Rechten die niederen Mauerreste mehrerer **Königspaläste** aneinander. Es waren recht bescheidene Gebäude mit einem von einer Säulenreihe (Peristyl) umgebenen Innenhof.

Wieder linker Hand lag die berühmte **Bibliothek** von Pergamon. Sie soll einen Bestand von 200.000 Bänden gehabt haben. Zum Schutz vor Feuchtigkeit waren die Räume mit kostbaren Hölzern getäfelt. Der große Lesesaal war über fünf Meter hoch und mit einer fast ebenso hohen Athena-Statue geschmückt.

Aus der Not geboren – das Pergament und das Buch

Als die Bibliothek von Pergamon die von Alexandria zu überflügeln drohte, verboten die ägyptischen Könige kurzerhand die Ausfuhr von Papyrus. Die Einwohner von Pergamon (Pergament!) besannen sich daraufhin auf die alte ionische Kunst, Schreibmaterial aus dünn geschabten Tierhäuten herzustellen. Da sich diese jedoch nicht wie das Papyrus rollen ließen, schnitt man sie zu Seiten und band sie in einem ledernen Deckel zu einem Buch.

Schräg über der Bibliothek erhebt sich das **Trajaneum**, heute die imposanteste Ruine Pergamons – ein Triumph römischer Baufertigkeit und moderner Restaurationskunst. Der Tempel, ganz aus weißem Marmor errichtet, entstand für den vergöttlichten Kaiser Trajan. Zu römischer Zeit prägte er das Bild des Burgberges. Teile der Säulenhallen wurden wieder aufgerichtet, die meisten Blicke aber zieht eine wieder erstellte, korinthische Giebelecke auf sich. Der Platz um den Tempel wurde gen Südwesten hin künstlich auf gewaltigen Stützmauern und Gewölben geschaffen. Von dort blickt man hinab auf das Theater.

Verlässt man das Trajaneum an seiner Nordwestecke bei einem Torso über eine Treppe, und steigt von da weiter zu einem grauen Häuschen auf (ein ehemaliger Feuerausguck), gelangt man zu einer vollständig erhaltenen Zisterne, von einem Eisengeländer umringt. Sie gehörte zu einem der Königspaläste und fungiert heute als **Glücksbrunnen**, der Wünsche in Erfüllung gehen lässt. Dies gilt jedoch nur, wenn Sie in der Lage sind, drei Münzen hintereinander so auf die darin "versenkte Säule" zu werfen, dass sie oben liegen bleiben. Der Wunsch muss übrigens vorher festgelegt werden.

Von hier führt ein markierter Pfad durch einen recht verwilderten Abschnitt der Akrópolis zu einem Mauerdurchbruch und weiter hinaus auf einen schmalen Vorsprung am Nordende der Burg. Dort liegen die Reste der **Arsenale**, fünf längliche Baracken, in denen 900 steinerne und bleierne Kugeln gefunden wurden, die einst von katapultartigen Schleudern auf nahende Feinde abgeschossen wurden. Eindrucksvoll ist der Blick auf die **Nordostmauer**, die noch heute aus 32 Quaderschichten besteht. Sie stammt aus hellenistischer Zeit, war früher viel höher und wurde von Zinnen abgeschlossen.

Auch der Fernblick ist imposant. Im Tal wird der Flusslauf des *Bakır Çayı* gestaut, um die Wasserversorgung Bergamas sicher zu stellen. Dort lassen sich auch Reste eines römischen Aquädukts (2. Jh. n. Chr.) ausmachen. Trinkwasserversorgung besaß Pergamon allerdings schon rund 400 Jahre früher. Dabei wurde von dem 45 km nördlich gelegenen Berg *Madra Dağı* Wasser über eine dreisträngige, aus 240.000 Einzelteilen gefertigte Tonrohrleitung in eine Kammer auf den Bergrücken gegenüber der Burg geleitet. Von dort gelangte es in einer unterirdisch verlegten Druckleitung aus Blei mit bis zu 20 atü auf den Burgberg. So wurde ein Höhenunterschied von über 200 Metern nur durch Eigendruck und ohne eine einzige Pumpe überwunden.

Von den Arsenalen verläuft außerhalb der Burgmauern gen Süden ein Pfad auf die Terrasse des Trajaneum. Im Südwesten führen Stufen hinab zu dessen imposantem Unterbau. Kurz darauf steht man oberhalb des **Theaters**, auf dessen

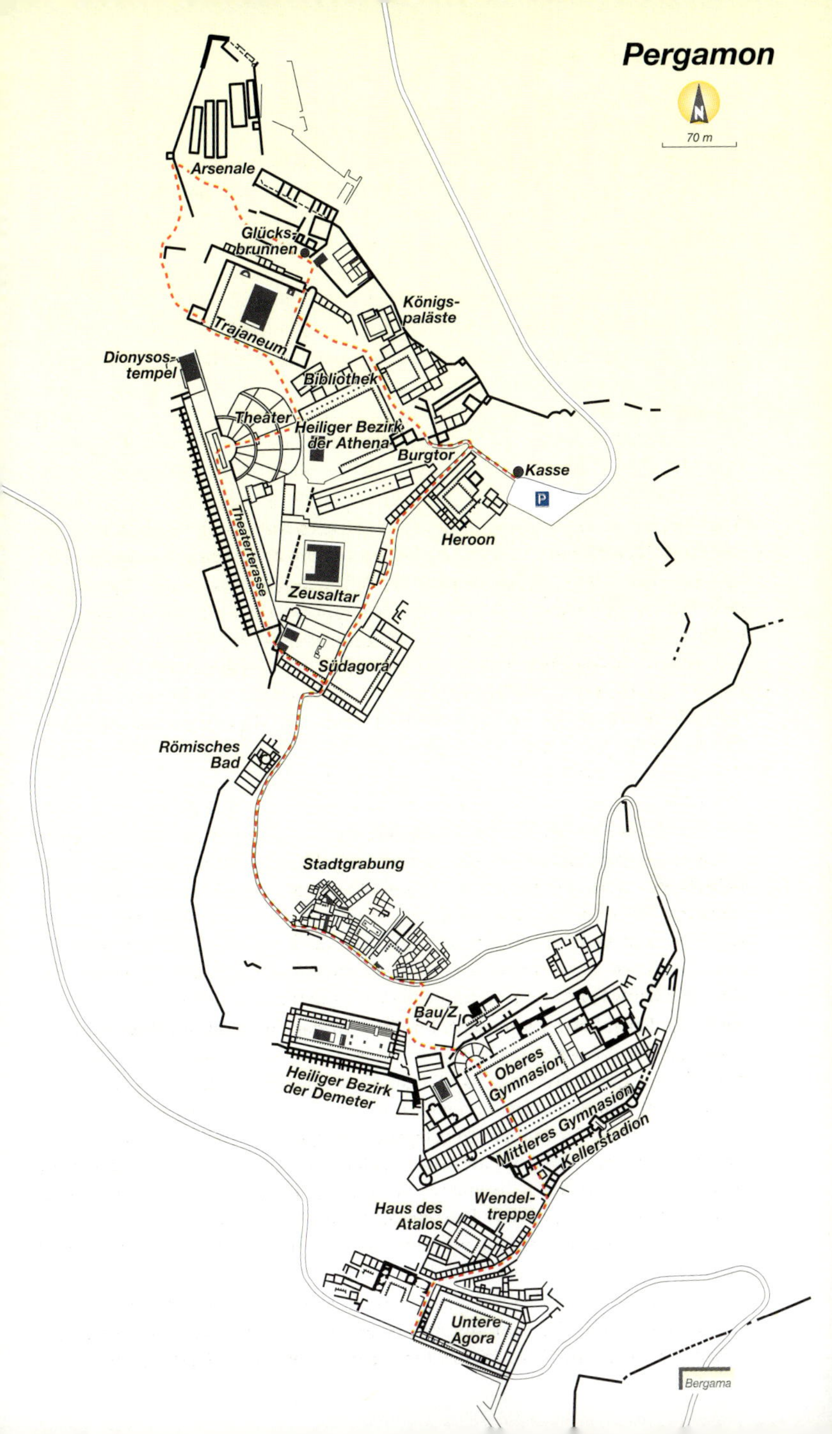
Pergamon
N
70 m
Arsenale
Glücks-
brunnen
Königs-
paläste
Trajaneum
Dionysos-
tempel
Bibliothek
Theater
Heiliger Bezirk
der Athena
Burgtor
Kasse
P
Heroon
Theaterterasse
Zeusaltar
Südagora
Römisches
Bad
Stadtgrabung
Bau Z
Oberes
Gymnasion
Heiliger Bezirk
der Demeter
Mittleres Gymnasion
Kellerstadion
Haus des
Atalos
Wendel-
treppe
Untere
Agora
Bergama

Ränge man über einen Treppenschacht gelangt. Das Theater war das kulturelle und gesellschaftliche Zentrum Pergamons. Über der ersten Querreihe lag, ganz aus Marmor, die königliche Loge. Die Sitzreihen der restlichen 10.000 Plätze aus vulkanischem Andesit wurden in den Hang gebaut. Die Bühne bestand ganz aus Holz und wurde nur zu den Festspielen aufgebaut. Die restliche Zeit sollte die Theaterterrasse frei bleiben, damit der kleine **Dionysostempel** direkt daneben auch optisch zur Geltung kam. Einige lange Säulentrommeln und wunderschöne Kapitelle sind von ihm erhalten.

Die 250 m lange **Theaterterrasse** war, heute kaum mehr zu erahnen, Pergamons Einkaufszentrum und Flanierstraße. Die extreme Hanglage machte auf der Talseite die Errichtung einer bis zu 12 m hohen, dreistöckigen Stützmauer erforderlich, gekrönt von einer durchgehenden Säulenhalle. Auf beiden Seiten der Straße gab es Läden und fliegende Händler. Am Südende der Terrasse lag einst die **Obere Agorá**, der mit Säulenhallen umgrenzte Marktplatz Pergamons. Viel erhalten blieb nicht.

Darüber markieren heute zwei prächtig gewachsene Pinien den Standort des riesigen **Zeusaltars** (34 x 34 m). Nur noch seine Fundamente sind vorhanden. Den Rest kann man als Nachbau mit den Originalfriesen im Berliner Pergamon-Museum bewundern. Ohne Zweifel wäre er hier schöner platziert; zu Recht wird die Rückgabe gefordert. Steigt man nun weiter bergauf, gelangt man am Heroon vorbei wieder zum Parkplatz. Wer mag, kann aber auch durch die Unterstadt nach Bergama absteigen – einfach wieder ein paar Schritte zurück zur Oberen Agorá und es kann losgehen.

Öffnungszeiten im Sommer tägl. 9–19 Uhr, im Winter tägl. 8.30–12 und 13–17.30 Uhr. Eintritt 3,50 €, ermäßigt 0,90 €. Die Orientierung auf dem Gelände fällt leicht, zumal mehrsprachige Schautafeln vor allen wichtigen Ausgrabungen zusätzliche Informationen vermitteln.

Durch die Unterstadt nach Bergama

Von der Oberen Agorá führt ein markierter Weg auf einer einst gepflasterten, teilweise noch erkennbaren Straße vorbei an den Grundmauern eines **römischen Bades** zur so genannten **Stadtgrabung**. Hier versuchte man unter Leitung des deutschen Archäologen Wolfgang Radt, durch Grabungen Einblicke in die Lebensweise des einfachen Volkes zu gewinnen. Entdeckt wurden eine kleine Garküche und ein Verkaufsladen für Wein und Öl, erkennbar an den halbrunden Löchern, in denen die großen Tongefäße eingelassen waren. Neben schiefen, aus unbehauenen Steinen errichteten Wohnhäusern fand man auch Reste repräsentativer Bauten, die mit denen der Akrópolis jedoch nicht konkurrieren können. Dazu gehörte z. B. ein **Heroon** für Diodoros Pasparos, ein Wohltäter der Stadt. Es bestand aus einem Kultsaal und einem Odeion mit gemeinsamer Vorhalle. Leider ist es nicht zugänglich, wie viele Ausgrabungen dieses Komplexes. Das Gleiche gilt bislang auch für den so genannten **Bau Z**, einst ein Peristylhaus. Vermutlich beherbergte es das Prytanaion, in dem der Rat der Stadt tagte. Die drei Mosaiken darin zählen zu den prächtigsten, die je in der Türkei entdeckt wurden. Nach Fertigstellung des Schutzdaches sollen sie der Öffentlichkeit zugänglich gemacht werden.

Der markierte Weg führt weiter zum nahe gelegenen **Heiligen Bezirk der Demeter**, einer 100 x 45 Meter großen Terrassenanlage, bestehend aus Tempel,

Aber jetzt schnell in den Schatten: im Asklepieion

Altar, Säulenhallen, einem Opferschacht für den Hades und einer neunstufigen Tribüne. Bei nächtlichem Fackelschein feierten hier Priesterinnen zu Ehren der Göttin der Feldfrüchte ihre Kultfeste, die Fruchtbarkeit und ein Leben nach dem Tode herbeiführen sollten.

Dem Demeterbezirk gegenüber lag der riesige Komplex des **Gymnasions**, die größte weltliche Anlage Pergamons, die sich über drei Terrassen erstreckte. Der Gebäudekomplex der obersten Terrasse, der Jugendlichen über 16 Jahren vorbehalten war, war der schönste. Er besaß einen theaterförmigen Saal für Vorträge und Konzerte, einen Ehrensaal und eine Badeanlage. Auf der mittleren Terrasse für pubertierende Epheben befand sich eine Rennbahn, das sog. Kellerstadion (210 m lang), das heute offen zutage liegt. Die unterste Terrasse war eine Art Spielplatz für Kinder. Über eine noch vollständig erhaltene, überdachte Wendeltreppe gelangt man nun hinab zum **Haus des Attalos**, ein typischer Peristylbau (Säulenhalle um einen Hof) mit Mosaiken – heute unter einem Schutzdach. Es gehörte einst einem römischen Konsul.

Es folgt die **untere Agorá**, von der nur spärliche Reste erhalten sind. Einst waren hier Inschriftstafeln aufgestellt, die auch über Verordnungen wie den Wege- und Hausbau oder die Pflege der Zisternen informierten.

Asklepieion

Am westlichen Stadtrand von Bergama liegt, inmitten einer weitläufigen Kasernenstadt (teilweise Fotografierverbot!), das Ruinenfeld des Asklepieions, neben Epidauros auf dem Peleponnes eine der berühmtesten Heilstätten der Antike. Gegründet im 4. Jh. v. Chr., erlebte es in römischer Zeit unter dem Arzt Galan (129–199) seine größte Blüte und wurde selbst vom Kaiser aufgesucht.

Asklepios und die antiken Behandlungsmethoden

Asklepios, Sohn von Apollon und Koronis, war der antike Gott der Heilkunst. Weil er sogar gewagt hatte, Tote lebendig zu machen, erschlug Zeus ihn mit einem Donnerkeil. Schlangen waren dem Asklepios heilig, und man sagte, er habe sich in ihnen verkörpert. Auch der Äskulapstab mit der gewundenen Schlange, das Symbol des ärztlichen Standes, geht auf Asklepios zurück. Das Asklepieion von Pergamon war in der Antike nicht das einzige seiner Art, es gab mehr als 200. Sie waren keine reinen Kultstätten, sondern eine Art Kurbad mit Tempel, Wohn- und Krankenkomplex, Theater, Bibliothek etc. Die Heilsuchenden verbrachten hier im Schnitt mehrere Monate, behandelt wurden Leib und Seele gleichermaßen. Grundlage der Diagnose war oft die Inkubation (Schlaf im Tempel) bzw. die darauf folgende Traumdeutung durch Priester und Ärzte. Dementsprechend empfahlen sie dann Diäten, Bäder-, Honig- oder Kräuterkuren, körperliche Übungen, das Trinken von verdünntem Schierlingssaft, Kreidebrei o. Ä. Vieles über die Behandlungsmethoden weiß man aus den Aufzeichnungen von Galan, des nach Hippokrates wohl berühmtesten Arztes der Antike, der auch Leibarzt Marc Aurels war. Noch heute sind rund 180 Schriften von ihm erhalten. Der gute Arzt erreichte übrigens das für die damalige Zeit hohe Alter von 70 Jahren.

Zum Asklepieion gelangte man früher über die *via tecta*, eine knapp einen Kilometer lange Basarstraße, beidseitig von Arkaden und Geschäften gesäumt. Noch heute führt auf ihr der Weg vom Ticketschalter zum Asklepieion, nur zieren die einstige Prachtkolonnade lediglich Säulenstümpfe. An ihrem Ende führten Stufen durch ein Tor hinab zum Propylon; hier wurden die Patienten feierlich empfangen.

Etwas weiter macht rechter Hand ein Schild auf die **Bibliothek** aufmerksam; ohne es würde man die spärlichen Reste glatt übersehen. Von der Bibliothek führt die über 120 Meter lange **Nordgalerie**, einst eine Säulenhalle von fast zehn Metern Höhe, zum gut erhaltenen Theater, das annähernd 4.000 Zuschauer fasste und noch heute gelegentlich für Veranstaltungen genutzt wird. Einige wieder aufgerichtete Säulen lassen die einstige Größe des Komplexes erahnen. Die Aufführungen hier sollten für Zerstreuung sorgen und neue Lebensgeister wecken.

Von der **Westgalerie** steht nicht mehr viel, und an die einst doppelstöckige **Südgalerie** erinnert so gut wie nichts mehr. In der Ecke, wo sich beide trafen, gab es übrigens – mit viel Phantasie noch zu erkennen – nach Geschlechtern getrennte Toiletten mit Wasserspülung.

Etwa in der Mitte des von den Galerien umrahmten Platzes plätschert bei einer großen Platane Wasser aus einem Metallrohr. Das angeblich einst heilwirksame Wässerchen hilft nach Untersuchungen aus neuerer Zeit heute keiner Seele mehr. Wie dem auch sei, Sie können ruhig einen Schluck nehmen. In der Nähe davon führen Stufen hinab in einen 80 Meter langen unterirdischen Gang, in den durch Luken gespenstisches Licht einfällt. Er endet beim **Kurhaus**, gleichzeitig ein Tempel, in dem Wasserbehandlungen vorgenommen wurden. Treppen führen ins Obergeschoss, in jenen Trakt, in dem einst die Patienten zum Träumen schliefen. Gleich daneben lag einst der Haupttempel des Bezirks, der **Asklepios-Tempel** – ohne ein Hinweisschild würde man auch dessen spärliche Reste kaum mehr ausmachen.

Adresse/Öffnungszeiten Von der İzmir Cad. im Süden des Zentrums ausgeschildert. Im Sommer tägl. 9–19 Uhr, im Winter 8.30–12 und 13–17.30 Uhr. Eintritt 3,50 €, erm. 0,90 €.

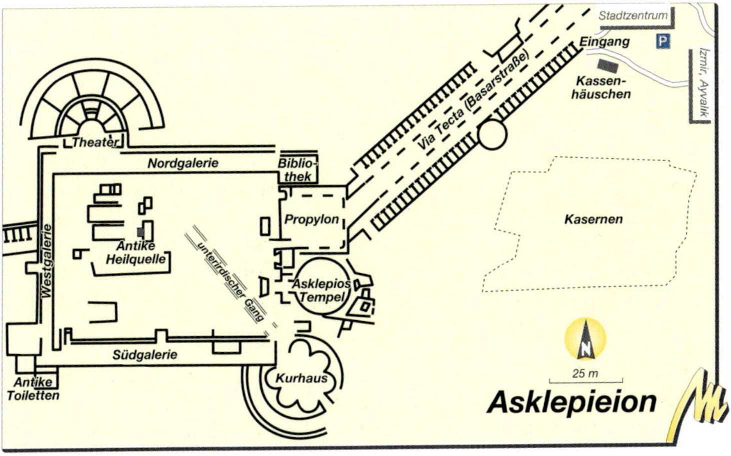

Weitere Sehenswürdigkeiten in Bergama

Kızıl Avlu (Rote Halle): Der 60 x 60 Meter messende Monumentalbau aus roten Ziegeln, unter Kaiser Hadrian im 2. Jh. errichtet, diente der Verehrung des ägyptischen Gottes Serapis. Er enthielt eine zwölf Meter hohe Kolossalstatue von Serapis und war ursprünglich komplett mit farbigen Marmorplatten verkleidet. In byzantinischer Zeit wurde die Halle in eine dreischiffige Johannesbasilika umgebaut und mit einer Apsis versehen. Zwei turmartige Rundbauten flankieren den Bau, einer davon heute eine Moschee.

Adresse/Öffnungszeiten An der Straße zur Akrópolis, ausgeschildert. Im Sommer tägl. 9–19 Uhr, im Winter 8.30–12 und 13–17.30 Uhr. Eintritt 1,80 €, erm. 0,60 €.

Archäologisches Museum: Es wurde zwar restauriert, die Sammlung fällt im Vergleich zum Pergamon-Museum in Berlin dennoch etwas bescheiden aus. Immerhin gibt es ein (kleines und etwas plump ausgefallenes) Modell des Zeusaltars. Zu den schönsten Exponaten gehören eine Kolossalstatue Hadrians aus der Bibliothek des Asklepieions und ein prächtiges Bodenmosaik mit einem Medusenkopf aus hellenistischer Zeit, beide im Hauptraum zu sehen. Angegliedert ist eine ethnographische Sammlung.

Adresse/Öffnungszeiten İzmir Cad. Im Sommer tägl. 9–19 Uhr, im Winter 8.30–12 und 13–17.30 Uhr. Eintritt 1,80 €, ermäßigt 0,60 €.

Kleiner Sprachführer

Keine Panik: Neugriechisch ist zwar nicht die leichteste Sprache, lassen Sie sich jedoch nicht von der fremdartig wirkenden Schrift abschrecken – oft erhalten Sie Informationen auf Wegweisern, Schildern, Speisekarten usw. auch in lateinischer Schrift, zum anderen wollen Sie ja erstmal verstehen und sprechen, aber nicht lesen und schreiben lernen. Dazu hilft Ihnen unser "kleiner Sprachführer", den wir für Sie nach dem Baukastenprinzip konstruiert haben: Jedes der folgenden Kapitel bietet Ihnen Bausteine, die Sie einfach aneinander reihen können, sodass einfache Sätze entstehen. So finden Sie sich im Handumdrehen in den wichtigsten Alltagssituationen zurecht, entwickeln ein praktisches Sprachgefühl und können sich so nach Lust und Notwendigkeit Ihren eigenen Minimalwortschatz aufbauen und erweitern.

Wichtiger als die richtige Aussprache ist übrigens die Betonung! Ein falsch betontes Wort versteht ein Grieche schwerer als ein falsch oder undeutlich ausgesprochenes. Deshalb finden Sie im folgenden jedes Wort in Lautschrift und (außer den einsilbigen) mit Betonungszeichen.

Viel Spaß beim Ausprobieren und Lernen!

 Vielen Dank für die Hilfe an Herrn Dimitrios Maniatoglou!

Das griechische Alphabet

Buchstabe groß	Buchstabe klein	Name	Lautzeichen	Aussprache
Α	α	Alpha	*a*	kurzes a wie in Anna
Β	β	Witta	*w*	w wie warten
Γ	Γ	Gámma	*g*	g wie Garten (j vor Vokalen e und i)
Δ	δ	Delta	*d*	stimmhaft wie das englische "th" in the
Ε	ε	Epsilon	*e*	kurzes e wie in Elle
Ζ	ζ	Síta	*s*	stimmhaftes s wie in reisen
Η	η	Ita	*i*	i wie in Termin
Θ	θ	Thíta	*th*	stimmloses wie englisches "th" in think
Ι	ι	Jóta	*j*	j wie jagen
Κ	κ	Kápa	*k*	k wie kann
Λ	λ	Lámbda	*l*	l wie Lamm
Μ	μ	Mi	*m*	m wie Mund
Ν	ν	Ni	*n*	n wie Natur
Ξ	ξ	Xi	*x*	x wie Xaver
Ο	ο	Omikron	*o*	o wie offen
Π	π	Pi	*p*	p wie Papier
Ρ	ρ	Ro	*r*	gerolltes r
Σ	ς/σ	Sígma	*ss*	ss wie lassen
Τ	τ	Taf	*t*	t wie Tag
Υ	υ	Ipsilon	*j*	j wie jeder
Φ	φ	Fi	*f*	f wie Fach
Χ	χ	Chi	*ch*	ch wie ich
Ψ	ψ	Psi	*ps*	ps wie Kapsel
Ω	ω	Omega	*o*	o wie Ohr

Da das griechische und lateinische Alphabet nicht identisch sind, gibt es für die Übersetzung griechischer Namen in die lateinische Schrift oft mehrere unterschiedliche Schreibweisen, z. B.: Chorefton (auf Pilion) – auch Horefto, Horefton, Chorefto; Kalkis – auch Chalkis oder Halkida.

Elementares

Grüße

Guten Morgen/ guten Tag (bis Siesta)	kaliméra
Guten Abend/guten Tag (ab Siesta)	kalispéra
Gute Nacht	kaliníchta
Hallo! Grüß' Sie!	jassoú! oder jássas!
Tschüss	adío
Guten Tag und auf Wiedersehen	chérete
Alles Gute	stó kaló
Gute Reise	kaló taxídi

Minimalwortschatz

Ja	nä
Nein	óchi
Ja, bitte? (hier, bitte!)	oríste?/!
Nicht	dén
Ich verstehe (nicht)	(dén) katalawéno
Danke (vielen Dank)	efcharistó (polí)
Bitte(!)	parakaló(!)
Entschuldigung	sinjómi
groß/klein	megálo/mikró
gut/schlecht	kaló/kakó
viel/wenig	polí/lígo
heiß/kalt	sässtó/krío
oben/unten	epáno/káto
ich	egó
du	essí
er/sie/es	aftós/aftí/aftó
das (da)	aftó
(ein) anderes	állo
links	aristerá
rechts	dexiá
geradeaus	ísja
die nächste Straße	o prótos drómos
die 2. Straße	o défteros drómos
hier	edó
dort	ekí

Fragen und Antworten

Wie geht es Ihnen?	ti kánete?
Wie geht's Dir?	ti kánis?
(Sehr) gut	(polí) kalá
So lala	étsi ki étsi
Und Dir?	ke essí?
Wie heißt Du?	pos se léne?
Ich heiße ...	to ónoma mou íne ...
Woher kommst du?	apo pu ísse?
Gibt es (hier) ... ?	ipárchi (edó) ... ?
Wissen Sie ... ?	xérete ... ?
Wo?	pu?
Wo ist ... ?	pu íne ... ?
... der Hafen ...	... to limáni
... die Haltestelle	... i stási
Wohin ...?	jia pu ...?
nach /zum ...	tin/stin ...
Ich möchte (nach) ...	thélo (stin) ...
... nach Athen	... stin Athína
Von wo ...?	ápo pu?
... von Iraklion	...ápo to Iráklio
Wann?	póte?
Wann geht (fährt, fliegt)...?	pote féwgi...?
Wieviel(e)...?	pósso (póssa) ...?
Um wie viel Uhr?	ti óra?
Wann kommt ... an?	póte ftáni ...?
stündlich	aná óra
um 4 Uhr	tésseris óra
Wie viel Kilometer sind es?	pósa kiliómetra íne?
Wie viel kostet es?	póso káni?
Welche(r), welches?	tí?
Ich komme aus ...	íme apo ...
... Deutschland	... jermanía
... Österreich	... afstría
... Schweiz	... elwetía
Sprechen Sie Englisch (Deutsch)?	mílate angliká (jermaniká)?

Ich spreche nicht Griechisch	den miló eliniká
Wie heißt das auf Griechisch?	pos légete aftó sta eliniká?
Ich verstehe (nicht)	(dén) katalawéno
Verstehst du?	katálawes? (katalawénis?)
In Ordnung (o.k.)	endáxi
Ich weiß nicht	dén xéro
Haben Sie ... ?	échete ... ?
... nein, haben wir nicht	... dén échoume

Unterwegs

Abfahrt	anachórisis
Ankunft	áfixis
Gepäckaufbewahrung	apotíki aposkewón
Information	pliroforíes
Kilometer	kiliómetra
Straße	drómos
Fußweg	monopáti
Telefon	tiléfono
Ticket	isitírio
Reservierung	fílaxi

Flugzeug/Schiff

Deck	katástroma
Fährschiff	férri-bot
Flughafen	aerodrómio
das (nächste) Flugzeug	to (epómene) aeropláno
Hafen	limáni
Schiff	karáwi
Schiffsagentur	praktorío karawiú

Auto/Zweirad

Ich möchte ...	thélo ...
Wo ist die nächste Tankstelle?	pu íne to plisiésteron wensinádiko?
Bitte prüfen Sie ...	parakaló exetásete ...
Ich möchte mieten (für 1 Tag)	thélo na nikiásso (jiá mia méra)
(Die Bremse) ist kaputt	(to fréno) íne chalasménos
Wie viel kostet es (am Tag)?	póso káni (jia mía méra)?
Benzin (super/normal/bleifrei)	wensíni (súper/apli/amóliwdi)
Diesel	petréleo
1 Liter	éna lítro
20 Liter	íkosi lítra
Auto	aftokínito
Motorrad	motossikléta
Moped	motopodílato
Anlasser	mísa
Auspuff	exátmissi
Batterie	bataría
Bremse	fréno
Ersatzteil	andalaktikón
Keilriemen	imándas
Kühler	psijíon
Kupplung	simbléktis
Licht	fos
Motor	motér
Öl	ládi
Reifen	lásticho
Reparatur	episkewí
Stoßdämpfer	amortisér
Wasser (destilliertes)	to (apestagméno) neró
Werkstatt	sinergíon

Bus/Eisenbahn

Bahnhof	stathmós
(Der nächste) Bus	(to epómene) leoforío
Eisenbahn	ssideródromos
Haltestelle	stásis
Schlafwagen	wagóni ípnu
U-Bahn	ilektrikós
Waggon	wagóni
Zug	tréno

Bank/Post/Telefon

Post und Telefon sind in Griechenland nicht am selben Ort! Telefonieren kann man in kleineren Orten auch an manchen Kiosken und Geschäften.

Wo ist	pu ine?
Ich möchte ...	thélo ...
... ein Tel.-Gespräch	... éna tilefónima
... (Geld) wechseln	... na chalásso (ta chrímata)
Wie viel kostet es (das)?	póso káni (aftó)?
... eine Bank	... mia trápesa
... das Postamt	... to tachidromío
... das Telefonamt	to O. T. E.
Bank	trápesa
Brief	grámma
Briefkasten	grammatokiwótio
Briefmarke	grammatósima
eingeschrieben	sistiméno
Euro-/Reisescheck	ewrokárta
Geld	ta leftá, ta chrímata
Karte	kárta
Luftpost	aeroporikós
Päckchen	paketáki
Paket	déma
postlagernd	post restánd
Tel.-Gespräch (anmelden) (nach)	(na anangílo) éna tilefónima (jia)
Telefon	tiléfono
Telegramm	tilegráfima
Schweizer Franken	elwetiká fránka

Übernachten

Zimmer	**domátio**
Bett	**krewáti**
ein Doppelzimmer	**éna dipló domátio**
Einzelzimmer	**domátio me éna krewáti**
mit ...	**me ...**
... Dusche/Bad	**dous/bánjo**
... Frühstück	**proinó**

Haben Sie?	échete?
Gibt es ...?	ipárchi ...?
Wo ist?	pu íne?
Wie viel kostet es (das Zimmer)?	póso kani (to domátio)?
Ich möchte mieten (...) für 5 Tage	thélo na nikásso (...) jia pénde méres
Kann ich sehen ... ?	bóro na do ...?
Kann ich haben ... ?	bóro na écho ... ?
ein (billiges/gutes) Hotel	éna (ftinó/kaló) xenodochío
Pension	pansión
Haus	spíti
Küche	kusína
Toilette	tualétta
Reservierung	enikiási
Wasser (heiß/kalt)	neró (sässtó/krió)

Essen & Trinken

Haben Sie?	échete?
Ich möchte ...	thélo...
Wieviel kostet es?	póso káni?
Ich möchte zahlen	thélo na pliróso
Die Rechnung (bitte)	to logariasmó (parakaló)
Speisekarte	katálogos

Getränke

Glas/Flasche	potíri/boukáli
ein Bier	mía bíra
(ein) Mineralwasser	(mia) sóda
Wasser	neró
(ein) Rotwein	(éna) kókkino krassí
(ein) Weißwein	(éna) áspro krassí
... süß/herb	glikós/imíglikos
(eine) Limonade (Zitrone)	(mia) lemonáda
(eine) Limonade (Orange)	(mia) portokaláda
(ein) Kaffee	(éna) néskafe
(ein) Mokka	(éna) kafedáki
... sehr süß	... varí glikó
... mittel	... métrio
... rein (ohne Z.)	skéto
Tee	sái
Milch	gála

Griech. Spezialitäten

Fischsuppe	psaróssupa
Suppe	ssúpa
Garnelen	garídes
Kalamaris ("Tintenfischchen")	kalamarákia
Fleischklößchen	keftédes
Hackfleischauflauf mit Gemüse	musakás
Mandelkuchen mit Honig	baklawás
Gefüllter Blätterteig	buréki
Gefüllte Weinblätter (mit Reis & Fleisch)	dolmádes
Nudelauflauf mit Hackfleisch	pastítsio
Fleischspießchen	suwlákia

Sonstiges

Hähnchen	kotópulo
Kartoffeln	patátes
Spaghetti (mit Hackfleisch)	makarónia (me kimá)
Hammelfleisch	kimás
Kotelett	brísola
Bohnen	fasólia
Gemüse	lachaniká

Einkaufen

Haben Sie?	échete?
Kann ich haben?	bóro na écho?
Geben Sie mir...	dóste mou...
klein/groß	mikró/megálo
1 Pfund (= 1/2 Kilo)	misó kiló
1 Kilo/Liter	éna kiló/lítro
100 Gramm	ekató gramárja
Apfel	mílo
Brot	psomí
Butter	wútiro
Ei(er)	awgó (awgá)
Essig	xídi
Gurke	angúri
Honig	méli
Joghurt	jaoúrti
Käse/Schafskäse	tirí/féta
Klopapier	hartí igías
Kuchen	glikó
Marmelade	marmeláda
Milch	gála
Öl	ládi
Orange	portokáli
Pfeffer	pipéri
Salz	aláti
Seife	sapúni
Shampoo	sambuán
Sonnenöl	ládi jia ton íljon
Streichhölzer	spírta
Tomaten	domátes
Wurst	salámi
Zucker	sáchari

Sehenswertes

Wo ist der/die/das?	**pu íne to/i/o?**
Wo ist der Weg zum ...?	**pu íne i ódos jia ...?**
Wie viel Kilometer sind es nach ...?	**póssa chiliómetra íne os to ...?**

rechts	dexiá
links	aristerá
dort	ekí
hier	edó
Ausgang	éxodos
Berg	wounó
Burg	kástro (pírgos)
Dorf	chorió
Eingang	ísodos
Fluss	potamós
Kirche	eklisiá
Tempel	naós
Platz	platía
Stadt	póli
Strand	plas
Höhle	spilíon, spilía
Schlüssel	klidí

Hilfe & Krankheit

Gibt es (hier) ...?	**ipárchi (edó) ...?**
Haben Sie ...?	**échete ...?**
Wo ist (die Apotheke)?	**pu íne (to farmakío)?**
Wann hat der Arzt Sprechstunde?	**póte déxete o jiatrós?**
Ich habe Schmerzen (hier)	**écho póno (edó)**
Ich habe verloren ...	**échassa ...**
helfen Sie mir bitte!/Hilfe!	**woithíste me parakaló!/woíthia!**

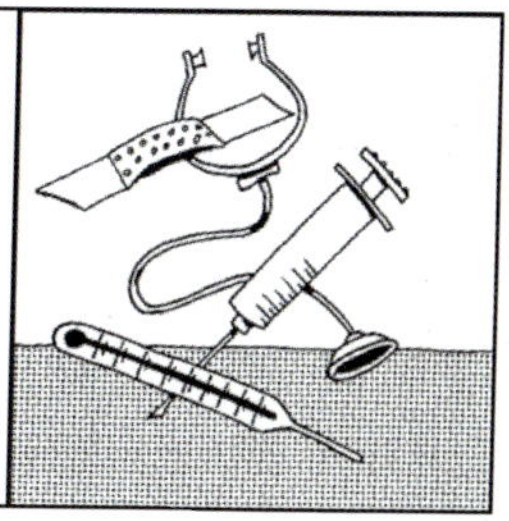

Arzt	jatrós
Deutsche Botschaft	presvía jermanikí
Krankenhaus	nossokomío
Polizei	astinomía
Tourist-Information	turistikés plioforíes
Unfall	atíchima
Zahnarzt	odontíatros
Ich bin allergisch gegen ...	egó íme allergikós jia ...
Ich möchte (ein) ...	thélo (éna) ...
Abführmittel	kathársio
Aspirin	aspiríni
die "Pille"	to chápi
Kondome	profilaktiká
Penicillin	penikelíni
Salbe	alifí
Tabletten	hapía
Watte	wamwáki
Ich habe ...	écho ...
Ich möchte ein Medikament gegen...	thélo éna jiatrikó jia ...
Durchfall	diária
Fieber	piretós

Grippe	gríppi	*Schnupfen*	sináchi
Halsschmerzen	ponólemos	*Sonnenbrand*	égawma
Kopfschmerzen	ponokéfalos	*Verstopfung*	diskiljótita
Magenschmerzen	stomachóponos	*Zahnschmerzen*	ponódontos

Zahlen

½	misó	9	ennéa	60	exínda
1	éna	10	déka	70	efdomínda
2	dío	11	éndeka	80	ogdónda
3	tría	12	dódeka	90	eneninda
4	téssera	13	dekatría	100	ekató
5	pénde	20	íkosi	200	diakósia
6	éxi	30	triánda	300	trakósia
7	eftá	40	sarránda	1000	chília
8	ochtó	50	penínda	2000	dio chiliádes

Zeit

Morgen(s)	proí
Mittag(s)	messiméri
Nachmittag(s)	apógewma
Abend(s)	wrádi
heute	ssímera
morgen	áwrio
übermorgen	méthawrio
gestern	chtés
vorgestern	próchtes
Tag	méra
jeden Tag	káthe méra
Woche	ewdomáda
Monat	mínas
Jahr	chrónos
Stündlich	aná óra
Wann?	póte?

Wochentage

Sonntag	kiriakí
Montag	deftéra
Dienstag	tríti
Mittwoch	tetárti
Donnerstag	pémpti
Freitag	paraskewí
Samstag	sáwato

Monate

Ganz einfach: fast wie im Deutschen + Endung "-ios"! (z.B. April = Aprílios). Ianuários, Fewruários, Mártios, Aprílios, Máios, Iúnios, Iúlios, 'Awgustos, Septémwrios, Októwrios, Noémwrios, Dekémwrios.

Uhrzeit

Wann?	**póte?**
Stunde	**óra**
Um wie viel Uhr?	**piá óra (ti óra)?**
Wie viel Uhr (ist es)?	**tí óra (íne)?**
Es ist 3 Uhr (dreißig)	**íne trís (ke triánda)**

Achtung: nicht éna, tría, téssera óra (1, 3, 4 Uhr), sondern: mía, trís, tésseris óra!! Sonst normal wie unter Kapitel "Zahlen".

Wir möchten Sie gern kennen lernen ...

... um unsere Reisehandbücher noch besser auf Ihre Bedürfnisse abstimmen zu können. Deshalb auf dieser Doppelseite ein kurzer Fragebogen zu Ihrer letzten Reise mit einem unserer Handbücher.

Als Belohnung winken ...

... natürlich Reisehandbücher. Jeweils zum Jahresende verlost der Michael Müller Verlag unter allen Einsendern des Fragebogens 50-mal je ein Reisehandbuch Ihrer Wahl aus unserem Programm.
(Der Rechtsweg ist ausgeschlossen)

Es bleibt natürlich alles unter uns ...

... Selbstverständlich garantieren wir absoluten Datenschutz und geben keine Adressen weiter. Versprochen!
Vielen Dank für ihre Mitarbeit und ... viel Glück!

Fragebogen

Ihre Reise

1) Mit welchem unserer Bücher waren Sie unterwegs? ....
Und wann (Monat/Jahr)? ....

2) Mit wie vielen Personen reisten Sie? Bitte kreuzen Sie an: ....
☐ allein ☐ zu zweit ☐ drei Personen oder mehr ....
Mit Kindern? ☐ Nein ☐ Ja (Alter? .... Jahre)

4) Wie lange dauerte Ihre Reise?
☐ bis 1 Woche ☐ bis 2 Wochen ☐ bis 3 Wochen ☐ über 3 Wochen

5) Hatten Sie Unterkunft und Anreise als Kombination bereits vorgebucht?
☐ Ja ☐ Nein

6) Welche/s Verkehrsmittel benutzten Sie zur Anreise? (Mehrfachnennungen möglich)
☐ Bahn ☐ Bus ☐ Flug ☐ Auto/Motorrad ☐ Fähre
☐ Sonstiges, nämlich

7) Mit welchem(n) Verkehrsmittel(n) waren Sie im Zielgebiet überwiegend unterwegs (Mehrfachnennungen möglich)?
☐ Bahn ☐ Bus ☐ eigenes Auto/Motorrad ☐ Mietfahrzeug ☐ Fähre
☐ anderes Verkehrsmittel, nämlich ....
☐ gar nicht, blieb an einem Ort

8) Wo übernachteten Sie vorwiegend?
☐ Gehobene Hotels ☐ Mittelklassehotels ☐ Landestypische Pensionen
☐ Privatzimmer ☐ Camping ☐ andere Unterkunft, nämlich ....

9) War es Ihre einzige Urlaubsreise in diesem Jahr?
☐ Ja ☐ Nein, ich verreise öfter mal für 1 Woche oder mehr, nämlich pro Jahr:
☐ 2x ☐ 3x ☐ 4x oder mehr;
und dann meist ins: ☐ Inland ☐ Ausland

Ihr Reisehandbuch vom Michael Müller Verlag

1) Sind Sie das erste Mal mit einem unserer Reisehandbücher unterwegs gewesen?

....

☐ Ja ☐ Nein, vorher schon (Titel): ....

2) Wie lernten Sie unseren Verlag kennen?

☐ Empfehlung vom Buchhändler☐ Empfehlung von Bekannten

☐ Habe das Buch zufällig im Buchhändlerregal entdeckt

☐ Über eine Anzeige in .... ☐ anders, nämlich ....

3) Insgesamt gesehen, waren Sie mit diesem Reisehandbuch

☐ nicht zufrieden ☐ zufrieden

4) Wir würden gerne wissen, wo wir in unseren Reisehandbüchern etwas verbessern können. Bitte geben sie deshalb den einzelnen Komponenten dieses Buches "Schulnoten" von 1 bis 6 und begründen Sie bitte Ihre Benotung.

	Note	**Grund**
Prakt. Informationen vor der Reise		
Geschichte		
Landeskundliches		
Orte und Regionen		
Sehenswürdigkeiten		
Prakt. Informationen unterwegs		

5) Was hat Ihnen an diesem Reisehandbuch besonders gefallen?

☐ Nichts Spezielles ☐ Doch, und zwar ....

6) Und was hat Sie am meisten gestört?

☐ Nichts Spezielles ☐ Doch, und zwar ....

7) Worüber hätten Sie gern mehr erfahren?

☐ Über ....

☐ Alle Informationen waren ausreichend

8) Unser Verlagsprogramm finden Sie auf den nächsten Seiten. Welche(s) Ziel(e) innerhalb Europas und des Mittelmeerraumes fehlt bzw. fehlen Ihnen in diesem Programm?

☐ Kein Ziel ☐ Doch, nämlich ....

9) Welches Reisehandbuch aus unserem Programm möchten Sie gewinnen?

....

Nun würden wir Ihnen gerne noch einige Fragen zu Ihren persönlichen Daten stellen (Datenschutz ist selbstverständlich gewährleistet)

Alter: .... Jahre

Familienstand: ☐ ledig ☐ verheiratet ☐ Kinder

Schulabschluss: ☐ Hauptschule ☐ Realschule ☐ Abitur

☐ Studium ☐ Beruf: ....

Fragebogen ausschneiden und an unsere Verlagsanschrift schicken (siehe unten). Bitte vergessen Sie nicht, für die Gewinnbenachrichtigung Ihren Namen und Adresse zu notieren.

Name: ....

Straße: ....

PLZ/Ort: ....

Michael Müller Verlag GmbH, Gerberei 19, 91054 Erlangen, Fax: 09131/207541

Vielen Dank thank you merci efcharistó gracias grazie tesekkür dekuji köszönöm

Verlagsprogramm

Unsere Reisehandbücher im Überblick

Deutschland
- Allgäu
- Altmühltal
- Berlin & Umgebung
- Bodensee
- Franken
- Fränkische Schweiz
- Mainfranken
- *MM-City* Berlin
- Nürnberg, Fürth, Erlangen
- Oberbayerische Seen
- Ostseeküste – Holsteinische Schweiz
- Schwäbische Alb

Niederlande
- *MM-City* Amsterdam
- Niederlande
- Nordholland – Küste, Ijsselmeer, Amsterdam

Nord(west)europa
- England
- Südengland
- *MM-City* London
- Schottland
- Irland
- Island
- Norwegen
- Südnorwegen
- Südschweden

Osteuropa
- Baltische Länder
- Polen
- *MM-City* Prag
- Westböhmen & Bäderdreieck
- Ungarn

Balkan
- Mittel- und Süddalmatien
- Kroatische Inseln & Küste
- Nordkroatien – Kvarner Bucht
- Slowenien & Istrien

Griechenland
- Amorgos & Kleine Ostkykladen
- Athen & Attika
- Chalkidiki
- Griechenland
- Griechische Inseln
- Karpathos
- Korfu & Ionische Inseln
- Kos
- Kreta
- Kreta – der Osten
- Kreta – der Westen
- Kreta Infokarte
- Kykladen
- Lesbos
- Naxos
- Nord- u. Mittelgriechenland
- Paros/Antiparos
- Peloponnes
- Rhodos
- Samos
- Samos, Chios, Lesbos, Ikaria
- Santorini
- Skiathos, Skopelos, Alonnisos, Skyros – Nördl. Sporaden
- Thassos, Samothraki
- Zakynthos

Türkei
- *MM-City* Istanbul
- Türkei – Mittelmeerküste
- Türkei – Südküste
- Türkei – Westküste
- Türkische Riviera – Kappadokien

Frankreich
- Bretagne
- Côte d'Azur
- Elsass
- Haute-Provence
- Korsika
- Languedoc-Roussillon
- *MM-City* Paris
- Provence & Côte d'Azur
- Provence Infokarte
- Südfrankreich
- Südwestfrankreich

Italien
- Apulien
- Chianti – Florenz, Siena
- Dolomiten – Südtirol Ost
- Elba
- Gardasee
- Golf von Neapel
- Italien
- Italienische Riviera & Cinque Terre
- Kalabrien & Basilikata
- Liparische Inseln
- Marken
- Oberitalien
- Oberitalienische Seen
- *MM-City* Rom
- Rom/Latium
- Sardinien
- Sizilien
- Südtoscana
- Toscana
- Toscana Infokarte
- Umbrien
- *MM-City* Venedig
- Venetien & Friaul

Nordafrika u. Vorderer Orient
- Sinai & Rotes Meer
- Tunesien

Spanien
- Andalusien
- Costa Brava
- Costa de la Luz
- Ibiza
- Katalonien
- Madrid & Umgebung
- Mallorca
- Mallorca Infokarte
- Nordspanien
- Spanien

Kanarische Inseln
- Gomera
- Gran Canaria
- *MM-Touring* Gran Canaria
- Lanzarote
- La Palma
- *MM-Touring* La Palma
- Teneriffa
- *MM-Touring* Teneriffa

Portugal
- Algarve
- Azoren
- Madeira
- *MM-City* Lissabon
- Lissabon & Umgebung
- Portugal

Lateinamerika
- Dominikanische Republik
- Ecuador

Österreich
- *MM-City* Wien

Schweiz
- Tessin

Malta
- Malta, Gozo, Comino

Zypern
- Zypern

Aktuelle Informationen zu allen Reiseführern finden Sie im Internet unter www.michael-mueller-verlag.de

Gerne schicken wir Ihnen auch das aktuelle Verlagsprogramm zu.

Michael Müller Verlag GmbH, Gerberei 19, 91054 Erlangen, Tel. 0 91 31 / 81 28 08-0; Fax 0 91 31 / 20 75 41; E-Mail: mmv@michael-mueller-verlag.de

Was haben Sie entdeckt?

Haben Sie den Strand auf Lésbos gefunden, eine freundliche Taverne weitab vom Trubel, ein nettes Hotel mit Atmosphäre, einen schönen Wanderweg? Und welcher Tipp war nicht mehr so toll?
Wenn Sie Ergänzungen, Verbesserungen oder neue Informationen zum Lésbos-Buch haben, lassen Sie es mich bitte wissen!
Bitte schreiben Sie an:

Thomas Schröder
Stichwort "Lésbos"
c/o Michael Müller Verlag
Gerberei 19
91054 Erlangen
E-Mail: thomas.schroeder@michael-mueller-verlag.de

Sach- und Personenregister

Geographisches Register